Die Kausalitätsvermutung im deutschen Umwelthaftungsrecht

Europäische Hochschulschriften
Publications Universitaires Européennes
European University Studies

Reihe II
Rechtswissenschaft

Série II Series II
Droit
Law

Bd./Vol. 3551

PETER LANG
Frankfurt am Main · Berlin · Bern · Bruxelles · New York · Oxford · Wien

Hans-Friedrich Freiherr v. Dörnberg

Die Kausalitätsvermutung im deutschen Umwelthaftungsrecht

Juristische und ökonomische Analyse

PETER LANG
Europäischer Verlag der Wissenschaften

Bibliografische Information Der Deutschen Bibliothek
Die Deutsche Bibliothek verzeichnet diese Publikation in der Deutschen Nationalbibliografie; detaillierte bibliografische Daten sind im Internet über <http://dnb.ddb.de> abrufbar.

D 34
ISSN 0531-7312
ISBN 3-631-50375-X

www.peterlang.de

Für Anne, Rettward und Marie-Cécile

Abkürzungsverzeichnis

a.	aus
a.A.	anderer Ansicht
a.a.O.	am angegebenen Ort
Abb.	Abbildung
Abhdlg.	Abhandlung
Abs.	Absatz
Abt.	Abteilung
AcP	Archiv für die civilistische Praxis
a.d.	aus dem
AK-ZPO	Kommentar zur ZPO - Alternative Reihe
Anm.	Anmerkung
AnwBl.	Anwaltsblatt
AöR	Archiv des öffentlichen Rechts
ARSP	Archiv für Rechts- und Sozialphilosophie
Art.	Artikel
Aufl.	Auflage
BBergG	Bundesberggesetz
Bd.	Band
Bearb.	Bearbeiter
BGB	Bürgerliches Gesetzbuch
BGH	Bundesgerichtshof
BImSchG	Bundes-Immissionsschutzgesetz
bspw.	beispielsweise
bzw.	beziehungsweise
BVerfGE	Entscheidungen des Bundesverfassungsgerichts
C	Celsius
d.	der, die, das, dem
DB	Der Betrieb
ders.	derselbe
Diss.	Dissertation
DJT	Deutscher Juristentag
DJZ	Deutsche Juristenzeitung
DR	Deutsches Recht
DriZ	Deutsche Richterzeitung
dt.	deutsch

Engl.	das Englische, dem Englischen
erg.	ergänzt
erw.	erweitert, erweiterte
EU	Europäische Union
f., ff.	folgende
Fußn.	Fußnote
GenTG	Gentechnikgesetz
GG	Grundgesetz für die Bundesrepublik Deutschland
ggf.	gegebenenfalls
Habil.-Schr.	Habilitationsschrift
h.M.	herrschende Meinung
Hrsg.	Herausgeber
i.A.	im Auftrag
i.d.F.	in der Fassung
insb.	insbesondere
i.S.	im Sinne
i.V.m.	in Verbindung mit
Jg.	Jahrgang
jur.	juristisch
JuS	Juristische Schulung
JW	Juristische Wochenschrift
JZ	Juristen-Zeitung
KJ	Kritische Justiz
LM	Nachschlagewerk des Bundesgerichtshofs in Zivilsachen, herausgegeben von Lindenmaier, Möhring u. a.
mdl.	mündlich
Nachw.	Nachwort
neubearb.	neubearbeitet
NJW	Neue Juristische Wochenschrift
Nr.	Nummer
NuR	Natur und Recht

o.	oben
OLG	Oberlandesgericht
PHI	Produkthaftungspflicht international, Zeitschrift für Produkt- und Umwelthaftung und deren Versicherung
ProdHaftG	Produkthaftungsgesetz
Rdnr.	Randnummer
rechtswiss.	rechtswissenschaftlich
RGZ	Entscheidungen des Reichsgerichts in Zivilsachen
S.	Seite, Satz
u.	und
u.a.	unter anderem, und andere
überarb.	überarbeitet
übers.	übersetzt
u.d.T.	unter dem Titel
UmwHG	Gesetz über die Umwelthaftung
Univ.	Universität
usw.	und so weiter
u.U.	unter Umständen
v.	von, vom, vor
verb.	verbessert
VersR	Versicherungsrecht
vgl.	vergleiche
z.B.	zum Beispiel
ZfS	Zeitschrift für Schadensrecht
ZPO	Zivilprozeßordnung
ZRP	Zeitschrift für Rechtspolitik
zugl.	zugleich
ZZP	Zeitschrift für Zivilprozeß

Formelzeichenverzeichnis

$\neg$	Negation
$\wedge$	Konjunktion
$\vee$	Disjunktion
$\therefore$	Konklusion
$\Leftrightarrow$	Bijunktion
$\bigwedge$	Allquantor
$\bigvee$	Existenzquantor
$\in$	Element
$\cap$	geschnitten
$\cup$	vereinigt
$\subset$	Konditional
$\rightarrow$	Konditional
$\leftrightarrow$	Äquivalenz
$\leftrightharpoons$	wird definiert
$=$	gleich
$:=$	definitionsgemäß gleich
$\neq$	ungleich
$\geqq$	größer gleich
$\leqq$	kleiner gleich
$\hat{=}$	entspricht
$B(n, p;\ k)$	Binomialverteilung
$p()$	Wahrscheinlichkeit
$P(x)$	Prädikat
$p(X = x)$	Wahrscheinlichkeit der Größe x
$P(A \mid B)$	bedingte Wahrscheinlichkeit
$S(x)$	Schadenserwartungswert
$U(x)$	Nutzen der Emissionen
σ^2	Varianz
μ	Erwartungswert
h	relative Häufigkeit
Ω	Stichprobenraum
$\binom{n}{k}$	Binomialkoeffizient n über k

Inhaltsverzeichnis

1. KAPITEL

Einleitung und thematische Zielvorgaben

A. Einleitung

Haftungsrechtliche Schadensrisikozuordnungen - so ließe sich vielleicht mutmaßen - seien vor allem das Resultat des betreffenden beweisrechtlichen Steuerungsinstrumentariums. Eine solche Erwartungshaltung mag eine Stützung für ihre These etwa auch in der weiteren Unterstellung der generellen Gültigkeit der zu den tragenden Zielen der Rechtsordnung zählenden Maximen der Rechtssicherheit und Rechtsklarheit suchen. Eine Verortung dieser rechtssystematischen Erwägungen im Kontext mit § 6 Abs. 1 UmwHG, womit das Leitmotiv für die Untersuchungen dieser Arbeit gekennzeichnet sein soll, wäre allerdings kaum mit der exzeptionellen normativen Konzeption dieser Vorschrift in Einklang zu bringen, wie im einzelnen noch darzustellen sein wird. Nach dieser abgrenzenden Feststellung der im Zusammenhang mit § 6 Abs. 1 UmwHG weniger relevanten rechtsdogmatischen und rechtstheoretischen Fragestellungen bleibt also, die Themenstellung - die hier auch im Bezug auf die Anwendung in der gerichtlichen Praxis offeriert werden soll - vorzugeben.

B. Themenstellung

Die thematische Ausrichtung dieser Schrift verfolgt das Ziel, die die juristische Entscheidungsfindung und -begründung zu § 6 Abs. 1 UmwHG tragenden Bedeutungselemente aufzuspüren und anzuwenden. Dabei hat man sich vor Augen zu führen, daß (wie sich vornehmlich aufgrund der Gesetzesmaterialien nachweisen läßt) der Normgeber des § 6 Abs. 1 UmwHG kraft dieser Regelungen das erklärte Ziel verfolgt, den in der Kausalzurechnung auftretenden Beweisproblemen im Wege der als Regelung einer widerlegbaren

Kausalitätsvermutung[1] zu charakterisierenden Gefährdungshaftung[2] Rechnung zu tragen.

Wesentlicher Aspekt der Themenstellung und von essentieller Bedeutung für die Rechtsgewinnung wird das Ergebnis der Prüfung sein, in welchem Umfang der Gesetzgeber des § 6 Abs. 1 UmwHG einerseits die Entscheidungsbegründung normativ bestimmt und wieweit er andererseits dem Tatrichter einen Freiraum für eine rechtsschöpferische Beurteilung zubilligt.

Im Wege einer besonderen thematischen Gewichtung ist vorgesehen, auf dem von der Rechtswissenschaft kaum beackerten Feld der *Sachverhaltsermittlung* - die ja oftmals in der prozessualen Praxis für die Entscheidungsfindung *die* bestimmende Rolle spielt - einen besonderen Schwerpunkt der Untersuchung zu setzen[3]. Die Signifikanz von § 6 Abs. 1 UmwHG zeigt sich andererseits aber auch gerade im normativen Bereich. Denn es wird sich zeigen, daß im Wege des in § 6 Abs. 1 S. 2 UmwHG geregelten Rechtsbegriffs der auf die Kausalvermutung ausgerichteten „Eignungs-Gegebenheiten" dem Richter in erheblichem Umfang Entscheidungsspielräume nicht nur für *normativ-tatbestandliche* Eigenbewertungen, sondern sogar für Rechtsschöpfungen dieser Art eröffnet werden.

In einer letzten Anmerkung zur Themenstellung soll das in der gerichtlichen Praxis oftmals bei der Parteianhörung nach § 141 ZPO in spezifischer Weise für die Verhandlungswürdigung zum Tragen kommende rollenasymmetrische und durch das Verhältnis der Prozeßparteien zum Richter gebildete Funktionssystem[4] angesprochen werden.

Und schließlich soll der Versuch einer Analyse der auf die Haftungsnormen des UmwHG bezogenen ökonomischen Folgenanalyse des Rechts unternommen werden.

In Anbetracht dessen, daß § 6 Abs. 1 UmwHG sich noch als überaus problembeladen entpuppen wird, soll eine thematische Ausweitung der Untersuchung unter Berücksichtigung

---

[1]Vgl. etwa *v. Dörnberg*, Die Haftung für Umweltschäden, in: Beiheft 1 NuR 1992, S.29ff. - Im Vergleich hierzu weist die Schadensausgleichsnorm des §32 GenTG (vgl. hierzu etwa *Stecher*, Die Ursachenvermutungen des Umwelthaftungs- und des Gentechnikgesetzes im Gefüge der individualhaftungsrechtlichen Schadenszurechnung, Frankfurt/M. u.a. 1995, passim.) weder die Regelung einer Kausalitätsvermutung noch die einer Minderung des Beweismaßes auf, sondern nur eine verschuldensunabhängige Haftung, wenn auch anders als bei der Haftung nach dem ProdHaftG (vgl. hierzu etwa *v. Dörnberg*, Auswirkungen des neuen EG-Produkthaftungsrechts für deutsche Unternehmen, in: Unternehmenserfolg im Europäischen Binnenmarkt, *Töpfer/ Berger* [Hrsg.], Landsberg/Lech 1991, S.259 ff.) - unter Einschluß der Entwicklungsrisiken.

[2]Dem gegenüber bestimmt § 121 Abs. 1 des Entwurfs für ein Umweltgesetzbuch gleichsam in einer Beweislastgeneralklausel die Vermutung der Kausalität für den Fall, daß für den Kausalzusammenhang eine ganz überwiegende Wahrscheinlichkeit spricht. Ebenfalls ist das Überwiegensprinzip für den Kausalitätsnachweis in Art. 4 VI des Vorschlags für eine EU-Abfallhaftungsrichtlinie vorgesehen.

[3]Wegen der immanenten Probleme der Sachverhaltsermittlung im Kontext mit § 6 Abs. 1 UmwHG ist auch aus dem Grund der Erörterung dieses Themenkomplexes diese Gesetzesnorm mit Vorbedacht ausgewählt worden.

[4]Nach *Luhmann*, Das Recht der Gesellschaft, 1. Aufl., Frankfurt am Main 1993, S. 580 f., sind Rollenasymmetrien nur in Funktionssystemen akzeptabel.

von §§ 6 Abs. 2 - 4, 7 UmwHG nicht erfolgen[5]. Da aber in diesen Gesetzesvorschriften Ausnahmen, Einschränkungen und Modifikationen vom Grundprinzip des § 6 Abs. 1 UmwHG geregelt werden, erscheint es unausweichlich, wenigstens in Form eines kurzen Abrisses die dogmatische Einordnung dieser Normen zu versuchen.

Voranzustellen ist zunächst der Wortlaut der §§ 1, 6, 7 UmwHG. § 1 UmwHG lautet:

Anlagenhaftung bei Umwelteinwirkungen

Wird durch eine Umwelteinwirkung, die von einer im Anhang 1 genannten Anlage ausgeht, jemand getötet, sein Körper oder seine Gesundheit verletzt oder eine Sache beschädigt, so ist der Inhaber der Anlage verpflichtet, dem Geschädigten den daraus entstehenden Schaden zu ersetzen.

§ 6 UmwHG bestimmt:

Ursachenvermutung

(1) Ist eine Anlage nach den Gegebenheiten des Einzelfalles geeignet, den entstandenen Schaden zu verursachen, so wird vermutet, daß der Schaden durch diese Anlage verursacht ist. Die Eignung im Einzelfall beurteilt sich nach dem Betriebsablauf, den verwendeten Einrichtungen, der Art und Konzentration der eingesetzten und freigesetzten Stoffe, den meteorologischen Gegebenheiten, nach Zeit und Ort des Schadenseintritts und nach dem Schadensbild sowie allen sonstigen Gegebenheiten, die im Einzelfall für oder gegen die Schadensverursachung sprechen.
(2) Absatz 1 findet keine Anwendung, wenn die Anlage bestimmungsgemäß betrieben wurde. Ein bestimmungsgemäßer Betrieb liegt vor, wenn die besonderen Betriebspflichten eingehalten worden sind und auch keine Störung des Betriebs vorliegt.
(3) Besondere Betriebspflichten sind solche, die sich aus verwaltungsrechtlichen Zulassungen, Auflagen und vollziehbaren Anordnungen und Rechtsvorschriften ergeben, soweit sie die Verhinderung von solchen Umwelteinwirkungen bezwecken, die für die Verursachung des Schadens in Betracht kommen.
(4) Sind in der Zulassung, in Auflagen, in vollziehbaren Anordnungen oder in Rechtsvorschriften zur Überwachung einer besonderen Betriebspflicht Kontrollen vorgeschrieben, so wird die Einhaltung dieser Betriebspflicht vermutet, wenn

1. die Kontrollen in dem Zeitraum durchgeführt wurden, in dem die in Frage stehende Umwelteinwirkung von der Anlage ausgegangen sein kann, und diese Kontrollen keinen Anhalt für die Verletzung der Betriebspflicht ergeben haben, oder
2. im Zeitpunkt der Geltendmachung des Schadensersatzanspruchs die in Frage stehende Umwelteinwirkung länger als zehn Jahre zurückliegt.

[5] Eine auf diese Normen bezogene entsprechende Erörterung wird aber hiermit angeregt. Zu §§ 6 Abs. 2 - 4, 7 UmwHG vgl. etwa *Landsberg/Lülling*, Umwelthaftungsrecht, Köln 1991, S. 159 ff., 175 ff.; *Schmidt-Salzer*, Kommentar zum Umwelthaftungsrecht, Heidelberg 1992, S. 575 ff., 645 ff.; *Salje*, Umwelthaftungsgesetz, München 1993, S.197ff.; 211ff.; *v. Dörnberg* (o.Fußn.1), S.20, 27ff.

Zudem wird durch § 7 UmwHG geregelt:

Ausschluß der Vermutung

(1) Sind mehrere Anlagen geeignet, den Schaden zu verursachen, so gilt die Vermutung nicht, wenn ein anderer Umstand nach den Gegebenheiten des Einzelfalles geeignet ist, den Schaden zu verursachen. Die Eignung im Einzelfall beurteilt sich nach Zeit und Ort des Schadenseintritts und nach dem Schadensbild sowie allen sonstigen Gegebenheiten, die im Einzelfall für oder gegen die Schadensverursachung sprechen.
(2) Ist nur eine Anlage geeignet, den Schaden zu verursachen, so gilt die Vermutung dann nicht, wenn ein anderer Umstand nach den Gegebenheiten des Einzelfalles geeignet ist, den Schaden zu verursachen.

Von überragender Bedeutung für die Praxis ist der gem. § 6 Abs. 2 - 4 UmwHG den Betreiber einer Katalog-Anlage im Normalbetrieb privilegierende haftungsrechtliche Ausschluß von dem nur für den Störfall und bei Betriebspflichtverletzungen geltenden Grundsatz der Ursachenvermutung nach § 6 Abs. 1 UmwHG[6]. Hierbei wirkt sich für den Anlagenbetreiber - der die objektive Beweislast für seine Behauptung der Führung im Normalbetrieb zu tragen hat - beweiserleichternd aus, daß das Vorliegen dieses Tatbestandsmerkmals dann vermutet wird, wenn festgelegte Kontrollen zeitentsprechend durchgeführt wurden und diese „keinen Anhalt für die Verletzung der Betriebspflicht ergeben haben".

Eine Paralysierung der Vermutung nach § 6 Abs. 1 UmwHG kann aber auch durch die in § 7 UmwHG geregelte „Gegenvermutung" eintreten. Die für die Steuerung des Kausalitätsnachweises relevante Frage nach dem Übergewicht der einen oder anderen der beiden Vermutungen ist in dem Sinne zu beantworten, daß der die Ursachenvermutung entkräftende „andere Umstand" gem. § 7 UmwHG gegebenenfalls zur Schadensverursachung auch weniger geeignet zu sein braucht als die zur Ursachenvermutung geeigneten Anlagen[7].

Von Einfluß auf die objektive Beweislast und damit von erheblicher haftungsrechtlicher Bedeutung ist die Auslegung des Begriffs des nach den Gegebenheiten des Einzelfalles geeigneten anderen Umstands im Sinne von § 7 Abs. 1 UmwHG. Kann sich der nach § 1 UmwHG in Anspruch Genommene auf die Eignung einer - nicht unter den Katalog von Anhang 1 fallenden - anderen Anlage zur Schadensverursachung als einen anderen Umstand nach § 7 Abs. 1 UmwHG mit dem Ergebnis des Ausschlusses der Ursachenvermutung nach § 6 Abs. 1 UmwHG berufen[8]? Dies ist ihm zwar nicht im Wege der Auslegung des Begriffs des „anderen Umstands" gem. § 7 Abs. 1 UmwHG infolge des eindeutigen Wortsinns dieses Ausdrucks verschlossen, andererseits jedoch in Erfüllung des sich auf dem grundrechtlichen Gleichheitsgrundsatz gründenden Gebots der teleologischen Reduktion versagt. Denn zweifelsohne hat der Gesetzgeber mit der Einführung

[6] Vgl. etwa *v. Dörnberg* (o.Fußn.1), S.20, 27ff.
[7] Vgl. *Landsberg/Lülling* (o.Fußn.5), S.178f., Rdnr.12 zu § 7 UmwHG.
[8] So *Landsberg/Lülling* (o.Fußn.5), S.177, Rdnr.7 zu § 7 UmwHG.

der Gefährdungshaftung durch das Umwelthaftungsgesetz einen möglichst weitgehenden Schutz des von Emissionen aus Katalog-Anlagen Betroffenen vorgesehen. Diesem Schutzzweck würde es indessen zuwiderlaufen und es wäre auch sachlich nicht gerechtfertigt und erschiene willkürlich, wollte man unter den Terminus des „anderen Umstands" i. S. von § 7 Abs. 1 UmwHG undifferenziert etwa auch die emittierenden Anlagen fallen lassen, die zwar nicht auch im Anhang 1 zu § 1 UmwHG aufgeführt sind, aber dennoch ein nicht unerhebliches Gefahrenpotential darstellen[9].

C. Summarische Übersicht über den Gang der Abhandlung

I. Im Hinblick auf die Verwirklichung der juristischen Entscheidungsbegründung sollen in einem ersten Schritt der Untersuchungen die beweisrechtlichen Strukturen des § 6 Abs. 1 UmwHG aufgedeckt werden. Dabei ist es von besonderer Relevanz, die beweisrechtliche Konstruktion der widerleglichen gesetzlichen Tatsachenvermutung dieser Norm daraufhin zu untersuchen, bei Feststellung welcher Tatsachen eine Beweislastentscheidung infolge Beweislosigkeit vermieden werden kann.

Zunächst soll der Versuch einer dogmatischen Einordnung der Ursachenvermutungen nach §§ 6,7 UmwHG unternommen werden. Es zeigt sich sodann, daß der „Vermutungsträger" gemäß § 6 Abs. 1 UmwHG lediglich die objektive Behauptungs- und Beweislast für die die Vermutungsbasis ausfüllenden Tatbestandsmerkmale zu tragen hat. Die vorsorgliche Darlegung von Verdachtsbehauptungen ist dem Anspruchsteller dabei entgegen anderslautenden Ansichten nicht versagt[10]. Von großer praktischer Bedeutung ist auch das als vorweggenommene Verhandlungswürdigung sich erweisende Problem des Übergehens des Parteivortrags unter dem Etikett der „Plausibilitätskontrolle", die - wie sich außerdem zeigt - in Disparität zum Substantiierungsgrundsatz steht.

II. Das 3. Kapitel ist vornehmlich der Frage gewidmet, welche rollenspezifischen Chancen sich aus Anlaß der Interaktion zwischen Kläger, Beklagtem und Gericht bei der Parteianhörung nach § 141 ZPO ergeben und unter welchen Voraussetzungen möglicherweise eine aus der Pervertierung der sich aus dieser Norm ergebenden prozessualen Verhaltensanforderungen resultierende Anstößigkeit des aus dem angesprochenen Funktionssystem sich ergebenden Verhältnisses diagnostiziert werden kann.

Es wird sich zeigen, daß entgegen dem im Hinblick auf seine Tragweite ausschließlich auf gleicher dialogischer Ebene angelegten und damit rollensymmetrisch zu begreifenden

[9] *v. Dörnberg* (o.Fußn.1), S.30; vgl. zu dieser Problematik auch *Diederichsen*, PHI 1990, 78, 89; *Hager*, NJW 1991, 134, 139; für eine restriktive Auslegung des Ausstiegs aus der Kausalvermutung *Steffen*, NJW 1990, 1817, 1822.

[10] Ebenso wird von dem *BGH* (vgl. NJW 1995, 1160, 1161) die Behauptung vermuteter Tatsachen nicht beanstandet und die hierauf sich gründende Beweisaufnahme nicht als unzulässige Ausforschung angesehen.

§ 141 ZPO nicht selten - und zwar meist fallbedingt - ein rollenasymmetrisches Funktionssystem in der Weise richterlich praktiziert wird, daß eine prozessuale Benachteiligung der Partei durch Beurteilung der Glaubwürdigkeit ihrer Person mit der Folge ihrer Einschätzung als einem der bewerteten Beobachtung ausgesetzten und dieser dienenden Prozeßobjekt eintritt.

III. Es wurde schon vorher darauf hingewiesen, daß sich die Rechtswissenschaft mit dem für den Tatrichter häufig als *die* Schlüsselfrage der Rechtsgewinnung figurierenden Problem der Sachverhaltsfeststellung seltener befaßt hat. Namentlich im Kontext mit § 6 Abs. 1 UmwHG spielt indessen die Tatfrage für die richterliche Entscheidungsfindung und -begründung eine überragende Rolle.

Während im 2. und 3. Kapital vorwiegend Rechtsfragen der Tatfrage[11] zum Anklingen gebracht werden, befaßt sich das 4. Kapitel ausschließlich mit den Modalitäten für den Rechtsfindenden, sich als Grundlage für die Begründung seiner Entscheidung ein den Tatsachen entsprechendes Bild über die Sachverhaltsdarlegung der Partei verschaffen zu können. Das ganze Spektrum der Möglichkeiten von Rechtsfragen im Sachbereich der Tatfragen ist dort also nicht Gegenstand der Betrachtung.

Für die Sachverhaltsfeststellungen zu § 6 Abs. 1 UmwHG ist insbesondere die Argumentation auf der Grundlage der Erfahrungswissenschaften bei Vorliegen entsprechender Indizien von Bedeutung. Durch den Gebrauch des Stichworts „Indiz" wird deutlich, daß damit die Vorstellung verbunden ist, von bestimmten beobachteten Sachverhalten (Indizien) aufgrund von auf empirischen Gesetzmäßigkeiten beruhenden Erfahrungssätzen könne auf nicht beobachtete Sachverhaltsannahmen geschlossen werden.

Der Gang der Untersuchung berücksichtigt, daß Voraussetzung dafür, daß Erfahrungssätze *verwendet* werden können, zunächst die Feststellung ihrer *Gültigkeit* ist. Des weiteren erscheint es unverzichtbar, streng zwischen deterministischen Erfahrungssätzen und Erfahrungssätzen als Prämissen für induktiv-statistische Systematisierungen zu unterscheiden. Kann die Geltung eines deterministischen Erfahrungssatzes - etwa im Wege des Sachverständigenbeweises - ersehen werden, sind die Schlußregeln der deduktiven Logik anwendbar. Für den Fall jedoch, daß lediglich probabilistische Erfahrungssätze denkbar erscheinen können, zeigt sich, daß grundsätzlich sowohl das Begründungsproblem als auch die Frage nach der Anwendung solcher Erfahrungssätze erhebliche Schwierigkeiten bereitet. Mit dem die Rechtfertigung der Verwendung von Induktion betreffenden Begründungsproblem werden insbesondere Fragen der maximalen Bestimmtheit und der Gesetzesartigkeit von induktiven Relationen angesprochen. Dabei ist von essentieller Bedeutung, daß Allsätze, die aufgrund der die induktiven Systematisierungen vermittelnden Erfahrungswissenschaften gewonnen werden, niemals endgültig verifiziert werden können; denn die Anzahl von Beobachtungen und Experimenten zur Gewinnung probabilistischer

[11] Also bspw. Fragen der widerleglichen gesetzlichen Tatsachenvermutung, der Substantiierungs-, Darlegungs- und Beweislast, der Bindung des Richters an das Parteivorbringen auch bei der Anhörung, der richterlichen Aufklärungspflicht und des Beweisgrundes, des Beweiswertes und der richterlichen Überzeugungsbildung.

Erfahrungssätze ist notwendig endlich, so daß also die Möglichkeit der Falsifizierung gegebenenfalls durch auch nur ein einziges Gegenbeispiel niemals auszuschließen ist. Es wird jedoch eine Hypothese, die vielen Widerlegungsversuchen widerstanden hat, *bewährt* genannt.

Bei der Erörterung über die Verwendung probabilistisch-induktiver Systematisierungen ist von besonderer Relevanz, daß in einem konkreten Fall für sich gesehen jeweils korrekte empirisch-probabilistische Argumente exakt entgegengesetzte Schlüsse hervorbringen können.

Der Abschluß des Kapitels ist der Darstellung gewidmet, wie probabilistische Erfahrungssätze auch im Wege von Likelihoodbetrachtungen verwandt werden können. In einem mathematischen Exkurs erfolgt zunächst eine Einführung zur Binomialverteilung und zur Maximum-Likelihood-Methode. Es wird anschließend die Anwendung der Likelihood-Regel an einem Beispielsfall zu § 6 Abs. 1 UmwHG praktiziert. Schließlich wird der Einsatz des alle Informationen aus dem empirischen Befund enthaltenden Likelihoodfaktors bei der Anwendung des Theorems von *Bayes* untersucht. Dabei wird zu zeigen sein, daß mit immer weiter zunehmenden Informationen aufgrund neuer Indizien und der damit einhergehenden stetigen Stärkung des Likelihoodfaktors im Endeffekt nur noch dieser ausschlaggebend ist.

IV. Das 5. Kapitel ist dem Methodenproblem der Rechtsgewinnung im Kontext mit der Anwendung von § 6 Abs. 1 UmwHG gewidmet. Ausgangspunkt für solche methodologischen Implikationen und überhaupt für jede juristische Argumentation ist indessen, daß die Rechtsordnung die Gerichte zwingt zu entscheiden[12]. Folglich ist es im Grunde der Entscheidungszwang, der zur Ausdifferenzierung des Rechtssystems durch verschiedene Rechtsgewinnungsmodelle geführt hat. Andererseits gilt es zu bedenken, daß eine Diskrepanz zwischen dem Entscheidungszwang und den Möglichkeiten, zu verständlichen Entscheidungen zu gelangen, bestehen kann[13]. In dieses Spannungsfeld hineinzustellen sind auch alle bei der richterlichen Rechtsfindung in Betracht zu ziehenden rechtsphilosophischen und rechtstheoretischen Erwägungen.

Ausdruck für die Berücksichtigung des Regimes des Entscheidungszwanges ist auch das dem Richter rechtsschöpferische Freiheiten gewährende, auf die Kausalitätsvermutung abstellende „offene“ Tatbestandsmerkmal der „Eignungs-Gegebenheiten“ im Sinne von § 6 Abs. 1 S. 2 UmwHG. An diesem Beispiel einer Normenregelung ist auch aufzuzeigen, daß es nicht nur von rechtsstaatlicher, sondern auch von erheblicher methodologischer Bedeutung ist, wenn und soweit der Primat der gesetzgeberischen Entscheidung hintangesetzt wird.

Die Frage, ob der Norminhalt des § 6 Abs. 1 S. 2 UmwHG rechtsstaatlichen Anforderungen genügt, wird mittelbar auch von den bei der Problematik der Anwendung der Normenlogik auf diese Vorschrift auftretenden Schwierigkeiten bloßgelegt. Im Wege der

---

[12] Vgl. dazu etwa *Luhmann* (o.Fußn.4), S. 317f.
[13] *Luhmann* (o.Fußn.4), S. 316.

Normenlogik wird die formale Logik für die Beschreibung der Probleme der Gesetzesauslegung und -anwendung bemüht. Es wird sich aber herausstellen, daß sich das Tatbestandsmerkmal der „Eignungsgegebenheiten“ nach § 6 Abs. 1 S. 2 UmwHG nicht in normenlogische Schablonen pressen läßt.

Bei der Darstellung der vornehmlich praxisbezogenen einzelnen Rechtsfindungskonzeptionen wurde eine Klassifizierung in der Weise vorgenommen, daß zwischen den Gruppen der Deduktions-, Wertungs- und Dialogmodelle unterschieden worden ist.

Als Beispiel für eine deduktive Begründungskonzeption wurde das von *Koch* und *Rüßmann* entwickelte nicht-axiomatische Deduktionsmodell juristischer Entscheidungsbegründung ausgewählt. Ihre These hält indessen an der syllogistischen - also deduktiven - Konstruktion des Subsumtionsmodells fest und baut diese Rechtsfindungskonzeption lediglich mit Hilfe der bereits für § 6 Abs. 1 UmwHG abgelehnten Normenlogik aus. Durch die bloße Erweiterung der Konzeption der Syllogistik mit den Mitteln der modernen Aussagen-, Prädikaten- und deontischen Logik durch *Koch* und *Rüßmann* ändert sich an der Grundstruktur des deduktiven Modells nichts. Damit zeigt sich - wie im einzelnen aber noch zu begründen sein wird -, daß zum einen der lediglich analytische Charakter und die fehlende Erkenntniserweiterung des Schließens in ihrem Deduktionsmodell erhalten geblieben ist und daß ihr normenlogisches Verfahren der Rechtsgewinnung zudem mit der für das Subsumtionsmodell unumgänglichen und unabdingbaren „Kluft“ zwischen abstraktem Tatbestand und konkretem Sachverhalt behaftet ist.

Im Hinblick auf die wertenden Methoden der Rechtsfindung sind *idealistische*, *realistische* und *hermeneutische* Konzeptionen zu systematisieren. Von den idealistischen Modellen hat besondere Beachtung die auch von *Karl Larenz* aufgegriffene hegelische Theorie von der notwendigen dialektischen Entwicklung zum absoluten Geist, von der zwingenden dialektischen Entfaltung des Rechts zur absoluten Gerechtigkeit hin gefunden. Nach der Lehre *Hegels* hat die zufällige rechtliche Regelung immer eine Nähe zum Absoluten. Diese These von der auf die Verwirklichung der Gerechtigkeit ausgerichteten absoluten Idee des Rechts scheitert aber allein schon an der von den Art. 20 Abs. 3, 97 Abs. 1 GG vorgegebenen Verfassungswirklichkeit, wonach ein Einfluß dieses rechtlichen Prinzips *Hegels* auf das heutige Recht infolge der Bindung des Richters an Gesetz und Recht der Legitimation entbehrt.

Auch den realistischen Wertungsmodellen ist eine Absage zu erteilen. Mittels dieser Konzeption wird eine völlige Bindung an die ältere *Systemtheorie* (lediglich die ältere Fassung dieses Theorems ist nach meinem Rechtsverständnis abzulehnen) - mithin also an ein nichtjuristisches Grundmodell - vollzogen. In Anbetracht der sprachlichen Verfaßtheit des Rechts sind jedoch gegen eine Ersetzung der Sprachphilosophie durch die ältere Systemtheorie grundsätzliche juristische Vorbehalte anzumelden.

Eine besondere Bedeutung in der Methodendiskussion kommt den hermeneutischen Wertungsmodellen zu. Eine einschlägige tiefergreifende Erörterung des *Geltungs*problems und seiner wissenschaftstheoretischen Grundlagen findet sich aber kaum. Der dieserhalb unternommene Versuch, auf die sich indessen stellenden Fragen einzugehen, führt - kurz gesagt - zu folgenden Antworten: Die philosophische Methode des Verstehens, auf der auch die juristische Hermeneutik fußt, geht zunächst von der Überlegung aus, daß im gesamten Kosmos nur ein einziges Ding existiert, das ich nicht bloß von *außen* einschätzen, sondern von *innen* her erschließen kann: mich selbst als Quelle für von mir unmittelbar erfahrene Bewußtseinsvorstellungen. Ausgehend von diesem Zugang zum eigenen geistig-seelischen Leben wird hieraus aber dann die Schlußfolgerung gezogen, man könne davon ausgehen, daß die geistig-seelischen Vorgänge in anderen Menschen den eigenen psychischen Vorstellungen zureichend entsprächen. Bei Gegebensein entsprechender Voraussetzungen werde also das Bewußtsein in anderen Menschen - und zwar auch bei skriptural niedergelegten Gedanken - zugänglich, wenn man, sich in deren Situation hineinversetzend und die eigenen Erwägungen unter solchen Umständen bedenkend, ihre Empfindungen erfühle und einschätze. Im Wege dieses derart beschriebenen Gedankenexperiments könne man sich also die Entscheidungen anderer dadurch verdeutlichen, daß man ihre präskriptiven Anschauungen sowie die sich in ihren Überlegungen manifestierende Denkweise in sich selbst zum Leben erwecke.

Im Gegensatz zu dem Bereich der Erfahrungswissenschaften, wo Hypothesen kraft experimentell gewonnener Erfahrungen und hieraus gebildeter Hypothesen mit bestimmten Annahmen formuliert werden, kann man in Verbindung mit der Verstehenstheorie nur zu gewissen psychologischen Annahmen ohne die Grundlage experimentell gesammelter Erfahrungen gelangen. Bei der Praktizierung des bewußten Gedankenexperiments führt die Verstehensmethode in zweifacher Hinsicht zu einer Hypothesenbildung. Die eine Hypothese zeigt sich bereits im Wege des Gedankenexperiments, uns in die Situation eines anderen zu versetzen; schon dort können bei der Bewertung und Abschätzung der Lage und bei dem geistig-seelischen Nachempfinden der Motive und Vorstellungen der anderen Person schwerwiegende Irrtümer auftreten. Durch den Vorgang des Gedankenexperiments wird die Gewinnung psychologischer Generalisierungen als weitere Hypothese geformt. Psychologische Generalisierungen sind für das Vorbringen erklärender Argumente erforderlich. Der Verstehende muß daher seine persönliche Erfahrung einbringen, vermöge der er dann bei der Heranziehung der Erklärung eine allgemeine regelmäßige Beschaffenheit zu generalisieren sucht; gleichfalls als Hypothese zu qualifizieren ist die sich hieraus ergebende Abstraktion. Es liegt auf der Hand, daß die Prüfung des Erkenntniswertes im Hinblick auf beide Hypothesen zum Ergebnis hat, daß die Methode des Verstehens - was auch für die juristische Hermeneutik gilt - niemals zu unbestreitbaren Erkenntnissen führen kann. Im Wege der reproduzierenden Methode des geistig-seelischen nachfühlenden Verstehens können folglich keine zureichenden historischen Erklärungen erzielt werden.

Es bleibt noch übrig, einen kurzen Überblick zur Rechtsfindung im Dialogmodell zu geben. Für den praxisbezogenen Zugang zum Dialog der Rechtsgewinnung ist die als „Lehre von der Fallreihe“ zu charakterisierende Theorie *Jan Schapps* von besonderer Relevanz. Das Revolutionäre an seinem Konzept besteht darin, daß er die Überwindung des dualistischen Ansatzes von Fall und Norm, von Besonderem und Allgemeinem, von Sein und Sollen dadurch ernsthaft in Angriff nimmt, daß er in dem Gesetz nicht ein generell-abstraktes Sollen sieht, sondern auf die Anschauung vom „Gesetz als Entscheidung des Falles" abstellt. *Schapp* geht im Hinblick auf Fall und Norm nicht von Sein und Sollen und damit von „zwei verschiedenen Welten" aus; vielmehr ist seine Betrachtungsweise die einer einheitlich-lebensweltlichen Sicht mit dem zentralen Begriff des zu imaginierenden Bedeutungsinhalts der „gesetzgeberischen Entscheidung". Dieses Bedeutungselement offenbart sich durch die Konzeption des aus konkreten Einzelfällen - einer „Fallreihe" - bestehend zu denkenden „Gesetzes als Entscheidung des Falles". *Schapp* begreift das Gesetz selbst bereits als „etwas Besonderes, Einzelnes deshalb, weil es einen oder mehrere in der Zukunft liegende konkrete Einzelfälle entscheidet". Dies erfolgt durch eine Entscheidung über die „Reihe" dieser Einzelfälle, die sich gleichzeitig als eine Entscheidung über den Einzelfall selbst erweist.

Nach der Lehre *Schapps* ist zudem von substantieller Bedeutung die Behauptung, die richterliche Rechtsfindung unterliege zunächst nur für einen gesetzgeberisch eindeutig entschiedenen Kernbereich einer präzisen Steuerung, während für die Beantwortung der Frage nach der Einbeziehung der normativ nicht sicher entschiedenen Fälle der Richter per Gesetz berufen sei. Als richterliches Entscheidungskriterium für die nicht so eindeutigen wie die vom normativen Kernbereich erfaßten Fälle sei die Erwägung anzusehen, ob der für den Gesetzgeber zur Entscheidung der als unzweideutig eingestuften Fälle maßgebliche Grund auch als Entscheidungsgrundlage für den nicht eindeutig festgelegten Fall dienen könne.

Schapp allerdings beansprucht für sein dialogisches Modell - wie wohl alle Vertreter von Rechtsgewinnungskonzeptionen für die jeweilige Lehre - Allgemeingültigkeit, ohne die Theorie zuvor an hinreichend vielen Gesetzen geprüft zu haben. Die Bewährung des universellen Geltungsanspruchs seiner These scheitert aber bspw. schon bei der Prüfung der Konzeption an der Norm des § 6 Abs. 1 UmwHG. Denn bereits im Hinblick auf § 6 Abs. 1 S. 2 UmwHG kann nicht die Rede davon sein, daß der Gesetzgeber dort zunächst nur einen Kernbereich sicher entschiedener Fälle vorgesehen habe. Ein solcher sich gleichsam eng an das Gesetz anlehnender normativer Kernbereich ist angesichts des „offenen" Tatbestandes der „Eignungs-Gegebenheiten" gemäß § 6 Abs. 1 S. 2 UmwHG bei dieser Vorschrift nicht auszumachen.

V. Das 6. Kapitel ist schließlich der Analyse der auf die Haftungsnormen des Umwelthaftungsgesetzes bezogenen ökonomischen Folgenanalyse des Rechts gewidmet. Zuerst soll eine Auseinandersetzung mit Kernfragen zur ökonomischen Analyse des Umwelthaftungsgesetzes erfolgen. Der Transfer der aus den USA in das deutsche Rechtssystem hinein überkommenen economic analysis of law hat sich dann der Gültigkeitsfrage im Hinblick auf ihren Alleinstellungsanspruch unter Berücksichtigung des Maßstabs des eine binäre Leitdifferenz einführenden systemtheoretischen Rechtscodes Recht / Unrecht zu stellen.

Es wird weiter der Frage nachzugehen sein, ob die Erscheinungsform der ökonomischen Folgenanalyse als Rechtsquelle angesehen werden kann. Die Rechtsquellenmetapher wird zum Begriff für die begründete Geltung abstrakter rechtlicher Normen. Es wird jedoch zu validieren sein, daß der Begriff der Rechtsquelle als Identifikationsfigur und als Erkennungszeichen für die Gültigkeit von Recht dann versagt, wenn in Wahrheit keine *Rechts*quelle vorliegt. Hierbei wird zudem zu erörtern sein, ob transzendental-reflexive Letztbegründungsüberlegungen Geltungsansprüche von Rechtsquellen - wie die durch die ökonomische Analyse des Rechts in Selbstqualifikation vorgemerkte Eigenschaft der Rechtsquelle - einlösen können.

Es wird schließlich zu untersuchen sein, ob konsequentialistische und utilitaristische Entscheidungsansätze dem Geltungsanspruch der ökonomischen Analyse den Weg weisen können, wobei sich jedoch das Problem fehlender Mitberücksichtigung von individuellen Grundwerten wie personaler Autonomie, Handlungs- und Grundfreiheiten, der sittlichen Integrität sowie der Ansprüche an eine freiheitliche Gestaltung der Rechts- und Wirtschaftordnung stellt. Auch ist der Frage nachzugehen, ob die aus der paretianischen Wohlfahrtsökonomie hervorgegangene Folgenanalyse effizienzindizierte Folgen*prognosen* generieren kann, die den wissenschaftstheoretischen Ansprüchen für Prognostizierbarkeit entsprechen, und ob eine im Hinblick auf die Suche nach Rechtsentscheidungen im Wege argumentativer Voraussicht auf ihre Folgen (Prognosen) die Berechnung ökonomisch gesteuerter Zukunft und damit die Erreichbarkeit einer Vorausschau dieser Folgen möglich ist.

2. KAPITEL

Beweisrechtliche Normenstruktur des § 6 Abs. 1 UmwHG

A. Die gesetzliche Vermutungsregelung nach § 6 Abs. 1 UmwHG

I. Widerlegliche gesetzliche Tatsachenvermutung

Auszugehen ist zunächst von der Grundnorm des § 1 UmwHG, die die primären Haftungsvoraussetzungen bestimmt. Ergibt nun hierbei die richterliche Überzeugungsbildung ein Votum zugunsten der ersten oder der letzten der drei nur denkbaren Entscheidungszonen „bewiesen" - „non liquet" - „widerlegt", was etwa auch im Wege der Geständnisfiktion nach § 138 Abs. 3 ZPO möglich wäre, so kann begreiflicherweise eine Beweislastentscheidung[1] nach § 6 Abs. 1 UmwHG nicht in Betracht kommen.

Lediglich dann, wenn der Rechtsanwender sich nach Ausschöpfung aller angebotenen Beweismittel weder vom Vorliegen der Tatbestandsmerkmale der Anspruchsnorm des § 1 UmwHG überzeugen kann, noch sich dessen sicher ist, daß diese tatbestandlichen Haftungsvoraussetzungen fehlen, ist der Zustand der Beweislosigkeit - das non liquet - erreicht. Wegen des verfassungsrechtlichen Verbots der Rechtsverweigerung[2] muß dem Richter jedoch ein Instrument anheim gegeben sein, trotz der Tatsachenungewißheit entscheiden zu können, was nun aber durch die Kodifizierung und Verortung von Beweislastnormen im Vorgang richterlicher Entscheidungsfindung erfolgt.

Eine die Risikozuteilung bewirkende Beweislastverteilungsregel kann zwar nicht aus § 1 UmwHG entnommen werden, jedoch ergibt sie sich aus der in § 6 Abs. 1 UmwHG enthaltenen gesetzlichen Tatsachenvermutung.

[1] Die Eigenschaft von § 6 Abs. 1 UmwHG als Beweislastnorm wird noch nachzuweisen sein.

[2] Vgl. statt aller *Nierhaus*, Beweismaß und Beweislast, S.477 und passim.

II. Doppelstruktur der normativ geregelten Tatsachenvermutung

Die widerleglichen gesetzlichen Tatsachenvermutungen sind - wie *Berg*[3] und *Leipold*[4] nachgewiesen haben - durch eine Doppelstruktur gekennzeichnet. Diese ist am Exempel der §§ 1, 6 Abs. 1 UmwHG zu illustrieren.

Ergibt sich auf der 1. Stufe der Grundnorm des § 1 UmwHG ein non liquet, so tritt infolge der Beweislosigkeit der aus dieser Norm sich ergebenden anspruchsbegründenden Tatsachen und damit der Unfähigkeit zur Herbeiführung einer richterlichen Entscheidung eine Beweisthemen-Ersetzung in der Weise ein, daß durch § 6 Abs. 1 Satz 1 UmwHG auf einer 2. Stufe ein neues - ebenfalls beweisbedürftiges - Beweisprogramm eingeführt wird[5]. Aufgrund des Beweisthemenwechsels trifft die sich aus § 6 Abs. 1 UmwHG ergebende Vermutungsbasis für diese gesetzliche Vermutungsregel die Aussage der Vermutung der Schadensverursachung durch die emittierende Anlage, wenn ihre Eignung für eine derartige Kausalität nach den Gegebenheiten des Einzelfalls besteht. Die Tatbestandsmerkmale der Vermutungsbasis müssen bei qualifiziertem Bestreiten durch den Anspruchsgegner wie anspruchsbegründende Tatsachen bewiesen werden. Dies kann allerdings gegebenenfalls auch im Wege des Anscheinsbeweises geschehen. Gelingt der Beweis der die Vermutungsbasis ausfüllenden Tatsachen, so erfolgt durch die Vermutungsregel die Anordnung an den Richter, von der Kausalität der Umwelteinwirkung der Anlage für den eingetretenen Schaden auszugehen und also die in der Primärnorm des § 1 UmwHG vorgesehene Rechtsfolge auszusprechen, auch wenn der eigentliche rechtsfolgebestimmende Sachumstand dieser Haftungsbestimmung unklar geblieben ist.

Das non liquet auf der 1. Stufe der Primärnorm ist mithin Voraussetzung für die Vollziehung der gesetzlichen Tatsachenvermutung[6]. Diese entpuppt sich mit der Auferlegung der Annahme der Tatbestandsmerkmale der Grundnorm der 1. Stufe, die dann rechtsfolgeauslösend sind, als Beweislastnorm[7]. Der Strukturaufbau der gesetzlichen Tatsachenvermutung als Beweislastregel ist allerdings im Vergleich zu herkömmlichen Beweislastnormen verwickelter und diffiziler. Denn während sich aus den gewohnten „gängi gen“ Normen der Verteilung des Beweislastrisikos unmittelbar und in Verbindung mit dem materiellen Rechtssatz der Träger der Folgen der tatsächlichen Ungewißheit ergibt, ist der gesetzlichen Vermutungsregel nicht selbst und unmittelbar zu entnehmen, wer hinsichtlich der Vermutungsbasis die objektive Beweislast zu tragen hat. Sind die Tatbestandsvoraussetzungen der Vermutungsbasis aber bewiesen worden, wird der Richter durch § 6 Abs. 1 UmwHG angewiesen, trotz der Beweislosigkeit der Haftungsvoraussetzungen des § 1 UmwHG dessen Rechtsfolge anzunehmen. Die Tatsachenungewißheit

[3] *Berg*, Die verwaltungsrechtliche Entscheidung bei ungewissem Sachverhalt, Berlin 1980, S.49ff.
[4] *Leipold*, Beweislastregeln und gesetzliche Vermutungen, S.92f.
[5] Ebenso *Diederichsen*, PHI 1992, S.162,167. *Leipold* (o.Fußn.4), S.92,93, spricht in diesem Zusammenhang auch von einer Zweigleisigkeit der Beweislastregelung, ebenso *Guggenbühl*, Die gesetzlichen Vermutungen des Privatrechts und ihre Wirkungen im Zivilprozeß, Zürich 1990, S.23.
[6] Ähnlich *Leipold* (o.Fußn.4), S.93, und *Guggenbühl* (o.Fußn.5), a.a.O.
[7] Vgl. *Leipold* (o.Fußn.4), a.a.O.; *Berg* (o.Fußn.3), S.80ff.

bei der Primärnorm wird über dem „Umweg“ der Annahme des Vorliegens der Vermutungsbasis zwar erst dann, aber eben doch noch überwunden. Dies gilt lediglich dann nicht, wenn das Gegenteil - also die fehlende Klausalität für den Schaden - nachgewiesen werden kann.

B. Vermutungsbasis und Parteien

I. Behauptungs- und Beweislast des Vermutungsträgers

Daß die Vermutungsfolge an tatbestandliche Voraussetzungen geknüpft ist, hat natürlich zur Konsequenz, daß die Parteien zunächst das hierauf bezogene Streitprogramm durch Erklärung und Gegenerklärung festzulegen haben, worauf dann die Voraussetzungen der Vermutung zu beweisen sind.

Es ist nahezu eine Selbstverständlichkeit, daß der Vermutungsträger die Behauptungslast für die Vermutung trägt, also die Tatsachenbehauptungen aufstellen muß, die die Tatbestandsmerkmale der Vermutungsbasis zu erfüllen vermögen. Nach herrschender Auffassung folgt die der Beweislast vorgeschaltete Behauptungslast dieser in allen wesentlichen Fragen[8]. Das bei der Vermutungsbasis im Gewande der Beweislastverteilung sich erneut - wenn auch in anderer Erscheinungsform - stellende Beweislastproblem (ebenso wie die sich erneut ergebende Frage der Behauptungslast) bedarf einer Lösung, die sich freilich aus der in § 6 Abs. 1 UmwHG hierzu vorgesehenen normativen Regelung ergibt. § 6 Abs. 1 UmwHG enthält zwar keine ausdrückliche die Vermutungsbasis betreffende Beweislastverteilungsnorm, jedoch findet hier die heute allgemein anerkannte Grundregel Anwendung, daß der Anspruchsteller die objektive Beweislast für die rechtsbegründenden Tatbestandsmerkmale zu tragen hat. Ihm ist folglich auch die Behauptungslast für die tatbestandlichen Voraussetzungen der Vermutungsbasis auferlegt.

[8] A.A. *Musielak*, Beweislast, S.50ff.; *Musielak/Stadler*, Grundfragen des Beweisrechts, München 1984, S.103, dort Fußn. 4.

II. Dogmatische Einordnung der Ursachenvermutungen nach §§ 6, 7 UmwHG

1. Die durch § 6 Abs. 1 UmwHG getroffene Beweislastregelung

Wie auch zu § 120 BbergG[9] wird zu § 6 Abs. 1 UmwHG[10] die Auffassung vertreten, durch diese Normen würden nur Regelfälle eines gesetzlichen Anscheinsbeweises[11] normiert. Zunächst ist daher die Frage nach der Klärung der dogmatischen Einordnung des Anscheinsbeweises unausweichlich. Der Anscheinsbeweis ist kein besonderes Beweismittel, sondern nur die Anwendung bestimmter gefestigter Sätze der Lebenserfahrung („Erfahrungsgrundsätze") im Rahmen der freien Beweiswürdigung. Bedingung für diese Anwendung ist ein typischer Geschehensablauf, mithin ein sich aus der Erfahrung des Lebens bestätigender gleichförmiger Vorgang, durch dessen Typizität es sich erübrigt, die tatsächlichen Einzelumstände eines bestimmten historischen Geschehens nachzuweisen. Im Wesentlichen ist heute anerkannt, daß die Beweislastverteilung durch den Anscheinsbeweis nicht verändert wird[12]. Dies hat zur Konsequenz, daß eine mittels des Anscheinsbeweises gewonnene richterliche Überzeugung schon durch den Gegenbeweis wieder erschüttert werden kann, die Führung des vollen Beweises des Gegenteils also nicht erforderlich ist. Höchst strittig ist, ob der Anscheinsbeweis als Teil der Beweiswürdigung zum Vollbeweis führt, oder ob er das Beweismaß senkt. Nach überwiegend vertretener richtiger Auffassung legitimiert der Anscheinsbeweis nicht eine generelle Beweismaßsenkung[13]. Er muß und kann vielmehr den vollen Beweis erbringen, es sei denn, es läge einer der Ausnahmefälle vor, so, wenn beispielsweise - insbesondere beim Nachweis der Kausalität[14] - ein Anscheinsbeweis für ein Merkmal geführt wird, bei dem nach allgemeinen Grundsätzen eine (richterliche) Beweismaßsenkung zu bejahen ist[15]. Der Unterschied zwischen dem Anscheinsbeweis und dem normalen Vollbeweis liegt deshalb nur darin, daß (beim Anscheinsbeweis) die Anwendung eines Erfahrungsgrundsatzes die Aufklärung des konkreten Sachverhalts teilweise erübrigt, weil jedenfalls die zu beweisende Tatsachenbehauptung vorliegt.

---

[9] *Nölscher*, NJW 1981, S. 2039.

[10] *Gottwald*, Festschrift für Lange (1992), S. 454; *Diederichsen / Wagner*, VersR 1993, S. 647 („Mischform zwischen Beweislastumkehr und Anscheinsbeweis").

[11] Zum Anscheinsbeweis im Rahmen der Umwelthaftung vgl. insbesondere *Deutsch*, Umwelthaftung: Theorie und Grundsätze, JZ 1991, 1097, 1101.

[12] Vgl. statt aller *Prütting*, Gegenwartsprobleme der Beweislast, S. 111.

[13] Siehe etwa *Prütting* (o. Fußn. 12), a.a.O. .

[14] Vgl. *Prütting* (o. Fußn. 12), S. 101.

[15] Auf die Frage der Beweismaßsenkung im Kontext mit dem Nachweis der Kausalität im Hinblick auf § 6 Abs. 1 UmwHG wird zurückzukommen sein.

Die Konstruktion des Anscheinsbeweises beruht aber auch auf diesen Überlegungen: Wenn richterlicherseits die Überzeugung gewonnen wurde, eine bestrittene Behauptung sei wahr, geht die Beweisführungslast - die man auch als Darlegungslast im weiteren Sinne bezeichnen kann - auf den Gegner über; er hat dann Umstände, die geeignet sind, die richterliche Überzeugung zu erschüttern, zu behaupten und ggf. zu beweisen [16]. Bei gesetzlichen widerlegbaren Vermutungen - wie der durch § 6 Abs. 1 UmwHG geregelten - reicht es aber nicht aus, die richterliche Überzeugung lediglich zu erschüttern; vielmehr ist nach § 292 ZPO nur der Beweis des Gegenteils zulässig, wenn das Gesetz für das Vorhandensein einer Tatsache eine Vermutung aufstellt. Es ergibt sich mithin aus dem Wesen des Anscheinsbeweises, daß mit § 6 Abs. 1 UmwHG nicht lediglich Regelungsfälle eines gesetzlichen Prima-Facie-Beweises kodifiziert worden sind.

Nun normiert § 6 Abs. 1 UmwHG allerdings den Erfahrungssatz, daß eine Kataloganlage nach den Gegebenheiten des Einzelfalles zur Verursachung des entstandenen Schadens geeignet sein könne. Erfahrungssätze sind identisch mit Wahrscheinlichkeitsaussagen[17]. Soweit also aber in § 6 Abs. 1 UmwHG Erfahrungssätze gesetzlich festgelegt werden, geht es um den objektiven Wahrscheinlichkeitsbegriff, d. h., es ist zu problematisieren, in wievielen Fällen ein Satz mit diesen konkreten Merkmalen zutrifft, wenn sich das Geschehen immer wieder in gleicher Weise wiederholt[18]. Demgegenüber gehört der Anscheinsbeweis - wie bereits auszuführen war - zur Beweiswürdigung und führt ggf. zur subjektiven richterlichen Überzeugung. Daß in § 6 Abs. 1 UmwHG also Erfahrungssätze - hier im Hinblick auf das Geeignetsein zur Schadenskausalität - gesetzlich fingiert werden, ändert aber nichts daran, daß mit Hilfe dieser Vorschrift nicht Regelungsfälle eines (gesetzlichen) Anscheinsbeweises normiert werden.

Bereits aus der Widerlegbarkeit (Beweis des Gegenteils) der gesetzlichen Vermutungen gemäß § 292 ZPO ergibt sich mittelbar, daß es sich bei der *praesumtio juris* - wie der nach § 6 Abs. 1 UmwHG - um genuine Beweislastnormen handelt[19]. Im Wege dieser Beweislastsondernorm[20] erfolgt eine Verteilung der Beweislast in der Weise, daß die Vermutung (zumindest auch) im Falle eines echten *non liquet* eingreift[21]. Die gesetzlichen Vermutungen sind auch nicht als Beweisregeln zu qualifizieren, so daß durch sie

---

[16] Vgl. *Brehm*, Bindung des Richters, S. 146.

[17] Vgl. *Brehm* (o. Fußn. 16) a.a.O.

[18] Vgl. *Brehm* (o. Fußn. 16) a.a.O.

[19] *Prütting* (o. Fußn. 12), S. 48 ff.; zu § 6 Abs. 1 UmwHG ebenso *Stecher*, Die Ursachenvermutungen, S. 106.

[20] Beweislastsonderregeln, die oft fälschlicherweise mit dem Rechtsinstitut der Beweislastumkehr verwechselt werden, bestimmen Abweichungen von den Grundregeln der Normentheorie. Auch *Henseler*, Grundfragen einer Umweltgefährdungshaftung, UTR 5, S. 247 f, ging noch in Erwartung der Kodifizierung des Umwelthaftungsgesetzes *de lege ferenda* davon aus, der Gesetzgeber müsse die **Beweislastumkehr** über die bloße Schadenseignung eines bestimmten Stoffes hinaus an die Voraussetzungen knüpfen, daß konkrete Anhaltspunkte den Verdacht erhärteten, im Einwirkungsbereich einer Anlage aufgetretene Immissionsschäden könnten durch die Emission einer bestimmten Anlage verursacht sein. Beweiserleichterungen hat der BGH dem Anspruchsteller in der Kupolofen-Entscheidung zugestanden (BGHZ 92, 143, 146 f). Auch das OLG Hamm (NJW1988, 1031, 1032) ging bei einem Ausstoß eines Zementwerks von Thallium-Emissionen von einer Umkehrung der Beweislast aus.

[21] *Stecher* (o. Fußn. 19), a.a.O.

keine Tatsache „festgestellt" wird. Auch dies ist ein Beleg für die Beweislastqualität der Vermutung, denn eine beweisgenerierende Wirkung würde gerade die Möglichkeit des Bestehens eines *non liquet* ausschalten; durch eine Tatsachenfeststellung im Wege der gesetzlichen Vermutung könnte es nicht zu einem *non liquet* kommen[22].

In den gesetzlichen Vermutungen findet sich - im Gegensatz zu normalen ausdrücklichen Beweislastnormen - eine klare Anweisung an den Richter, wie er methodisch zu verfahren hat[23]. Im Kontext mit § 6 Abs. 1 UmwHG weist der Gesetzgeber den Rechtsentscheider an, das Tatbestandsmerkmal der Schadensverursachung als gegeben anzunehmen, obwohl die diesem Merkmal zugrundeliegenden Tatsachen gerade nicht zur Überzeugung des Gerichts bewiesen sind[24]. Wie erwähnt, ist eine solche Situation, an der das Gesetz den Richter anweist, ein Tatbestandsmerkmal als vorliegend zu behandeln, obwohl gerade dies nicht feststeht, methodisch als eine Fiktion zu qualifizieren[25]. An dieser methodischen Einordnung als Fiktion ändert sich auch nichts, wenn die vermutete Schadensverursachung mit der Wirklichkeit übereinstimmen sollte. Denn fingiert wird ein nicht zur Überzeugung des Gerichts feststehendes Tatbestandsmerkmal als doch im Rechtsstreit feststehend, nicht jedoch die Übereinstimmung von Vermutung und objektiver Wahrheit[26].

2. Die durch § 6 Abs. 1 UmwHG normierte Beweismaßreduzierung

Ein enger praktischer Zusammenhang zwischen Beweislast und Beweismaß[27] kann nicht geleugnet werden, auch wenn Beweismaßregelungen prozessualer Natur sind, während durch die Beweislastnormen materiell-rechtliche Gerechtigkeitserwägungen[28] indiziert werden. Je geringer die Anforderungen an das Beweismaß desto kleiner wird die Zahl der richterlichen Entscheidungen nach Beweislastgrundsätzen sein und *vice versa*; es besteht also einerseits eine Relation zwischen der Häufigkeit der Beweislastentscheidungen und - andererseits -, ob es dem Richter mühelos oder nur unter Anstrengungen gelingt, sich eine Überzeugung zu bilden[29]. Trotz dieses praktischen Zusammenhangs lassen sich beide Rechtsinstitute theoretisch aber eindeutig separieren: Das Beweismaß ist integriert in die umfassende Beweiserhebung und Beweiswürdigung; die objektive Beweislastentscheidung hingegen ist gleichsam die Konsequenz aus der gescheiterten Beweisführung, wenn

[22] *Prütting* (o. Fußn. 12), S. 49 f.

[23] Vgl. *Prütting* (o. Fußn. 12), S. 50.

[24] Von *Leipold* (o. Fußn. 4), S. 6, ist bereits zu Recht hervorgehoben worden, daß gesetzliche Vermutungen auf Tatbestandsmerkmale und nicht auf Tatsachen gerichtet sind.

[25] Vgl. *Prütting* (o. Fußn. 12), S. 50 und passim.

[26] *Prütting*, (o. Fußn. 12), a.a.O.

[27] *Deutsch* (o. Fußn. 11), S. 1101, sieht gegenüber dem Prima-Facie-Beweis das Beweismaß verändert; im Hinblick auf das Beweismaß brauche keine Typizität des Geschehens vorzuliegen. Vielmehr genüge es auch - so *Deutsch* an zitierter Stelle weiter -, daß es sich um einen ersten Betrieb oder ein Einzelfallgeschehen handele.

[28] So auch *Stecher* (o. Fußn. 19), S. 85.

[29] Vgl. *Prütting* (o. Fußn. 12), S. 66.

nämlich ein *non liquet* eintritt[30]. Demzufolge gehört das Beweismaß zu den Bedeutungsmerkmalen, die im Kontext mit der Erreichung einer richterlichen Überzeugung stehen.

Nun ist der Frage nachzugehen, ob in der Normierung der „Kausalitätsvermutung" nach § 6 Abs. 1 UmwHG eine Beweismaßreduzierung gesehen werden muß. Wenn durch eine Senkung des Beweismaßes die Erzielung richterlicher Überzeugung erleichtert werden soll, so kann dies etwa dadurch erfolgen, daß der Gesetzgeber im Einzelfalle normiert, zur Tatsachenfeststellung sei bereits die richterliche Überzeugung von der deutlich überwiegenden Wahrscheinlichkeit genügend[31]. Bei der Frage der Verminderung des Beweismaßes gegenüber dem Regelbeweismaß des § 286 Abs. 1 ZPO durch § 6 Abs. 1 UmwHG ist zu klären, ob eine solche Beweismaßsenkung in der Normierung der Vermutungsbasis in § 6 Abs. 1 UmwHG gesehen werden könnte. *Stecher*[32] ist nun der Auffassung, daß im Hinblick auf § 6 Abs. 1 UmwHG von einer wirklich „tatbestandsfremden" Vermutungsbasis bzw. einer Verschiebung des Beweisthemas im eigentlichen Sinne streng genommen nicht gesprochen werden könne, weil diese Gesetzesvorschrift „sogar von einer möglichst *umfassenden* Sachverhaltswürdigung auszugehen" scheine. Dem kann jedoch deswegen nicht zugestimmt werden, weil das anspruchsvoraussetzende Tatbestandsmerkmal des § 1 UmwHG, welches dem Anspruchsteller die volle Beweislast im Hinblick auf die haftungsbegründende Kausalität auferlegt, nicht identisch ist mit der Vermutungsbasis des § 6 Abs. 1 UmwHG, die von ihm lediglich den Nachweis dazu verlangt, daß eine Katalog-Anlage im Sinne von Anlage 1 des UmwHG nach den Gegebenheiten des Einzelfalles zur Schadensverursachung geeignet sei, also nur die *Möglichkeit* zur Schadenskausalität bestehen muß. Da die mithin zu konstatierende Beweisthemenverschiebung zugleich aber auch eine Einschränkung des Vollbeweises der Schadenskausalität impliziert, beinhaltet § 6 Abs. 1 UmwHG auch eine Beweismaßreduktion[33].

3. Privilegierung des Normalbetriebs einer Katalog-Anlage

Nach allgemeiner und nicht zu bestreitender Meinung gilt die Ursachenvermutung nach § 6 Abs. 1 UmwHG nur für Störfälle, so daß im Gegensatz hierzu der Normalbetrieb

[30] Ähnlich *Prütting* (o. Fußn. 12), a.a.O.

[31] Es wird heute kaum mehr bestritten, daß auch bei dem Versuch einer Überzeugungsbildung im Hinblick auf eine überwiegende Wahrscheinlichkeit ggf. ein *non liquet* eintreten kann.

[32] *Stecher* (o. Fußn. 19), S. 106.

[33] Auch *Wagner*, Umweltschutz mit zivilrechtlichen Mitteln, NuR 1992, 201, 206, geht im Hinblick auf § 6 Abs. 1 UmwHG von einer Beweismaßreduktion aus. Zu diesem Ergebnis einer Beweismaßreduktion kommt man auch im Rahmen von Likelihood-Betrachtungen, wenn man aufgrund eines bekannten Beobachtungsbefundes und zurückführend auf den zur komparativen Prüfung und Auswahl der von zwei möglichen besser bestätigten Hypothesen dienenden Likelihoodvergleich die Regel für den statistischen Stützungsschluß einsetzt. Mit Hilfe des Stützungsschlusses wird mithin eine Wahrscheinlichkeitsverteilung anhand beobachteter Werte in der Weise vorgenommen, daß man für die unbekannten Ereignisse diejenigen Werte annimmt, bei denen die beobachteten Werte die größte Wahrscheinlichkiet hätten, bei denen also das beobachtete Ereignis am ehesten zustande kommt. Für das Stützungsverhältnis gilt, daß sich in ihm das die Likelihoodwerte ausmachende Likelihoodverhältnis widerspiegelt (vgl. hierzu eingehend S. 89 ff.).

einer Anlage gem. § 6 Abs. 2 UmwHG haftungsrechtlich privilegiert wird[34]. Der Inhaber einer Katalog-Anlage muß lediglich nachweisen, daß seine Anlage bestimmungsgemäß betrieben wurde, um die Anwendung von § 6 Abs. 1 UmwHG auszuschließen; er kann wegen Schadensersatzleistungen nur noch dann in Anspruch genommen werden, wenn dem Geschädigten der Vollbeweis im Hinblick auf das Vorliegen der Tatbestandsmerkmale nach § 1 UmwHG gelingt. Nach § 6 Abs. 4 UmwHG wird die Führung im Normalbetrieb sogar vermutet, wenn festgelegte Kontrollen zeitentsprechend durchgeführt wurden und diese „keinen Anhalt für die Verletzung der Betriebspflicht ergeben haben". Die Beweismaßsenkung nach § 6 Abs. 1 UmwHG gilt mithin nur für - ordnungsrechtlich definierte - Störfälle. Anderenfalls hat der Anspruchsteller die objektive Beweislast im Hinblick auf die Tatbestandsmerkmale nach § 1 UmwHG zu tragen. Die Vermutungsregelung des § 6 Abs. 4 UmwHG erweist sich sowohl als Beweislastnorm wie auch als Regelung der (mittelbaren) Beweismaßreduzierung.

Durch § 6 Abs. 4 Ziff. 2 UmwHG wird - auch wenn in die Form einer Vermutung gekleidet - tatsächlich jedoch der Regelungsgehalt von Verwirkung und Verjährung zum Tragen gebracht[35]. Die Einhaltung der typischen Betriebspflicht im Sinne von § 6 Abs. 2 UmwHG wird „vermutet", selbst wenn der Anlageninhaber in den letzten 10 Jahren überhaupt keine Kontrollen durchgeführt hat und wenn seit der Umwelteinwirkung bei Anspruchstellung mehr als 10 Jahre vergangen sind[36]. Tatsächlich wird jedoch nach 10 Jahren gleichsam eine Ausschlußfrist für die Kausalitätsvermutung gem. § 6 Abs. 1 UmwHG gesetzt, auch wenn dies unter dem Vorbehalt steht, daß auch die „Vermutung" nach § 6 Abs. 4 Ziff. 2 UmwHG widerlegt werden kann.

Was überhaupt die Widerlegung der Vermutung[37] im Sinne von § 6 Abs. 4 UmwHG anbetrifft, so gilt § 292 ZPO mit der Folge, daß - um die Eignungsvermutung nach § 6 Abs. 1 UmwHG wieder eintreten zu lassen - der Geschädigte den (vollen) Beweis des Gegenteils führen muß[38].

Nach Widerlegung der Vermutung gemäß § 6 Abs. 4 UmwHG ist es nicht mehr möglich, daß sich der Anlageninhaber auf das Vorliegen eines bestimmungsgemäßen Betriebs im Sinne von § 6 Abs. 2 UmwHG berufen kann. Dies führt zur Rückkehr der Ursachenvermutung im Sinne § 6 Abs. 1 UmwHG, wonach bei Eignung der Anlage zur Schadensverursachung im Einzelfall auch vermutet wird, daß die Anlage den Schaden verursacht hat[39]. Dies hat zur Folge, daß nunmehr der Schädiger mit dem (vollen) Beweis des Gegenteils gemäß § 292 ZPO bei der Kausalität der Anlage im Hinblick auf den eingetretenen Schaden belastet wird.

[34]Vgl. statt aller *v. Dörnberg*, Die Haftung für Umweltschäden, S. 20.

[35]*Salje*, Umwelthaftungsgesetz, Rdnr. 54 zu § 6.

[36]Vgl. *Salje* (o. Fußn. 35), a.a.O.

[37]Auch bei § 6 Abs. 4 Ziff. 1 UmwHG handelt es sich formal um eine gesetzliche Vermutung.

[38]Dieser Nachweis wird z. B. dann als vorliegend anzusehen sein, wenn der Geschädigte darlegt und ggf. nachweist, daß eine umwelteinwirkungsbezogene Kontrollpflicht unbeachtet geblieben ist (so auch *Salje* [o. Fußn. 35], Rdnr. 55 zu § 6 UmwHG).

[39]Vgl. *Salje* (o. Fußn. 35), Rdnr. 56 zu § 6 UmwHG.

4. Multikausalität und Beteiligungsvermutung im Sinne der §§ 6, 7 UmwHG

Gerade im umwelthaftungsrechtlichen Bereich sind die Situationen multikausaler[40] Schadensentstehung von ganz erheblicher Relevanz. Auch wenn nach dem Wortlaut § 6 Abs. 1 Satz 1 UmwHG von der Schadenseignung bei Beteiligung lediglich *einer* Anlage ausgeht[41], so besteht jedoch - soweit ersichtlich - in der Literatur Einigkeit darüber, daß diese Vorschrift (i. V. m. § 7 Abs. 1 UmwHG) auch eine Kausalitätsvermutung bei mehreren als Schadens(mit)verursacher in Betracht kommenden Anlagen i. S. des Anhanges 1 zu § 1 UmwHG normiert[42]. Aus § 7 Abs. 1 Satz 1 UmwHG, der verhindern soll, daß bei Eignung mehrerer Anlagen zur Schadensverursachung die Anlageninhaber durch wechselseitige Zuweisung einer Kausalitätseignung der Vermutung entgehen[43] (der Vermutungsausschluß nach § 7 Abs. 1 Satz 1 UmwHG soll nur durch den Nachweis *anderer* ebenfalls geeigneter *Umstände* ermöglicht werden), ist zugleich auch zu entnehmen, daß die Kausalitätsvermutung nach § 6 Abs. 1 UmwHG auch bei mehreren Katalog-Anlagen in Betracht kommt, wenn nicht (auch) ein anderer Umstand nach den Gegebenheiten des Einzelfalles zur Schadensverursachung geeignet ist. Ohne das Vorliegen solcher anderen Umstände wird also bei Eignung mehrerer Katalog-Anlagen zur Schadensverursachung die auf sie bezogene Kausalitätsvermutung nicht ausgeschlossen.

§ 6 Abs. 1 i. V. m. § 7 Abs. 1 Satz 1 UmwHG erweist sich mithin zugunsten des geschädigten Anspruchstellers als echte Beweislastsondernorm, wenn im Einzelfall neben dem von ihm verklagten Anlageninhaber auch andere Katalog-Anlagen geeignet sind, den Gesamtschaden additiv oder alternativ (mit) verursacht zu haben, so daß die Vermutung des § 6 Abs. 1 UmwHG greift[44]. Denn Anteils- und Urheberzweifel gehen zu Lasten des verklagten Anlageninhabers[45]. Anders als bei der Ab- und Ausgrenzung *anderer Umstände* i. S. v. § 7 UmwHG ist hier ausreichend der Nachweis der lediglich konkreten Eignung der „gegnerischen“ Anlage, die Schädigung in irgendeiner Weise (also unklar, wie) und mit welchem Anteil auch immer verursacht zu haben, um eine Verlagerung des Kausalitätsbeweisrisikos zum Nachteil des Katalog-Anlageninhabers zu inszenieren[46].

---

[40] „Multikausalität“ ist jedoch kein Rechtsbegriff; ebenso *Feess*, Haftungsregeln für multikausale Umweltschäden, S. 4.

[41] *Landsberg / Lülling*, Das neue Umwelthaftungsgesetz, DB 1990, 2205, 2208.

[42] Vgl. statt aller *v. Dörnberg* (o. Fußn. 34), S. 26; *Stecher* (o. Fußn. 19), S. 167.

[43] Vgl. statt aller *v. Dörnberg* (o. Fußn. 34), S. 26; *Stecher* (o. Fußn. 19), S. 167.

[44] Ebenso *Stecher* (o. Fußn.), S. 291.

[45] Vgl. *Paschke*, Umwelthaftungsgesetz, Rdnr. 9 zu § 7 UmwHG; *Salje* (o. Fußn. 35), Rdnr. 19 zu § 7 UmwHG, S. 219 f; *Schmidt-Salzer*, Kommentar zum Umwelthaftungsrecht, Rdnr. 13 ff. und Rdnr. 52 ff. zu § 7 UmwHG; *Stecher* (o. Fußn. 19), S. 291 f.

[46] Ähnlich *Stecher* (o. Fußn. 19), S. 167.

Es ist mithin zu validieren, daß sich aus dem Kanon der §§ 6 Abs. 1, 7 Abs. 1 S. 1 UmwHG[47] die Beteiligungsvermutung der Inhaber mehrerer Katalog-Anlagen ergibt[48]. Infolge der Mutierung der in § 6 Abs. 1 UmwHG normierten Vermutung der Alleinkausalität durch § 7 Abs. 1 Satz 1 UmwHG zur Beteiligungsvermutung werden die betroffenen Anlageninhaber zu einer Haftungsgemeinschaft gezwungen[49]. Auch für den Nachweis der Vermutungsbasis im Hinblick auf die Beteiligungsvermutung gilt nach der hier vertretenen Auffassung das Beweismaß der deutlich überwiegenden Wahrscheinlichkeit. Im Falle multipler Kausalität bei Mitwirken von zwei oder mehr Kataloganlagen wird die Beteiligungsvermutung bei (kumulativer) Eignung zur Schadensverursachung nach § 6 Abs. 1 UmwHG auch dann nicht ausgeschlossen, wenn eine der Anlagen eine höhere Beteiligungsquote als die anderen aufweist[50]. Diese Ansicht dürfte auch folgerichtig vom Standpunkt der gesamtschuldnerischen Haftung bei Mitverursachung mehrerer Inhaber von Kataloganlagen sein[51], da logischerweise im Verhältnis zum Anspruchsteller die Beteiligungsquote dann irrelevant ist[52].

Die Aufklärung der Beteiligungsverhältnisse bei multikausalen Konstellationen einer Schadensherbeiführung durch mehrere Katalog-Anlagen ist also nicht erforderlich, um gemäß § 6 Abs. 1 UmwHG i.V.m. § 7 Abs. 1 Satz 1 UmwHG bei konkreter Eignung (Möglichkeit) einer Anlage zur Schadens(mit)verursachung ihre Mitursächlichkeit im Wege der Beteiligungsvermutung feststellen zu können[53].

5. Haftungsumfang bei multikausalen Schäden

In welchem Umfang die im Wege der Beteiligungsvermutung ermittelten Mitverursacher haften müssen, hat der Normgeber des Umwelthaftungsgesetzes in voller Absicht offengelassen, um dies der Regelung durch die Rechtsprechung zu überlassen. In Betracht kommen die gesamtschuldnerische Haftung und die Haftung *pro rata*[54]. Zwar ist dies ein Beleg dafür, daß gesetzespositivistisches Denken endgültig keine Rechtskategorie des deutschen Rechtssystems mehr sein kann, andererseits ergibt sich aus dieser Regelungslücke des Gesetzgebers eine erhebliche Rechtsunsicherheit.

---

[47] Im Hinblick auf § 7 Abs. 1 S. 1 UmwHG ist allerdings nur eine indirekte normative Aussage zu konstatieren. Der Regelungsteil, der in § 7 Abs. 1 Satz 1 UmwHG den Ausschluß der Vermutung normiert, wird hier ausgeklammert.

[48] Vgl. *Medicus*, NuR 1990, 149; *Schmidt-Salzer* (o. Fußn. 45), Rdnr. 3 und 5 zu § 7 UmwHG; *Salje* (o. Fußn. 35), Rdnr. 20 zu § 7 UmwHG, S. 220; *Stecher* (o. Fußn. 19), S. 228 und passim.

[49] *Landsberg / Lülling*, Umwelthaftungsrecht, Rdnr. 3 zu § 7 UmwHG.

[50] Ähnlich *Salje* (o. Fußn. 35), Rdnr. 20 zu § 7 UmwHG.

[51] Hierauf wird im folgenden Kapitel noch einzugehen sein.

[52] Vgl. *Salje* (o. Fußn. 35), Rdnr. 20 zu § 7 UmwHG. Erst im Regreßprozeß des Anlageninhabers - der in Anspruch genommen wurde - kann über die Höhe der Anteile bei analoger Anwendung von § 287 ZPO gestritten werden; in diesem Rechtsstreit gilt die Vermutungsregelung nach den §§ 6, 7 UmwHG sowieso nicht.

[53] Vgl. *Stecher* (o. Fußn. 19), S. 334 und passim.

[54] *Wagner* (o. Fußn. 33), S. 206, sieht gesetzliche Anknüpfungspunkte für die Verteilung der Schadenstragungslasten in Fällen multikausaler Verursachung durch die §§ 840 Abs. 1, 830 Abs. 1 Satz 2 BGB, 287 ZPO.

Entgegen der allgemeinen Einschätzung eines sich nicht auf den Haftungsumfang bei multikausalen Schäden beziehenden gesetzgeberischen Willens im Hinblick auf das Umwelthaftungsgesetz glaubt *Stecher*[55] die Intention des umwelthaftungsrechtlichen Normgebers dahingehend verstehen zu müssen, daß er mit der Vermutungsregelung eine Übermaß- bzw. Verdachtshaftung eines Anlageninhabers habe vermeiden wollen, so daß eine Gesamthaftung des lediglich anteilig bzw. nebentäterschaftlich Verantwortlichen nur in Frage kommen könne, wenn auch der Regreß im Wege des Gesamtschuldnerausgleichs gesichert erscheine. Wenn *Stecher*[56] fordert, der Geschädigte habe eine Individualisierung der in Betracht kommenden „mehreren Anlagen“ vorzunehmen, die auch insoweit konkurrierende „andere Umstände“ bzw. ggf. einen auf diese zurückgehenden Anteil an der Gesamtschädigung ausgrenzen müsse, träfe den Betroffenen das Aufklärungsrisiko, und zwar sogar insbesondere auch im Hinblick auf den quotenmäßigen Haftungsumfang bezüglich der Inhaber der einzelnen emittierenden Katalog-Anlagen. Entgegen der Ansicht *Stechers*[57] ist hier § 287 ZPO völlig irrelevant, weil diese Vorschrift nur im Rahmen der haftungsausfüllenden, nicht aber auch der haftungsbegründenden Kausalität anwendbar ist. Zwar hatte der BGH im Fall „Muschelkalksandstein“[58], wo zwei Steinbrüche in nicht völlig geklärter Art und Weise durch Sprengungen Rißschäden an Häusern verursacht hatten, judiziert, daß gemäß § 287 ZPO nach Aufklärung der verursachenden Erschütterungen jeder Emittent nach § 906 Abs. 2 Satz 2 BGB nur für seinen Schadensteil ersatzpflichtig sei[59]; hierbei übersieht das Gericht jedoch, daß § 287 ZPO deswegen nicht anwendbar ist, weil es bei der Verifizierung von Verursachungsanteilen nicht um das Problem der haftungsausfüllenden, sondern um ein solches der haftungsbegründenden Kausalität geht[60]. Es bleibt daher festzuhalten: die Judikatur kann bei multikausalen Fällen aufgrund der haftungszuweisenden Funktion der als Beweislastsondernorm zu qualifizierenden Kausalitätsvermutungsregelung des § 6 Abs. 1 UmwHG und angesichts der allgemeinen Zielvorstellungen der Gesetzesverfasser nur von einer Verlagerung des Beweisrisikos und damit von einem gesamtschuldnerischen Zurechnungskonzept im Hinblick auf die durch die von den emittierenden Gefahrenproduzenten verwirklichten Schäden ausgehen[61]. Hierfür ist weder der Nachweis der potentiellen Alleinursächlichkeit der betreffenden Katalog-Anlage für den Gesamtschaden noch die „Auswechselbarkeit“ der möglicherweise beteiligten Emissionen erforderlich[62].

---

[55] *Stecher* (o. Fußn. 19), S. 334.

[56] *Stecher* (o. Fußn. 19), a.a.O.

[57] *Stecher* (o. Fußn. 19), a.a.O.

[58] BGHZ 66, 70, 75 ff.

[59] Auf diese höchstrichterliche Rechtsprechung stützt sich *Stecher* offensichtlich.

[60] Dies ist explizit bereits schon von *Salje* (o. Fußn. 35), Rdnr. 124 zu §§ 1, 3 UmwHG erkannt worden.

[61] Diese Regelung der Internalisierung multikausaler Schäden durch die Kausalitätsvermutung der §§ 6, 7 UmwHG mit dem Ergebnis gesamtschuldnerischer Haftung erweist sich als eine Spezialregelung im Verhältnis zu der allgemeinen Kausalitätsvermutung des § 830 Abs. 1 Satz BGB.

[62] Ebenso *Stecher* (o. Fußn. 19), S. 334.

6. Der Vermutungsausschluß gemäß § 7 UmwHG

a.) Die Interpretation des Begriffs des „anderen Umstands“ i.S. von § 7 UmwHG

Der zweite Regelungsteil des § 7 UmwHG[63] betrifft den „Ausstieg aus der Vermutung“[64]:

„Die Vermutung ist entkräftet, wenn nach den Gegebenheiten des Einzelfalls neben der Anlage auch ein anderer Umstand geeignet ist, den Schaden zu verursachen.“

In diesen Fällen bleibt trotz versuchter Sachverhaltsaufklärung ungewiß, ob Schadensursache eine Kataloganlage war oder ein „anderer Umstand“ i. S. von § 7 UmwHG[65]. Bei solch einer Konstellation ist nicht davon auszugehen, daß „im Prinzip eigentlich alles bei vernünftiger Beurteilung Greifbare für eine Verursachung durch eine Anlage spricht“[66].

Da grundsätzlich nur die Konstellationen mehrerer oder einer Vielzahl von Emittenten einerseits und der „Ausstieg“ aus der Vermutung andererseits beweisrechtlich problematisch ist, kommt dieser Norm für die Steuerung des Kausalitätsnachweises[67] und der Widerlegung der Eignungsvermutung eine Schlüsselrolle zu. Von fundamentaler Relevanz für Verneinung oder Bejahung der Restitution von Umweltschäden ist der Grad der Eignung[68] eines anderen Umstands zur Schadensverursachung.

In seiner Stellungnahme zum Gesetzentwurf der Bundesregierung zum Umwelthaftungsgesetz hat der Bundesrat die Ansicht vertreten, daß für die Vermutung nach § 6 Abs. 1 UmwHG und die „Gegenvermutung“ gemäß § 7 UmwHG das gleiche Maß an Eignung zur Schadensverursachung gegeben sein müsse. In der Begründung der Bundesregierung zu diesem Gesetzentwurf und in ihrer Gegenäußerung zur erwähnten Stellungnahme des Bundesrates ist dann ebenfalls offenbart worden, daß für den „Ausstieg“ aus der Vermutung der gleiche Maßstab wie für den „Einstieg“ gelten solle[69]. Richtigerweise haben *Landsberg* und *Lülling*[70] dann aber bereits darauf verwiesen, daß der die Ursachenvermutung widerlegende andere Umstand gegebenenfalls zur Schadensverursachung auch weniger geeignet zu sein braucht als die zur Ursachenvermutung geeigneten Anlagen, so

---

[63] Der erste Regelungsteil des § 7 Abs. 1 S. 1 UmwHG - betreffend die Beteiligungsvermutung - wurde im vorhergehenden Kapitel erörtert.

[64] In der Begründung zu § 7 UmwHG wird diese Norm als „Ausstieg“ aus der Vermutung bezeichnet.

[65] Ein „anderer Umstand“ in diesem Sinne liegt dann vor, wenn er wegen seiner Nichtzugehörigkeit zum Anlagenkatalog zu § 1 UmwHG dem Anlageninhaber (§ 7 Abs. 2 UmwHG) oder aber den Inhabern der mehreren Anlagen (§ 7 Abs. 1 Satz 1 UmwHG) nicht zugerechnet werden kann.

[66] *Schmidt-Salzer* (o. Fußn. 45), Rdnr. 4 zu § 7 UmwHG.

[67] Vgl. hierzu schon *v. Dörnberg* (o. Fußn. 34), S. 29; ähnlich *Diederichsen*, PHI 1990, 78, 89; vgl. weiter *Hager*, Das neue Umwelthaftungsgesetz, NJW 1991, 134, 139.

[68] In dem „Diskussionsentwurf“ der Bundesregierung vom Sommer 1989 war statt dessen noch vorgesehen, daß der in Anspruch genommene Anlageninhaber die Wahrscheinlichkeit einer anderen Schadensverursachung darlegen und ggf. beweisen mußte; zum „Diskussionsentwurf“ vgl. etwa *Salje*, Zur Kritik des Diskussionsentwurfs eines Umwelthaftungsgesetzes, ZRP 1989, 408.

[69] Insoweit bereits schon zweifelnd *Wiebecke / Kummer*, in: *Wiebecke* (Hrsg.), Umwelthaftung und Umwelthaftungsrecht, S. 35.

[70] *Landsberg / Lülling*, Umwelthaftungsrecht, S. 178 f, Rdnr. 12 zu § 7 UmwHG.

daß in diesen Fällen „die Schwelle für den Ausstieg aus der Vermutung niedriger ist als die Schwelle für den Einstieg in die Vermutung".

Angesichts der Frage der Steuerung der Beweislast und damit im Hinblick auf das haftungsrechtliche Zurechnungskonzept des Umwelthaftungsgesetzes ist von ganz erheblicher Relevanz die Auslegung des Begriffs des nach den Gegebenheiten des Einzelfalles geeigneten anderen Umstands im Sinne von § 7 UmwHG[71]. Es ist deshalb zu erörtern, ob der Anspruchsgegner des Geschädigten sich auf die Eignung einer - nicht unter den Katalog von Anhang 1 zu § 1 UmwHG fallenden - anderen Anlage zur Schadensverursachung als einen anderen Umstand i. S. von § 7 Abs. 1 UmwHG mit der Folge des Ausschlusses der Ursachenvermutung nach § 6 Abs. 1 UmwHG berufen kann[72]. Die mit dem Wortsinn des Gesetzestextes beginnende Auslegung als erster interpretativer Orientierung hat zum Ergebnis, daß die Verhinderung der mutualen Entlastung von der Ursachenvermutung nur die Kataloganlagen betrifft[73]. Danach müßte die eben gestellte Frage bejaht werden. Es ist aber zudem das Problem zu lösen, ob eine einengende Interpretation im Hinblick auf den Begriff des „anderen Umstands" i. S. von § 7 UmwHG möglich ist. Dieser Weg der Auslegung erscheint jedoch wegen des eindeutigen Wortsinns des Terminus' des „anderen Umstands" nach § 7 UmwHG in der begrifflichen Gegenüberstellung zu der Verursachungseignung der Kataloganlagen als nicht gangbar. Daher kann nur noch untersucht werden, ob eine über die einengende Auslegung hinausgehende sogenannte teleologische Reduktion zulässig und geboten ist. Ziel der teleologischen Reduktion ist, eine normative Regelung entgegen ihrem Wortsinn einzuschränken und die ausfindig gemachte „verdeckte Lücke" in Anwendung gesetzlicher oder verfassungsrechtlicher Grundwertungen oder des Normzwecks zu schließen[74]. Das Ausfüllen dieser Lücke erfolgt durch Hinzufügen dessen, was sich bei der sinngemäß geforderten Einschränkung ergibt.

Das Gebot der teleologischen Reduktion fußt im Grunde auf dem grundrechtlichen Gleichbehandlungsgebot; danach sind nicht nur gleichartige Fälle gleich zu behandeln, sondern es entspricht auch dem Gebot der Gerechtigkeit, Ungleiches ungleich zu behandeln.

Mit der Einführung der Gefährdungshaftung und der Kausalvermutung durch das Umwelthaftungsgesetz ist zweifelsohne - wenn freilich auch unter Ausschluß der Verdachtshaftung - ein möglichst weitgehender Schutz der von Immissionen aus Kataloganlagen Betroffenen durch den Gesetzgeber gewollt. Diesem Schutzzweck entspräche es nicht, wenn undifferenziert unter den Begriff des „anderen Umstands" i. S. von § 7 UmwHG etwa auch die emittierenden Anlagen fielen, die zwar nicht im Anhang 1 zu § 1 UmwHG aufgeführt sind, aber dennoch ein nicht unerhebliches Gefahrenpotential darstellen[75]. Die Möglichkeit der Entlastung eines Inhabers einer Kataloganlage durch den Hinweis auf die Schadensverursachungseignung eines solchen Emittenten, dessen Anlage nicht unter Anhang 1 zu § 1 UmwHG fällt, wäre sachlich ungerechtfertigt und willkürlich im Verhältnis

[71] Vgl. *v. Dörnberg* (o. Fußn. 34), S. 29.
[72] So *Landsberg / Lülling* (o. Fußn. 70), S. 177, Rdnr. 7 zu § 7 UmwHG.
[73] Vgl. statt aller *v. Dörnberg* (o. Fußn. 34), S. 29 f.
[74] *Bydlinski*, Juristische Methodenlehre und Rechtsbegriff, S. 480.
[75] Vgl. *v. Dörnberg* (o. Fußn. 34), S. 30.

dazu, daß der Ausschluß der Haftung durch wechselseitiges Verweisen auf die Verursachungseignung jeweils eines anderen unter § 1 UmwHG fallenden Anlageninhabers ausdrücklich durch § 7 UmwHG versagt wird[76].

Ein Verbot der Einschränkung von § 7 UmwHG im genannten Sinne ergibt sich auch nicht aus dem Erfordernis der Beachtung eines vermeintlich vorrangigen Interesses an Rechtssicherheit[77].

Eine Einschränkung des Ausschlusses der Vermutung bei der genannten Fallgruppe bringt für den nach dem Umwelthaftungsgesetz in Anspruch Genommenen keine größere Unsicherheit angesichts der von ihm vorzutragenden und ggf. zu beweisenden Tatsachen zur Widerlegung der Kausalvermutung als bei den an ihn zu stellenden Darlegungs- und Beweisanforderungen ohne Berücksichtigung der hier anempfohlenen Reduktion der Regelung des § 7 UmwHG. Hieraus ist zugleich auch abzuleiten, daß aus der hier vorgenommen teleologischen Reduktion keine zusätzliche unzumutbare Belastung des nach dem Umwelthaftungsgesetz in Anspruch genommenen Anlageninhabers festzustellen ist[78].

Der beschriebene Weg der teleologischen Reduktion erscheint aber auch dann gangbar, wenn bei einer von mehreren zur Schadensverursachung geeigneten Anlagen die Ursachenvermutung gemäß § 6 Abs. 1 UmwHG deswegen ausgeschlossen ist, weil diesem Anlageninhaber nach § 6 Abs. 2 UmwHG der Nachweis des Führens im Normalbetrieb gelungen ist[79]. Es ist zudem noch die praktische Erwägung zu berücksichtigen, daß ein solcher eine Anlage im Normalbetrieb führende Emittent nicht zwangsläufig auch Prozeßpartei oder Streitverkündeter eines wegen der Geltendmachung eines Anspruchs nach § 1 UmwHG geführten Rechtsstreits sein muß; ist dieser an dem Rechtsstreit nicht beteiligt, wird jedenfalls durch ihn der Nachweis gemäß § 6 Abs. 2, 3 und 4 UmwHG nicht geführt werden[80].

Es bleibt noch das mit dieser Frage umschriebene Problem anzugehen, ob neutrale - also etwa natürliche - Einwirkungen und nicht zurechenbare Immissionen wie solche von Kleinemittenten stammenden als ein anderer Umstand i. S. von § 7 UmwHG anzusehen seien. *Hager*[81] will differenzieren, und zwar je nachdem, ob die neutralen Faktoren lediglich zur Mitverursachung geeignet sind oder ob die Eignung dieser zur Schadensverursachung ohne Rücksicht auf anlagebedingte Immissionen besteht; nur im letztgenannten Fall soll nach seiner Ansicht die Widerlegung der Kausalitätsvermutung greifen können. Im Hinblick auf die bloße Eignung zur Schadensmitverursachung durch

[76]Vgl. zu dieser Problematik auch *Diederichsen*, PHI 1990, 78, 89; für eine restriktive Auslegung des Ausstiegs aus der Kausalitätsvermutung *Steffen*, NJW 1990, 1817, 1822; weiter zu dieser Problematik *Hager*, Das neue Umwelthaftungsgesetz, NJW 1991, 134, 139.

[77]Vgl. *v. Dörnberg* (o. Fußn. 34), S. 30.

[78]Vgl. *v. Dörnberg* (o. Fußn. 34), S. 30.

[79]A. A. jedoch *Landsberg / Lülling* (o. Fußn. 70), S. 179, Rdnr. 13 und 14 zu § 7 UmwHG.

[80]So *v. Dörnberg* (o. Fußn. 34), S. 30.

[81]*Hager*, Das neue Umwelthaftungsgesetz, NJW 1991, S. 139. Generell den Ausschluß der Ursachenvermutung bei Verweisung auf die allgemeine Umweltbelastung als mögliche „andere“ Ursache verneinend *Ketteler*, AnwBl. 1992, S. 3 u. 5. Ähnlich *Steffen*, NJW 1990, 1817, 1822.

neutrale Umstände wird man *Hager* dahin zustimmen müssen, daß sich aus dem Wortsinn von § 7 UmwHG Gegenteiliges nicht entnehmen läßt[82].

Eine andere Bewertung muß jedoch bei der Fallkonstellation der Eignung zur Alleinverursachung des Schadens durch neutrale Faktoren erfolgen. Diese Fallgruppe ist nicht anders zu beurteilen als die Fälle der zwar nicht unter das Umwelthaftungsgesetz zu subsumierenden, aber nach anderen Normen schadensersatzpflichtigen Anlagen, so daß wegen der Gleichartigkeit aller dieser Fälle § 7 UmwHG dieselbe teleologische Reduktion wie in der oben zuerst untersuchten Fallgruppe erfahren muß[83].

Resümierend bleibt zu dem eben erörterten Kapitel zusammenzufassen, daß die teleologische Reduktion des § 7 UmwHG in dem erwogenen Umfang sowohl zulässig wie zur Vermeidung sinn- und zweckwidriger Ergebnisse geboten erscheint[84].

Nur wenn die Kausalitätsvermutung nicht widerlegt werden kann, findet die Ursachenvermutung auf sämtliche Inhaber der schadensgeeigneten Anlagen der Liste von Anhang 1 zu § 1 UmwHG Anwendung; eine Entlastungsmöglichkeit steht ihnen dann nur noch nach Maßgabe von § 6 Abs. 2 - 4 UmwHG offen.

b.) Modifizierung von § 292 ZPO durch § 7 UmwHG

§ 292 S. 1 ZPO figuriert als Beweislastsondernorm im Sinne der Regelung für den Fall, daß das Gesetz für das Vorhandensein einer Tatsache eine Vermutung aufstellt, so daß nur der Beweis des Gegenteils (also nicht lediglich der Gegenteilsbeweis) zulässig ist; dies gilt auch, wenn im Hinblick auf § 7 UmwHG nur eine gesetzliche Tatsachenvermutung[85] in Betracht kommt, bei der der Gesetzgeber beim Vorliegen bestimmter Tatsachen (Vermutungsbasis) [86] ein anderes Merkmal ohne weiteres als bestehend hinstellt (Vermutungsfolge), wobei § 7 Abs. 2 UmwHG die strenge Normung des § 292 ZPO in der Weise modifiziert, daß er einen besonderen Vermutungsausschluß einführt[87].

Worauf bereits *Salje*[88] aufmerksam gemacht hat, ergibt sich nämlich aus dem Wortlaut von § 7 Abs. 1 S. 2 UmwHG, daß der dort geregelte Eignungsbegriff nicht völlig deckungsgleich mit dem in § 6 Abs. 1 S. 2 UmwHG ist. Während nämlich in § 6 Abs. 1 S. 2 UmwHG gleichsam alle denkbaren Eignungskriterien - einschließlich der anlagenbezogenen - aufgeführt werden, fehlen in § 7 Abs. 1 S. 2 gerade die anlagenspezifischen Eignungsgesichtspunkte. Da in § 7 Abs. 2 UmwHG aber nicht einmal in eingeschränkter Anzahl (wie in § 7 Abs. 1 S. 2 UmwHG) enumerativ Eignungsgesichtspunkte für den „Vermutungsausstieg" aufgeführt worden sind, können im Rahmen dieser Vorschrift

[82] Vgl. hierzu auch bereits schon *v. Dörnberg* (o. Fußn. 34), S. 30.
[83] So *v. Dörnberg* (o. Fußn. 34), S. 30.
[84] Vgl. *v. Dörnberg* (o. Fußn. 34), S. 30.
[85] § 292 S. 1 ZPO regelt auch gesetzliche Rechtsvermutungen.
[86] Siehe oben S. 14 ff.
[87] Vgl. *Salje* (o. Fußn. 35), S. 190.
[88] *Salje* (o. Fußn. 35), Rdnr. 14 ff. zu § 7 UmwHG.

ebenfalls nur alle in § 6 Abs. 1 S. 2 UmwHG genannten Eignungskriterien (einschließlich der anlagenbezogenen) gelten. Während Rechtsfolge des Eintretens der gesetzlichen Vermutung gem. § 292 Abs. 1 ZPO ist, daß die fragliche Tatsache als zur Überzeugung des Gerichts bewiesen angesehen wird, werden durch § 7 UmwHG - obwohl § 6 Abs. 1 UmwHG als gesetzliche Vermutung i.S. von § 292 S. 1 ZPO ausgestaltet ist - die Rechtsfolgen der zuletzt genannten Norm wieder eliminiert. Anstelle des von § 292 S. 1 ZPO für den Regelfall für den Vermutungsausstieg geforderten Beweises des Gegenteils wird diese Norm durch § 7 UmwHG in der Weise modifiziert, daß - wenn auch (wie oben angedeutet) nach § 7 Abs. 1 UmwHG bzw. § 7 Abs. 2 UmwHG in unterschiedlichen Graden je nach den für die Durchführung des Vermutungsausstiegs erforderlichen Eignungskriterien in verschiedener Anzahl - § 7 UmwHG einem „erheblich erleichterten Ausstieg"[89] aus der Ursachenvermutung den Weg ebnet; § 6 Abs. 1 UmwHG wird demzufolge durch § 7 UmwHG stark entwertet[90]. Es ist folglich gerechtfertigt, hier von einem erheblich erleichterten „Ausstieg" aus der Vermutung zu sprechen, weil nicht der Beweis des Gegenteils nach § 292 ZPO erforderlich ist; zur Widerlegung der Kausalität ist lediglich erforderlich, daß ein „anderer Umstand" i.S. von § 7 UmwHG zur Schadensverursachung **geeignet** ist. Nach dem gesetzgeberischen Willen entspricht daher - wenn man einmal die dargelegte Abweichung des § 7 Abs. 1 UmwHG von § 7 Abs. 2 UmwHG im Hinblick auf den Umfang der Eignungskriterien vernachlässigt - der „Vermutungseinstieg" dem „Vermutungsausstieg", was den dort anzulegenden Maßstab betrifft. Es zeigt sich mithin, daß zu den Zielvorstellungen des Gesetzesverfassers gerade auch gehört, nicht mit Hilfe beweisrechtlicher Mittel eine Haftungsverlagerung durch eine ausschließlich zu Lasten des Anspruchsgegners gehende Kausalitätsbeweisrisikozuweisung vorzunehmen. Von einer Effektivierung der „Haftungsandrohung" mit Hilfe angeblich geschädigtenfreundlicher Kausalitätsvermutungsregeln kann also überhaupt keine Rede sein.

Müßte der Kataloganlagen-Inhaber die Kausalitätsvermutung gem. 292 S. 1 ZPO durch den „Beweis des Gegenteils" widerlegen, so hätte dies im Hinblick auf die Frage der Haftungszuweisung dieselben Auswirkungen, wie wenn die Vermutungsbasis nach § 6 Abs. 1 UmwHG entfiele, da dann auch die Voraussetzungen für den konkreten „Vermutungseinstieg" nach dieser Vorschrift nicht mehr gegeben sein könnten. Von daher zeigt sich, daß die den „Vermutungsausstieg" regelnde Norm des § 7 UmwHG auch nicht überflüssig ist. Die Kausalitätsvermutung nach § 6 Abs. 1 UmwHG hat der Anspruchsgegner lediglich dann durch einen echten Beweis des Gegenteils im Sinne von § 292 S. 1 ZPO zu widerlegen, wenn § 7 Abs.1 S. 1 UmwHG deswegen keine Anwendung findet, weil er auf eine gleichzeitige Eignung anderer Kataloganlagen verweist und daher wiederum eine „Beteiligungsvermutung" vorliegt[91]; durch § 7 wird der Ausschluß der Vermutung ja nur für die Fälle geregelt, wo der in Anspruch Genommene auf die Eignungsvermutung im Hinblick auf einen anderen Umstand verweist. Auf der anderen Seite bedeutet es einen Vermutungsausschluß, obwohl **nicht einmal** die Vermutungsbasis nach § 6 Abs. 1 UmwHG überhaupt **erschüttert** worden ist, wenn die nach § 6 Abs. 1 UmwHG be-

[89] So *Salje* (o. Fußn. 35), a.a.O.
[90] Vgl. auch *Salje* (o. Fußn. 35), a.a.O.
[91] So explizit *Stecher* (o. Fußn. 19), S. 228.

legte konkrete Möglichkeit der Schadenskausalität durch eine bestimmte Kataloganlage - gleichgültig, ob zunächst „allein“ oder neben anderen konkret geeigneten Anlage 1 zu § 1 UmwHG (§ 7 Abs. 1 S. 1 UmwHG) - dann und dadurch entfällt, wenn alternativ **auch** die Entstehung des Schadens durch andere Umstände konkret möglich erscheint[92].

c.) Alleinverursachung versus Mitverursachung

Besteht alternative Allein-Kausalität zwischen mehreren Kataloganlagen, so kann der Ausschluß der Vermutung nach § 7 Abs. 1 S. 1 UmwHG bereits deswegen nicht gegeben sein, weil - wie bereits auszuführen war - Inhaber von Anlagen nach Anhang 1 zu § 1 UmwHG nicht wechselseitig aufeinander mit dem Ziel verweisen können, für sich die Vergünstigung des „Vermutungsausstiegs“ in Anspruch zu nehmen[93]. An diesem Ergebnis ändert sich im Außenverhältnis zu den Geschädigten nichts, wenn die auf den eingetretenen Schaden bezogenen Beteiligungsquoten im Hinblick auf die einzelnen Kataloganlagen unterschiedlich groß sind; erst in dem Regreßrechtsstreit des von dem Geschädigten in Anspruch genommenen Anlageninhabers, wo die Vermutungsregeln der §§ 6, 7 UmwHG natürlich keine Anwendung finden können, ist die Höhe der (verursachten) Schadensanteile unter entsprechender Anwendung von § 287 ZPO richterlicherseits zu ermitteln[94].

Es bleibt noch das Problem zu lösen, welcher Nachweis zum Ausschluß der Vermutung nach § 7 Abs. 1 und 2 UmwHG erbracht werden muß, wenn der Anteil der Schadensbeteiligung von nichtanlagenbezogenen Umständen auch nicht schätzungsweise bestimmt werden kann (Anteilszweifel). Die Frage ist aber noch weiter in dem Sinne zu stellen, ob es genügt, wenn der Inhaber einer Kataloganlage die ihn treffende Ursachenvermutung bereits dadurch widerlegen kann, wenn er belegt, daß der andere Umstand geeignet ist, eine Mitursache des Schadens zu bilden. Richtigerweise muß in diesem Nexus darauf verwiesen werden, daß sich kaum umwelthaftungsrechtliche Fälle denken lassen, wo neben von Kataloganlagen stammenden Emissionen nicht auch andere Umstände (etwa die allgemeine Umweltbelastung) zumindest geeignet waren, den entstandenen Schaden mit zu verursachen[95]. Will man die zentrale Normung der Ursachenvermutung nach § 6 Abs. 1 UmwHG nicht der Bedeutungslosigkeit anheimgeben, wird man von einem Ausschluß der Vermutung nach § 7 Abs. 1 UmwHG erst dann auszugehen haben, wenn der andere Umstand **allein** geeignet war, ohne Rücksicht auf die von der Kataloganlage ausgehenden Emissionen den Schaden zu verursachen[96]. Es gilt also: Will der Inhaber einer Katalogan-

---

[92]So *Stecher* (o. Fußn. 19), a.a.O.

[93]Vgl. *Salje* (o. Fußn. 35), Rdnr. 19 zu § 7 UmwHG. Besteht jedoch alternative Allein-Kausalität (Verursachungszweifel) zwischen einer Kataloganlage und nichtanlagenbezogenen Umständen, so steht dem Ausschluß der Vermutung nach § 7 Abs. 2 UmwHG nichts im Wege.

[94]Zur Anwendung von § 287 ZPO vgl. BGHZ 66, 70, 76 - Flourabgase; BGHZ 70, 102, 108 - Muschelkalksandstein.

[95]So auch *Kloepfer*, Umweltrecht, Rdnr. 99 zu § 6 UmwHG.

[96]So insbesondere *Hager*, NJW 1991, 134 ff., 139; *Diederichsen / Wagner*, VersR 1993, 641 ff., 646; *Paschke* (o. Fußn. 45), Rdnr. 17 f zu § 7 UmwHG; *Schmidt-Salzer*, Umwelthaftungsrecht, Rdnr. 74 ff. zu § 7 UmwHG; *Kloepfer* (o. Fußn. 95), a.a.O.

lage die Vermutung für eine dargelegte Mitverursachung widerlegen, hat er nachzuweisen, daß **allein** der andere Umstand geeignet war, den Schaden zu verursachen[97].

C. Bestimmtheitsgrundsatz und Verhandlungswürdigung

In Anbetracht der vom Vermutungsträger vorzubringenden Tatsachen, die die Vermutungsbasis ausfüllen sollen (die Gegebenheiten nach § 6 Abs. 1 UmwHG wie etwa „Betriebsablauf", „verwendete Einrichtungen", „Art und Konzentration der eingesetzten und freigesetzten Stoffe" und die „meteorologischen Gegebenheiten"), ist es leicht möglich, daß der Anspruchsteller keine näheren Einzelheiten beschreiben kann. Führt daher der Vermutungsträger nur pauschale Behauptungen in den Prozeß ein, so kann und muß der Richter zwar durch Ausübung des Fragerechts nach § 139 ZPO versuchen, den Sachverhalt aufzuklären; da er hiermit aber denkbar wenig Erfolg haben wird, muß er zu Lasten der Partei entscheiden, weil diese für ihren Rechtsstandpunkt keine ausreichenden Tatsachen beigebracht hat.

In anderen Fällen kann es immerhin denkbar sein, daß der Vermutungsträger Mutmaßungen über die die Vermutungsbasis ausfüllenden Tatsachen anstellen kann. Er ist dann nicht gehindert, diese von ihm nur angenommenen Umstände im Rahmen der Schlüssigkeitsprüfung vorzutragen, ohne diese als bloße Vermutung kennzeichnen zu müssen. Der Grundsatz der prozessualen Wahrheitspflicht steht dem nicht entgegen, da er nach h.M. nur das prozessuale Lügenverbot involviert, so daß auch eine als bloße Mutmaßung durchschaute Behauptung nicht als unzulässig außer acht gelassen werden kann[98]. Zumal die in § 6 Abs. 1 UmwHG aufgezählten Gegebenheiten und Momente stellen sich - in der Regel - wohl überwiegend als Umstände dar, die der Kläger typischerweise nicht kennen kann. Gerade auch in diesen Fällen zeigt es sich also, daß eine nicht hinnehmbare Einschränkung der Angriffs- und Verteidigungsmöglichkeit gegeben wäre, wollte man die Wahrheitspflicht auch auf das Verbot von lediglich vermutungsweise vorgetragenen Behauptungen erstrecken. Namentlich die Regelungen der die Vermutungsbasis des § 6 Abs. 1 UmwHG ausfüllenden Tatbestandsmerkmale sind kennzeichnend dafür, daß das Gebot der Wahrheitspflicht vermöge seiner Auswirkungen nicht zu einer verfassungsrechtlich unzulässigen Rechtsschutzsperre degenerieren und verkommen darf. Es kommt hinzu, daß die auch der Beibringung des Prozeßstoffs dienende Erklärungspflicht des Gegners nach § 138 Abs. 1 ZPO[99] und der Grundsatz, daß die Aussage und der Umfang der Einlassung vom Gegner bestimmt wird, ins Leere gehen, wenn nicht vorsorglich auch Verdachtsbehauptungen dargelegt werden können[100].

[97] Ähnlich *Kloepfer* (o. Fußn. 95), a.a.O.
[98] *Brehm* (o. Fußn. 16), S.168 und passim.
[99] Vgl. *Thomas/Putzo*, ZPO, 22. Aufl., Anm. II zu § 138.
[100] Ähnlich *Brehm* (o. Fußn. 16), S.168.

D. Plausibilitätskontrolle

Häufig wird in der Praxis der Vortrag im Wege der vorweggenommenen Verhandlungswürdigung als unsubstantiiert mit der Begründung übergangen, der Partei sei es nicht gelungen, ihren Vortrag plausibel zu machen. Bevor auf die Stichhaltigkeit solcher richterlicher Begründung einzugehen sein wird, ist zunächst zu klären, was unter der Darlegungslast im engeren und weiteren Sinne zu verstehen ist.

E. Exkurs: Schlüssigkeitsprüfung und Plausibilitätskontrolle

Im Rahmen der Schlüssigkeitsprüfung hat das Tatsachengericht lediglich zu würdigen, ob alle entscheidungserheblichen Tatsachen behauptet worden sind (Darlegungslast im engeren Sinne). Das Vorliegen zusätzlicher Anhaltspunkte, um den Richter von der Wahrheit eines Vortrags zu überzeugen, muß hier nicht behauptet werden. Demgegenüber muß die Plausibilitätskontrolle erweisen, ob im Hinblick auf die freie Verhandlungs- und Beweiswürdigung zur richterlichen Überzeugungsbildung geeignete Darlegungen erfolgt sind. Es ist denkbar und möglich, daß Behauptungen plausibel, aber nicht zugleich schlüssig sind, und umgekehrt[101].

F. Substantiierungsgrundsatz und Verhandlungswürdigung

I. Ersetzung des überprüfbaren Vortrags durch plausible Behauptungen

In Anbetracht dessen, daß die meisten zur Ausfüllung der Vermutungsbasis erforderlichen Gegebenheiten und Umstände sich in der Regel nicht im räumlichen Nahbereich des Vermutungsträgers verwirklichen dürften, wird dieser wohl meist darauf angewiesen sein, sein Rechtsbegehren durch den vermutungsweisen schlüssigen Vortrag eines die gesetzlichen Tatbestandsmerkmale ausfüllenden Sachverhalts zu verfolgen, ohne aber auch noch zusätzlich plausible Anhaltspunkte hierzu anführen zu können.

Zwar hat die Rechtsprechung Erleichterungen an den substantiierten Vortrag für den dadurch gekennzeichneten Sonderfall zugelassen, daß zu technischen Fragen im Rahmen der Beweisaufnahme Sachverständigengutachten einzuholen sind[102]. Soweit dieses Beweismit-

[101] Ähnlich *Nierhaus* (o.Fußn.2), S.378.
[102] Vgl. *BGH*, LM Nr.14 zu § 138 ZPO = NJW 1974, 1710.

tel zur Sachverhaltsaufklärung aber nicht in Frage kommen kann, besteht für den Vermutungsträger die Ungewißheit, wie die gerichtlichen Tatsacheninstanzen im Einzelfall den Substantiierungsgrundsatz interpretieren werden. Teilweise verlangen Tatsachengerichte und Literatur - zumal beim Verdacht lediglich vermutungsweise erfolgter Darlegungen - von dem Substantiierungspflichtigen, auf die Gefahr des Übergehens seines gesamten Vortrags hin seine Behauptungen - etwa durch Beibringung zusätzlicher Anhaltspunkte - auch plausibel zu machen[103]. Der Vermutungsträger muß es also nach dieser Auffassung gegebenenfalls auf sich nehmen, daß ihm die prozessuale Wirksamkeit seines Vortrags verwehrt wird, wenn das erkennende Gericht seine Behauptungen als unwahrscheinlich und also als unglaubhaft einstuft.

Die Beantwortung der Frage, ob der Zweck der Substantiierung auch in der Ermöglichung einer Plausibilitätskontrolle zu sehen ist, kann indessen nur auf der Grundlage der Regeln und Prinzipien der zivilprozessualen Verfahrensordnung erfolgen.

II. Die Auffassung von Stürner

Stürner[104] hat seine Auffassung von der Ersetzung des überprüfbaren Vortrags durch die Darlegung plausibler Anhaltspunkte insbesondere mit sozialpolitischen Erwägungen zu begründen versucht. Den Sinn der Substantiierungslast sieht *Stürner* vornehmlich in der Vermeidung mißbräuchlicher Verfahrenseinleitung. Der Prozeß könne seine soziale Zweckbestimmung nur erfüllen, wenn mit Überlegung und Verstand prozessiert und die gerichtliche Tätigkeit nicht ohne jeden vernünftigen Grund und triftigen Anlaß beansprucht werde. Hingegen werde bei mutwillig eingeleiteten Verfahren oder mutwillig veranlaßten Beweisaufnahmen den Gerichten Arbeitskraft und Zeit gestohlen, die dann zur zügigen und gründlichen Erledigung von Rechtsstreitigkeiten mit begründbarem Anlaß fehlten. In mutwilligen Prozessen liege nicht nur ein institutioneller Mißbrauch gerichtlicher Verfahren, sondern sie stellten auch einen nicht zu rechtfertigenden Eingriff in die Persönlichkeits- und Freiheitssphäre der Gegenpartei dar, die zur Verteidigung ihrer Rechte viel Zeit und Nervenkraft aufwenden müsse und so die Lebensführung für durchaus erhebliche Zeitspannen störe. Die von unberechtigten Belästigungen freie Lebenssphäre als anerkannter Wert unserer Rechtsordnung verlange eine Absicherung gegen willkürliche Einbeziehung in ein Prozeßverfahren. Auch sei der in der Erscheinens- und Aussagepflicht des Zeugen liegende und dadurch gegen ihn gerichtete Eingriff ohne plausiblen Grund für seine Inanspruchnahme nicht zu rechtfertigen. Es spreche nur dann eine gewisse, wenn auch sehr geringe Wahrscheinlichkeit für die Rechtsansicht einer Partei, wenn diese eine von Aufrichtigkeit getragene Behauptung aufstellen könne, die ihren Anspruch oder ihr Gegenrecht legitimiere, so daß der Grund ihrer Streitsucht plausibel werde. Es gehe bei der Plausibilitätskontrolle zwar nicht darum, daß die substantiie-

[103] Der *BGH* leitet die Forderung, solche zusätzlichen Anhaltspunkte darzulegen, allerdings nicht aus dem Substantiierungsgebot, sondern aus der prozessualen Wahrheitspflicht ab; vgl. etwa *BGH*, NJW 1971, 284 ff. (285); dies wird bspw. von *Stürner*, Aufklärungspflicht, S.108, verkannt.

[104] *Stürner* (o. Fußn. 103), S.113 ff.

rungsbelastete Partei auch nur im entferntesten das Gericht von der Wahrheit seiner Behauptung überzeugen müsse[105], gleichwohl sei die Erheblichkeitsprüfung als eine Form dieser Plausibilitätskontrolle zu verstehen. Die Plausibilität sei daher ein Instrument der Mißbrauchskontrolle.

III. Disparität von Plausibilitätskontrolle und Substantiierungsgrundsatz

Auch wenn es mit *Stürner* vielleicht rechtspolitisch erwägenswert sein kann, in der Substantiierung eine Plausibilitätskontrolle zu sehen, um andere vor unnötigen Belästigungen durch Inanspruchnahme in einem gerichtlichen Verfahren zu bewahren, so könnte dies aber nur de lege ferenda von Bedeutung sein. Auch wenn zudem von *Stürner*[106] richtigerweise aus der Struktur des Zivilprozesses entnommen wird, daß das Verfahren auf die Durchsetzung subjektiver Rechte und auf den Schutz vor unberechtigter Inanspruchnahme angelegt sei, so wird hierdurch nur der Prozeßzweck als solcher bezeichnet, aber keine Aussage dazu getroffen, daß das Prozeßziel gleich zu Beginn des Verfahrens erreicht worden sein muß.

Ignoriert hat *Stürner* Wesen und Funktion des Substantiierungsgrundsatzes. Der die unterschiedliche Behandlung des Behauptens und Bestreitens einbeziehende Substantiierungsgrundsatz schreibt nämlich unter Aussonderung der unstreitigen Tatsachen das beweisbedürftige Streitprogramm fest[107]. Kennzeichnend für das sich aus der Verhandlungsmaxime ergebende Verfahren ist als Kehrseite der Herrschaft der Parteien über den Prozeßgegenstand die Bindung des Richters an das Parteivorbringen[108]. Aus diesem Grunde haben auch die Parteien und nicht der Richter über die Beweisbedürftigkeit einer Behauptung zu entscheiden[109]. Folglich darf der Richter nicht einmal den indessen zulässigen Verdachtsbehauptungen die prozessuale Wirksamkeit versagen, indem er sie als abwegig aus dem Streitstoff entfernt. Die Einschränkung des Prozeßstoffs im Wege der Verhandlungswürdigung wäre außerdem nicht mit dem sich insbesondere aus dem Verbot der vorweggenommenen Beweiswürdigung[110] ergebenden Recht auf Erfüllung des Aufklärungsinteresses der Parteien vereinbar.

Zu einem völlig unhaltbaren und der Regelung des § 138 Abs. 3 ZPO zuwiderlaufenden Ergebnis würde es schließlich führen, wollte man der Verhandlungswürdigung als Instrument zur Reduzierung des Tatsachenstoffs auch dann noch Raum geben, wenn das Gericht zwar in den Prozeß eingeführte schlüssige Behauptungen als unwahrscheinlich erachtete, betreffend dieser jedoch die Geständnisfiktion mangels Bestreitens einträte.

---

[105] *Stürner* (o. Fußn. 103), S.123.
[106] *Stürner* (o. Fußn. 103), S.49.
[107] Vgl. *Brehm* (o. Fußn. 16), S.91.
[108] So *Brehm* (o. Fußn. 16), S.9.
[109] *Brehm* (o. Fußn. 16), S.89.
[110] Vgl. hierzu etwa *Brehm* (o. Fußn. 16), S.130ff.

Aber auch der umgekehrte Fall wird durch § 331 ZPO nicht gedeckt. Ein Versäumnisurteil kann gegen den Beklagten nur dann ergehen, wenn der Vortrag den Klageantrag rechtfertigt. Fehlt es hingegen an der Behauptung schlüssiger Tatsachen, so hat selbst dann ein klageabweisendes (unechtes) Versäumnisurteil zu ergehen, wenn immerhin, aber auch nur plausible Anhaltspunkte für das Prozeßbegehren dargelegt werden[111]. Da sich aus der Prozeßrechtsordnung nichts für eine unterschiedliche Beurteilung der die Substantiierungsproblematik betreffenden Anwendungsbereiche einmal bei Erlaß eines Versäumnisurteils und zum anderen bei der Nichtanwendung von § 331 ZPO entnehmen läßt, ist überhaupt eine Verknüpfung der Plausibilitätskontrolle mit dem Substantiierungsgrundsatz zu verneinen. Zur Mißbrauchskontrolle ist die Plausibilität des Vortrags nicht unentbehrlich. Erforderlich, aber auch hierzu hinreichend ist das Verbot der Prozeßlüge und die zumal wegen der Kostenfolge bei richterlicher Abweisung eines nicht nachweisbaren eingeklagten Rechts in der Regel sich ergebende Gewährleistung redlicher Prozeßführung.

IV. Auswirkungen der Plausibilitätskontrolle auf die Risikoverteilung

Die allgemein anerkannte Grundregel der Beweislastverteilung - die, wie auch hinsichtlich der Voraussetzungen der Vermutungsbasis nach § 6 Abs. 1 UmwHG, immer dann gilt, wenn keine Beweislastsondernormen eingreifen - wird nicht nur als „sachgerecht und vernünftig" angesehen[112], sondern ihre wichtigste Funktion liegt gerade darin, durch die in der Aufteilung der Beweislast liegende Risikozuweisung die Waffengleichheit zwischen den Parteien zu gewährleisten und für eine gleichgewichtige Verteilung des Risikos und damit für Chancengleichheit zu sorgen[113]. Die Durchsetzung des Rechts wird aber nicht allein von der jeweiligen Regelung der objektiven Beweislast gesteuert, sondern auch - wenn auch insoweit nur indirekt - vom Inhalt und Umfang des Streitstoffs. Auch insofern ist zu unterscheiden, daß - abhängig vom Inhalt und Umfang des Streitstoffs - zunächst gleichsam gezielt vorbereitet wird, *wann* nach versuchter Sachverhaltsaufklärung der Fall des non liquet eintritt bzw. eintreten kann, während die generell-abstrakten Beweislastverteilungsregeln lediglich bestimmen, *wie* beim Eintritt des non liquet zu entscheiden ist. Sieht bspw. die auf die Vermutungsbasis des § 6 Abs. 1 UmwHG bezogene Beweislastnorm die generell-abstrakte Risikozuweisung zuungunsten des Vermutungsträgers vor, dann besteht die Gefahr der Rechtsverweigerung, wenn richterlicherseits der der Parteiherrschaft unterliegende Prozeßstoff unzulässigerweise durch vorweggenommene Beweiswürdigung im Wege von Wahrscheinlichkeitsprüfungen reduziert wird.

---

[111] Vgl. *Brehm* (o. Fußn. 16), S.123.
[112] *Prütting* (o. Fußn. 12), S.277.
[113] Ähnlich *Prütting* (o. Fußn. 12), S.278.

Die Eliminierung von Tatsachenbehauptungen aus dem Streitstoff vermittels der Plausibilitätskontrolle bewirkt also eine zusätzliche Erschwerung oder gar den Ausschluß der Rechtsverfolgung, was sich darin zeigt, daß die Möglichkeit einer Beweislastentscheidung aufgrund der sie regelnden *abstrakt*-generellen Norm bzw. ihre Vermeidung durch entsprechende Sachaufklärung von vornherein ausgeschlossen wird und stattdessen eine gesetzlich nicht vorgesehene richterliche und damit *konkrete*, die Entziehung entscheidungserheblichen Streitstoffs verfügende endgültige[114] Entscheidung getroffen wird. Diese entpuppt sich wegen ihrer auch endgültigen Risikozuteilung als noch einschneidender als die Risikozuweisung durch Regelungen der objektiven Beweislast, die ja erst bei Unaufklärbarkeit des Sachverhalts eintritt.

V. Minderung der Substantiierungslast

Im Hinblick auf die typische Sachverhaltsunkenntnis der meisten die Vermutungsbasis des § 6 Abs. 1 UmwHG ausfüllenden Zustände und Gegebenheiten wie etwa des Betriebsablaufs des Prozeßgegners, der bei ihm verwendeten Einrichtungen und der Art und Konzentration der ein- und freigesetzten Stoffe könnte aber auch in Umkehrung der obigen Fallgestaltung der Vermutungsträger womöglich die Vermutungsbasis lediglich mit allgemein veranschaulichenden Anhaltspunkten plausibel machen, ohne daß durch ihn hierzu auch rechtlich nachvollziehbare Darlegungen erfolgen.

Stürner[115] hat für die Fälle typischer Sachverhaltsunkenntnis eine teleologische Reduktion des Substantiierungsgrundsatzes vorgeschlagen, d. h., auf eine Erheblichkeitsprüfung zu verzichten, zumal der Substantiierungslast die Funktion einer Plausibilitätskontrolle zukomme. Die Plausibilität sei in der ganz überwiegenden Anzahl aller Fälle Ausdruck der Plausibilität des begehrten Rechtsschutzziels. Es gebe Sachverhaltsgestaltungen, von deren wirklichem Ablauf die substantiierungsbelastete Partei typischerweise so weit entfernt sei, daß sie nur eine sehr unbestimmte Grundlage für eine hierauf bezogene Annahme erkunden könne, die zwar durchaus einen Anhaltspunkt für einen allgemeingehaltenen Schluß im Sinne einer Rechtsbehauptung biete, ansonsten aber unzählige mögliche Einzelabläufe offen lasse, von denen irgendeinen auszuwählen jedoch gröbste Willkür wäre.

Die Ansicht von *Stürner* ist abzulehnen, weil der rechtspolitische Wunsch nicht die Regelungen der Rechtsordnung ersetzen kann. Bereits *Brehm*[116] ist der Ansicht Stürners mit der zutreffenden Betrachtungsweise entgegengetreten, daß ein Verzicht auf konkrete, überprüfbare Tatsachen der sich aus § 138 Abs. 3 ZPO ergebenden Erheblichkeitsprüfung zuwiderlaufe.

---

[114]Dazu, daß das Urteil nicht lediglich vorläufig ist, wenn ein als abwegig angesehener Vortrag aus dem Prozeß ausgeschieden wir, vgl. *Brehm* (o. Fußn. 16), S.131.

[115]*Stürner* (o. Fußn. 103), S.119ff.

[116]*Brehm* (o. Fußn. 16), S.123f.

Auch kann eine Partei trotz typischer Sachverhaltsunkenntnis meist bestimmte Tatsachen behaupten, weil dies auch durch das Vorbringen eines lediglich erdenklichen Sachverhalts als möglich erfolgen kann[117]. *Peters*[118] sieht solche Darlegungen für die Wahrheitserforschung als weniger schädlich an, da die Beweisergebnisse die Behauptungen - wenn nötig - revidieren könnten.

[117]Hierzu und zur Abgrenzung zur Prozeßlüge vgl. *Brehm* (o. Fußn. 16), S.168ff.
[118]Ausforschungsbeweis, S.91.

3. KAPITEL

Parteianhörung zu den der Vermutungsbasis des § 6 Abs. 1 UmwHG zugrundeliegenden Tatsachen

A. Tatsachenbehauptung und ihre richterliche Feststellung

I. Wesen und Funktion der Behauptung und richterliche Aufklärungspflicht

Die mit der objektiven Beweislast deckungsgleiche Behauptungslast bedeutet im Gerichtsverfahren - soweit der Verhandlungsgrundsatz gilt -, daß jede Partei die Tatsachen behaupten muß, die die richterliche Anwendung einer für sie günstigen Rechtsnorm begründen sollen. In Entsprechung der Behauptungslast müssen also zur Ausfüllung der in § 6 Abs. 1 UmwHG normierten Vermutungsbasis Darlegungen zu den Gegebenheiten erfolgen, die im Einzelfall für oder gegen die Schadensverursachung sprechen.

Zur Verwirklichung der neben der Beweislast ebenfalls die Risikozuweisung steuernden Behauptungslast hat nach zu recht herrschender Meinung[1] der Tatrichter bei der Parteianhörung (§ 141 ZPO) Mißverständnisse und Unklarheiten im Parteivortrag zu beseitigen. Allerdings wird von Literatur und Rechtsprechung[2] partiell und häufig in der gerichtlichen Praxis der von § 139 ZPO festgelegte richterliche Mitwirkungsbereich nicht lediglich in den Grenzen der Präzisierung und Klärung der Parteibehauptungen bei der Festlegung des Streitprogramms gesehen, sondern es werden bei Zweifeln an der Aufrichtigkeit des Vortrags bei der Anhörung auch Fragen zugelassen, die zur Ermittlung der Wahrheit einer bestrittenen Erklärung geeignet erscheinen.

---

[1]Vgl. statt aller *Stein/Jonas/Leipold*, ZPO, Kommentar, 21. Aufl., § 141 I; *Baumbach/Hartmann*, ZPO, Kommentar, 53. Aufl., Anm. 2 zu § 141; *Zöller/Greger*, ZPO, Kommentar, 21. Aufl. Anm. 1 zu § 141; *Rosenberg/Schwab/Gottwald*, Zivilprozeßrecht, 13. Aufl., § 124 I 2.

[2]RGZ 102, 290; *Stein/Jonas/Leipold* (o.Fußn.1), Anm. II 1a zu § 139 ZPO; *Hellwig*, System des deutschen Zivilprozeßrechts, Teil 1, Leipzig 1912, S.417.

Anwaltliche Erfahrung täglicher gerichtlicher Praxis ist es, daß die Parteien bei der Anhörung nach § 141 ZPO sich unvermittelt und buchstäblich einem Verhör wie in einem Strafverfahren ausgesetzt sehen. Paradigmatisch sei aus der Praxis gerichtlicher Anhörung angemerkt, daß mitunter eine Partei mit der Mahnung indoktriniert wird: „Sie wollen doch nicht etwa behaupten, daß ...!" Oder es sei von der Vorhaltung eines Amtsrichters gegenüber einem verklagten Arzt - der die ihm von dem Kläger ordnungsgemäß gelieferte medizinische Apparatur nicht bezahlt hatte - einstmals bei der Anhörung mit der Fragestellung berichtet, warum er nicht überhaupt den Rechnungseingang als für ihn bedeutungs- und belanglos gerügt und zurückgewiesen habe. Bei in solcher Weise praktizierter inquisitorischer Vernehmung ist § 139 ZPO aber nicht nur auf die Klärung der Parteibehauptungen bezogen, sondern soll zugleich auch der Wahrheitsfindung dienen. Damit wird die Partei durch die Einschätzung der Glaubwürdigkeit ihrer selbst aber zu einem der beurteilenden Beobachtung ausgesetzten und ihr dienenden Prozeßobjekt[3].

Die Ausdehnung der Grenzen des § 139 ZPO kann wegen und im Kontext mit der typischen Unkenntnis von den meisten die Vermutungsbasis des § 6 Abs. 1 UmwHG ausfüllenden Gegebenheiten in der gerichtlichen Praxis Auswirkungen im Hinblick auf die Durchsetzung des Anspruchs nach § 1 UmwHG haben. Einerseits ist es denkbar, daß bei lediglich vermutungsweisem Vortrag hinsichtlich der nicht schadensbezogenen Gegebenheiten[4] im Sinne von § 6 Abs. 1 UmwHG der Anspruchsteller den Prozeß ohnehin verliert, weil das Gericht seine Darlegungen zu diesen Tatsachen nicht für glaubwürdig hält. Andererseits wäre aber auch erdenklich, daß bei der gebräuchlicherweise oftmals praktizierten Ausforschung während der Anhörung der Parteien der Anspruchsgegner anspruchsstützende, anlagebezogene Gegebenheiten preisgibt, ohne daß er bspw. hierzu aufgrund des in § 8 UmwHG geregelten Auskunftsanspruchs des Geschädigten verpflichtet wäre.

II. Parteien als Prozeßsubjekte und Bindung des Richters an das Parteivorbringen

Bei der Anhörung nach § 141 ZPO sind die Parteien keine der Beurteilung der Glaubwürdigkeit[5] ihrer Person unterworfenen Beobachtungsobjekte. Aus dem Verhandlungsgrundsatz ergibt sich, daß die Parteien die Herren des Prozesses und also Prozeßsubjekte sind. Die Herrschaft der Parteien bezieht sich insbesondere auf die Bestimmung des Streitstoffs durch Erklärung und Gegenerklärung; als Rückseite derselben Medaille zeigt sich die Bindung des Richters an den Vortrag der Parteien[6] als Prozeßsubjekte, da sich aus § 141 ZPO keine Unterbrechung des Verhandlungsgrundsatzes entnehmen läßt. Die Parteien bestimmen demzufolge also auch im Rahmen der Anhörung allein und mithin ohne

---

[3] *Brehm*, Bindung, S.233 und passim.

[4] Bei den schadensbezogenen Gegebenheiten dürfte in der Regel von konkreten Kenntnissen des Geschädigten dazu auszugehen sein.

[5] Anders bei der Parteivernehmung.

[6] *Brehm* (o.Fußn.3), S.9.

Mitwirkung durch das Gericht, welche für das Eingreifen der Ursachenvermutung nach § 6 Abs. 1 UmwHG vorauszusetzenden Gegebenheiten sich als streitig erweisen und damit beweisbedürftig sind. Der Richter hat folglich auch nicht über die Beweisbedürftigkeit einer Behauptung zu befinden, sondern eben die Parteien[7].

B. Das Verhältnis der Parteianhörung zur Parteivernehmung

In Übereinstimmung mit häufiger gerichtlicher Praxis glaubt *Polyzogopoulos*[8] in seiner Untersuchung der Beziehung der Parteianhörung zur Parteivernehmung und ihrer Interdependenzen einen beide Rechtsinstitute abgrenzenden Unterschied weder im Hinblick auf den Gehalt und die Bedeutung der Parteiaussagen noch hinsichtlich der richterlichen Überzeugungsbildung und auch nicht eine verschiedenartige Wahrheitspflicht feststellen zu können.

Folglich soll wegen der von *Polyzogopoulos*[9] propagierten funktionellen Gleichstellung beider Vernehmungsarten nicht nur die Parteivernehmung, sondern auch die Parteianhörung Beweiszwecken dienen.

Wollte man auch der Einvernahme im Wege der Parteianhörung eine uneingeschränkte Beweisfunktion zubilligen, so könnte etwa hierdurch der normative Zweck der die Gegebenheiten für die die Schadenseignung von Einzelanlagen nach § 6 Abs. 1 UmwHG betreffende Beweislastregelung verfälscht oder gar in sein Gegenteil verkehrt werden. Solchermaßen läßt sich dementsprechend und paradigmatisch denken, daß der Tatrichter ungeachtet der dem Geschädigten - aufgrund der auch auf die Tatsachen der Vermutungsbasis nach § 6 Abs. 1 UmwHG anzuwendenden Normentheorie - auferlegten Behauptungs- und Beweislast dennoch auch im Hinblick auf die anlagebezogenen Gegebenheiten von dem in Anspruch genommenen Anlagebetreiber Auskunft über die von ihm freigesetzten Stoffe, über den Betriebsablauf und über die von ihm verwendeten Einrichtungen verlangt. Eine solche Verfahrensweise könnte aber insofern wahrscheinlich sein, wenn das Gericht glaubt, zunächst diese am Anfang der Kausalkette stehenden Gegebenheiten[10] feststellen zu müssen.

---

[7] Vgl. *Brehm* (o.Fußn.3), S.89.

[8] *Polyzogopoulos*, Parteianhörung und Parteivernehmung in ihrem gegenseitigen Verhältnis, Berlin 1976, S.132 und passim.

[9] *Polyzogopoulos* (o.Fußn.8), S.134.

[10] Vgl. *Salje*, Umwelthaftungsgesetz, München 1993, Rdnr. 26 zu § 6.

I. Richterliche Überzeugungsbildung und Beweiswert

Die propagierte und auch häufig in der gerichtlichen Praxis zu beobachtende funktionelle Gleichstellung der Vernehmung nach §§ 445 ff. ZPO mit der bei der Anhörung nach § 141 ZPO wirft die Frage nach dem Geltungsbereich des Grundsatzes der freien Beweiswürdigung gemäß § 286 ZPO in Anbetracht der beiden Vernehmungsarten auf. Oder anders formuliert: Von welchem Beweiswert ist bei diesen Vernehmungsarten auszugehen und welchen Einfluß haben diese auf die richterliche Überzeugungsbildung?

II. Beweisgrund und Beweiswert

Es seien die gängigen Begriffsdefinitionen vorangestellt: Während als Beweiswert üblicherweise die Fähigkeit des Beweismittels angesehen wird, die Überzeugung des Richters zu beeinflussen[11], werden allgemein unter Beweisgrund die aus der Verhandlung der Parteien und aus der Verwertung des Beweisstoffes geschöpften, als wahr anerkannten beweisbedürftigen Umstände verstanden, die für die richterliche Sachverhaltsannahme leitend gewesen sind[12].

Zunächst stellt sich aber das schwierige und komplexe Problem, ob bei der Würdigung der Parteibehauptung aufgrund der Anhörung und der im Wege der Parteivernehmung erfolgenden Aussagen unterschiedliche Kriterien des Beweisgrundes gelten und ob dies ggf. mit § 286 ZPO in Einklang steht.

Vorab sei darauf verwiesen, daß man dem Erfordernis einer erschöpfenden und adäquaten Klassifizierung von Sinngehalt, Bedeutung und Wesen des Beweisgrundes nicht mit der undifferenzierten Einstufung der Beweisgründe als Argumente, „aus deren Verknüpfung sich die richterliche Tatsachenfeststellung als Folgerung im Rahmen eines formgerechten Schlusses darstellt“[13], gerecht wird. Zwar kann an dieser Stelle die Frage noch unbeantwortet bleiben, wie ein formgerechter Schluß auszusehen habe[14], für die der richterlichen Entscheidung zugrundezulegenden Sachverhaltsannahme im Wege der Verhandlungswürdigung ist - soweit es die Parteibehauptungen bei der Anhörung anbetrifft[15] - jedoch die genaue Analyse der Strukturierung des betreffenden Beweisgrundes nach ihrer funktionellen Reichweite vorrangig.

[11] Vgl. statt aller *Rosenberg/Schwab/Gottwald* (o.Fußn.1), § 122 IV 1.

[12] Vgl. *Rosenberg/Schwab/Gottwald* (o.Fußn.1), § 112 IV 2.

[13] So *Rosenberg/Schwab/Gottwald* (o.Fußn.1) § 113 II 1.

[14] Wenn nach *Rosenberg*, *Schwab* und *Gottwald* dann zwar Erfahrungssätze in richterlichen Syllogismen zu Schlußfolgerungen von unstreitigen oder bewiesenen Tatsachen auf die Wahrheit anderer streitiger Tatsachen dienen (§ 116 II 1), so kritisieren *Koch* und *Rüßmann*, Juristische Begründungslehre, München 1982, S.309, doch zu Recht die fehlende erdenkliche Unterteilung der Erfahrungssätze in deterministische und probabilistische.

[15] Die weitgehende Ersetzung der Parteivernehmung durch die Anhörung in der gerichtlichen Praxis zeigt die forensische Bedeutung der Parteianhörung.

Besondere deutlich erkennbar wird der für die Parteibehauptungen bei der Anhörung sich ergebende zulässige Beweisgrund aus dem Vergleich zu den für die judikative Tatsachenfeststellung bei der Parteivernehmung bestimmenden und statthaften Argumenten. Von der h. M. wird die Parteivernehmung von der Parteianhörung dogmatisch streng geschieden[16]. Demzufolge hat die förmliche Parteivernehmung die Bedeutung eines - wenn auch nur subsidiären (arg. § 445 Abs. 1 ZPO) - Beweismittels, während die überwiegende Meinung der Parteianhörung lediglich die Funktion eines Aufklärungsmittels zuschreibt[17]. Dem steht jedoch entgegen, daß nach § 286 ZPO Grundlage der richterlichen Würdigung der gesamte Inhalt der Verhandlung einschließlich einer etwaigen Beweisaufnahme ist. Die insbesondere aus der Betonung der Eigenständigkeit der Parteianhörung gegenüber der Parteivernehmung hergeleitete Forderung, daß erstere nicht Beweiszwecken dienen solle, steht mithin im Widerspruch zum Postulat, die Verhandlungswürdigung auch bei der Anhörung nach § 141 ZPO zu vollziehen. Diese Diskrepanz bestand vor dem Einfügen des Rechtsinstituts der Parteivernehmung[18] in die ZPO noch nicht, als es nur den Parteieid gab und die Parteianhörung deswegen auch der Feststellung der Wahrheit ebenso wie die Beweisaufnahme diente.

Exemplarisch wird durch den im Wege der Ersetzung des Parteieids durch die Parteivernehmung (durch die ZPO-Novelle 1933) herbeigeführten, aber nicht mehr voll mit den Intentionen des § 286 ZPO in Einklang zu bringenden Bedeutungswandel der Parteianhörung dokumentiert, daß die geltende Rechtsordnung nicht die Struktur eines vollkommenen Systems aufweist, sondern sich als historisch gewachsenes Gebilde insbesondere unterschiedlicher Kodifikationen aus verschiedenen Epochen mit oft divergenten rechtspolitischen Zielsetzungen und daher mit der Folge unvermeidbarer Widersprüche und Unstimmigkeiten zeigt, die mit den Idealen innerer Einheit und systematischer Konsequenz und Folgerichtigkeit nicht zu vereinbaren sind[19].

Eine adäquate Problembeschreibung des Widerspruchs zwischen dem einen Gebot, den Parteivortrag nur als Beweisgrundlage unter den besonderen Voraussetzungen der §§ 455 ff. ZPO zu verwenden, und dem anderen Postulat, auch die gesamte Verhandlung zur Grundlage der Beweiswürdigung zu machen, bietet nun die Annahme der von der herkömmlichen Methodenlehre schon länger eingeführten Figur der „Kollisionslücke"[20]. Eine Kollisionslücke figuriert allerdings nur dann, wenn Gesetzesnormen an einen bestimmten Tatbestand sowohl eine bestimmte Rechtsfolge als auch das genaue Gegenteil hiervon knüpfen, ohne daß sich dieser Widerspruch im Wege der Auslegung oder der Rechtsfortbildung eliminieren läßt[21]. Folge des Widerspruchs zwischen den Gesetzesnor-

---

[16] Vgl. statt aller *Zöller/Greger* (o.Fußn.1), Anm. 1 zu § 141 ZPO.

[17] Der *BGH*, LM Nr. 3 zu § 141 ZPO, hatte an einem Judikat des *OLG München* mißbilligt, daß dieses die im Wege der informatorischen Anhörung erfolgten Parteidarlegungen mit in die Beweiswürdigung einbezogen und hierbei auch den „persönlichen Eindruck" der Beklagten berücksichtigt hatte.

[18] Diese ist durch die Novelle vom 27.10.1933 an die Stelle des Parteieides getreten.

[19] Zu letzterem vgl. *Canaris*, Systemdenken und Systembegriff in der Jurisprudenz, 2. Aufl. 1983, S.112.

[20] Vgl. etwa *Engisch*, Die Einheit der Rechtsordnung, Heidelberg 1935, S.50 und S.84.

[21] Vgl. *Canaris* (o.Fußn.19), S.122.

men ist die Aufhebung beider Rechtsfolgeanordnungen und damit die Nichtigkeit der einander widersprechenden normativen Regelungen[22].

Die Bejahung einer Kollisionslücke hinsichtlich der besagten widersprüchlichen Regelungen der Beweiswürdigung würde mithin auch die Verhandlungswürdigung aufgrund der Parteianhörung ausschließen. Dies hätte gerade im Hinblick auf die im Einzelfall auszufüllenden Gegebenheiten nach § 6 Abs. 1 UmwHG, die - soweit anlage- bzw. schadensbezogenen - in der Regel jeweils der einen oder anderen Sphäre der Prozeßparteien zugeordnet werden können und damit besonders geeignet für eine intensive richterliche Befragung erscheinen (womöglich sogar über den Regelungsgehalt des § 139 ZPO hinaus), in der Praxis - namentlich was die Durchsetzung des Rechts anbelangt - erhebliche Konsequenzen. Denn manche die Vermutungsbasis ausfüllenden Tatsachen mögen erst in und durch die Parteianhörung Streit- und Beweisstoff oder unstreitige Urteilsgrundlage werden. Läßt sich aber der die Reichweite der Beweiswürdigung betreffende Normenwiderspruch nicht beseitigen, so wird aufgrund des Beweiswürdigungsverbots betreffend den während der Parteianhörung gebildeten Tatsachenstoff und deswegen fehlender, für das Vorliegen der Geeignetheit zur Schadensverursachung aber erheblicher Umstände i.S. von § 6 Abs. 1 UmwHG die Beweisführung womöglich nicht gelingen können.

Es sei nunmehr zunächst die Überlegung vorangestellt, ob der Normenwiderspruch mittels Auslegung oder Rechtsfortbildung vermieden werden kann. *Brehm*[23] hält dafür, ohne methodische Grundlage „die Würdigung des Ergebnisses einer Parteianhörung partiell für unzulässig" zu erklären. Die Lösung eines Normenwiderspruchs kann jedoch - wie nachzuweisen versucht wurde - schon gar nicht (wie aber bei *Brehm*) ohne dogmatische Begründung ausschließlich in rein dezisionistischer Rechtsfindung erfolgen.

Zuvorderst bieten sich als methodologische Instrumente zur Überwindung des Normenwiderspruchs die zur systematischen Auslegung gehörenden Grundsätze über die *lex specialis*, die *lex posterior* und die *lex superior* an, weil diese ursprünglich gerade für die Lösung solcher Normgegensätze entwickelt worden sind[24]. Das Prinzip *lex superior derogat legi inferiori* kann verständlicherweise hier schon wegen des Fehlens eines höheren Gesetzes, das einer Rechtsnorm niederen Ranges vorgehen könnte, nicht in Betracht kommen. Es kann aber auch nicht gelten: *lex specialis derogat legi generali*. Die Spezialität einer der Normen im Verhältnis zur anderen ist nicht erkennbar. Es bleibt schließlich noch der Grundsatz zu untersuchen, daß das später erlassene Gesetz (als das anzuwendende) dem älteren vorgehe (*lex posterior derogat legi priori*). § 286 ZPO ist hierbei das ältere Gesetz.

§ 286 ZPO wird nun aber nicht (teilweise) durch „formelle" Derogation[25], also durch ein jüngeres Gesetz ausdrücklich in einem genau umschriebenen Umfang außer Kraft gesetzt, sondern es ist nur eine „materielle" Derogation[26] aufgrund dessen denkbar, daß bei

---

[22]Vgl. *Canaris* (o. Fußn.19), S.122.
[23]*Brehm* (o.Fußn.3), S.249f.
[24]Vgl. *Canaris* (o.Fußn.19), S.116f.
[25]Vgl. dazu *Bydlinski*, Juristische Methodenlehre und Rechtsbegriff, 2.Aufl.1991, S.572.
[26]Vgl. *Bydlinski* (o.Fußn.25).

Anknüpfung an denselben Sachverhalt die Anwendung der später erlassenen normativen Regelung und zugleich der betreffenden älteren gesetzlichen Regel gem. § 286 ZPO nicht möglich ist.

Die denkbare Problemlösung, ob und unter welchen Voraussetzungen eine Teilaufhebung der normativen Regelung von § 286 ZPO gegeben ist, könnte nun von der weiteren Fragestellung abhängen, ob die Absicht des Gesetzgebers, daß die spätere Norm gelten solle, allein bestimmend und genügend ist, oder ob auch der Aufhebungswille des (späteren) Gesetzgebers hinsichtlich der früheren Norm vorliegen muß.

Bei der Suche nach der Lösung des Problems der intertemporalen Rechtsgeltung sind begreiflicherweise vorrangig etwaige verfassungsrechtliche Prüfungskriterien zu erörtern, wobei zu beachten ist, daß die einander widersprechenden Normen ausnahmslos vorkonstitutionelles Recht darstellen. Die die grundsätzliche Fortgeltung alten, nicht inhaltlich dem Grundgesetz widersprechenden Rechts[27] normierenden Art. 123 ff. GG enthalten nun allerdings nicht zugleich auch eine den Grundsatz „lex posterior derogat legi priori" ausformende Regelung bei wechselseitig einander entgegenstehendem vorkonstitutionell gesetztem Recht.

Es ist und bleibt mithin die Notwendigkeit der Auslegung, weil zwei Normen für denselben Sachverhalt einander ausschließende Rechtsfolgen anordnen[28], ohne daß jedoch die Verfassung eine Interpretationshilfe leisten kann.

Das besondere Auslegungsproblem mit dem Ziel der Behebung von Normwidersprüchen hat dem drohenden Ergebnis Rechnung zu tragen, daß es sich bei den antinomischen Rechtssätzen ansonsten wegen der gegenseitigen Aufhebung ihrer Rechtswirkung nicht um geltendes Recht handeln kann[29]. Dies gilt es schon deswegen zu vermeiden, weil von dem Erfahrungssatz auszugehen ist, daß es nicht der Wille des Gesetzgebers ist, sinnlose und unanwendbare Normen zu kodifizieren[30]. Ebenso gelten der Erfahrungssatz und die Vermutung der höheren Einsicht der späteren Zeit und die Unterlegenheit der Vergangenheit gegenüber der Gegenwart. Dies schließt auch die Vermutung für die Absicht des Gesetzgebers auf Aufhebung oder Einschränkung der früheren Norm ein. Bei der interpretativ gefundenen Vermutung für die höhere Geltungskraft des jüngeren Gesetzes müssen aber mit Hilfe weiterer Auslegungskriterien auch die Regelungsbereiche beider Rechtssätze gegeneinander abgegrenzt werden[31], da beide an sich gleichrangig sind. Weil einerseits die Parteiaussage und ihre Glaubwürdigkeit nur unter den besonderen Voraussetzungen der §§ 455 ff. ZPO als Beweisgrundlage dienen können, ist daraus im Wege systematischer Auslegung zu schließen, daß andererseits bei der voraussetzungslos möglichen Parteianhörung die Glaubwürdigkeit als Beweisgrund ausgeschlossen ist[32]

[27] *Badura*, Staatsrecht, 2. Aufl. 1996, L 10, S.586.

[28] *Larenz*, Methodenlehre der Rechtswissenschaft, 6.Aufl., München 1991, S.313.

[29] Ähnlich *Bydlinski* (o.Fußn.25), S.464.

[30] So treffend *Bydlinski* (o.Fußn.25), S.464.

[31] Ähnlich *Larenz* (o.Fußn.28); *Bydlinski* (o.Fußn.25), S.464.

[32] Interpretament für dieses Auslegungsergebnis ist aber auch die Berücksichtigung der Abschaffung des Parteieids infolge der Kodifizierung der Regeln für die Parteivernehmung.

und daher § 286 ZPO wegen der entsprechenden teilweisen Ausschaltung der Verhandlungswürdigung - aufgrund der untersagten Berücksichtigung des persönlichen richterlichen Fürwahrhaltens bei der Überzeugungsbildung - eine Einschränkung seines Regelungsbereichs erfahren muß[33].

Die Reichweite des Beweisgrundes bestimmt auch den Beweiswert. Mithin ist ein Meinen und Glauben des Tatrichters hinsichtlich der Parteiaussage bei der Anhörung irrelevant. Die geringere Beweiskraft des Parteivortrags in der Anhörung wegen der Eliminierung der Hilfstatsache der Glaubwürdigkeit aus dem Überzeugungsbegriff kann aber in der gerichtlichen Praxis Auswirkungen für den Nachweis der Gegebenheiten nach § 6 Abs.1 UmwHG und damit für die Durchsetzung des Schadensersatzanspruchs nach § 1 UmwHG haben. So wäre es bspw. denkbar, daß zeitweilige ungewöhnliche meteorologische Gegebenheiten (etwa eine atypische Windrichtung) als Eignungskriterium für die Schadensverursachung durch kein Beweismittel nachgewiesen werden und der Geschädigte kein obsiegendes Urteil erwirken kann, weil der Richter trotz Glaubhaftigkeit nicht auf die Bekundungen der Partei in der Anhörung zu der exzeptionellen Wetterlage abstellen darf.

III. Beweiskraft und „innere Wahrscheinlichkeit"

Namentlich *Brehm*[34] hat hervorgehoben, daß - obwohl die Glaubwürdigkeit der Person als Betrachtungsweise im Rahmen der Verhandlungswürdigung ausscheide - es dennoch dem Gericht nicht verwehrt sei, die „innere Wahrscheinlichkeit"[35] eines Parteivortrags zu berücksichtigen.

Die bei der Würdigung des Parteivortrags in der Anhörung eliminierten subjektiv verschiedenen Glaubensgrade unterschiedlicher Personen mit der Folge, daß nur der Inhalt der Aussage zu berücksichtigen ist, stellt zwar eine Einschränkung einer womöglich völlig unkontrollierten Ermessensentscheidung dar, führt uns aber zugleich - zumal falls die Parteiaussage nach der Lebenserfahrung eine hohe Wahrscheinlichkeit für sich hat - zu der sich hieran anschließenden Frage, ob die aufgrund von Erfahrungssätzen des täglichen Lebens vielleicht sich ergebenden Schätzwerte der Wahrscheinlichkeit eine Richtschnur für eine möglichst objektive Entscheidungsfindung in der Tatfrage und ein Kontrollmittel zur Eindämmung richterlicher Subjektivität abgeben können. Damit ist aber ein Themenkreis angesprochen, der per definitionem über die Verhandlungswürdigung der Aussage in der Parteianhörung hinaus von signifikanter Bedeutung ist.

[33] Im Ergebnis ebenso *Brehm* (o.Fußn.3), S.249f. und passim.

[34] *Brehm* (o.Fußn.3), S.252

[35] Der *BGH*, NJW 1995, 966, 967, sieht es als einen Verstoß gegen § 286 Abs. 1 ZPO an, wenn sich ein Gericht nicht mit der Tatsache auseinandersetzt, daß für den Sachvortrag der beweisbelasteten Partei „jede innere Wahrscheinlichkeit fehlt".

4. KAPITEL

Die für die Vermutungsbasis des § 6 Abs. 1 UmwHG relevanten Erfahrungssätze und Deutung der „Wahrscheinlichkeit"

Der Analyse des Begriffsinhalts der „Wahrscheinlichkeit" muß zunächst die zu einer Grundsatzproblematik hinführende Frage nach der denotativen Bedeutung von Erfahrungssätzen vorangehen. Sodann bleibt zu erörtern, ob und ggf. wann bei der für die Überzeugungsbildung nach § 286 ZPO geforderten Wahrerachtung die Wahrscheinlichkeit zum Maßstab und zum Kristallisationspunkt der Beweiswürdigung geeignet ist und ob womöglich auch und dann unter welchen Voraussetzungen andere objektiv quantifizierbare Kriterien zur richterlichen Tatsachenbewertung geboten sind.

A. Deterministische Erfahrungssätze

Der Ausgangspunkt der Überlegungen für die Einschätzung der Tauglichkeit der Erfahrungssätze zur Einflußnahme auf die richterliche Überzeugungsbildung ist in der Definition des zivilprozessualen Wahrheitsbegriffs und in der Beantwortung der Frage nach dem Bezug der Wahrheit im Bereich der Reproduktion geschichtlicher Vorgänge - um die es beim prozessualen Beweis geht - zu suchen. Vorab sind jedoch die Strukturen der Erfahrungssätze zu klären[1].

I. Logische Struktur deterministischer Erfahrungssätze

Im Kontext mit beweisrechtlichen Implikationen zum Problemkreis der objektiven Wahrscheinlichkeit haben *Rolf Bender* und *Armin Nack*[2] anhand eines strafrechtlich zu würdigenden Falles einer Vergiftung mittels eines Fliegenpilzgerichts befunden, es sei immer

[1] Hierbei soll die Verwendung von Symbolen der Mathematik und der formalen Logik nicht nur dazu genutzt werden, die gedankliche Entfaltung abzukürzen, sondern auch, um sie präzise zu gestalten. Vergleichbaren Zwecken soll auch der Gebrauch der Quantorenlogik dienen, insbesondere aber auch dem Ziel, Unvollständigkeiten in Begründungen aufzudecken.

[2] *Bender/Nack*, Grundzüge einer Allgemeinen Beweislehre, DriZ 1980, 121, 122.

dann und insoweit von dem deterministischen Erfahrungssatz auszugehen, daß ein tot aufgefundener Mensch vor ca. einer Stunde verstorben sei, wenn dessen Körpertemperatur noch 22° bis 24° C betragen habe (außer, der Mensch habe zuletzt erhebliches Fieber gehabt). - *Hans-Joachim Koch* und *Helmut Rüßmann*[3] weisen auf den Ausschluß der Vaterschaft auf Grund bestimmter Blutgruppenmerkmale bei Putativvater, Mutter und Kind als Anwendungsfall einer deterministischen Hypothese hin. - Von einem deterministischen Erfahrungssatz ist auch hinsichtlich der Eignung des Fingerabdrucks eines Menschen zu seiner Identifizierung auszugehen[4].

Als Bedeutungsmerkmale deterministischer Erfahrungssätze werden gewöhnlich die Feststellung dieser Sätze „durch ihren mathematischen Beweis[5], durch zwingende Logik oder durch keinerlei Ausnahme duldende Erfahrung"[6] ins Feld geführt, und es wird von einem Schluß als deduktiv-nomologisch oder als deterministisch dann gesprochen, wenn er „ausnahmslos gilt"[7]. Eine Bewertung dieser Auffassungen soll zunächst zurückgestellt werden.

Bei der Durchmusterung der denkbaren Arten von Gegebenheiten nach § 6 Abs. 1 UmwHG mit möglicherweise deterministischem Gepräge im konkreten Einzelfall springt besonders das Merkmal des Schadensbildes ins Auge. Es kann durchaus möglich sein, daß ein bestimmtes Schadensbild nach aller empirischen Erfahrung nur von ganz bestimmten Immissionen hervorgerufen worden sein kann. In einem solchen Fall ist von einer deterministischen Hypothese[8] auszugehen.

---

[3] *Koch/Rüßmann*, Juristische Begründungslehre, 1982, S.341.

[4] *Prütting*, Beweislast, S.103, klassifiziert diesen Erfahrungssatz zwar nicht ausdrücklich als deterministisch, attestiert diesem aber „entsprechend der ihm innewohnenden Wahrscheinlichkeit" die Tauglichkeit zur Herbeiführung der vollen richterlichen Überzeugung.

[5] Die vom mathematisch-naturwissenschaftlichen Kausalprinzip beherrschten Prozesse und Vorgänge sind allerdings nicht stets zugleich auch deterministisch im Sinne der Voraussagbarkeit jedes künftigen Zustands des jeweiligen Systems. So zeigt sich im Bereich der durch die Quantenmechanik beschriebenen mikrophysikalischen Prozesse zwar in Bestätigung des Kausalprinzips, daß jede Zustandsänderung eines quanten mechanischen Systems eine Ursache hat, daß aber diese Änderung aus der Ursache nicht determiniert ist bzw. aus der Beobachtung des vorausgehenden Zustands nicht vorhergesagt werden kann. Aussagen über das Verhalten von Teilchen und deren Struktur sind daher Wahrscheinlichkeitsaussagen. - Andererseits bringen neuere Forschungsergebnisse im Bereich der Thermodynamik die zeitliche Asymmetrie des Kausalverhältnisses mit Prozessen in Verbindung, die irreversibel sind. Entdeckungen auf dem Gebiet der Mathematik und Physik zeigen die Notwendigkeit, in der Verwendung des Begriffs der Kausalität genauer zu differenzieren („Chaostheorie"): Man unterscheidet hier „schwache Kausalität" (gleiche Ursachen haben gleiche Wirkung) von „starker Kausalität" (ähnliche Ursachen haben ähnliche Wirkungen), wobei „Ursache" und „Wirkung" für „Anfangs-" und „Endzustand" der beobachteten Prozesse stehen.

[6] Vgl. etwa *Prütting* (o.Fußn.4), S.106.

[7] *Bender/Nack* (o.Fußn.2), S.122, dort Fußn.3.

[8] Von *Prütting*, in : Münchener Kommentar zur ZPO, Rdnr. 56 zu § 286, als zwingende Erfahrungsgesetze bezeichnet.

1. Geltung deterministischer Erfahrungssätze

Eine Untersuchung der für das Erschließen singulärer Sachverhaltsannahmen mit Hilfe deterministischer Erfahrungssätze bestimmenden Regeln kann begreiflicherweise erst dann geschehen, wenn insofern von „gültigen“ deterministischen Hypothesen ausgegangen werden kann.

Es ist nun aber unerläßlich, den Terminus „Gültigkeit“ in Anführungsstriche zu setzen, da die Gültigkeit von Erfahrungssätzen ebensowenig feststellbar ist[9] wie folglich auch - bei genaueren Betrachtungen - das Vorliegen von Kausalbeziehungen zwischen mehreren Ereignissen. Bereits *David Hume* [10] war bei Untersuchungen zum Kausalprinzip zum Ergebnis gekommen, daß ein kausaler Zusammenhang zwischen zwei Phänomenen *A* und *B* nicht logisch oder zwingend sei. Zu beobachten sei nur, daß bisher das Ereignis *B* eingetreten ist, wenn *A* vorausgegangen ist, also nur die regelmäßige Abfolge der beiden Ereignisse, aber nicht, daß *A* die Ursache von *B* sei, so daß man nicht logisch schließen könne, daß *B* auch immer *A* folgen werde. Hiermit stellt sich das noch zu erörternde Induktionsproblem. *Hume* folgerte aus seinen Überlegungen, es entstehe allein auf Grund von Gewohnheit der Glaube und damit der Eindruck, daß *A* Ursache von *B* sei[11].

In den Erfahrungswissenschaften ist es erforderlich, allgemeine Aussagen[12] aufzustellen. Da immer nur *endlich* viele Beobachtungen und Experimente angestellt werden können, ist Induktion - im strengen Sinn des Wortes - unvermeidlich. Aus der Tatsache und der hieraus abgeleiteten Erfahrung, daß sich ein Stein bei Sonnenbestrahlung bisher immer erwärmt hat, leitet man ab, daß dies auch in Zukunft der Fall sein werde. Man sagt dann auch, die Sonnenstrahlen seien Ursache für die Erwärmung des Steins, und unterstellt zugleich, daß dies auch weiterhin so sein werde. Mit seiner Kritik an dieser Denkweise hat *Hume* das Induktionsproblem aufgeworfen. Er behauptete nämlich, „daß die Kenntnis dieser Beziehung der Kausalität in keinem Falle durch Denkakte a priori[13] gewonnen wird, sondern sie ganz und gar aus der Erfahrung stammt“. Diese Kritik ist eine Herausforderung für die gesamte moderne Erkenntnis- und Wissenschaftstheorie geblieben.

---

[9]Vgl. statt aller *Koch/Rüßmann* (o.Fußn.3), S.327 und passim.

[10]Eine Untersuchung über den menschlichen Verstand, 1748, unveränd. Nachdruck, a. d. Engl., Philosophische Bibliothek, Bd.35, Hamburg 1961.

[11]Indem *Hume* das Kausalprinzip auf eine psychologische Komponente - den Glauben - im Menschen zurückführt, weist er zugleich die Grenzen des menschlichen Verstandes auf: Bei allen Tatsachenwissenschaften (z. B. Chemie und Physik), in denen das Kausalprinzip angewendet wird, kann man nicht zu Wissen, sondern nur zu Glauben gelangen, da ein kausaler Zusammenhang nicht bewiesen werden kann. Wissen kann man nur in der Mathematik erlangen, die erfahrungsunabhängig ist und deren Sätze mit logischen Prinzipien zu beweisen sind.

[12]Insofern ist der erkenntnis- und wissenschaftstheoretische Begriff *Gesetze* üblich geworden.

[13]Nach *Kant* ist eine Erkenntnis a priori dadurch ausgezeichnet, daß sie von aller Erfahrung unabhängig ist. In diesem Sinne ist eine Erkenntnis, die sich auf ein induktiv gewonnenes Naturgesetz stützt, nicht a priori. Zwar bedarf es, ist erst einmal das Gesetz bekannt, keiner Erfahrung, um aus ihm Voraussagen abzuleiten, aber die Erfahrung steckt hier im Gesetz. *A priori* bezieht sich auf die Art und Weise, wie eine Erkenntnis gerechtfertigt werden kann, und nicht auf den Weg, auf dem sie zustande kommt. Hinsichtlich des die Kausalitätsverhältnisse betreffenden Erkenntnisproblems war *Kant* der Auffassung, daß das Kausalitätsprinzip eine Voraussetzung a priori von Erfahrung sei.

Es sind zwei Problemkreise zu betrachten:

1. Das mit der Frage der Rechtfertigung der Verwendung von Induktion umschriebene Begründungsproblem;

2. Kriterien für die Anwendung der Induktion zu entwickeln, also die Frage zu klären, unter welchen Voraussetzungen Induktion von logisch zwingender Gültigkeit ist.

In der heutigen Wissenschaftstheorie werden vornehmlich zwei Standpunkte zum Induktionsproblem vertreten: der Induktivismus und der Deduktivismus[14].

Der Induktivismus versucht, ausgehend von der mathematischen Wahrscheinlichkeitstheorie, die Verwendung der Induktion zu begründen. Sein Kernpunkt ist der Begriff der Hypothesenwahrscheinlichkeit: Unter den Erfahrungsdaten E wird einer Hypothese H eine ganz bestimmte Wahrscheinlichkeit $w(H,E) = r$ zugeschrieben (wobei $O \leqq r \leqq 1$). Der Grenzfall $r = 1$ geht dann aus der Aussageform „H folgt logisch aus E" hervor, und $r = 0$ ergibt sich bei der Aussage „H ist mit E logisch unvereinbar"[15]. Eine Hypothese mit einer hohen Wahrscheinlichkeit wird durch die Erfahrung in großem Maße *bestätigt*[16]. Gelänge es, solche Wahrscheinlichkeit anzugeben, so ließe sich daraus eine Anleitung zur Anwendung der Induktion gewinnen: Ist $w(H,E) = r \geqq r_o$ (r_o eine festzulegende Schranke), so entscheide dich für H. Gibt es mehrere Hypothesen, deren Wahrscheinlichkeit die vorgegebene Grenze übersteigt, so wähle die Hypothese mit der größten. Von diesem Ziel aber ist man noch sehr weit entfernt.

Bei der induktiven Bestätigung wird an der Idee der Wahrheit der Hypothese gleichsam als nicht erreichbarem Ziel festgehalten. *Carnap* hat zu diesem Zweck eine Bestätigungsfunktion $c(\_,\_)$ eingeführt, die numerisch angibt, in welchem Grad die Beobachtungen B eine Hypothese H bestätigen. Es gilt nun: $0 \leqq c(B,H) \leqq 1$; $c(B,H) = 0$ ergibt sich, wenn B und H logisch unverträglich[17] sind ($B \wedge H$ ist ein Widerspruch); $c(B,H) = 1$ ergibt sich bei der Aussage: H ist eine logische Folge von B (also $B \rightarrow H$); $c(B \wedge B', H) \geqq c(B,H)$ bedeutet: B' bestätigt H erneut (der Grad der Bestätigung durch $B \wedge B'$ ist größer als der durch B allein). - Nur in sehr vereinfachten Situationen ist es bisher gelungen, eine solche Bestätigungsfunktion konkret anzugeben. Da andererseits deutlich ist, wie groß die Schwierigkeiten werden, wenn man kompliziertere Situationen betrachtet, wird dieser Ansatz meist als unpraktikabel angesehen.

Im Unterschied zum Induktivismus geht nun die deduktivistische Wissenschaftstheorie davon aus, daß in den Erfahrungswissenschaften Allsätze oder Allaussagen[18] (über ei-

[14]Wichtigste Vertreter: *Carnap* und *Popper*.

[15]Derartige Gedankenverknüpfungen sind z. B. aus der Medizin bekannt, die oft die Frage stellt, in welchem Maß empirische Befunde eine Behauptung stützen.

[16]Der Terminus „Bestätigung" ist ein wissenschaftstheoretischer Grundbegriff.

[17]Bei Unverträglichkeit ergibt sich $c = 0$, aber u. U. auch sonst einmal.

[18]Aussagen wie „für alle x aus der Grundmenge G gilt $P(x)$" - mit Hilfe des Allquantors formalisiert

nen unbeschränkten Grundbereich) nie endgültig verifiziert worden können[19]. Da nicht alle zukünftig auftretenden Beispiele (etwa Steine) geprüft werden können, kann nie ausgeschlossen werden, daß irgendwann einmal ein Gegenbeispiel auftreten wird (also ein Stein, der sich trotz Sonnenbestrahlung nicht erwärmt). Umgekehrt wird aber ein solcher Allsatz - vereinfacht dargestellt - nach der frühen Anschauung *Poppers* durch *eine* Ausnahme bereits falsifiziert[20].

Eine Hypothese, die vielen Widerlegungsversuchen widerstanden hat, wird *bewährt* genannt. Von *Popper* wurde der Grundbegriff der Bewährung seiner deduktiven Bestätigungstheorie in die Wissenschaftstheorie eingeführt. Für die Überprüfbarkeit an der Erfahrung kommt es nach *Popper* nun darauf an, ob ein Experiment B (oder eine Beobachtung) die aufgestellte Hypothese H widerlegt oder nicht. Dabei heißt H von B widerlegt, wenn die Konjunktion $H \wedge B$ einen Widerspruch darstellt (z. B.: H: „Alle Raben sind schwarz" und B: „Der beobachtete Rabe war grau" ergeben nach Konjunktion einen Widerspruch). Die Hypothese H heißt *bewährt*, wenn sie vielen Widerlegungsversuchen erfolgreich widerstanden hat. Nimmt man die Tautologie[21] und den Widerspruch[22] als Extreme, die im ersten Fall mit allen Beobachtungen (oder Experimenten), im zweiten mit keiner Beobachtung vereinbar sind, und ordnet man diesen die Werte 1 und O zu und führt eine Metrisierung ein, so kann man den *Bewährungsgrad* einer Hypothese als eine Zahl zwischen 0 und 1 auffassen. Je größer der Bewährungsgrad, desto besser hat die Hypothese den Widerlegungsversuchen standgehalten.

Die Prüfung von Hypothesen erfolgt nach dem Ableiten von singulären Folgerungen aus der als wahr vorausgesetzten Hypothese durch diese Folgerungen, die *Prognosen* oder *Testimplikationen*[23] genannt werden; sie sind in der Praxis im Hinblick auf ihre Bewahrheitung oder Nichtbewahrheitung durch Beobachtung und/oder Experiment zu überprüfen. Fallen die Ergebnisse entsprechend den Vorhersagen aus, so hat sich die Hypothese *bewährt*.

---

als $\bigwedge_{x \in G} P(x)$ - heißen Allaussagen. Allaussagen sind dadurch charakterisiert, daß sie mindestens einen nicht eliminierbaren Allquantor enthalten.

[19] Anders liegen die Verhältnisse lediglich dann, wenn die Hypothese eine Existenzaussage darstellt. Solche Existenzhypothesen können verifiziert werden, indem man den betreffenden Gegenstand nachweist (z. B. im Fernrohr oder in der Blasenkammer). Insofern ist es ungenau, wenn behauptet wird, alle generellen Hypothesen der Erfahrungswissenschaften seien nur falsifizierbar. Dies trifft nur auf die Gesetzeshypothesen zu.

[20] Heute werden jedoch - was hier allerdings nicht näher erörtert werden soll - im Hinblick auf die Falsifikation weit kompliziertere Überlegungen angestellt.

[21] Im engeren Sinn wird Tautologie nur für logische Wahrheiten der klassischen Aussagenlogik (z. B. $A \vee \neg A$, $\neg(A \wedge \neg A)$ gebraucht.

[22] In der Logik wird als Widerspruch jedes Aussageschema bezeichnet, das logisch falsch ist (z. B. $A \wedge \neg A$).

[23] Mit Testimplikation (oder auch Prognose genannt) wird die Folgerung bezeichnet, die aus einer gesetzesartigen Hypothese zum Zweck der Prüfung abgeleitet wird. Z. B.: lautet die Hypothese „Wasser gefriert bei 0° C", so kann „Wasser gefriert bei starker Abkühlung" als Testimplikation dienen. Eine Testimplikation muß so beschaffen sein, daß sie *herstellbare* (bzw. *vorfindbare*) Bedingungen beschreibt, unter denen ein *beobachtbares* Ereignis eintritt. Sie bildet damit ein Bindeglied zwischen Theorie und Beobachtung.

Es sind aber nicht alle Beobachtungen geeignet, eine Hypothese zu prüfen. Mit dem Paradoxon *Hempels*: Bestätigen die Erfahrungen mit eßbaren Pilzen die Hypothese „Fliegenpilze sind giftig"? wird die Frage aufgeworfen, welche Beobachtungen überhaupt als wichtig im Hinblick auf eine bestimmte Hypothese anzusehen sind. Hierbei ist also ein Vorwissen darüber erforderlich, welche Tatsachen als relevant für die Hypothese einzustufen sind. Damit wird aber der Spielraum für erfahrungsmäßige Überprüfung eingeengt. Zudem bleibt immer die Möglichkeit offen, unliebsame Ergebnisse als irrelevant einzustufen oder - unter Umständen nach Einführung von Hilfshypothesen - in die Theorie einzubeziehen. Schließlich zeigte der amerikanischen Wissenschaftshistoriker und -theoretiker *Kuhn*, daß bestimmte - von ihm als Paradigma bezeichnete - Grundübereinstimmungen der Wissenschaftler von entscheidender Bedeutung für die Frage sind, welche Hypothesen und Theorien überhaupt angenommen werden. Damit verliert die *Bewährung* die zentrale Bedeutung, die *Popper* ihr einräumte.

Wenn eine die Bewirkung eines bestimmten Schadensbildes durch bestimmte Immissionen betreffende Hypothese durch Tests[24] bewährt und von der zuständigen Fachwissenschaft angenommen worden ist, kann der Rechtsanwender diese den praktischen Entscheidungen als vorläufig gültig zugrunde legen. Dieser muß aber - wie *Hans-Joachim Koch* und *Helmut Rüßmann*[25] zutreffend fordern - die Strukturen der Hypothesenprüfung kennen, um im Diskurs mit den jeweiligen Fachwissenschaftlern - was ggf. auch im Wege der Durchführung des Sachverständigenbeweises erfolgen kann - die Bewährung und den Grad der wissenschaftlichen Akzeptanz der ihm angetragenen Hypothesen klären zu können.

2. Verwendung deterministischer Erfahrungssätze

a.) Prädikatenlogische deduktive Folgerungen

Im Wege eines Exkurses sollen zunächst eine kurze Einführung in die Grundlagen, in das Theorem und in die symbolische Sprache der Prädikatenlogik erfolgen und die elementaren Formen des bewußten logischen deduktiven Schließens erläutert werden.

Unter Prädikatenlogik (Quantorenlogik)[26] begreift man denjenigen Teil der formalen Logik[27], der sich mit Aussagen beschäftigt, in denen Prädikate (Prädikatoren) Gegen-

---

[24]In den induktiv verfahrenden Wissenschaften, z. B. in den Naturwissenschaften, dienen Tests dazu, gesetzesartige Hypothesen zu prüfen. Die dabei verwendeten Verfahren variieren von der einfachen Beobachtung bis zum gezielt entworfenen Experiment.

[25]*Koch/Rüßmann* (o.Fußn.3), S.329.

[26]Siehe hierzu etwa *Lenk*, Kritik der logischen Konstanten, Berlin 1968, passim; *Lenk*, Philosophische Logikbegründung und rationaler Kritizismus, in: *ders.*, Metalogik und Sprachanalyse, Freiburg 1973, S.88 ff.; *van Orman Quine*, Grundzüge der Logik, deutsche Erstausgabe 1969, S.163 ff. und passim; *Stegmüller/Varga* von *Kibéd*, Probleme und Resultate der Wissenschaftstheorie und Analytischen Philosophie, Band III, Strukturtypen der Logik, Teil A, 1984, S. 73ff.

[27]Logik wird heute innerhalb der Philosophie fast ausschließlich im engeren Sinne von formaler (auch: symbolischer) Logik verstanden und angewendet. Dies bedeutet, daß sich die moderne Logik mit solchen Schlüssen beschäftigt, die allein auf Grund der Form der betrachteten Aussagen richtig sind.

ständen zu- oder abgesprochen werden. Prädikate sind Ausdrücke, aus denen durch Einsetzen von Individuennamen[28] für Individuenvariable[29] Sätze entstehen. Man unterscheidet ein- und zweistellige[30] Prädikatoren, je nach der Anzahl der Gegenstände, denen diese zugesprochen werden.

Zu den wichtigen Bausteinen der Prädikatenlogik zählen weiter die sog. schematischen Buchstaben[31], die Leerstellen für die Prädikatkonstanten P, Q, R, ... markieren.

Als prädikatenlogische Aussageform wird ein Ausdruck mit mindestens einer freien Objektvariablen bezeichnet. Bedeutet $G(x)$ „x ist eine gerade Zahl", so ist $G(x)$ eine prädikatenlogische Aussageform mit der freien Objektvariablen x. Diese kann auf zweierlei Art in eine Aussage übergehen. Ersetzt man die Objektvariable durch eine Konstante, z. B. 4 oder 9, so ergibt sich die wahre Aussage „4 ist gerade" (bzw. die falsche „9 ist gerade").

Durch Quantifizierung über die freie Objektvariable - was durch Einführung eines Quantors[32] geschieht - mit der Folge der Bindung der Variablen, zu der auch die Angabe des Grundbereichs gehört, entsteht aus der Aussageform $G(x)$ die Aussage $\bigwedge_{x \in N} G(x)$ (umgangssprachlich: „Alle natürlichen Zahlen sind gerade"). Das verwendete Symbol $\bigwedge_{x \in G}$ bezeichnet den Allquantor. Mit seiner Hilfe lassen sich beliebig viele prädikative Aussageformen der Gestalt $P(x)$ (umgangssprachlich: „x kommt das Prädikat P zu") zu einer Allaussage $\bigwedge_{P \in G} P(x)$ (umgangssprachlich: Allen x aus G kommt das Prädikat P zu") zusammenfassen. G heißt Variabilitäts- oder Grundbereich des Allquantors; er gibt an, in welchem Bereich die Objektvariable x variieren kann[33].

Neben dem Allquantor figuriert als weiterer logischer Partikel der Prädikatenlogik der Existenzquantor. Er dient zur Symbolisierung von sog. Existenzaussagen. Diese bezeichnen Aussagen, in denen behauptet wird, daß es - in einem bestimmten Bereich - einen oder mehrere Gegenstände gibt, auf die ein bestimmter Prädikator zutrifft[34]. Die

---

[28]In der Logik sind Individuen die Elemente von festgelegten Grundbereichen.

[29]Dies sind Variable für Elemente des Grundbereichs (Mitteilungszeichen: x, y, z). Üblich sind auch die Bezeichnungen „Individuenbereich", „Objektvariable" und „Objektbereich"; vgl. hierzu *Stegmüller/Varga von Kibéd* (o.Fußn.26), S.73.

[30]Zweistellige Prädikatoren heißen auch Relationen (z. B. „ ... ist größer als ...; ... ist Ursache von ... ".).

[31]Teilweise wird auch die Bezeichnung Mitteilungsvariable, Prädikatvariable oder Aussagenvariable verwandt, was jedoch irreführend ist, weil der Bereich der Prädikate über einem Grundbereich im allgemeinen ein *offener* ist und damit kein Variabilitätsbereich von vornherein feststeht.

[32]Quantor ist die zusammenfassende Bezeichnung für die logischen Partikel Allquantor und Existenzquantor. Zu einem Quantor gehört die Angabe des Grundbereichs, über den die quantifizierte („gebundene") Variable läuft.

[33]Beispiel: Es bedeute G den Bereich „Mensch" und $P(x)$ besage „x ist sterblich". Dann heißt $\bigwedge_{x \in G} P(x)$: Für alle x aus dem Bereich Mensch gilt: „x ist sterblich"; oder kurz: „Alle Menschen sind sterblich".

[34]Z. B.: „Es gibt eine Zahl, deren Quadrat gleich 2 ist". - „Manche Seen sind größer als der Bodensee".

Symbolisierung solcher Aussagen mit Hilfe des Existenzquantors erfolgt so:

$$\bigvee_{x_o \in M} P(x_o) \text{ oder so: } \bigvee_{x \in M} P(x) \,.$$

Gesucht sind also diejenigen Elemente von M, die die Aussageform $P(x)$[35] erfüllen. $\bigvee_{x \in M} P(x)$ ist zu lesen: Für mindestens ein x: $P(x)$; d.h., etwas hat die Eigenschaft P[36]. Zum Existenzquantor gehört stets die Angabe des Grundbereichs, aus dem das fragliche Element (bzw. die fraglichen Elemente) stammen soll (bzw. stammen sollen); davon kann die Wahrheit der Aussage abhängen.

An Stelle der einfachen prädikatenlogischen Aussageform $P(x)$ können in der Prädikatenlogik auch mit Junktoren zusammengesetzte Aussageformen stehen; solche junktorenlogische Verknüpfungen sind mit allen Satzoperatoren der Aussagenlogik möglich[37].

Wenn zunächst exemplarisch und zur Illustration wahrheitsfunktionaler Verknüpfungen[38] die Konjunktion zweier Sätze betrachtet werden soll, so werden die Wahrheitswerte „wahr“ oder „falsch“ der mit Hilfe der Konjunktion gebildeten Aussagen - wie überhaupt bei allen Junktoren - durch die jeweilige Wahrheitstafel definiert. Die Wahrheitstafel für die Konjunktion[39] sieht folgendermaßen aus:

A	B	$A \wedge B$
w	w	w
w	f	f
f	w	f
f	f	f

Die komplexe Aussage (Aussageform) ist also genau dann wahr, wenn beide Teilaussagen wahr sind.

Die Konjunktion ist nur für Sätze definiert. Bei der Konjunktion zweier Prädikate kann diese Definition für den nicht normierten Ausdruck „$F(x) \wedge G(y)$“ aber passend erweitert werden. Aus dem Ausdruck „$F(x) \wedge G(y)$“ könnte „$Fa \wedge Gb$“ entstehen, indem der Individuenname „a“ für die Variable „x“ und entsprechend „b“ für „y“ eingesetzt wird.

[35] Mit der freien Variablen x.

[36] Vgl. etwa (wenn auch mit leicht abweichender Symbolisierung) *Stegmüller/Varga von Kibéd* (o. Fußn.26), S.75.

[37] Man unterscheidet einstellige Junktoren (Negation) und zweistellige (Konjunktion, Adjunktion, Disjunktion, Konditional usw.).

[38] Als wahrheitsfunktionale Verknüpfungen werden solche Verknüpfungen bezeichnet, die aus Teilsätzen einen komplexen Satz machen, dessen Wahrheitswert eine Funktion der Wahrheitswerte der Teilsätze ist; in der Aussagenlogik werden Aussagen ausschließlich durch ihre Wahrheitswerte charakterisiert, *inhaltliche Gesichtspunkte* bleiben *außer Betracht*.

[39] A und B sind schematische Buchstaben (diese markieren Stellen, an denen Ausdrücke eingesetzt werden können), die für Aussagen stehen; w und f bedeuten die Wahrheitswerte „wahr“ bzw. „falsch“. $A \wedge B$ ist ein Aussageschema (auch: Aussageform).

„$F(x) \wedge G(y)$" trifft dann auf a und b zu, wenn „$Fa \wedge Gb$" wahr ist. Weiter gilt: „$F(x) \wedge G(x)$" trifft auf c zu, wenn „$Fc \wedge Gc$" wahr ist.

Durch Binden von freien Variablen kann man aus solchen Prädikaten natürlich auch Sätze bilden wie etwa:

(1) $\bigwedge_{x \in G} F(x) \wedge \bigwedge_{x \in G} G(x)$ und

(2) $\bigwedge_{x \in G} (F(x) \wedge G(x))$.

(1) ist kein Allsatz, sondern eine Konjunktion von Allsätzen;
(2) hingegen ist keine Konjunktion, sondern eine Allaussage.

b.) Konditionalaussage

Von besonderer Bedeutung für die juristische Argumentation sind die „Wenn-Dann"-Verknüpfungen, weil bei Rechtsnormen eine vom Tatbestand auf die Rechtsfolge ableitende Beziehung hergestellt wird. Indessen ist das „Wenn-So" bereits in der juristischen Ausdrucksweise und in der Umgangssprache äquivok[40]. Darüber hinaus besteht auch keine vollständige inhaltliche Deckungsgleichheit zwischen der Intension des umgangssprachlichen „Wenn-Dann" mit den durch den aussagenlogischen Junktor der Subjunktion dargestellten Beziehungen, worauf noch einzugehen sein wird. Zunächst ist jedoch eine Untersuchung der wesentlichsten Argumentformen eines sehr wichtigen Aussagentyps der klassischen Logik unausweichlich, nämlich eine Erörterung der Konditionalaussage.

Die Normalform der Konditionalaussage wird so ausgedrückt:

Wenn A, so B.

Die Buchstaben A und B stehen stellvertretend für Aussagen. Der mit „wenn" beginnende Teil der Konditionalaussage heißt „Antezedens", während der nach dem Wort „so" folgende Teil als „Konsequenz" bezeichnet wird. Die als Antezedens und Konsequenz benannten Satzteile sind selbst Aussagen. Eine solchermaßen verknüpfte komplexe Aussage ist bspw.:
„Wenn bestimmte aus emittierenden Anlagen herrührende Immissionen auftreten, dann resultiert hieraus ein kennzeichnendes spezifisches Schadensbild".

Von essentieller Bedeutung ist es allerdings zu erkennen, daß die Festlegung des Gefüges der *Form* der Konditionalaussage allein durch die Regelung der Beziehung der miteinander verbundenen Aussagen und damit unabhängig von deren Inhalt erfolgt.

[40] Ebenso *Herberger/Simon*, Wissenschaftstheorie für Juristen, Frankfurt am Main 1980, S.45.

c.) Konditionale Argumente

Für die logische Gültigkeit (Korrektheit) deduktiver Argumente (Schlüsse) ist lediglich ihre logische *Form* und nicht der Gehalt der Aussage bestimmend[41]. Nur *ein* Aspekt des Arguments als Begründung einer Aussage ist freilich seine logische Korrektheit; eine weitere und hiervon unabhängige Betrachtungsweise ist die Wahrheit der Prämissen des Schlusses.

Zunächst: Die Feststellung, daß ein Schluß gültig ist, bedeutet, daß er eine gültige Argumentform aufweist. Eine gültige Argumentform für konditionale Schlüsse wird durch folgendes Schema dargestellt:

Wenn A, dann B.	(1. Prämisse)
A.	(2. Prämisse)
$\therefore B$.	(Konklusion) .

Wenn für die Buchstaben „A" und „B" Aussagen eingesetzt werden, ergibt sich ein gültiger Schluß. Diese gültige logische Schlußregel wird *Modus ponends ponens* oder „Bejahung des Antezedens" genannt, wobei die zuletzt genannte Bezeichnung sich daraus herleitet, daß - die 1. Prämisse ist eine Konditionalaussage - die 2. Prämisse das Vorliegen des Antezedens dieses Konditionals behauptet (die Konklusion des Schlusses ist das Konsequenz der 1. Prämisse)[42].

Für die Korrektheit eines logischen Schlusses kommt es ausschließlich auf die Beziehung zwischen den Prämissen und der Konklusion an, ohne daß also der Gehalt der Aussagen von Bedeutung wäre. Wenn aber die Gültigkeit eines Schlusses durch eine korrekte Argumentform festgelegt ist, gilt die folgende fundamentale deduktive Regel: Wenn alle Prämissen wahr sind, muß bei richtigem Folgern auch die Konklusion wahr sein.

Diese Regel ist zwingend; ihre Stringenz ist daraus zu schließen, daß die Konklusion nichts zum Ausdruck bringt, was nicht schon den Prämissen zu entnehmen ist. Daß ein deduktiver Schluß gültig ist, besagt mithin, daß die Prämissen in einer solchen Beziehung zur Konklusion stehen, daß die Konklusion wahr sein muß, wenn die Prämissen wahr sind[43].

---

[41] *Salmon*, Logik, deutsche Übersetzung 1983/1993, S.41 und passim.

[42] Vgl. *Salmon* (o.Fußn.41), S.53f.

[43] Vgl. *Salmon* (o.Fußn.41), S.41. Es gilt allerdings nicht der Fall, daß bei wahren Prämissen und einer wahren Konklusion immer ein gültiger Schluß vorliegen muß.

Folgende Kombinationen für gültige deduktive Schlüsse sind denkbar:

1. Wahre Prämissen und wahre Konklusion.
2. Einige oder alle Prämissen falsch und eine wahre Konklusion.
3. Einige oder alle Prämissen falsch und eine falsche Konklusion.

Die nachfolgenden Argumente sind mithin gültig:

(a) Wenn bestimmte aus emittierenden Anlagen herrührende Immissionen auftreten, dann resultiert hieraus ein kennzeichnendes spezifisches Schadensbild.

- Wahr -

Bestimmte aus emittierenden Anlagen herrührende Immissionen sind aufgetreten.

- Wahr -

Es hat sich ein kennzeichnendes spezifisches Schadensbild ergeben.

- Wahr -

(b) Wenn eine Anlage Schwefeldioxyd emittiert, dann treten Schäden infolge chlorierter Kohlenwasserstoffe auf.

- Falsch -

Eine Anlage hat Schwefeldioxyd emittiert.

- Wahr -

Schäden infolge chlorierter Kohlenwasserstoffe sind aufgetreten.

- Falsch -

Durch das Beispiel (b) wird exemplarisch demonstriert, daß die logische Korrektheit oder Inkorrektheit gänzlich unabhängig von der Wahrheit der Prämissen ist und nur von der Beziehung zwischen den Prämissen und der Konklusion abhängt. Für das Beispiel (b) gilt aber, daß dann - wenn auch die 1. Prämisse wahr wäre - ebenfalls die Konklusion wahr sein müßte; denn es ist nicht denkbar, daß ein gültiger deduktiver Schluß zugleich wahre Prämissen und eine falsche Konklusion aufweisen kann.

Eine weitere gültige deduktive Argumentform ist die Regel des *Modus tollends tollens* oder „Verneinung des Konsequenz“[44].

[44]Es wird noch die Bedeutung des Modus *tollens* im Zusammenhang damit zu zeigen sein, daß die Subjunktion die Erscheinungsform des umgangssprachlichen Konditionals verbürgt.

Diese Schlußregel hat das Schema

Wenn A, so B.

Nicht-B.

$\therefore$ Nicht-A .

Die Bezeichnung dieser Regel als „Verneinung des Konsequenz" rührt daher, daß - die 1. Prämisse ist eine Konditionalaussage - die 2. Prämisse die Negation des Konsequenz dieses Konditionals darstellt.

d.) Subjunktion

Eine besondere Art von Konditionalaussagen wird durch das Verknüpfungszeichen der Subjunktion[45] symbolisiert, in der Umgangssprache aber desgleichen durch „Wenn-Dann-Sätze" wiedergegeben.

Die Junktoren werden - wie dies oben schon für die Konjunktion zu demonstrieren war - durch Wahrheitstafeln definiert. Hierdurch wird festgelegt, wie die Wahrheitswerte der zusammengesetzten Aussagen von denen der Einzelaussagen abhängen, was man als *Wahrheitsfunktionalität* bezeichnet. Der Subjunktion ist nun folgende Wahrheitstafel zugeordnet:

A	B	$A \rightarrow B$
w	w	w
w	f	f
f	w	w
f	f	w

Als wesentlicher Anwendungsbereich der allein auf die Wahrheitswerte „wahr" und „falsch" bezogenen Bedeutung der Wahrheitswerttabelle eröffnet sich die Möglichkeit, mit Hilfe der Methode der Wahrheitstafeln namentlich die Regeln der Bejahung des Antezedens und der Verneinung des Konsequenz untersuchen zu können.

[45] Durch die Umgangssprache wird im übrigen auch die häufige Verwechslung der Subjunktion mit der Implikation nahegelegt. Die Subjunktion, die ja eine Verknüpfung von Aussagen ist, muß aber von der Implikation als Metaaussage über Aussagen unterschieden werden. Auch die teilweise noch übliche Bezeichnung *materiale Implikation* für die Subjunktion begünstigt dieses Mißverständnis.

Jedem ist der Umstand der Wahrheitswerte „Wahrheit" und „Falschheit" von als Behauptungssätze einzustufenden Aussagen vertraut. Auch bei der Analyse deduktiver Regeln werden die entsprechenden Sätze auf ihre Wahrheitswerte hin erforscht; denn der deduktive Geltungsanspruch wurde ja mit der wahrheitsfunktionalen Sinndeutung verknüpft, daß die Konklusion wahr sein muß, wenn auch die Prämissen wahr sind.

Aus den Wahrheitstafeln ist abzulesen, daß die Wahrheitswerte der mit Hilfe von Junktoren gebildeten Aussagen Funktionen der Wahrheitswerte der Einzelaussagen darstellen. Bei der Analyse der auch für die Subjunktion geltenden wahrheitsfunktionalen logischen Regeln ergeben sich allerdings einige Schwierigkeiten, weil der hinter diesem Verknüpfungszeichen stehende Sinngehalt beträchtlich von der umgangssprachlichen Bedeutung der Aussage „wenn...,dann ..." abweicht[46]. Die Folge auf das wahrheitsfunktionale Verständnis der Subjunktion hin ist die Unumgänglichkeit, jedes Konditional mit einem wahren Antezedens und einem wahren Konsequenz als wahr gelten zu lassen[47]. Da eine erkennbare Verbindung zwischen den Bedeutungen des wahren Antezedens und des wahren Konsequenz nicht unbedingt erforderlich ist, kann das Konditional - je nach dem Bedeutungsgehalt der Teilsätze - zu seltsamen Resultaten führen[48].

Obendrein ist weiter sogar noch aus der Wahrheitstafel zu entnehmen[49], daß selbst dann eine wahre Subjunktion zu konstatieren ist, wenn weder Antezedens noch Konsequenz wahr sind und außerdem zwischen beiden keine Beziehung besteht[50].

Da die Bestimmung der Subjunktion lediglich in wahrheitsfunktioneller Weise ohne Einbeziehung sonstiger Erscheinungsformen festgelegt ist, kann durch diesen Junktor der Gehalt der Beziehung zwischen Antezedens und Konsequenz der üblicheren Konditionale nicht dargestellt werden[51].

Trotz der absonderlichen Bedeutungsmerkmale der Subjunktion besitzt diese die wesentlichen Beschaffenheitsmerkmale des umgangssprachlichen Konditionals, „die die Gültigkeit solcher grundlegenden deduktiven Argumentformen wie der Regel der Bejahung des An-

---

[46]Vgl. etwa *Salmon* (o.Fußn.41), S.78 ff. Insbesondere von juristischen Autoren (wie etwa von *Herberger/Simon* [o.Fußn.40]) wird dieses Problem aber meist übergangen.

[47]*Salmon* (o.Fußn.41), S.79.

[48]So ist bspw. ein wahres Konditional: „Wenn der Mond eine Kugel ist, dann ist 4 plus 5 gleich 9". Eine solche zusammengesetzte Aussage würde man normalerweise nicht als ein sinnvolles und zweckmäßiges Kondional ansehen, da eine Beziehung zwischen der Wahrheit des Antezedens und der Wahrheit des Konsequenz nicht erkennbar ist. Dies steht völlig im Kontrast etwa zu dem Beispiel: „Wenn bestimmte aus emittierenden Anlagen herrührende Immissionen auftreten, dann resultiert hieraus ein kennzeichnendes spezifisches Schadensbild", wo die Verknüpfung zwischen Antezedens und Konsequenz augenscheinlich ist. Dabei muß man sich allerdings vor Augen führen, daß es bei Subjunktionen eben nur um wahrheitsfunktionale Verknüpfungen und nicht um Bedeutungsgehaltsverbindungen geht.

[49]Siehe die 4. Zeile der Wahrheitstafel für die Subjunktion.

[50]Ein wahres Konditional ist bspw.: Wenn der Mond keine Kugel ist, dann sind Schimmel schwarz. Überdies gilt, daß eine Subjunktion mit einem falschen Antezedens oder mit einem wahren Konsequenz stets wahr ist (sog. *Paradoxa der materialen Implikation*).

[51]Vgl. *Salmon* (o.Fußn.41), S.80.

tezedens, der Regel der Verneinung des Konsequenz und des Dilemmas[52] garantiert"[53]. Dieser Nachweis läßt sich leicht führen, was zunächst für die Regel des Modus *ponens* erfolgen soll.

„$A \rightarrow B$" und „A" sind die Prämissen der Regel der Bejahung des Antezedens. Ihre Wahrheitswerte sind der für die Subjunktion definierten Wahrheitstafel zu entnehmen. Wenn man die 1. Zeile betrachtet, so erkennt man, daß beide Prämissen durch den Wert „W" gekennzeichnet sind; in dieser Zeile - und nur in dieser Zeile - besitzt zugleich auch die Konklusion den Wert „W". Da es außerdem und andererseits keine Zeile der Tafel mit einer Wahrheitswertverteilung gibt, bei der zwar die Prämissen wahr, die Konklusion jedoch falsch ist, ist die Regel des Modus *ponens* auch für die Subjunktion als gültig nachgewiesen.

Für den Nachweis der Gültigkeit der Regel der Verneinung des Konsequenz sei zuerst die Wahrheitstafel für die betreffenden Prämissen und die Konklusion angegeben:

A	B	$\neg A$	$\neg B$	$A \rightarrow B$
W	W	F	F	W
W	F	F	W	F
F	W	W	F	W
F	F	W	W	W

Die Prämissen des Modus tollens sind „$A \rightarrow B$" und „$\neg B$". Bloß in der 4. Zeile weisen beide Prämissen den Wert „W" auf. Ebenfalls in dieser Zeile besitzt auch die Konklusion „$\neg A$" den Wert „W". Gleichfalls ist es in keiner Zeile möglich, daß beide Prämissen wahr sind und die Konklusion falsch.

Mithin hat sich erwiesen, daß die Subjunktion wirklich das wahrheitslogische Kernstück der Konditionalaussage in sich trägt. Wenn es als größter Vorteil des Symbolsystems erachtet wird, sich mit einem kleinen Quantum eindeutig definierter Symbole zu begnügen, auf die einige wenige klar definierte Regeln angewandt werden können, so mag man in der Tat die in die Subjunktion inkorporierte Regel des Modus *ponens* als gutes Exempel gerade auch im Hinblick auf die praktische Anwendung ansehen: Die Regel der Bejahung des Antezedens erlaubt die Behauptung des Konsequenz eines Konditionals, wenn sowohl das Konditional selbst als auch das Antezedens als Prämissen in Erscheinung treten[54].

Kehren wir noch einmal zu unserem auf § 6 Abs. 1 S. 1 UmwHG bezogenes Fallbeispiel zurück. Für die Aussage „Wenn bestimmte aus emittierenden Anlagen herrührende

[52]Der deduktive Schluß des Dilemmas kann folgende Form besitzen:
Entweder A, oder B .
Wenn A, dann C.
Wenn B, dann D.
∴ Entweder C, oder D.

[53]*Salmon* (o.Fußn.41), S.80.

[54]Vgl. *Salmon* (o.Fußn.41), S.161.

Immissionen auftreten, dann resultiert hieraus ein kennzeichnendes spezifisches Schadensbild" dürfte der Wahrheitswertverlauf der 1. und 2. Zeile der der Subjunktion zugeordneten Wahrheitswerttabelle ohne weiteres einleuchtend sein. Die wahrheitsfunktionale Sinnfälligkeit der 3. Zeile läßt sich hingegen nicht sofort erschließen. Soll die paradigmatisch ausgewählte Aussage auch dann wahr sein, wenn bestimmte aus emittierenden Anlagen herrührende Immissionen zwar nicht auftreten (A also falsch ist), das kennzeichnende spezifische Schadensbild aber dennoch gegeben ist (B also wahr ist)? Dieser Fall ist denkbar, wenn das Schadensbild unmittelbar durch Aufbringen der betreffenden chemischen Substanz an dem fraglichen Gegenstand hervorgerufen wird. Dessen ungeachtet bleibt aber die Behauptung wahr, daß dann ein kennzeichnendes spezifisches Schadensbild erscheint, wenn bestimmte aus emittierenden Anlagen herrührende Immissionen auftreten. Die Aussage wird nicht dadurch widerlegt, daß man auf einen anderen Fall verweist, wo das kennzeichnende spezifische Schadensbild auch ohne von emittierenden Anlagen stammende Immissionen auftritt. Mit der vorstehenden Aussage soll die anderweitige Möglichkeit der Entstehung des kennzeichnenden spezifischen Schadensbildes nicht ausgeschlossen werden. Präzisierend und weiter verdeutlichend könnte daher die Aussage lauten: „Immer wenn bestimmte aus emittierenden Anlagen herrührende Immissionen auftreten (aber eben nicht nur dann), resultiert hieraus ein kennzeichnendes spezifisches Schadensbild". Es wird also nur eine hinreichende Bedingung[55] für das Auftreten des besagten Schadensbildes angeführt. Der Eintritt dieser im Vordersatz einer Subjunktion gebildeten Bedingung reicht also aus, bei Entbehrlichkeit der Verwirklichung weiterer Umstände mittels der zusammengesetzten Aussageform von der im Nachsatz genannten Folge - also dem Eintritt des kennzeichnenden spezifischen Schadensbildes - ausgehen zu können[56].

Die Verdeutlichung der wahrheitsfunktionalen Bedeutungsmerkmale der 3. Zeile der Wahrheitstafel öffnet nun auch das Verständnis für die 4. Zeile. Die Aussage „Immer wenn bestimmte aus emittierenden Anlagen herrührende Immissionen auftreten, resultiert hieraus ein kennzeichnendes spezifisches Schadensbild" ist nicht dadurch widerlegt, daß es auch den Fall gibt, daß es an bestimmten aus emittierenden Anlagen zurückzuführenden Emissionen fehlt und das in Rede stehende Schadensbild nicht vorkommt.

e.) Erschließen von Sachverhaltsannahmen

Bei der Verwendung von Junktoren erfolgt nur eine teilweise Formalisierung von Sätzen. Es ist wichtig zu erkennen, daß durch die Formalisierung von Sätzen mit Hilfe von Junktoren nicht wiedergegeben wird, daß womöglich zwischen den von den Teilsätzen behaupteten Sachverhalten eine bestimmte inhaltliche Beziehung besteht.

Als inhaltliche Beziehungen berücksichtigende Konklusionen figurieren allerdings die bei deterministischen Erfahrungssätzen geltenden Verwendungsregeln, die mit den Schlußre-

---

[55] *Conditio per quam.*

[56] Ähnlich *Herberger/Simon* (o.Fußn.40), S.47.

geln der deduktiven Logik identisch sind. Das Ergebnis dieses deduktiven Begründungsverfahrens ist die schlußfolgernde Bescheinigung einzelfallbezogener Sachverhaltsannahmen als wahr. Bedeutungsmerkmale für die Argumentform dieser logischen Folgerungsbeziehung sind bei quantorenlogischer Formalisierung des Allquantors die Allbeseitigungs- und die Abtrennungsregel der deduktiven Logik. Diese Schlußregel hat folgende Form:

1	Fa	Prämisse der Schlußkette
2	$\bigwedge x(Fx \rightarrow Gx)$	Prämisse der Schlußkette
3	$Fa \rightarrow Ga$	Allbeseitigung
4	Fa	Abtrennung[57].

Das deduktive Begründungsverfahren wird durch die mit Fa[58] formalisierte 1. Prämisse der Schlußkette eröffnet, wobei Fa das dem deterministischen Erfahrungssatz zugrundeliegende Indiz bezeichnet[59]. Durch die Zeichen der 2. Prämisse der Schlußregel wird das generalisierte Konditional kenntlich gemacht. Die für die Geltungskriterien bestimmenden Eigenschaften des generalisierten Konditionals lassen sich jedoch noch nicht aus seiner umgangssprachlichen Aussage erschließen[60]. Insbesondere bei deterministischen Erfahrungssätzen und ihrer praktischen Anwendung eignet es sich für die Intention eines gültigen Kontextes zwischen Indiz und der zu bescheinigenden Sachverhaltsannahme als wahr letztlich nur zu überprüfen, ob das generalisierte Konditional womöglich als Rechtsregel oder als empirische Behauptung aufzufassen ist[61].

Neben den Beweisregeln sind hier als Rechtsregeln vornehmlich die gesetzlichen Vermutungen von Bedeutung. Während jedoch die unwiderleglichen gesetzlichen Vermutungen den Rechtsanwender stets zur Annahme des zu bestätigenden Sachverhalts ohne die Möglichkeit seiner Entkräftung zwingen, entfällt bei den widerleglichen Vermutungen - wie bei der nach § 6 Abs. 1 UmwHG - der Zwang zur schlußfolgernden Bestätigung des behaupteten Sachverhalts. Mithin kann also die gesetzliche Vermutung nach § 6 Abs. 1 UmwHG nicht als ein als Rechtsregel qualifiziertes generalisiertes Konditional interpretiert werden.

Das generalisierte Konditional läßt sich jedoch - zumal im Kontext mit deterministischen Gegebenheiten nach § 6 Abs. 1 S. 2 UmwHG - durch aus Beobachtungen und Erfahrungen erwachsene Erfahrungssätze kennzeichnen. Damit liegen nunmehr die für die Geltungskriterien des generalisierten Konditionals bestimmenden Merkmale fest. Diese

[57] Vgl. etwa *Eike v. Savigny*, Grundkurs im logischen Schließen, 3. Aufl. 1993, S.159.

[58] Diese Aussageform enthält den Individuennamen a mit dem Prädikat F.

[59] Ebenso *Koch/Rüßmann* (o.Fußn.3), S.278ff.

[60] Die umgangssprachliche Übersetzung für $\bigwedge x(Fx \rightarrow Gx)$ ist : „Für alle x gilt : wenn x die Eigenschaft F hat, dann hat es auch die Eigenschaft G".

[61] Vgl. hierzu *Koch/Rüßmann* (o.Fußn.3), S.282f.

ergeben sich aus den bereits dargelegten[62] Kriterien für die Gültigkeit deterministischer Erfahrungssätze.

Von der Prämisse der Schlußkette *Fa* und im Wege der Allbeseitigung[63] der 2. Prämisse $\bigwedge x(Fx \rightarrow Gx)$ können wir also die logische Folgebeziehung $Fa \rightarrow Ga$ herstellen. Wenn mit *Fa* bspw. das festgestellte Indiz eines bestimmten Schadensbildes i. S. von § 6 Abs. 1 S. 2 UmwHG bezeichnet wird und $\bigwedge x(Fx \rightarrow Gx)$ dafür steht, daß für alle auftretenden derartigen Schadensbilder die Eignung für eine spezifische Schadensverursachung besteht, dann gilt das folgende spezialisierte Konditional:

Aus dem Vorliegen eines bestimmten Schadensbildes folgt die Sachverhaltsannahme *Ga*, nämlich die Eignung der Verursachung durch einen bestimmten Anlagebetreiber. Und die wahrheitsfunktionale Analyse auf dem Fundament der deduktiven Korrektheit der vorgestellten Schlußregel ergibt die wahrheitserhaltende Konklusion von den Prämissen auf die Behauptung, so daß also auch die Schlußfolgerung wahr sein muß, wenn die Prämissen - wovon hier ausgegangen wurde - wahr sind.

Das deduktive Begründungsmodell ermöglicht aber auch die Vermeidung fehlerhafter Auslegungsbetrachtungsweisen bspw. zu § 6 Abs. 1 S. 2 UmwHG. Wenn im Schrifttum - wie etwa von *Salje*[64] - die Ansicht vertreten wird, in Anwendung von § 6 Abs. 1 S. 2 UmwHG müßten zunächst die anlagebezogenen Gegebenheiten festgestellt werden, weil diese am Anfang der Kausalkette stünden, so verkennt dies das gültige Deduktionsschema. Es genügt für § 6 Abs. 1 UmwHG, die Sachverhaltsannahme der Eignung der Anlage zur Schadensverursachung *einmal* zu erschließen. Erfolgt das Erschließen der Sachverhaltsannahme im Wege der Folgerung als Ergebnis einer korrekten Deduktion aus wahren Prämissen, so genügt bei deterministischen Erfahrungssätzen die Schlußfolgerung aus einer der Gegebenheiten nach § 6 Abs. 1 S. 2 UmwHG, ohne daß es erheblich wäre, welchem Punkt der Ursachenkette des Kausalverlaufs diese zuzurechnen ist.

Da die Gegebenheiten nach § 6 Abs. 1 S. 2 UmwHG auf die Schadensverursachung hinweisende Indizien sind, diese bei Anwendung des deduktiven Begründungsmodells im Bereich deterministischer Hypothesen aber gleichsam zwingend zur Annahme des Vorliegens der Schadenskausalität führen, können insoweit keine über den - der Beweiswürdigung zuzuordnenden - Anscheinsbeweis hinausgehende Beweiserleichterungen vermittels der Regelungen des § 6 Abs. 1 UmwHG festgestellt werden.

---

[62] Siehe oben S.44 ff.

[63] Die Allbeseitigung ist eine Folgerung.

[64] *Salje*, Umwelthaftungsgesetz, Rdnr.26 zu § 6 UmwHG.

II. Deterministische Mehrfachschlüsse und Kettenschlußmöglichkeiten

Es findet sich die Meinung in der juristischen Literatur, daß im deterministischen Bereich auch Mehrfachschlüsse und Kettenschlußöglichkeiten erdenklich seien[65].

Mehrfachschlüsse können nur in Betracht kommen, wenn mehrere gültige deterministische Hypothesen hierfür zur Verfügung stehen. Da bei deterministischen Zusammenhängen jedoch die Feststellung eines einzigen Indizes zur Bestätigung der Sachverhaltsannahme genügt, also lediglich eine einzige, in Anwendung einer gültigen Schlußregel erfolgende Ableitung auf eine deterministische Gegebenheit i. S. von § 6 Abs. 1 S. 2 UmwHG zum Erschließen der Schadenskausalität ausreichend ist, können weitere, auf deterministischen Hypothesen beruhende Indizien die einmal gemachte Sachverhaltsannahme weder verstärken noch abschwächen[66].

Für die Themenstellung der Frage der Verstärkung dürfte dies ohne weiteres einsichtig sein. Wenn ein bestimmtes Schadensbild unter Zugrundelegung eines deterministischen Erfahrungssatzes auf die in § 6 Abs. 1 UmwHG normierte Eignung und damit auf die konkrete Kausalität schließen läßt, so ändert dies am Ergebnis nichts, und dies wird auch nicht dadurch gefördert, daß die Kausalität nochmals mit Hilfe eines anderen deterministischen Erfahrungssatzes deduziert wird.

Nicht ganz so einfach und augenscheinlich ist die Beantwortung der Frage der Abschwächung. Wird bspw. von zwei bestimmten deterministischen Hypothesen ausgegangen, wobei mittels der einen auf Ga und in Anwendung der anderen auf $\neg Ga$ geschlossen wird, so wäre es denkbar, daß dies „zu einer gegenseitigen Abschwächung der für jedes Indiz allein eindeutigen Stellungnahme zu der fraglichen Sachverhaltsannahme“[67] führt. Auch § 6 Abs. 1 S. 2 UmwHG scheint hierauf abzuzielen, wenn diese Norm alle „Gegebenheiten“ in die Entscheidungsfindung einbezogen wissen will, „die im Einzelfall für oder gegen die Schadensverursachung sprechen“[68]. Da aber nicht zugleich die Wahrheit von Ga und $\neg Ga$ gegeben sein kann, muß mindestens einer der beiden deterministischen Erfahrungssätze falsch sein[69].

---

[65] Vgl. *Koch/Rüßmann* (o.Fußn.3), S.285; *Rüßmann*, Allgemeine Beweislehre und Denkgesetze, RuP 1982, S.64; *Rüßmann*, in: AK-ZPO, Rdnr.6 zu § 286.

[66] So ebenfalls *Koch/Rüßmann* (o.Fußn.3), S.286; dies kann natürlich prozeßökonomische Konsequenzen für die zivilgerichtliche Praxis i. S. der Steuerung des Umfangs der Beweisaufnahme haben.

[67] *Koch/Rüßmann* (o.Fußn.3), S.286.

[68] Auch das Schrifttum beschäftigt sich in Kommentierungen zu dieser Vorschrift sehr eingehend mit der Abwägung des „Für und Wider aller ermittelten Eignungsgegebenheiten“; vgl. etwa *Salje* (o.Fußn.64), Rdnr.29f. zu § 6 UmwHG.

[69] Demgegenüber bleiben die sich als gültig erwiesenen Schlußregeln zur Verwendung deterministischer Erfahrungssätze bestehen.

Es kann mithin mit keinem der Erfahrungssätze gearbeitet werden, folglich auch nicht etwa durch Abwägung des „Für und Wider“ der deterministischen Erfahrungssätze.

Im Gegensatz zu den Mehrfachschlüssen können deterministische Kettenschlüsse auch im Bereich des § 6 Abs. 1 UmwHG sinnvoll und zweckmäßig sein. Die Schlußregel zweier hinsichtlich ihrer Anwendung aufeinander folgender deterministischer Erfahrungssätze hat die folgende Struktur:

Fa	Indiz
$\bigwedge x(Fx \rightarrow Gx)$	generalisiertes Konditional
$Fa \rightarrow Ga$	spezialisiertes Konditional
Ga	Indiz
$\bigwedge x(Gx \rightarrow Hx)$	generalisiertes Konditional
$Ga \rightarrow Ha$	spezialisiertes Konditional
Ha	Sachverhaltsannahme .

Auch in diesen Fällen kann keine Abwägung der sich aufgrund der deterministischen Erfahrungssätze ergebenden Erfahrungssätze erfolgen. Die Erklärung hierfür ist naturgemäß jetzt darin begründet, daß die Erfahrungssätze bzw. ihre Anwendungsbereiche nicht miteinander zu vergleichen sind, vielmehr die Sachverhaltsannahme der Eignung zur Schadensverursachung nicht lediglich - wie sonst - unter Anwendung einer einzigen Hypothese erschlossen wird, sondern in zwei Schritten unter Einsatz zweier nacheinander folgender deterministischer Erfahrungssätze.

B. Probabilistische Erfahrungssätze

I. Der statistische Syllogismus

Das Erschließen von Gegebenheiten im Sinne von § 6 Abs. 1 UmwHG ist aber nicht nur bei vorliegenden deterministischen Erfahrungssätzen möglich, sondern auch mittels induktiv- statistischer Systematisierungen[70] - also im Wege der der statistischen Analyse entsprechenden Erfahrungssätze - denkbar[71]. Bevor wir jedoch damit beginnen, Kriterien für die Korrektheit und die Anwendung der Induktion zu entwickeln, ist das usuell

[70]Man unterscheidet zwischen der beschreibenden (deskriptiven) und der immer mehr in den Vordergrund des Interesses tretenden induktiven Statistik.

[71]Etwa meteorologische Gegebenheiten. - Notabene ergeben sich (jedenfalls) nach dem Wortlaut des § 6 Abs. 1 UmwHG - wie *Diederichsen* (PHI 1992,78,86ff.) zu Recht unter Hinweis auf den danach von dem Anspruchsteller zu erbringenden Vollbeweis gem. § 286 ZPO anmerkt - keine Beweiserleichterungen

so bezeichnete „Problem der Rechtfertigung der Induktion" zu betrachten; bereits *David Hume* hatte in *A Treatise of Human Nature* (1739 - 49) und in *An Enquiry Concerning Human Understanding* (1748) auf die erheblichen Schwierigkeiten beim Versuch des Nachweises der Korrektheit induktiver Argumente hingewiesen[72].

Die auch heute noch bestehenden beträchtlichen Meinungsverschiedenheiten beziehen sich auf das Wesen der induktiven Korrektheit, auf die Frage nach der Echtheit des von *Hume* aufgeworfenen Problems und auf die Methoden, mit denen man die Korrektheit eines bestimmten Typs eines induktiven Arguments aufzeigen kann. Erwähnt sei, daß ursprünglich *Carnap* die Hypothesenwahrscheinlichkeit als einen vom denkenden Subjekt unabhängigen Sachverhalt interpretierte. In neuerer Zeit wurde davon abweichend versucht, sie als *Grad der objektiven*[73] *Überzeugungsqualität* der Hypothese aufzufassen. Als Modell wird die Wette angeboten, wobei der Einsatz den Gradmesser dafür abgibt, wie stark der Wettende an seine Hypothese glaubt. Eine weitere Strategie zur Rechtfertigung der Induktion wurde von *Reichenbach* vorgeschlagen, der zu zeigen versuchte, daß unter allen möglichen Vorgehensweisen, die zur Gewinnung allgemeiner Aussagen führen, man mit der Induktion zu den günstigsten Ergebnissen (zum größten Erfolg) gelangt. Dieses Argument stellt eine pragmatische Begründung (Rechtfertigung) der Induktion dar.

Trotz aller Kontroversen besteht immerhin weitgehend Konsens mit einigen Typen induktiver Argumente[74]. Deren Wesen, Korrektheit und ihre Anwendungsbedeutungsmerkmale gilt es nunmehr zu untersuchen, soweit sie für die Entscheidungsfindung im Kontext mit § 6 Abs. 1 UmwHG von Bedeutung sein können.

Die eigentliche Funktion logisch gültiger bzw. korrekter Argumente - seien es nun induktive oder deduktive - ist es, auf dem Fundament wahrer Prämissen wahre Konklusionen zu etablieren. Wie bereits zu demonstrieren war, kennzeichnen sich gültige deduktive Schlußregeln notwendigerweise durch dieses Attribut. Demgegenüber weisen induktive Argumentformen diese Notwendigkeitseigenschaft nicht auf. Dies hat seine Ursache darin, daß es - im Gegensatz zu einem deduktiven Argument - im vorliegenden Kontext der Sinn ist, logisch korrekte induktive Schlußregeln aufzustellen, um Konklusionen zu begründen, deren Gehalt den Gehalt der Prämissen übersteigt. Hieraus ist herzuleiten, daß man lediglich sagen kann, daß die Konklusion *wahrscheinlich* wahr ist[75]. Bei korrekten induktiven Schlußregeln treten divergente Grade der Stützung oder Bestätigung auf[76], so daß demgemäß die Prämissen die Konklusion sehr wahrscheinlich, ziemlich wahrscheinlich oder einigermaßen wahrscheinlich machen können[77].

---

zugunsten des Geschädigten, sondern - ähnlich wie durch den an dieser Stelle nicht zu erörternden Anscheinsbeweis - erst im Wege solcher induktiver Schlußregeln zur Bestätigung der die Vermutungsbasis nach § 6 Abs. 1 UmwHG betreffenden Sachverhaltsannahmen.

[72] *Hume* hat mit seinen Überlegungen das *moderne Induktionsproblem* aufgeworfen

[73] Objektiv bedeutet dabei begründbar.

[74] Wobei man sich auch darüber einig ist, daß eine Hypothese mit einer hohen Wahrscheinlichkeit durch die Erfahrung in großem Maße bestätigt wird.

[75] Vgl. *Salmon* (o.Fußn.41), S.164.

[76] Demgegenüber können deduktive Argumente nur entweder gültig oder nicht gültig sein.

[77] *Salmon* (o.Fußn.41), S.164.

Anders als bei gültigen deduktiven Schlußregeln kann das Ausmaß, in dem die Prämissen einer induktiven Argumentform die Konklusion stützen, durch neue Erfahrungen vermöge zusätzlicher Prämissen erhöht oder vermindert werden. Zusätzliche Erfahrungsdaten sind mithin für den Bestätigungsgrad der Konklusion von entscheidender Bedeutung.

Wir rufen uns ins Gedächtnis zurück, daß die Konklusion einer deduktiven Argumentform notwendig wahr ist, wenn die Prämissen wahr sind und das Argument durch eine korrekte (gültige) Form gekennzeichnet ist. Diese beiden Voraussetzungen genügen jedoch nicht, um die Konklusion einer induktiven Schlußregel akzeptabel zu machen; hierfür muß auch noch die zusätzliche Voraussetzung erfüllt sein, daß die Prämissen der Argumentform sämtliche relevanten Erfahrungen wiedergeben[78].

Betrachten wir nun die der Wahrscheinlichkeitsmathematik entlehnte Formalisierung der Grundform einfacher induktiver statistischer Erfahrungssätze:

$$p(G,F) \;=\; r\,.$$

Hierbei wird „Wahrscheinlichkeit“ durch p symbolisiert; r versinnbildlicht den zahlenmäßigen Wert dieser Wahrscheinlichkeit, während F und G zeichenhaft für die Sachverhalte stehen, über deren Verhältnis eine Aussage erfolgt. Umgangssprachlich läßt sich diese Grundform für einen statistischen Erfahrungssatz so artikulieren:

Die Wahrscheinlichkeit für G unter der Bedingung F beträgt r.

Diese Formel wollen wir nun aber anhand eines praktischen Falles - also eines Einzelereignisses - auf die Probe stellen:

Im Tal treten bestimmte Immissionsschäden auf. Oben auf einem der umliegenden Berge in westlicher Richtung steht die Katalog-Anlage gem. Anhang 1 zum Umwelthaftungsgesetz F. In entgegengesetzter Richtung befindet sich auf einem anderen Berg die Anlage B, welche die gleichen Schadstoffemissionen hervorruft wie F. Im Tal treten immer wieder Schadensbilder auf, die von solchen Immissionen verursacht worden sein könnten. Durch langfristige meteorologische Beobachtungen, die Windverhältnisse betreffend, ist festgestellt worden, daß von allen Luftbewegungen 94 % als ins Tal streichende Fallwinde[79] zu verzeichnen sind. Durch Sachverständigengutachten wird der statistische Erfahrungssatz formuliert, daß die Emissionen der Anlage F mit einer Wahrscheinlichkeit von 94 % dazu *geeignet* seien, die Gegebenheit der beschriebenen, im Tal auftretenden Schadensbilder (i.S. von § 6 Abs. 1 UmwHG) mit einer Wahrscheinlichkeit von 94 % herbeizuführen.

In diesem Kontext könnte man erwägen, den statistischen Erfahrungssatz folgendermaßen zu symbolisieren:

$$p(G,F) \;=\; 0.94\,.$$

[78] Ähnlich *Salmon* (o.Fußn.41), S.165. - Wird die zuletzt genannte Voraussetzung der sog. „Forderung des Gesamtdatums“ (hierauf wird zurückzukommen sein) nicht erfüllt, liegt ein *Fehlschluß des unvollständigen Erfahrungsdatums* vor.

[79] Das Wort Fallwind wird nur deswegen gebraucht, um den Buchstaben F ins Spiel zu bringen.

Da es hier aber um die Wahrscheinlichkeit eines Einzelereignisses geht, wäre bei der statistischen Systematisierung eine Abtrennung in Betracht zu ziehen.

Wenn man sich zunächst noch einmal die Systematisierungen von deterministischen Erfahrungssätzen vor Augen führt, so wird durch die Formel

$$\frac{\begin{array}{l}\bigwedge x(Fx \rightarrow Gx) \\ Fa\end{array}}{Ga}$$

- bei gültigem Erfahrungssatz und korrekter Information Fa - die Annahme von Ga als wahr legitimiert.

Die Übertragung dieser Wahrheitsaussage in die induktive Systematisierung

$$\frac{\begin{array}{l}p(G,F) = 0.94 \\ Fa\end{array}}{Ga} \quad [\,0.94\,]$$

wäre aber nicht zulässig, weil es ja durchaus auch Fälle gibt (in der Symbolsprache $\neg\, G$), die - in unserem Beispiel immerhin 6 % - der Merkmalsklasse G nicht zuzuordnen sind[80]. Einen Ausweg aus der Sackgasse, in die die - wegen mangelnder Berücksichtung des Sicherheitsverlustes bei der Aussage - kritisierte induktive Systematisierung geführt hat, glauben nun *Koch* und *Rüßmann*[81] mit einer von ihnen vorgeschlagenen Schlußregel gefunden zu haben, die das Kriterium der Wahrscheinlichkeit nicht nur in die Prämissen einbezieht, sondern auch in die Konklusion:

$$\frac{\begin{array}{l}p(G,F) = 0.94 \\ Fa\end{array}}{Ga \text{ mit der Wahrscheinlichkeit } 0.94\,.}$$

Anwendungsvoraussetzung für dieses induktive Argument ist - wie stets - seine Beurteilung als „korrekte" Schlußregel. Ein Ansatzpunkt für die Notwendigkeit der Korrektheitsüberprüfung könnte sich daraus ergeben, daß als Teil der Konklusion der *Koch/Rüßmann*schen Argumentform das Wort „Wahrscheinlichkeit" figuriert. Zur Verdeutlichung der Problemstellung und um einen Lösungsweg zu finden, soll hier die Methode der vergleichenden Gegenüberstellung vorhandener oder fehlender gleichartiger oder vergleichbarer Merkmale deduktiver und induktiver Argumente gewählt werden:

[80] Die Summe von G und $\neg\, G$ ergibt immer die Gesamtmenge von 1.
[81] *Koch / Rüßmann* (o.Fußn.3), S.288ff.

Die zusammengesetzte Verbform „muß sein" ist dazu da, um darauf aufmerksam zu machen, daß eine Aussage die Konklusion einer deduktiven Schlußregel ist[82]. Die Notwendigkeit, auf die sie verweist, drückt folgendes aus: *Wenn* die Prämissen wahr sind, dann *muß* auch die Konklusion wahr sein. Die Konklusion der deduktiven Schlußregel ist „Das Schadensbild *ist* von der Anlage A verursacht worden" und nicht „Das Schadensbild *muß* von der Anlage A verursacht worden sein". Die grammatische Form „muß sein" bringt zwar ein bestimmtes Verhältnis zwischen den Prämissen und der Konklusion zum Ausdruck, ist aber nicht selbst Bestandteil der Konklusion[83].

Entsprechend könnte man einer induktiven Argumentform umgangssprachlich folgendermaßen Ausdruck verleihen:

Da 94 % der bei der Anlage F herrschenden Winde ins Tal streichen, haben die auftretenden Schadensbilder *wahrscheinlich* ihre Ursache in den von der emittierenden Anlage F kommenden und ins Tal streichenden Winden.

Der Terminus „*wahrscheinlich*" weist in diesem Falle darauf hin, daß es hier um eine Konklusion einer *probabilistischen* Schlußregel geht. So, wie der Ausdruck „muß sein" eine deduktive Beziehung zwischen Prämissen und Konklusion behauptet, weist die Bezeichnung „wahrscheinlich" hier auf einen induktiven Zusammenhang zwischen den Prämissen und der Konklusion hin[84]. Der Ausdruck „wahrscheinlich" - und dies ist wesentlich - ist aber genauso wenig Bestandteil der Konklusion wie „muß sein"[85]. Zur Untermauerung dieses Satzes läßt sich aber auch noch folgender Gesichtspunkt anführen:

Die Konklusionen zweier induktiv-statistischer Argumente können einander widersprechen, selbst wenn sämtliche Prämissen beider Schlußregeln wahr sind[86]. Diese kontradiktorische Konstellation wird aber nicht dadurch eliminiert oder wenigstens abgemildert, daß man die Konklusionen mit der Einschränkung „wahrscheinlich" versieht[87].

Es bleibt als Zwischenergebnis hervorzuheben, daß die von *Koch* und *Rüßmann* gewählte Form der Schlußregel nicht korrekt ist. Es muß daher noch ein korrekter statistischer Syllogismus für unseren Anwendungsbereich gefunden werden. Bevor wir uns jedoch auf die Suche danach begeben, soll zunächst die Frage der Vertretbarkeit der sog. Limestheorie als wichtigster der objektiven Wahrscheinlichkeitsdefinitionen geprüft werden, ohne daß aber im einzelnen hier zu den verschiedenen objektiven und subjektiven Definitionen der Wahrscheinlichkeit Stellung bezogen werden soll.

---

[82]Vgl. *Salmon* (o.Fußn.41), S.179.

[83]*Salmon* (o.Fußn.41), S.179f.

[84]Vgl. *Salmon* (o.Fußn.41), S.80. Man muß sich allerdings dessen bewußt werden, daß es hierbei nicht um Induktion im Sinne des Schließens vom Einzelnen auf das Allgemeine oder von Einzelaussagen auf generelle oder universelle Hypothesen geht, sondern es sich um probabilistische argumentative Stützungen bzw. - noch genauer - um Begründung im *Stegmüller*schen Sinne handelt, was jedoch weder von *Salmon* noch von *Koch* und *Rüßmann* genügend verdeutlicht wird.

[85]*Salmon* (o.Fußn.41), S.80.

[86]Demgegenüber können zwei gültige deduktive Schlußregeln mit untereinander zu vereinbarenden Prämissen keine unvereinbaren Konklusionen haben.

[87]*Salmon* (o.Fußn.41), S.181.

Dies hat seinen Grund darin, daß bei dieser Wahrscheinlichkeitslehre große Schwierigkeiten bestehen, über die Wahrscheinlichkeit von Einzelereignissen zu sprechen[88]; bei einem „korrekten" statistischen Syllogismus muß aber über ein Einzelereignis als Konklusion aus wahren Prämissen - wie stets bei korrekten Schlußregeln - gesprochen werden können, soll das Argument nicht inkorrekt sein[89].

1. Limestheorie

Die statistische Wahrscheinlichkeit wird nach der Limestheorie als ein Grenzwert relativer Häufigkeit in einer unendlichen Folge definiert, wobei der Begriff „Grenzwert" im Sinne der klassischen reellen Analysis[90] verstanden wird[91]. Daß die Limestheorie in unlösbare Schwierigkeiten gerät, soll zunächst an einem empirischen Beispiel erläutert werden:

Es sei ein homogener Würfel gegeben. Von diesem sei davon auszugehen, daß für jeden Wurf der unendlich gedachten Reihenfolge von Würfen die Wahrscheinlichkeit, die Augenzahl n ($n = 1, 2, \ldots, 6$) zu werfen, gleich $\frac{1}{6}$ beträgt. Beim ersten Wurf kann die Augenzahl 3 erhalten werden. Was beim ersten Wurf eingetreten ist, ist auch für den zweiten Wurf logisch denkbar (die Wahrscheinlichkeit für ein solches Geschehen ist dieselbe wie beim ersten Wurf), also kann eine 3 auch beim n-ten Wurf erfolgen usw. Insgesamt kann man eine unendliche Folge von Dreierwürfen erhalten. Zwar kann man aufgrund des Gesetzes der großen Zahlen[92] formulieren, daß die Wahrscheinlichkeit für das Eintreten einer solchen Folge Null oder fast Null ist, dies ist aber eine schwächere Aussage als die, wonach ein derartiges Vorkommen logisch ausgeschlossen ist[93]. Tatsächlich existiert kein logisches Gesetz, wodurch der unverfälschte Würfel gezwungen würde, jemals so zu fallen, daß eine andere als die Augenzahl 3 oben sichtbar wird[94].

---

[88] *Koch* und *Rüßmann* (o.Fußn.3), S.289, dort Fußn.4, weisen zu Recht darauf hin, daß diese Schwierigkeiten auch Juristen immer wieder als Vorwand dazu dienen, den Wahrscheinlichkeitsbegriff als Beweiskriterium zu verwerfen. So meint bspw. *Reinhard Greger*, Beweis und Wahrscheinlichkeit, 1978, S. 53 - seltsamerweise aber unter Berufung auf *Reichenbach*, der immerhin versuchte, Aussagen über die Wahrscheinlichkeit von Einzelereignissen in komplizierter Weise in Sätze über relative Häufigkeitsgrenzwerte von Ereignisfolgen umzudeuten-, es ermögliche der objektive Wahrscheinlichkeitsbegriff keine Aussage über den Einzelfall, sondern lediglich über eine Folge von Fällen. Und *Hanns Prütting* (o.Fußn.4), S.102f., versteht Erfahrungssätze lediglich als objektive Wahrscheinlichkeitsaussagen im Sinne ihrer alleinigen Abstraktion, ohne dem erkennenden Richter jedoch eine Ableitung in der Weise zu gestatten, daß er die tatsächliche Behauptung des entscheidungserheblichen Einzelereignisses als wahrscheinlich und hier dementsprechend auch für wahr erachten könnte.

[89] Keine Probleme, von der Wahrscheinlichkeit von Einzelereignissen zu sprechen, haben verständlicherweise die Vertreter der subjektiven Wahrscheinlichkeitstheorien. Aufgrund ihrer Hypothesen bringt eine Wahrscheinlichkeitsaussage über ein nicht bekanntes Ereignis das Ausmaß der Überzeugung zum Ausdruck, mit dem eine Person an dieses Ereignis glaubt.

[90] Mit dem Ausdruck *Analysis* wird ein Teilgebiet der Mathematik bezeichnet, in dem mit Grenzwerten gearbeitet wird.

[91] Vgl. etwa *Stegmüller*, Probleme, Bd.IV, 2.Halbband, S.34.

[92] Auf dieses mathematische Gesetz wird nachfolgend noch eingegangen werden.

[93] *Stegmüller*, Probleme, Bd.IV, 2.Halbband, S.35.

[94] *Stegmüller*, Probleme, Bd.IV, 2.Halbband, S.35.

Daß die Limestheorie praktische Sicherheit mit *logischer Notwendigkeit* verwechselt[95], soll nun auch noch durch das Gesetz der großen Zahlen demonstriert werden. Dieses Gesetz trifft folgende Aussagen: Wenn man es mit einer *Bernoulli*schen Versuchsfolge[96] mit der statistischen Wahrscheinlichkeit θ für das Eintreten eines Ereignisses E zu tun hat - also mit einer unendlichen Folge von wiederholten, voneinander unabhängigen Versuchen mit gleicher Erfolgswahrscheinlichkeit θ bei jedem Versuch, so daß jedes endliche Anfangsstück dem Gesetz der Binomialverteilung[97] genügt -, dann konvergieren die relativen Häufigkeiten $\frac{x}{n}$ des Eintretens von E bei n Versuchen *mit Wahrscheinlichkeit* 1 gegen die statistische Wahrscheinlichkeit θ[98].

Wenn die relativen Häufigkeiten aber nicht uneingeschränkt gegen die statistische Wahrscheinlichkeit θ konvergieren, sondern dieses Konvergieren nur mit der Wahrscheinlichkeit 1 erfolgt, dann konvergieren die relativen Häufigkeiten eben *nicht mit Notwendigkeit* gegen die statistische Wahrscheinlichkeit θ, sondern lediglich mit großer Sicherheit[99]. Dann kann die in der Limestheorie erfolgte definitorische Gleichsetzung der statistischen Wahrscheinlichkeit mit dem Grenzwert relativer Häufigkeiten nicht korrekt sein.

Aber auch der Versuch, die Limestheorie nachzubessern, müßte scheitern. Wollte man den gewöhnlichen durch den wahrscheinlichkeitstheoretischen Konvergenzbegriff ersetzen (also „so gut wie sicher“ statt „notwendig“), so würde man bei dieser Variante der Häufigkeitstheorie in nicht zu bewältigende Schwierigkeiten geraten. Und zwar hätte man dann eine zweifache Wahlmöglichkeit: Würde man zum einen das Wahrscheinlichkeitsmaß, auf welches in der Wendung „fast sicher“ Bezug genommen wird, mit dem zu definierenden Wahrscheinlichkeitsmaß identifizieren, so würde das zu Beweisende im Beweisgang benutzt; die Theorie wäre also *zirkulär*[100]. Oder aber man würde auf einen anderen, allerdings völlig analog zu definierenden Wahrscheinlichkeitsbegriff abheben; dann geriete man in einen *unendlichen Regreß*[101].

Wenn nun also als Resultat der Untersuchung *Stegmüller*s die Unhaltbarkeit der Limestheorie konstatiert werden kann, so ergibt sich daraus aber eben auch, daß diese Theorie der korrekten Form eines statistischen Syllogismus nicht entgegenstehen kann.

---

[95] *Stegmüller*, Probleme, Bd.IV, 2.Halbband, S.37.

[96] *Bernoulli-Kette* (nach *Jakob Bernoulli* 1654-1705) heißt ein Zufallsversuch, der als n-malige Wiederholung eines Zufallsversuchs mit genau zwei Ausfällen (*Bernoulli-Versuch*) gedeutet werden kann.

[97] Die Binomialverteilung ist dadurch gekennzeichnet, daß sie nur zwei verschiedene Merkmalsausprägungen aufweist, die aber zusammen den gesamten Wahrscheinlichkeitsraum ausfüllen.

[98] *Stegmüller*, Probleme, Bd.IV, 2.Halbband, S.34.

[99] Vgl. *Stegmüller*, Probleme, Bd.IV, 2.Halbband, S.37.

[100] *Stegmüller*, Probleme, Bd.IV, 2.Halbband, S.37.

[101] *Stegmüller*, Probleme, Bd.IV, 2.Halbband, S.37 - In der traditionellen Logik wird das Verfahren des Rückgangs vom Bedingten auf die Bedingung und von der Wirkung auf die Ursache *regressiv* genannt. Ist die Bedingung (Ursache) selbst wieder ein Bedingtes (Wirkung) und setzt sich dies unbegrenzt so fort, so ist ein *regressus ad infinitum* gegeben. Ein unendlicher Regreß kann aber nicht als Begründung anerkannt werden.

2. Korrekte Form eines statistischen Syllogismus

Die korrekte Form eines induktiv-statistischen Syllogismus kann man symbolisch wie folgt kennzeichnen[102]:

$$\frac{\begin{array}{l} Z\%\ \text{der}\ F\ \text{sind}\ G, \\ x\ \text{ist}\ F, \end{array}}{\therefore\ x\ \text{ist}\ G\,.}$$

Es dürfte einleuchten, daß Stärke und Dimension eines statistischen Syllogismus mit dem Wert von Z einhergehen. Liegt das Werteniveau sehr hoch - also wie in unserem Beispielfall mit 94 % ziemlich nahe bei 100 % -, dann stützen die Prämissen die Konklusion in hohem Maße, und zwar mit der Folge, daß wir es hier mit einem sehr starken Argument zu tun haben[103].

Stegmüller[104] differenziert zwischen *schwachen* und *starken* induktiven Interpretationen der statistischen Systematisierung. In der Regel sieht er nur eine schwache induktive Interpretation der statistischen Systematisierung als gegeben an, wobei Verwendungsvoraussetzung begreiflicherweise aber auch das Vorliegen einer induktiven Relation zwischen Prämissen und der Konklusion ist; zudem ist es jedoch gleichgültig, ob diese induktive Relation bloß qualitativ oder darüber hinaus komparativ oder sogar metrisch zu charakterisieren ist[105]. Von einer starken induktiven Interpretation der statistischen Systematisierung spricht *Stegmüller*[106] hingegen nur dann, wenn ein quantitativer Begriff des Bestätigungsgrades gebraucht wird. Einem solch starken Argument gibt er bspw. folgenden symbolisierten Ausdruck[107] :

$$\frac{\begin{array}{l} p(G,F) = q \\ Fa \end{array}}{Ga\,.} \quad [\,q\,]$$

Stegmüller charakterisiert induktive Schlüsse durch zwei horizontale Striche; rechts neben dem Doppelstrich fügt er den Grad der induktiven Wahrscheinlichkeit an. Diese Argumentform sieht er als induktiv-statistische Systematisierung der Basisform an.

Der erkennende Richter hat unbestritten bei der freien Verhandlungs- und Beweiswürdigung auch die anerkannten Denkgesetze zu berücksichtigen. Bei seinen betreffenden Überlegungen und Erwägungen hat er dabei ggf. auch deduktive oder induktive Verfah-

[102] Vgl. *Salmon* (o.Fußn.41), S.178.
[103] *Salmon* (o.Fußn.41), S.178.
[104] *Stegmüller*, Probleme, Bd.I, Erklärung, Begründung, Kausalität, 2. Auflage 1983, S.806.
[105] *Stegmüller*, Probleme, Bd.I, Erklärung, Begründung, Kausalität, 2. Auflage 1983, S.806.
[106] *Stegmüller*, Probleme, Bd.I, Erklärung, Begründung, Kausalität, 2. Auflage 1983, S.806.
[107] *Stegmüller*, Probleme, Bd.I, Erklärung, Begründung, Kausalität, 2. Auflage 1983, S.803.

ren ins Kalkül zu ziehen, da die derartigen Denkweisen als „Grundstrukturen korrekten menschlichen Denkens überhaupt“[108] beachtet und angewendet werden müssen. Auch in der juristischen Literatur wird hervorgehoben, daß induktive Schlüsse - im Gegensatz zu deduktiven - nie zwingend seien, weil die Prämissen für die Konklusion eben nur eine teilweise Stütze bilden; dennoch wird dabei aber auf die Unentbehrlichkeit der induktiven Systematisierungen bei Heranziehung allen aufschlußreichen Erfahrungsmaterials zu möglichst gut bestätigten Aussagen verwiesen[109]. Bereits von *Carnap*[110] war die von ihm so genannte *Forderung des Gesamtdatums* („requirement of total evidence“) erhoben worden. Mit diesem Prinzip postuliert *Carnap*, daß als Beurteilungsgrundlage bei der Anwendung des induktiven Wahrscheinlichkeitsbegriffs auf bestimmte Situationen das die Prämissen ausfüllende *gesamte verfügbare Erfahrungswissen* auszuwählen sei. Diese Forderung hat ihre Bedeutung allerdings nicht nur für die bei der Verwendung eines *quantitativ* präzisierten Begriffs der induktiven Wahrscheinlichkeit oder des Bestätigungsgrades gebildeten Fallgruppe, woran *Carnap* lediglich anknüpft; vielmehr gilt dieses Postulat auch dann, wenn der Begriff entweder mehr oder weniger in unbestimmten Bereichen belassen oder nur als komparativer bzw. qualitativer Begriff dargelegt wird[111].

In unserem Beispielfall könnte es in Anbetracht der Anforderungen an das unerläßlich notwendige Prämissenmaterial bei induktiv-statistischen Systematisierungen nun allerdings vielleicht doch etwas zweifelhaft sein, ob die aufgrund der meteorologischen *Gegebenheiten* gebildeten statistischen Erfahrungssätze allein ein Tatgericht dazu bringen könnten, als Ergebnis der Überzeugungsbildung zu einer die Tatbestandsvoraussetzungen des § 6 Abs. 1 UmwHG bejahenden Conclusio zu gelangen[112]. Dies ist nun aber zugleich Aufgabe und gleichsam das Stichwort dafür, uns in den nächsten Kapiteln insbesondere mit dem Ketten- und dem Mehrdeutigkeitsproblem bei statistischen Systematisierungen auseinanderzusetzen.

3. Kettenschlüsse induktiv-statistischer Systematisierungen

Als Kernfrage ist zu untersuchen, ob für die im Kontext mit den nach § 6 Abs. 1 UmwHG zu bestätigenden Sachverhaltsannahmen die Verwendung von Kettenschlüssen bei induktiv-statistischen Systematisierungen ebenso prädestiniert ist wie von Schlußregeln auf der Grundlage von deterministischen Erfahrungssätzen. Da die Kriterien der Gegebenheiten i.S. von § 6 Abs. 1 UmwHG im wesentlichen als Glieder einer Kausalkette aufzufassen sind, erweisen sich deterministische Kettenschlüsse für die Deduktion auf die Eignung und damit auf die Kausalität als besonders stringent.

---

[108] *Bydlinski*, Juristische Methodenlehre und Rechtsbegriff, 2. Aufl., S.62.
[109] *Bydlinski* (o.Fußn.108), S.63.
[110] *Carnap*, Logical Foundations of Probability, S.211f., und *Carnap/Stegmüller*, Induktive Logik, S.83.
[111] *Stegmüller*, Probleme, Bd.I, Erklärung, Begründung, Kausalität, 2. Aufl. 1983, S.810.
[112] Ob hier vielleicht noch die von *Salje* (o.Fußn.64), Rdnr. 32 zu § 6, angesprochene Absicht des Gesetzgebers, die Haftungslage zugunsten des Geschädigten zu verbessern, weiterhilft, dürfte dann auch fraglich erscheinen.

Im Gegensatz zu den deterministischen Argumenten bleibt allerdings für die Erscheinungsformen der induktiv-statistischen Systematisierungen das Charakteristikum der durch die Wahrscheinlichkeitsqualifikation bewirkten Restriktion in der Sicherheit der Aussage zu beachten. Wenn nun das Indiz *Fa* - bspw. die Freisetzung von Emissionen bestimmter Art und Konzentration - unmittelbar festgestellt werden kann und einschlägige, akzeptierte wetterkundliche Erfahrungssätze hinsichtlich der Häufigkeit westlicher Windverhältnisse vorliegen, dann ist begreiflicherweise bereits beim ersten Schritt des Kettenschlusses (der Wahrscheinlichkeitsbewertung *H* betreffend des durch die Luftbewegungen erfolgten Emissionstransports von hier angenommenen 94 %) eine Probabilitätsqualifikation gegeben. Wenn also im ersten Schritt des Kettenschlusses mit *F* in 94 % der Fälle *H* auftritt und die Konklusion mit diesem Wahrscheinlichkeitsquotienten aus der Relation zu den Prämissen abgetrennt wird, so ist bei dem weiteren Erfahrungssatz des Auftretens von *G* in bspw. 88 % der Fälle mit *H* und der hierauf aufbauenden induktiv-statistischen Konklusion die „Vorbelastung“ des zweiten Schritts der Kette induktiv-statistischer Systematisierungen durch das Fehlen einer festen Grundlage infolge einer *sicher* bestätigten Sachverhaltsannahme *Ha* im ersten Schritt zu berücksichtigen[113].

Da jedes Glied der Kette induktiv-statistischer Systematisierungen die probabilistisch bedingte Einbuße an Aussagekraft seines induktiven Schlusses dem nächsten Glied der Kette mitteilt, dieses aber die eigene Aussageunsicherheit und die des Vorgliedes in der Kette weitergibt, potenzieren sich die Aussageunzulänglichkeiten entsprechend der Länge der Kette. Dadurch, daß nun aber - wie bereits zu konstatieren war - die in § 6 Abs. 1 UmwHG normierten Gegebenheiten im wesentlichen Glieder von Kausalketten darstellen, deren Erschließung überwiegend wohl nur im Wege induktiv-statistischer Kettenschlüsse in Betracht käme, kann dem Gesetzgeber angesichts des von ihm teleologisch auf Beweiserleichterungen für den Geschädigten ausgerichteten § 6 Abs. 1 UmwHG nicht die Kodifizierung einer durchdachten und ausgereiften Norm bescheinigt werden. Dies nährt auch einmal mehr den Argwohn, der Normgeber dieser Vorschrift habe es der Rechtsprechung überlassen wollen, nach eigenem Gutdünken „etwas mit dieser Gesetzesnorm anzufangen“.

4. Das Mehrdeutigkeitsproblem bei induktiv-statistischen Relationen

Wenn wir zunächst *deduktiv*-logische Folgerungen betrachten, denen zwei verschiedene Prämissenmengen zugrundeliegen und die daher logisch unverträglich miteinander sind, so ergibt sich für diese ein *Geltungsproblem*; denn wenigstens eine der beiden Aussagemengen muß eine falsche Aussage enthalten. Im Unterschied hierzu ist es möglich, daß zwei Prämissenmengen einander widersprechende Aussagen mit einer jeweils hohen *induktiven* Wahrscheinlichkeit bewirken. Ein *Geltungsproblem* wird zwar durch Vermeidung jeglichen logischen Widerspruchs ausgeschlossen, wenn die beiden induktiven Systematisierungen etwa in der Form $C(H,E) = r$ und $C(\neg\ H,E^{*}) = r^{*}$ mit hohem r und

[113] Ähnlich *Koch/Rüßmann* (o.Fußn.3), S.293.

ebenfalls hohem r^* bei wahrem E und wahrem E^* dargestellt werden[114]. Es besteht aber das *Anwendungsproblem*, auf welche dieser beiden induktiven Relationen die Entscheidungen gestützt werden sollen. *Hempel* hat dieses Dilemma als die *Mehrdeutigkeit* der *induktiv-statistischen Systematisierung* bezeichnet.

Es könnten etwa folgende Beispielfälle im Kontext mit § 6 Abs. 1 UmwHG betrachtet werden:

(1) Einerseits wird aufgrund einer bestimmten Indizienkette und des ihr zugrundeliegenden Erfahrungssatzes mit hoher induktiver Wahrscheinlichkeit auf den Schadenseintritt zum Zeitpunkt X und andererseits infolge einer anderen Indizienkette auf der Grundlage eines anderen Erfahrungssatzes ebenfalls mit hoher induktiver Wahrscheinlichkeit auf einen anderen Zeitpunkt des Schadenseintritts geschlossen.

(2) Es wird infolge eines bestimmten Schadensbildes und aufgrund zweier verschiedener Indizienketten mit den beiderseits zugrundeliegenden Erfahrungssätzen mit jeweils hoher induktiver Wahrscheinlichkeit zum einen auf die emittierende Anlage A und zum anderen auf die Anlage B als zur Schadensverursachung geeignet geschlossen.

Welchen induktiv-statistischen Systematisierungen soll jeweils gefolgt werden?

Wenn wir über die Informationen Fa, Ha, $p(G,F) = 0.94$ und $p(\neg\, G,H) = 0.94$ verfügen, können wir die sich hieraus ergebenden Systematisierungen wie folgt symbolisieren [115]:

$$\frac{\begin{array}{l} p(G,F) = 0.94 \\ Fa \end{array}}{p(Ga)}$$

und

[114] *Stegmüller*, Probleme, Bd.I, 2. Aufl., S.807. Eine logisch konsistente Aussagengesamtheit kann nicht gleichzeitig einer Hypothese H sowie deren Negation $\neg\, H$ einer hohen und damit jeweils nahe bei 1 liegenden induktiven Wahrscheinlichkeit Ausdruck verleihen; denn die Summe dieser beiden Wahrscheinlichkeiten muß gleich 1 sein.

[115] *Koch* und *Rüßmann* (o.Fußn.3), S.303, nehmen - wie oben bereits darzulegen war - fälschlicherweise in die Konklusionen der Argumente auch Wahrscheinlichkeitsaussagen mit auf. - Außerdem ist es nicht ganz richtig, wenn sie diese Argumente als Systematisierungen „nach dem HO-Schema" *rubrizieren*. Für Erklärungen, die einen Sachverhalt auf Gesetzmäßigkeiten zurückführen, ist heute für die wissenschaftstheoretische Diskussion weitgehend ein 1948 von *Hempel* und *Oppenheim* angegebenes Schema anerkannt. Danach bedarf es zur Erklärung eines Sachverhalts E (*Explanandum*) mindestens eines Gesetzes G (einer logischen Folgerung) und einer Situationsbeschreibung S, in der die Bedingungen festgehalten werden, unter denen G angewendet wird. G und S zusammen heißen Explanans. Die Erklärung hat dann die Form einer logischen Folgerung: $S,\ G \Rightarrow E$. Es werden daher im Gegensatz zur Erklärungsart der nicht zwingenden statistisch-induktiven Erklärung mittels des HO-Schemas nomologisch-deduktive Erklärungen von zwingendem Gepräge hervorgerufen.

$$
\begin{array}{l}
p(\neg\, G, H) = 0.94 \\
Ha \\
\hline
p(\neg\, Ga)\,.
\end{array}
$$

Dem durch die Mehrdeutigkeit miteinander rivalisierender induktiv-statistischer Systematisierungen entstandenen Bestätigungsdilemma wären wir enthoben, lägen uns weitere Informationen vor, die auch mit Informationen über deterministische Erfahrungssätze zu der zu bestätigenden Sachverhaltsannahme verknüpft wären[116]. Wir wollen aber für die Beispielfälle (1) und (2) unterstellen, daß solche Indizien nicht vorliegen.

Wenn sich aus verschiedenen induktiv-statistischen Hypothesen einander widersprechende Aussagen mit jeweils hoher induktiver Wahrscheinlichkeit ergeben, bleibt eben die Frage, auf welche von zwei solchen rivalisierenden Argumenten mit jeweils hoher induktiver Glaubwürdigkeit die praktische Entscheidung gestützt werden soll. Man kann nicht sagen, daß die Prämissen in einem Fall glaubhafter seien als im anderen, da sie alle zu der Gesamtheit der akzeptierten Sätze gehören.

Ein Ausweg aus dem Dilemma und zur Überwindung des Widerspruchs miteinander rivalisierender induktiver Schlußschemata könnte im Einzelfall im gerichtlichen Verfahren darin zu suchen sein, etwa im Wege der Beweisaufnahme bisher in den Prämissen dieser Argumente außer Betracht gelassenes relevantes Wissen zu erwerben und zu berücksichtigen. Es wäre also im Prozeß anzustreben, in Erfüllung des *Hempel*schen methodologischen Prinzips des Gesamtdatums dieses zu vergrößern und die Prämissen durch die für die Hypothesenbeurteilung relevante Elementschaft der von den empirischen Wissenschaften akzeptierten Sätze oder Propositionen zu ersetzen[117]. Bei Beachtung des idealistischen Prinzips der Forderung des Gesamtdatums würden die genannten Schwierigkeiten überwunden, da sich dann mindestens eines der beiden miteinander konkurrierenden ursprünglichen Argumente als unhaltbar erwiese.

Für unsere beiden Beispielfälle (1) und (2) wäre damit abgeklärt, aufgrund welcher Argumente ggf. auf welche Kriterien der Gegebenheiten i.S. von § 6 Abs. 1 UmwHG geschlossen werden könnten. In der gerichtlichen Praxis wird man sich freilich dem Ideal des *Carnap*schen Prinzips in den seltensten Fällen auch nur in etwa nähern können, was zu einem nicht ganz geringen Teil auch daran liegen mag, daß die Tatsachengrundlagen für akzeptable statistische Erfahrungssätze *in concreto* nicht nachgewiesen werden können. In diesen die Regel ausmachenden Fällen wird man - wenn eben das Gesamtdatum nicht vergrößert werden kann - sich, gemessen an der gegebenen Informationslage, jedenfalls grundsätzlich einer Stellungnahme zur fraglichen Sachverhaltsannahme versagen müssen.

---

[116] *Koch/Rüßmann* (o.Fußn.3), S.304.

[117] Vgl. *Stegmüller*, Probleme, Bd.I, 2. Aufl., S.812 und passim. Diese Annahmen gelten unter der Voraussetzung, daß ein quantitativer Bestätigungsbegriff zur Verfügung steht. Auf die „Forderung des Gesamtdatums“ wird noch ausführlich einzugehen sein.

Aus den Überlegungen zum Mehrdeutigkeitsproblem haben *Koch* und *Rüßmann*[118] nun folgende Verwendungsregel entwickelt:

Wenn zwei oder mehrere statistische Systematisierungen miteinander konkurrieren, benötigt man zur Entscheidung einen Erfahrungssatz, der die Kombination der Merkmale aus den konkurrierenden statistischen Systematisierungen zur Bezugsklasse hat. Nur die Systematisierung mit dem neuen Erfahrungssatz darf gewählt werden.

Diese Regel schließt desgleichen noch den folgenden Spezialfall mit ein:

Von zwei miteinander konkurrierenden statistischen Systematisierungen darf diejenige gewählt werden, deren Bezugsklasse eine echte Teilklasse der Bezugsklasse der konkurrierenden statistischen Systematisierungen ist[119].

Die gerade zuletzt genannte Spezialregel könnte möglicherweise unseren Beispielfall (2) betreffen:
Man stelle sich vor, aus dem Schadensbild seien die chemischen Elemente X, Y und Z nachzuweisen. Außerdem sei das Emittieren des chemischen Elements X durch die Anlage A und der chemischen Elemente X, Y und Z durch die Anlage B festgestellt worden.

Koch und *Rüßmann* würden dann wohl in Anwendung ihrer Spezialregel in der sich aus der statistischen Systematisierung betreffend die emittierende Anlage A ergebenden Bezugsklasse eine Teilklasse der auf die statistische Systematisierung bezüglich der Anlage B zurückzuführenden Bezugsklasse sehen.

Es fragt sich, ob es - formal ausgedrückt - statthaft ist, nicht nur (wie gebräuchlicherweise) in *einer* Systematisierung G als Teilklasse von F als Bezugsklasse zu bilden, sondern auch - und dies bei zwei induktiven Argumenten - F einer statistischen Systematisierung als Teilklasse der Bezugsklasse der anderen Systematisierung. Der Problemlösung zu diesem Punkt versuchen wir, mit einer Hilfsvorstellung näherzukommen: Das Substrat dieser Anschauung wird durch die Klasse A_t der von den empirischen Wissenschaften zur Zeit t akzeptierten Sätze und Propositionen gebildet. Es erfolgen über diese Klasse zwei idealisierende Rationalitätsannahmen: Nämlich, daß A_t logisch *konsistent* und *in Bezug auf die logische Folgebeziehung abgeschlossen* ist; dies besagt, daß jede Aussage gleichfalls zu A_t gehören soll, die aus gewissen Sätzen logisch ableitbar ist[120].

---

[118] *Koch/Rüßmann* (o.Fußn.3), S.306 f.

[119] *Koch/Rüßmann* (o.Fußn.3), S.306. Der Ausdruck Bezugsklasse bezeichnet die „Wenn-Komponente" des induktiven Arguments. Nach der Deutung von $p(G, F)$ charakterisiert F die Bezugsklasse und G eine (möglicherweise unechte) Teilklasse dieser Bezugsklasse. Heute wird es mehr und mehr üblich, statt von einer Bezugsklasse von einem *Zufallsexperiment* zu sprechen und auszugehen. Dabei ist der Begriff des *Zufallsexperiments* so weit gefaßt, daß darunter nicht nur menschliche Tätigkeiten verstanden werden können, sondern auch Naturvorgänge, die unabhängig von menschlichen Eingriffen sind.

[120] *Stegmüller*, Probleme, Bd.I,2.Aufl., S.808.

Koch und *Rüßmann* propagieren ihre - wie sie sagen - aus der Diskussion des Mehrdeutigkeitsproblems gewonnenen Verwendungsregeln, ohne zuvor ihre logische *Gültigkeit* nachgewiesen zu haben. Dies könnte auch nicht gelingen, weil sie mit ihrer speziellen Verwendungsregel (wo sie ja die Hypothese aufstellen, es könne die Bezugsklasse einer statistischen Systematisierung eine Teilklasse einer anderen induktiven Systematisierung darstellen) eine logische Folgebeziehung behaupten; *korrekte* logische Folgebeziehungen können aber - weil indessen A_t logisch konsistent und insbesondere im Hinblick auf die logische Folgebeziehung abgeschlossen ist - nicht auch im Verhältnis zwischen A_t[121] und anderen Systematisierungen außerhalb von A_t bestehen.

Was die weitere, von *Koch* und *Rüßmann* mit einem universalem Anwendungsbereich bedachte Regel anbetrifft, so ist zu bemerken, daß diese keine Behauptung einer Folgebeziehung zwischen den Bezugsklassen verschiedener induktiv-statistischer Systematisierungen enthält. Vielmehr wird von ihnen lediglich postuliert, daß bei der Gegebenheit von zwei oder mehreren miteinander rivalisierenden statistischen Systematisierungen ein neuer Erfahrungssatz gesucht werden müsse, der die Kombination aus allen Merkmalen der untereinander konkurrierenden Systematisierungen zum Inhalt der neuen Bezugsklasse habe. Dies bedeutet aber, daß beim Erstreben der Erfüllung der Forderung des Gesamtdatums und bei sich ändernden Erfahrungen[122] die Zugehörigkeit von Propositionen zu A_t wechselt bzw. wechseln kann[123].

Bei rivalisierenden induktiv-statistischen Erfahrungssätzen wird man in Anbetracht des Gegebenseins neuer Erfahrungen allerdings davon auszugehen haben, daß nicht eine Kombination der Merkmale aus den konkurrierenden statistischen Systematisierungen eine neue Bezugsklasse bestimmt, sondern daß mindestens eine der ursprünglichen Systematisierungen als inzwischen unhaltbar erwiesen ersatzlos wegfallen muß. Allenfalls kann man hier von einer *Synthese* der Merkmale aus den rivalisierenden statistischen Systematisierungen dann sprechen, wenn alle diese Systematisierungen für ungültig zu erklären sind, aber sich aus der Aufhebung des sich in These und Antithese Widersprechenden die höhere Einheit einer neuen akzeptierten Bezugsklasse ergibt.

Das Resümee aus der Betrachtung der von *Koch* und *Rüßmann* gebildeten Verwendungsregeln kann für unsere Beispielfälle (1) und (2) nun aber wiederum nur sein, daß allein bei Vergrößerung des Gesamtdatums eine Chance für die Lösung des Mehrdeutigkeitsproblems besteht.

---

[121] A_t kann man sich als die Gesamtheit der von einem idealen rationalen Subjekt akzeptierten Propositionen vorstellen; vgl. *Stegmüller*, Probleme, Bd. I, 2. Aufl., S.808.

[122] Deshalb enthält A_t den Zeitindex t.

[123] *Stegmüller*, Probleme, Bd.I, 2. Aufl., S.808.

II. Maximale Bestimmtheit und Gesetzesartigkeit

1. Reflexionen zur Forderung des Gesamtdatums

Bei den vorangegangenen Betrachtungen war zunächst noch über die Tatsache hinweggesehen worden, daß die *Carnap*sche Forderung des Gesamtdatums im Grunde auf die Handhabung eines wenig praktikablen und unhandlichen Procedere hinausläuft, weil stets die ganze Klasse A_t, also das gesamte verfügbare Wissen als Prämisse für induktiv-statistische Systematisierungen verwendet werden müßte[124]. Darüber hinaus erscheinen auch Ergänzungen und Präzisierungen mit dem Ziel der Entwicklung von Kriterien für die korrekte Anwendung solcher Systematisierungen unentbehrlich zu sein.

Als bereits wesentlich handlicheres Prinzip wurde *Hempels* Regel der maximalen Bestimmtheit herangezogen. Von größerem praktischen Interesse ist insoweit jedoch nur die eine von zwei von ihm entwickelten Versionen, wonach diese die Auszeichnung der zu einem bestimmten Zeitpunkt *rational annehmbaren* induktiv-statistischen Systematisierungen ermöglicht. Wesentlicher praktischer Effekt dieser Regel ist die Bereitstellung eines induktiven Analogons zur - in Beziehung zur deduktiven Logik gesetzten - Abtrennungsregel[125]. Diese Regel schließt dann auch die Konsequenz mit ein, daß dann, wenn eine induktiv-statistische Systematisierung mit akzeptierten Prämissen von der Art

$$\frac{\begin{array}{l} p(G,F) = q \\ Fa \end{array}}{Ga} \quad [\, q \,]$$

rational annehmbar[126] ist, auch die Conclusio im Grade q annehmbar ist.

Es sind insbesondere zwei Fallgruppen zu unterscheiden. Die erste Fallgruppe ist dadurch gekennzeichnet, daß ein Individuum a zwei Klassen F und F' mit $F' \subset F$[127] zugerechnet wird und daß zudem die beiden statistischen Gesetze $p(G,F) = r$ und $p(G,F') = r'$ gelten. Dies soll durch ein Beispiel konkretisiert und vergegenständlicht werden:

Der Geschädigte X erhebt gegen den Anlagebetreiber a Schadensersatzklage mit der Behauptung, sein Schaden zeige ein bestimmtes Schadensbild, das diesen als von mehreren bestimmten spezifischen Substanzen herrührend - wofür es zwar keinen deterministischen, aber einen statistischen Erfahrungssatz gebe - ausweise. Die Eignung der Anlage des a als Schadstoffquelle zur Schadensverursachung gemäß § 6 Abs. 1 UmwHG ergebe sich daraus, daß in dieser Anlage mit den betreffenden Schadstoffen in einem Umfang gearbeitet werde, daß hieraus nur zu schließen sei, daß aufgrund von Emissionen der Anlage

---

[124] *Stegmüller* (o.Fußn.104), S.814.

[125] Vgl. *Stegmüller* (o.Fußn.104), S.825.

[126] Der Begriff der rationalen Annehmbarkeit ist hier jedoch nicht etwa im Sinne einer gültigen induktiven Relation, sondern stets im Sinne eines gültigen pragmatischen Schlusses gemeint.

[127] F' ist also eine Teilmenge von F; alle Elemente von F' sind auch Elemente von F.

die schädlichen Umwelteinwirkungen am Schadensort verursacht worden seien. Durch die im Wege der Einholung eines Sachverständigengutachtens erfolgte Beweisaufnahme ergab sich jedoch, daß entgegen der ursprünglichen Annahme des a das Schadensbild lediglich auf *einen* bestimmten spezifischen Schadstoff hinweist und daß insoweit in der Tat nur ein statistischer Erfahrungssatz zugrunde gelegt werden kann. Außerdem konnte nachgewiesen werden, daß von der Anlage A auch nur dieser eine bestimmte Schadstoff emittiert worden ist.

Es sei nun F die Bezugsklasse der von a aufgestellten probabilistischen Hypothese, während die Bezugsklasse des von dem Sachverständigen entwickelten induktiv-statistischen Arguments durch F' markiert werden soll. Das Emittieren des zuletzt genannten spezifischen Schadstoffs durch die Anlage A figuriert als Individuum a, welches sowohl der Klasse F als auch der Klasse F' angehört; dabei ist $F' \subset F$ gegeben, F' ist also eine Teilklasse von F. Zudem gelten die beiden statistischen Gesetze $p(G,F) = r$ und $p(G,F') = r'$; da hier unterstellt wird, daß diese unterschiedliche Wahrscheinlichkeiten für G aufweisen, gilt auch $r \neq r'$. Die *Gültigkeit* - also die formale Korrektheit - divergenter statistischer Argumente impliziert allerdings nicht auch ihre Gleichwertigkeit - insbesondere bei konkurrierenden Systematisierungen. Bereits schon rein intuitiv und abstrahierend von der Entität des Ergebnisses der Beweisaufnahme wird man vorliegend dazu neigen, der induktiv-statistischen Systematisierung mit der schärferen Information - was die *Anwendung* anbelangt - den Vorzug zu geben.

Die Bestätigung der intuitiven Erkenntnis findet sich in *Hempels* Prinzip der maximalen Bestimmtheit. Demzufolge darf man sich nur auf ein derartiges statistisches Gesetz stützen, das eine statistische Wahrscheinlichkeit relativ auf die engste der Bezugsklassen (in anderer Ausdrucksweise: relativ zu dem genauer spezifizierten Zufallsexperiment) ausdrückt, denen dasselbe Individuum a jeweils angehört. Bei der Anwendung probabilistischer Hypothesen in statistischen Systematisierungen verdrängt mithin grundsätzlich die schärfere Information die schwächere; eine Ausnahme hiervon besteht lediglich dann, wenn die der schärfsten Information entsprechenden, a enthaltenden engeren Bezugsklassen nicht zu abweichenden Wahrscheinlichkeiten im Verhältnis zu jenen führen, die sich bei einer weniger scharfen Information, also einer umfassenderen Bezugsklasse (mit ebenfalls darin eingeschlossenem a) ergeben[128].

Zusammenfassend ist die Forderung zu formulieren, daß Ga höchstens dann als im Wege Fa und eines Arguments $p(G,F) = r$ *erklärt* betrachtet werden darf, wenn kein statistisches Gesetz $p(G,F') = r'$ mit $r \neq r'$ akzeptiert ist, so daß auch $F'a$ und $F' \subset F$ gilt[129]. Zu verweisen ist andererseits auch auf Folgendes: Gibt es zwar eine Klasse F' mit $F'a$ und $F' \subset F$, aber kein bekanntes empirisches statistisches Argument von der Art $p(G,F') = r$, so kann das Schema

[128] *Stegmüller* (o.Fußn.104), S.816.
[129] *Stegmüller* (o.Fußn.104), S.818.

$$\begin{array}{l} p(G,F) = q \\ Fa \\ \hline Ga \end{array} \quad [\,q\,]$$

nicht für induktiv-statistische Erklärungszwecke angewendet werden[130]. Dies leuchtet ein, wenn man sich bewußt macht, daß man ja nicht wissen kann, ob die in F' verglichen mit F enthaltene schärfere Information von Relevanz für die Wahrscheinlichkeitsbeurteilung von G ist. Für unser obiges Fallbeispiel bedeutet dies, daß nur das Emittieren lediglich des *einen* bestimmten spezifischen Stoffs durch die Anlage A bekannt sei, nicht aber auch ein entsprechendes statistisches Gesetz im Hinblick auf das Schadensbild.

Es soll nun noch die in der Weise erfolgte Abwandlung des Ausgangsfalls betrachtet werden, daß a das Vorliegen der engeren Bezugsklasse behauptet, die Beweisaufnahme aber das gegebene Vorkommen von indessen mehreren durch die Anlage A emittierten schädlichen Substanzen - also die *weitere* Bezugsklasse - ergeben hat. Kann a seine schlüssige Darlegung der die Vermutungsbasis des § 6 Abs. 1 UmwHG ausfüllenden engeren Bezugsklasse nicht beweisen, muß eine Beweislastentscheidung zu seinem Nachteil ergehen.

Es stehen nun noch Überlegungen zu der zweiten Fallgruppe aus, deren Attribute mit der Aussage bezeichnet sind, daß a zwar wiederum zwei Klassen F und F' mit verschiedenen statistischen Wahrscheinlichkeiten $p(G,F)$ und $p(G,F')$ angehört, ohne daß jedoch eine relationale Eingliederung zwischen F und F' einerseits oder andererseits bestünde. Bei einer solchen Konstellation bleibt nur der Versuch, ein zusätzliches statistisches Schema mit einer sowohl in F wie in F' enthaltenen Bezugsklasse zu ergründen[131]. Dies läßt sich in der mengentheoretischen Symbolik für die Schnittmenge so darstellen: $F \cap F'$. Das Zusammenfassen und Benennen der gemeinsamen Eigenschaften der beiden Bezugsklassen in der Weise, daß sich aus der mengentheoretischen Begriffsbildung des *Durchschnitts* zweier Mengen ergibt, daß der Durchschnitt der beiden Mengen F und F' die Menge aller Dinge ist, die sowohl Elemente von F als auch von F' sind, läßt sich gut an dem betreffenden Mengendiagramm veranschaulichen:

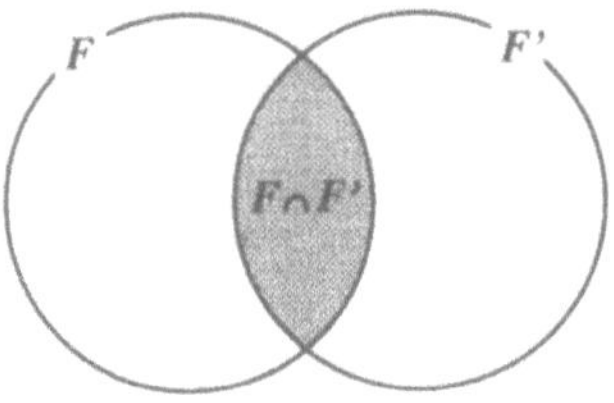

[130] *Stegmüller* (o.Fußn.104), S.819.
[131] *Stegmüller* (o.Fußn.104), S.816.

Solange die Schnittmenge von F und F' in Gestalt einer neuen Bezugsklasse nicht gefunden werden kann, muß offengelassen werden, ob und ggf. welches induktiv-statistische Argument das korrekte ist.

Zur beispielhaften Illustration der Problematik soll a zum einen der Klasse F der Thallium und zum anderen der Klasse F' der Blei emittierenden Anlagenbesitzer mit jeweils entsprechenden verschiedenen statistischen Wahrscheinlichkeiten $p(G, F)$ und $p(G, F')$ angehören. Da weder alle Blei-Emittenten auch Thallium in die Luft ablassen, noch alle Thallium-Emittenten auch Umwelteinwirkungen mit Blei verursachen, ist keine der beiden Klassen enger als die andere. Es kann daher keines der beiden diesbezüglichen Argumente verwendet werden, um etwa zu begründen, daß alle von a veranlaßten Emissionen für ein bestimmtes Schadensbild verantwortlich gemacht werden können oder nicht. Vielmehr muß für das Emittieren von Blei und Thallium als Bezugsklasse und für das Schadensbild als Ereignisklasse ein neues induktiv-statistisches Argument im Wege des empirischen Experiments herausgefunden werden.

2. Regel der maximalen Bestimmtheit

Vorgestellt werden soll nun die ursprüngliche Fassung der *Hempel*schen Regel der maximalen Bestimmtheit, wonach die Voraussetzungen dafür, daß das Schema

$$\frac{\begin{array}{l} p(G, F) = q \\ Fa \end{array}}{Ga} \quad [\,q\,]$$

rational annehmbar[132] relativ auf die Wissenssituation A_t ist, *genau dann erfüllt* sind, wenn folgendes gilt: Sofern aus der Konjunktion - die indessen wiederum aus der Konjunktion aller Elemente aus A_t (also der zur Zeit t akzeptierten Sätze) und außerdem der Konjunktion der Prämissen dieser Systematisierung gebildet wird - logisch folgt, daß es eine Klasse F' mit $F'a$ und $F' \subset F$ gibt, muß zum einen aus der vorangestellten Konjunktion ebenfalls logisch auch ein statistisches Gesetz $p(G, F') = r$ folgen; zudem muß entweder $r = q$ gelten, oder aber $p(G, F') = r$ muß ein Theorem der mathematischen Wahrscheinlichkeitstheorie sein[133].

Mit dem Zutreffen der Voraussetzungen für die Anwendung[134] der Regel der maximalen

---

[132] *Stegmüller* (o.Fußn.104), S.820, weist darauf hin, daß die hier definierte rationale Annehmbarkeit nicht als Akzeptierbarkeit dieses Schemas als einer gültigen induktiven Relation, sondern als eines *gültigen Schlusses* zu verstehen sei. Für dessen Gültigkeit sei die Gültigkeit der induktiven Relation zwar nicht hinreichend, gleichwohl aber eine *conditio sine qua non*.

[133] Diese Regel wird etwa bei *Stegmüller* (o.Fußn.104), S.818/819, aufgezeigt.

[134] Zutreffend und wesentlich ist der Hinweis von *Stegmüller* (o.Fußn.104), S. 819, zur *Hempel*schen Regel der maximalen Bestimmtheit, daß diese nicht als Element der korrekten Sinndeutung für eine gültige statistische Erklärung zu verstehen sei, sondern - synonym zur Regel der Forderung des Gesamtdatums - als ein Bedeutungsmerkmal für die korrekte Anwendung einer derartigen Systematisierung.

Bestimmtheit[135] vollzieht sich eine Annäherung an die Erfüllung des methodologischen Erfordernisses der Einbeziehung des gesamten relevanten Wissens für eine Wahrscheinlichkeitsbeurteilung in der Weise, daß man so tun kann, als stellten die Prämissen des genannten Schemas das gesamte relevante Erfahrungswissen dar[136]. Die genannte Approximation mit der Berücksichtigung des gesamten relevanten Wissens ermöglicht nun aber erst die Abtrennung der Conclusio von den Prämissen[137].

3. Das Mehrdeutigkeitsproblem und die Hempelsche Regel der maximalen Bestimmtheit

Wenn dieses Problem nun nochmals aufgegriffen wird, so findet sich das Motiv hierfür in der Tatsache, daß mittels der Anwendung der *Hempel*schen Regel der maximalen Bestimmtheit die Mehrdeutigkeit der induktiv-statistischen Systematisierung beseitigt wird.

Es werde folgender Beispielfall herangezogen: In der Beweisaufnahme eines Rechtsstreits mit Anspruchserhebung nach § 1 UmwHG wird das Emittieren bestimmter Stoffe durch die Anlage A festgestellt, oder aber es sei diese Tatsache unstreitig. Zudem legen zwei gerichtlich bestellte Sachverständige ihre Gutachten mit folgenden Ergebnissen vor: Während der eine Sachverständige in seinem Gutachten das Vorliegen eines bestimmten spezifischen Schadensbildes feststellt, verneint der andere Sachverständige, der Obergutachter, dessen Gegebensein. Ferner werden von beiden Sachverständigen unterschiedliche, jedoch ihre jeweiligen Resultate stützende statistische Erfahrungssätze vorgetragen, die als solche ausnahmslos akzeptiert seien.

Insoweit sei von den folgenden induktiv-statistischen Systematisierungen zur Zeit t mit ausnahmslos zu A_t gehörenden Prämissen auszugehen:

$$\text{(A)} \qquad \frac{\begin{array}{l} p(G,F) = q_1 \\ Fa \end{array}}{Ga} \quad [\, q_1 \,]$$

bzw.

$$\text{(B)} \qquad \frac{\begin{array}{l} p(\neg\, G,H) = q_2 \\ Ha \end{array}}{\neg\, Ga\,.} \quad [\, q_2 \,]$$

---

[135] Diese allerdings ergänzt durch die Einbeziehung des relationalen Charakters der induktiv-statistischen Systematisierungen.

[136] *Stegmüller* (o.Fußn. 104), S.820.

[137] *Stegmüller* (o.Fußn. 104), S.820.

Weiter sei unterstellt, daß q_1 und q_2 beide nahe bei 1 liegen, so daß jeweils für ein kleines ε[138] $1 - \varepsilon < q_1$ und $1 - \varepsilon < q_2$ gilt. Ausgehend von der deduktiven Abgeschlossenheit von A_t im Hinblick auf die logische Folgebeziehung ergibt sich namentlich für die beiden singulären Prämissen die Einbeziehung zu A_t. Damit ist auch die Zugehörigkeit von a zu $F \cap H$ eine Konsequenz des zu t akzeptierten Wissens A_t[139].

Aus der deduktiven Abgeschlossenheit von A_t ergibt sich zudem auch, daß bei beiderseitigem Eintreffen der *Hempel*schen Regel der maximalen Bestimmtheit infolge der Systematisierungen (A) bzw. (B) aus dem Wissen A_t sowohl das Gesetz $p(G, F \cap H) = q_1$ als auch die Regel $p(\neg\ G, F \cap H) = q_2$ logisch folgen und mithin selbst Elemente von A_t sein müßten[140]. Nun ist aus dem bereits von *A.N. Kolmogoroff* angegebenen Axiom der Wahrscheinlichkeitsrechnung $p(\Omega) = 1$ [141] zu entnehmen, daß $p(G, F \cap H) + p(\neg\ G, F \cap H) = 1$, mithin also $q_1 + q_2 = 1$ sein muß. Wenn man jedoch davon ausgeht, daß sowohl q_1 als auch q_2 nahe bei 1 liegen sollen, bleibt nur die Konstatierung einer arithmetischen Unmöglichkeit in besagter Beziehung mit der Folge, daß nicht beide Systematisierungen zur Zeit t rational akzeptierbar sein können[142]. Da folglich q_2 stets $1 - q_1$ sein muß, kann es überhaupt keinen Zwiespalt zwischen induktiv-statistischen Systematisierungen geben, die zur selben Zeit rational annehmbar sind. Für unseren Beispielfall zeigt sich also[143], daß die beiden hier miteinander rivalisierenden statistischen Schemata mit zwar ausschließlich akzeptierten Prämissen, aber unverträglichen Schlußfolgerungen[144] nicht beide den Anforderungen der Regel der maximalen Bestimmtheit genügen können. Die Mehrdeutigkeit der induktiv-statistischen Systematisierung ist damit eliminiert. Der erkennende Richter hat jedoch im Wege der freien Beweiswürdigung zu entscheiden, welchem induktiv-statistischen Argument er folgen will.

---

[138] $\in$ ist in der Mengenlehre das Zeichen für „ist Element von“.

[139] Vgl. *Stegmüller* (o.Fußn.104), S.822f.

[140] *Stegmüller* (o.Fußn.104), S.823.

[141] Der griechische große Buchstabe Ω (Omega) bezeichnet den gesamten Stichprobenraum, der durch die die Versuchsanordnung des Zufallsexperiments festlegenden möglichen Resultate zusammen gebildet wird. Dabei wird das Wahrscheinlichkeitsmaß nicht auf die Resultate, sondern auf Ereignisse bezogen, die Mengen von möglichen Resultaten sind.

[142] *Stegmüller* (o.Fußn.104), S.823.

[143] Was auch bereits schon durch intuitive Überlegungen erschlossen werden kann.

[144] Bei miteinander unverträglichen und damit einander ausschließenden Ereignissen (Conclusio) kann es einen Durchschnitt von beiden nicht geben. Die Wahrscheinlichkeit für das gemeinsame Auftreten der beiden Einzelereignisse ist gleich Null: $p(E_i \cap E_j) = 0$. Nur, wenn die betrachteten Ereignisse miteinander verträglich sind, gilt $p(E_i \cap E_j) > 0$.

III. Gesetzesartigkeit induktiv-statistischer Systematisierungen

Es bleibt noch zu untersuchen, ob und ggf. inwieweit die zuletzt betrachtete Fassung der Regel der maximalen Bestimmtheit modifikationsbedürftig ist.

Man stelle sich die beiden miteinander rivalisierenden induktiv-statistischen Argumente vor:

$$\text{(C)}\qquad \frac{\begin{array}{l} p(G,F)=0.97 \\ Fa \end{array}}{Ga}\qquad [\,0.97\,]$$

und

$$\text{(D)}\qquad \frac{\begin{array}{l} p(\neg\, G, Q_1)=0.985 \\ Q_{1a} \end{array}}{Ga\,.}\qquad [\,0.985\,]$$

Diesen liege folgendes Beispiel zugrunde: „Fx“ bedeute dasselbe wie „A ist eine Anlage, die Schwefeldioxyd emittiert“, während „Gx“ die Intension „die Anlage A ist geeignet, ein bestimmtes Schadensbild hervorzurufen“ haben soll. Außerdem bedeute „Qx“ dasselbe wie „x hat die Eigenschaft F; zudem ist x mit Merkmalen ausgestattet, deren Gegenwart die Verursachung dieses Schadensbildes sehr unwahrscheinlich macht“. Außerdem werde davon ausgegangen, daß die Klasse A_t der zur Zeit t akzeptierten Sätze genau die vier folgenden Aussagen mit ihren logischen Implikaten einschließe:

$$\begin{array}{l} p(G,F)=0.97 \\ p(\neg\, G,Q)=0.985 \\ \bigwedge x(Qx\rightarrow Fx) \\ Fa\,; \end{array}$$

zusätzlich enthalte A_t die Definition:

$$Q_1x \leftrightarrow Qx \vee (x=a)\,.$$

Infolge der vorausgesetzten Abgeschlossenheit von A_t im Hinblick auf die logische Folgebeziehung beinhaltet dieses zusammen mit der genannten Definition und den beiden vorangehenden Sätzen auch den Satz:

$$\bigwedge x(Q_1x\rightarrow Fx)\,.$$

Da nun aber die durch das Prädikat „Q_1" festgelegte Klasse[145] allenfalls *ein* Element mehr als die durch „Q" festgelegte Klasse enthält, ist davon auszugehen, daß für das Nichtauftreten des besagten Schadensbildes relativ zu Q_1 dieselbe Wahrscheinlichkeit besteht wie für dieses Nichtauftreten relativ zu Q. A_t schließt daher auch den Satz ein:

$$p(\neg\ G, Q_1) = 0.985\,.$$

Aus den von A_t eingeschlossenen Informationen ist nun aber zu folgern, daß die durch Q_1 festgelegte Klasse eine Teilklasse der von „F" bestimmten Extension ist. Hieraus und in Anwendung der Regel der maximalen Bestimmtheit in der zuletzt formulierten Fassung müßte man eigentlich zu der Erkenntnis gelangen, daß zwar die Systematisierung (D) rational annehmbar sei, nicht aber die Systematisierung (C). Dies hätte aber ein unmögliches Ergebnis zur Folge. Denn die Schlußfolgerung darauf, daß das in a auch enthaltene Nichtvorliegen des Schadensbildes gegeben ist, stützt sich eben nicht auf ein solches Erkennen, daß a die im Definiens[146] des Prädikats „Q" mit eingeschlossenen, den Eintritt des Schadensbildes unwahrscheinlich machenden Merkmale (Indizien) in sich trägt, sondern lediglich darauf, daß a mit sich selbst identisch ist und daß ihm deswegen das Prädikat „Q_1" zukommt, für das die Wahrscheinlichkeit des Fehlens des Schadensbildes gleich groß ist wie für „Q"[147].

Da man nach wissenschaftstheoretischen Erkenntnissen aus jüngster Zeit davon auszugehen hat, daß eine Prämisse für induktiv-statistische Systematisierungen nur dann zulässig ist, wenn sie eine *gesetzesartige*[148] statistische Hypothese darstellt - was wiederum voraussetzt, daß das in dieser Prämisse enthaltene Prädikat ein nomologisches Prädikat ist -, kann die Lösung des gerade entwickelten Problems nur in der Feststellung fehlender Gesetzesartigkeit der für die erste Prämisse der Systematisierung (D) bestimmenden statistischen Hypothese gesehen werden[149].

---

[145] Dies bezeichnet man als Extension.

[146] „Definiens" ist ein Begriff der Definitionslehre. Eine Definition hat meist die Form: definiendum $\rightleftharpoons$ definiens („$\rightleftharpoons$ " wird gelesen als „ist definitionsgemäß gleich"). Hierbei charakterisiert „*Definiendum*" das in seinem Gebrauch festzulegende Zeichen und „*Definiens*" das festlegende Zeichen.

Beispiel . $\quad a^3 \rightleftharpoons axaxax$

$\quad\quad\quad\quad$ *Definiendum* $\rightleftharpoons$ *Definiens* .

Da die Definition nicht symmetrisch ist, dürfen die linke und die rechte Seite nicht vertauscht werden. Eine Definition ist jedoch nur dann annehmbar, wenn die rechte Seite, also das Definiens, vollständig bekannt ist; nur dann kann das Definiendum als in seinem Gebrauch bestimmt gelten. Eine Definition enthält auch eine Ersetzungsregel: Überall dort, wo das Definiendum steht, darf das Definiens eingesetzt werden und umgekehrt.

[147] Vgl. zu allen diesen wissenschaftstheoretischen Fragen *Stegmüller* (o.Fußn.104), S.839f.

[148] Der Begriff der Gesetzesartigkeit ist wissenschaftstheoretisch allerdings noch nicht völlig präzise geklärt.

[149] Vgl. *Stegmüller* (o.Fußn.104), S.840.

Eine Aussage ist als gesetzesartig bereits ausgeschlossen, wenn auch nur eine einzige notwendige Bedingung für das Vorkommen eines nomologischen Prädikats nicht erfüllt ist.

Eine notwendige Bedingung dafür, daß ein Prädikat - das in einer gesetzesartigen statistischen Wahrscheinlichkeitsaussage vorkommt - nomologisch ist, wird bestimmt durch die Forderung, daß das Prädikat logisch wahr genau nur dann sei, wenn einstellige Prädikate jeweils auf einen Gegenstand bzw. mehrstellige Prädikate auf mehrere Gegenstände zutreffe. Bei undefinierten Gegenstandsnamen ist dies nicht gegeben, weil die Annahme der logischen Wahrheit bei der Anwendung des Prädikats auf undefinierte Namen folgerichtig ausgeschlossen sein muß[150].

Durch die sich aus der notwendigen Bedingung ergebende Forderung wird „Q_1“ wirklich eliminiert. Denn der Satz - der dadurch entsteht, daß man das Prädikat auf die seiner Stellenzahl entsprechende Anzahl von Gegenstandsnamen anwendet - von „Q_1“ betreffend „a“, mithin „$Q_1 a$“, ist lediglich ein Akronym für „$Qa \vee (a = a)$“, welches einen logisch wahren Satz charakterisiert[151].

Hempel hat für die Anwendung der Regel der maximalen Bestimmtheit die weitere Forderung aufgestellt, daß unter den Teilklassen von „F“ der elementaren induktiv-statistischen Aussage „$p(G, F) = r$“ nur solche betrachtet werden dürfen, deren Bezugsprädikat aus *rein logischen Gründen* nicht eine endliche Extension besitzt. Dies sei am letzten Beispiel konkretisiert.

Es sei nochmals $p(G, F) = 0.97$; außerdem stehe „F'“ für ein genau auf vier Elemente der Extension von „F“ zutreffendes Prädikat. Falls weitere Informationen fehlen, ergibt sich infolge der genau vier Elemente einschließenden Bezugsklasse der Schluß, daß $p(G, F')$ einer der fünf Wahrscheinlichkeitswerte 0, $\frac{1}{4}$, $\frac{1}{2}$, $\frac{3}{4}$ oder 1 zugeordnet werden muß. Dadurch, daß nun aber keine Aussage der Form „$p(G, F') = r$“ als ein mathematischer Satz der Wahrscheinlichkeitsrechnung figuriert, wird dann *jede* erklärende induktiv-statistische Systematisierung - die sich auf die statistische Hypothese „$p(G, F) = 0.97$“ stützt - mittels der Regel der maximalen Bestimmtheit vereitelt. Dies wird deutlich durch die Überlegung, daß diese Regel dann auch die Annehmbarkeit des Satzes „$p(G, F') = 0.97$“ vorschreiben würde, was logisch aber nicht damit in Einklang zu bringen ist, daß für $p(G, F')$ lediglich die fünf genannten und von 0.97 abweichenden Werte in Betracht kommen[152].

Der Lösungsweg aus den daraus folgenden Schwierigkeiten, daß die Prädikate - die die angeführten Teilklassen festlegen - die primäre induktiv-statistische Systematisierung als

---

[150] Ähnlich *Stegmüller* (o.Fußn.104), S.840f. Es geht hier darum, diejenigen Fälle außer Betracht zu lassen, bezüglich der man aus rein logischen Gründen weiß, daß ein ***bestimmtes Individuum*** zu einer Klasse gehört, sei diese ***endlich*** oder ***unendlich***, vgl. *Stegmüller* (o.Fußn.104), S.843.

[151] *Stegmüller* (o.Fußn.104), S.841.

[152] Vgl. zu Vorstehendem *Stegmüller* (o.Fußn.104), S.841ff. Begreiflicherweise könnte bei Auswahl einer passenden Teilklasse aus der Bezugsklasse nahezu jede induktiv-statistische Systematisierung unter Berufung auf die Regel der maximalen Bestimmtheit aus der Klasse der rational akzeptierbaren Systematisierungen eliminiert werden.

rational unannehmbar erzwingen, kann nur darin gesehen werden, daß diese Prädikate nicht als nomologisch qualifiziert werden können[153].

Angenommen, es seien a, b, c und d die vier gemeinsam die Extension von „F" kennzeichnenden Objekte, wobei $F'x$ logisch äquivalent sei mit „$x = a \vee x = b \vee x = c \vee x = d$", dann fehlt diesem Prädikat die Eignung zur Beschreibung des Zufallsexperiments (der Bezugsklasse) für eine elementare gesetzesartige statistische Aussage[154]. Die bereits anfänglich vorgenommene Unterstreichung dessen, daß das Bezugsprädikat nicht *aus rein logischen Gründen* eine endliche Extension aufweisen darf, ist von essentieller Bedeutsamkeit. Denn sollte die soeben gebrauchte Aussageform „$F'x$" nicht rein logisch, sondern ausschließlich faktisch äquivalent mit „$x = a \vee x = b \vee x = c \vee x = d$" sein, so wäre die Verwendung des Prädikats „F'" nicht nur für auf deterministischen Erfahrungssätzen beruhende, sondern auch für auf statistischen Erfahrungssätzen sich stützende Gesetzesaussagen nicht ausgeschlossen[155]. Dem steht nun gleich, daß *abgeleitete Gesetze*[156] einen endlichen oder sogar einen leeren Anwendungsbereich haben können[157]. Mithin ist die Folgerung aus der Definition der Klasse dieser abgeleiteten Gesetze auf einen endlichen oder leeren Anwendungsbereich nicht von logischer Wesensart. Soweit desgleichen aus statistischen Erfahrungssätzen abgeleitete Gesetze der genannten Art im Kontext mit den die Vermutungsbasis des § 6 Abs. 1 UmwHG ausfüllenden Gegebenheiten in Betracht kommen, sind diese ebenso einsetzbar, weil auch in diesen Beziehungen aus der Definition der jeweiligen Klasse dieser Gesetze der etwaige endliche Anwendungsbereich nicht logisch folgt.

---

[153] *Stegmüller* (o.Fußn.104), S.842. Gesetzesartige Prädikate können in dieser Beziehung nicht vorliegen, weil sich die *Endlichkeit* ihrer Extension daraus ergibt, daß sie keine potentiell unendlichen Klassen festlegen (eine Klasse [Menge] heißt unendlich, wenn sie zu einem echten Teil ihrer selbst in *eineindeutige* Beziehung gebracht werden kann; z. B.: Die Menge der natürlichen Zahlen ist unendlich, weil sie sich *eineindeutig* auf die geraden natürlichen Zahlen abbilden läßt [und umgekehrt]: man ordne jeder Zahl die doppelte [halbe] Zahl zu).

[154] Hier wird die Endlichkeit der Extension aus rein logischen Gründen erkennbar.

[155] Vgl. *Stegmüller* (o.Fußn.104), S.843.

[156] Es gilt, daß dann, wenn aus einem Prinzip eine spezielle statistische Regel hergeleitet wird, der Anwendungsbereich dieser Regel nicht aber aus der Definition der diesbezüglichen Klasse logisch folgt, es sich bei der Folgerung aus dem Prinzip um ein abgeleitetes Gesetz handelt.

[157] *Stegmüller* (o.Fußn.104), S.843.

In der noch zu findenden definitiven Formulierung der Regel der maximalen Bestimmtheit wird man jedoch nicht nur die genannten Bedingungen zu berücksichtigen haben, sondern ganz allgemein die Bezeichnung der gesetzesartigen statistischen Aussage verwenden müssen, um auch auf *paradoxe*[158] Sätze sich stützende induktiv-statistische Systematisierungen auszuschließen.

Bei dem Bemühen um eine verbesserte Version der Regel der maximalen Bestimmtheit seien mit *Stegmüller*[159] einige Begriffe eingeführt: Wenn H und J zwei einstellige Prädikate sind, wobei das zweite aus dem ersten logisch abgeleitet wird, so bedeutet dies, daß $\bigwedge x(Hx \rightarrow Jx)$ logisch wahr ist.

Ist in dieser Beziehung nicht aber auch H von J impliziert, so werde das Prädikat H *stärker* als J bezeichnet. Bei wechselseitigen *logischen* Folgerungen sollen die Prädikate hingegen als *logisch-äquivalent* benannt werden. Für den Fall, daß das Bezugsprädikat F einer elementaren statistischen Systematisierung das Ereignisprädikat G oder dessen Negation logisch impliziert, hat $p(G, F)$ den Wert 1 oder 0 [160].

Zudem werde H als *a-Prädikat in* A_t genannt, wenn der Satz Ha in A_t enthalten ist. H wird als *statistisch relevant für den Satz Ja in* A_t bezeichnet, wenn A_t eine gesetzesartige statistische Elementaraussage in sich begreift und H ein weder J noch $\neg J$ logisch implizierendes *a-Prädikat* ist.

Weiter werde ein Prädikat B als ein *auf Ja von* A_t *bezogenes maximal bestimmtes Prädikat* unter der Voraussetzung bezeichnet, daß B logisch-äquivalent[161] ist mit einer Konjunktion von Prädikaten, die statistisch relevant für Ja in A_t sind, und daß B weder J noch $\neg J$ logisch impliziert, wobei es kein anderes Prädikat geben darf, welches die vorstehenden Bedingungen erfüllt und das stärker als B ist.

---

[158] Das wohl bekannteste und auf *N. Goodman* zurückgehende Paradoxon betrifft das auf der Definition eines sogenannten *zerrütteten* Prädikats beruhende und mit „grot" bezeichnete Kunstwort. Ein Gegenstand heißt „grot", wenn er bis zum gegenwärtigen Zeitpunkt t_0 geprüft und als grün befunden wurde, oder wenn er noch nicht untersucht wurde und rot ist. Die Feststellung, daß alle bislang beobachteten Smaragde grün waren, bestätigt sowohl die Hypothese „Smaragde sind grün" als auch die Hypothese „Smaragde sind grot". Da diese beiden Aussagen miteinander unverträglich sind, versagt mithin bei zerrütteten Prädikaten die gewöhnliche Induktion. Daß sich aber auch statistische Analogien zu den von *N. Goodman* ersonnenen paradoxen strikten Allaussagen konstruieren lassen, zeigt das Beispiel eines von *Stegmüller* (o.Fußn.104), S.844f., erdachten zerrütteten Prädikats. Im Ganzen bleibt aber noch die bis heute ungeklärte Frage, woran man zerrüttete Prädikate erkennen kann.

[159] *Stegmüller* (o.Fußn.104), S.846f.

[160] Es wird hinreichen, diese beiden logischen Implikationsfälle einzubeziehen.

[161] Logisch-äquivalent werden zwei aussagenlogische Formeln dann genannt, wenn sie bei jeder Interpretation ihrer Satzbuchstaben über denselben Wahrheitswert verfügen.

Die verbesserte Regel der maximalen Bestimmtheit wird erneut anknüpfen an ein elementares Schema von der Form

$$\frac{\begin{array}{l} p(G,F) = q \\ Fa \end{array}}{Ga\,.} \quad [\,q\,]$$

Darin wird vorgeschrieben werden, daß die Klasse A_t für jedes auf Ga bezogene maximal bestimmte Prädikat B eine Aussage $p(G,B) = r$ mit $r = q$ einschließt.

Die Prävalenz des neuen Prinzips findet ihren Ausdruck darin, daß antonym zur ursprünglichen Fassung der Regel der maximalen Bestimmtheit - wonach *nur jene* auf Ga bezogenen maximal bestimmten Prädikate den besagten Bedingungen unterworfen werden, die F logisch implizieren - nunmehr diese Beschränkung *allen* auf Ga bezogenen maximal bestimmten Prädikaten auferlegt wird[162].

Zur Ausschaltung inadäquater Erklärungsfälle muß in die Regel - wiederum mit *Stegmüller*[163] - aber noch eine weitere Zusatzbestimmung inkorporiert werden: Es sei B ein Prädikat, für das die Erfüllung wenigstens einer der beiden folgenden Voraussetzungen unerläßlich ist:

(1) B ist ein auf Ga von A_t bezogenes maximal bestimmtes Prädikat;

(2) B ist stärker als F und statistisch relevant für Ga in A_t.

Unter diesen Bedingungen bezieht A_t eine gesetzesartige elementare statistische Aussage $p(G,B) = r$ ein, wobei mit dem q in dem Schema

$$\frac{\begin{array}{l} p(G,F) = q \\ Fa \end{array}}{Ga} \quad [\,q\,]$$

Identität besteht.

Die vorgenannte Bedingung der stärkeren prädikativen Einschätzung von B in Relation zu F und dessen statistischer Relevanz für Ga in A_t mag nunmehr an einem Beispiel illustriert werden:

Es seien F_1, F_2, F_3, F_4, F_5, G logisch unabhängige Prädikate, wobei F_1 bis F_5 indizielle Gegebenheiten nach § 6 Abs. 1 UmwHG darstellen mögen. Zudem soll A_t die nachfolgenden Sätze enthalten:

[162] Vgl. *Stegmüller* (o.Fußn.104), S.847.
[163] *Stegmüller* (o.Fußn.104), S.847.

$$F_1a, F_2a, F_3a, F_4a, F_5a, Ga, p(G, F_1) = 0.95;$$

$$p(G, F_1 \wedge F_2 \wedge F_3 \wedge F_4) = 0.95\,;$$

alle fünf genannten Prädikate sowie die logischen Folgerungen der Klasse dieser Prädikate sind dann *a-Prädikate*. Es seien jedoch nur die beiden Prädikate $F_1 \wedge F_2 \wedge F_3 \wedge F_4$ und F_1 für Ga in A_t statistisch relevant; dabei sei das letztere das einzige auf Ga bezogene maximal bestimmte Prädikat. Für die Abbildung einer rational annehmbaren Erklärung im Sinne der verbesserten Regel der maximalen Bestimmtheit durch das Argument

$$\frac{\begin{array}{l} p(G,F) = q \\ Fa \end{array}}{Ga} \quad [\,q\,]$$

mit F_1 für F und $q = 0.95$ muß die - hier aufgrund der erfolgten Annahme erfüllte - Voraussetzung gegeben sein, daß in A_t der Satz $p(G, F_1 \wedge F_2 \wedge F_3 \wedge F_4) = 0.95$ eingeschlossen ist.

Geht man nun jedoch von der Unterstellung aus, es sei in A_t außerdem auch $p(G, F_1 \wedge F_2 \wedge F_3) = 0.02$ enthalten, was zumal im Kontext mit den vom Anspruchsteller nachzuweisenden Gegebenheiten gemäß § 6 Abs. 1 UmwHG durchaus denkbar ist, wenn etwa verschiedene Prozeßsachverständige hierbei zur Darstellung besagter unterschiedlicher induktiv-statistischer Systematisierungen gelangen, so gilt dies: Es bleiben wie bisher die *a-Prädikate* sowie das auf Ga bezogene maximal bestimmte Prädikat $F_1 \wedge F_2 \wedge F_3 \wedge F_4$; hinzu kommt jetzt nur das für Ga statistisch relevante Prädikat $F_1 \wedge F_2 \wedge F_3$, welches jedoch die Annahme des wiederholt genannten Schemas (auch mit den vorerwähnten F_1 für F und $q = 0.95$) als erklärendes Argument wegen der - zur Verbesserung der Regel der maximalen Bestimmtheit eingefügten - Bestimmung (2) ($F_1 \wedge F_2 \wedge F_3$ ist ebenfalls statistisch relevant für Ga in A_t) verhindert. Dieses Ergebnis findet seine Berechtigung auch durch folgende Erwägungen: Es liegt zwar die Information vor, daß a ein F_1 ist und daß eine große statistische Wahrscheinlichkeit dafür besteht, daß ein F_1 gleichzeitig ein G ist. Dies kann jedoch deswegen nicht als Erklärung auch für ein Gegebensein von Ga angesehen werden, weil ja A_t die zusätzliche Information zum Inhalt hat, daß a der schärferen Bedingung $F_1 \wedge F_2 \wedge F_3$ genügt und daß eine sehr niedrige Wahrscheinlichkeit dafür besteht, daß auch die Bedingung G durch ein dieser schärferen Bedingung entsprechendes Objekt erfüllt wird. Im Wege der Verwendung der statistischen Hypothese $p(G, F_1 \wedge F_2 \wedge F_3 \wedge F_4) = 0.95$ und durch Austausch der singulären Prämisse durch den ja gleichfalls in A_t eingeschlossenen Satz $F_1a \wedge F_2a \wedge F_3a \wedge F_4a$ zeigt sich hingegen auch nach Aufnahme des für Ga statistisch relevanten Prädikats $F_1 \wedge F_2 \wedge F_3$ in A_t eine korrekte Erklärung.

Es soll jetzt noch die ebenfalls in A_t enthaltene singuläre Prämisse F_5a betrachtet werden. Es wäre nicht auszuschließen, daß bei einer gerichtlichen Beweisaufnahme für Nachweise im Zusammenhang mit § 6 Abs. 1 UmwHG durch Sachverständigengutachten ein elementares statistisches Gesetz der Gestalt $p(G, F_5) = r$ mit $r \neq 0.95$ [164] gefunden werden könnte. Wenn dann nicht entweder ein statistisches Gesetz in Beziehung auf ein *neues* maximal bestimmtes Prädikat - welches nunmehr auch F_5 logisch implizieren müßte - entdeckt würde oder sich ein von 0.95 abweichender p-Wert für ein solches Prädikat als Bezugsprädikat ergäbe, wäre das Argument nach der Form

$$\frac{\begin{array}{l} p(G,F) = q \\ Fa \end{array}}{Ga} \quad [\,q\,]$$

erschüttert.

Aus allem ist nun jedoch zusammenfassend zu folgern, daß ein Argument besagter Gestalt genau dann als eine *relativ auf die Wissenssituation A_t rational annehmbare induktiv-statistische Erklärung* zu qualifizieren ist, wenn:

(a) A_t Prämissen wie Conclusio des Arguments einschließt;

(b) q nahe bei 1 liegt;

(c) die erste Prämisse gesetzesartig ist;

(d) die Forderung der maximalen Bestimmtheit in der verbesserten Version dieser Regel erfüllt ist[165].

IV. Likelihood-Betrachtungen

In Divergenz zu den bisherigen Überlegungen im Kontext mit induktiv-statistischen Systematisierungen, wo sich das Verknüpfungselement „*Wenn*“ in dem aufgrund von Erfahrungssätzen festgestellten Indiz bzw. der Indizkombination mit der Schlußfolgerung auf die in dem „*Dann*“-Element eingeschlossene betreffende Sachverhaltsannahme vollzieht, finden wir bei Likelihood-Erwägungen[166] - was das einzusetzende Indiz anbelangt - eine genau seitenverkehrte Struktur vor. Dort ist das festgestellte Indiz bei fortbestehendem gegliedertem Aufbau des Wenn-Dann-Gefüges allerdings in die Dann-Komponente „abgewandert“[167], während das unbekannte Ereignis in Beziehung zur Wenn-Komponente gesetzt wird[168].

[164] Also einer von 0.95 abweichenden Wahrscheinlichkeitsaussage.

[165] Vgl. zu allem Vorstehenden *Stegmüller* (o.Fußn.104), S.847 ff.

[166] Zum Denken in Likelihoods vgl. insbesondere *Stegmüller*, Probleme, Bd.I, S.853f; Bd.IV, 2.Halbb., S.6,84ff.

[167] Vgl. *Koch/Rüßmann* (o.Fußn.3), S.319.

[168] *Rüßmann*, RuP 1983, 65.

Wollte man indessen bei der Likelihood-Betrachtung - etwa zum Zwecke der Vereinfachung - lediglich eine verkürzte Fragestellung nach der Wahrscheinlichkeit des bekannten Ereignisses unter der Annahme des unbekannten Ereignisses zulassen, so wäre dies zumindest mißverständlich. Denn der beziehungslose reine Wert der Likelihood - die absolute Likelihood - ist für die Wahrscheinlichkeit des unbekannten Ereignisses irrelevant[169].

Bestimmend hierfür ist allein das Likelihood-Verhältnis[170], welches sich beim Likolihood-Vergleich[171] von miteinander rivalisierenden Hypothesen über das unbekannte Ereignis ergibt. Bei der als Likelihood bezeichneten Hypothesenbeurteilung - die freilich nicht den Axiomen der Wahrscheinlichkeitstheorie genügt[172] - werden Wahrscheinlichkeiten tatsächlich festgestellter Geschehnisse miteinander verglichen, jedoch gemessen an vorgegebenen und miteinander rivalisierenden Hypothesen. Auf der Grundlage des bekannten Beobachtungsbefundes und zurückführend auf den zur komparativen Prüfung und Auswahl der besser bestätigten von zwei möglichen Hypothesen dienenden Likelihoodvergleich wird die Regel für den statistischen Stützungsschluß eingesetzt. Mittels des Stützungsschlusses wird mithin eine Wahrscheinlichkeitsverteilung[173] anhand beobachteter Werte in der Weise vorgenommen, daß man für die unbekannten Ereignisse diejenigen Werte annimmt, bei denen die beobachteten Werte die größte Wahrscheinlichkeit[174] hätten, bei denen also das beobachtete Ergebnis am ehesten zustande kommt. Für das Stützungsverhältnis gilt, daß sich in ihm das Likelihoodverhältnis widerspiegelt[175].

1. Mathematischer Exkurs: Binomialverteilung und Maximum-Likelihood-Methode

Bei der Frage im obigen Kontext, welche statistische Hypothese am besten gestützt sei, folgt aus der notwendigen Voraussetzung voneinander bestehender Unabhängigkeit der zu betrachtenden Ereignisse, daß man es hier mit einer Binomialverteilung zu tun hat.

Zur sinndeutenden Erläuterung des auf *Jakob Bernoulli* zurückgehenden Begriffs der Binomialverteilung ist zweckmäßigerweise von der sog. *Bernoulli-Kette* auszugehen.

---

[169]Vgl. statt aller *Stegmüller*, Probleme, Bd.IV, 2.Halbb., S.95.

[170]Um ein solches bilden zu können, muß infolgedessen eine rivalisierende Alternativhypothese vorhanden sein.

[171]Bei dem Likelihood-Vergleich handelt es sich nicht um einen Vergleich von Wahrscheinlichkeiten.

[172]Bei Erfüllung der formalen Regeln der Wahrscheinlichkeitstheorie müßte bspw. die Summe der Likelihoods den Wert 1 haben.

[173]Es sei angemerkt, daß statistische Hypothesen stets Verteilungshypothesen darstellen.

[174]Es sei aber noch einmal betont, daß die Regeln für wahrscheinlichkeitsmathematische Operationen für die Likelihoodwerte nicht gelten. Dies ist im übrigen im Zusammenhang mit der hier aber nicht näher noch zu erörternden Beweismaßproblematik relevant. Eine Auseinandersetzung mit der Beweisproblematik erfolgte jedoch oben, S. 17 ff., bei der Erörterung der durch § 6 Abs. 1 UmwHG normierten Beweismaßreduzierung.

[175]Notabene ist auch noch festzustellen, daß der Stützungsschluß auch bei der Überprüfung einer unendlichen Anzahl miteinander rivalisierender statistischer Hypothesen im Hinblick auf die Frage anwendbar ist, welche der Hypothesen die am besten gestützte sei (*Stegmüller*, Probleme, Bd.IV, S.108).

Bernoulli-Kette heißt ein Zufallsversuch[176], der als n-malige Wiederholung eines Zufallsversuchs mit genau zwei Ausfällen[177] gedeutet werden kann. Hat der *Bernoulli*-Versuch die Ausfälle + („Treffer") und – („Fehlschlag") mit den Wahrscheinlichkeiten p und $1-p$, so hat die *Bernoulli-Kette* 2^n verschiedene Ausfälle, nämlich alle n-Tupel[178] aus + und – (etwa $[+, -, +, +, +, -, -, +, -, +]$ für $n = 10$). Die Ausfälle einer *Bernoulli-Kette* sind also n-Tupel, bei denen an jeder Stelle ein Treffer oder ein Fehlschlag aufgeführt ist. Ein bestimmter Ausfall hat dann die Wahrscheinlichkeit $p^k(1-p)^{n-k}$, wenn er genau k Treffer enthält[179]. Es gibt genau $\binom{n}{k}$[180] Ausfälle mit genau k Treffern[181]. Mithin gilt für die Zufallsgröße $X :=$ Anzahl der Treffer

$$P(X = k) \;=\; \binom{n}{k} p^k (1-p)^{n-k}\,. \tag{B.1}$$

Eine Zufallsgröße X mit den Werten $0, 1, 2, \ldots, n$ und dieser Wahrscheinlichkeitsverteilung heißt *binomialverteilt.* Die Verteilung nennt man Binomialverteilung mit den Parametern n und p. Zur Abkürzung schreibt man für die rechte Seite in (1) in der Regel $B(n,p;\, k)$ und spricht kurz von der $B(n,p)$-*Verteilung.*

Unter Zugrundelegung der gefundenen Formalisierung für die Binomialverteilung

$$B(n,p;\, k) \;=\; \binom{n}{k} p^k (1-p)^{n-k}$$

soll nunmehr methodisch wie folgt verfahren werden: Es soll zunächst für n der fest vorgegebene Wert aus einem festgestellten empirischen Einzeldatum (Beobachtungsbefund) gewählt werden. Nun sollen unendlich viele einfache kombinierte, statistische Prämissen darstellende Hypothesen h_p überprüft werden, wobei p alle reellen Zahlen von 0 bis 1 durchläuft; k, die Anzahl der Treffer, ist jedesmal eine *variable* Größe. Folglich ergibt sich für h_p: Die Verteilung der Chancen für eine Menge von k Treffern bei n Zufallsversuchen ist genau $B(n,p;\, k)$; es ergibt sich genau k-mal K. Aufgrund der Likelihood-Regel

---

[176] Ein *Zufallsversuch* wird durch ein Experiment beschrieben, dessen Ausfall durch die Versuchsbedingungen nicht eindeutig festgelegt ist, das also verschiedene Ausfälle zuläßt. Dabei muß die Menge Ω *der möglichen Ausfälle* (Ergebnismenge, Stichprobenraum) genau festgelegt sein. Bei einem Zufallsversuch interessiert man sich vor allem für die Wahrscheinlichkeit der Ausfälle.

[177] Zufallsversuche mit nur zwei Ausfällen (1/0 oder Treffer/Fehlschlag) heißen *Bernoulli-Versuche.* Wird ein *Bernoulli*-Versuch mit der unbekannten Trefferwahrscheinlichkeit p n-mal wiederholt, so werden k Treffer (also $n-k$ Fehlschläge) beobachtet.

[178] *Tupel* ist ein Kunstwort, das man zur Verallgemeinerung der Begriffe Paar, Tripel usw. benutzt. So ist bspw. $(a_1, a_2, a_3, a_4, a_5)$ ein Quintupel und $(a_1, a_2, \ldots, a_n)$ ein n-Tupel. Die Elemente $a_1, a_2, \ldots, a_n$ des n-Tupels $(a_1, a_2, \ldots a_n)$ nennt man seine *Koordinaten* oder auch *Komponenten.* Bei einem n-Tupel kommt es auf die Reihenfolge der Elemente an.

[179] Hierbei ist p die Trefferwahrscheinlichkeit.

[180] Dieses mathematische Zeichen n über k kennzeichnet den *Binomialkoeffizienten*: Ist N eine Menge mit genau n Elementen, so bezeichnet man mit $\binom{n}{k}$ die Anzahl der verschiedenen k-elementigen Teilmengen von N. Die Zahlen $\binom{n}{k}$ für $0 \leqq k \leqq n$ heißen Binomialkoeffizienten, weil sie als Koeffizienten im binomischen Lehrsatz auftreten.

[181] Das Ereignis „k Treffer" besteht aus allen n-Tupeln mit genau k Treffern, hat also die Wahrscheinlichkeit $\binom{n}{k} p^k (1-p)^{n-k}$ (dieser mathematische Ausdruck bezeichnet die Binomialverteilung).

für diskrete Verteilung[182] läßt sich nun aber auch im Hinblick auf diese stetige Vielfalt von kombinierten statistischen Argumenten formulieren, daß die am besten gestützte Hypothese die mit der größten Likelihood ist. Zudem ergibt das mathematische Beweisverfahren aufgrund der genannten Gleichung für die Binomialverteilung: Die Chance, daß sich bei n Zufallsexperimenten k-mal K ergibt, ist genau dann maximal, wenn $p = k/n$ ist[183]. In Entsprechung zu dem oben beschriebenen Verfahren ist zu folgern, daß die am besten gestützte statistische Hypothese über die Chance von K lautet: $W(K) = k/n$[184].

2. Die Likelihood-Regel in der praktischen Anwendung

Zunächst einmal läßt sich ersehen, daß die Konzeption des Gesetzgebers des Umwelthaftungsgesetzes - wenn sicherlich auch nur unbewußt - gerade im Hinblick auf die die Regelung von § 6 Abs. 1 UmwHG kennzeichnenden Fälle das Anwendungs-Modell der Likelihood-Regel[185] offenbar begünstigt. Denn bei den unter § 6 Abs. 1 UmwHG zu subsumierenden Fallgestaltungen dürften vermutlich vornehmlich nicht Erfahrungssätze angewendet werden können, von deren aufgrund eines festgestellten Indizes eingetroffener Wenn-Komponente auf die in der Dann-Komponente eingeschlossene zu beweisende Sachverhaltsannahme deduziert werden könnte. Vielmehr dürften aller Voraussicht nach im Kontext mit § 6 Abs. 1 UmwHG gleichsam in seitenverkehrter Weise vornehmlich nur solche indiziellen Informationen aufgrund statistischer Erfahrungssätze vorliegen, deren Aussagen man entnehmen kann, wie wahrscheinlich bei einem unbekannten Sachverhaltsmerkmal G das Vorfinden der feststehenden Indizien einerseits unter der Annahme G ($\hat{=}$ Likelihood für G) und andererseits unter der Annahme Nicht-G ($\hat{=}$ Likelihood für Nicht-G) ist[186]. Den Ausschlag für die vorzuziehende Hypothese ergibt deren bessere Vereinbarkeit mit dem bereits feststehenden Sachverhaltsresultat, weil aufgrund dieser Hypothese die Wahrscheinlichkeit für das schon feststehende Ergebnis größer ist als aufgrund der rivalisierenden Hypothese[187].

---

[182]Wahrscheinlichkeitsverteilungen, bei denen eine endliche oder höchstens abzählbare Wertemenge vorliegt, nennt man *diskret*; auch die Zufallsgröße heißt dann *diskret*. - Eine Menge M heißt *abzählbar* - genauer: *abzählbar-unendlich* -, wenn es eine *bijektive Abbildung* der Menge $I\!N$ (Menge der natürlichen Zahlen ohne Null) auf M gibt. - Der Begriff *Abbildung* bezeichnet die eindeutige Zuordnung der Elemente einer Menge A zu den Elementen einer Menge Z. Jedem Element von A muß ein Element von Z zugeordnet sein, verschiedenen Elementen von A kann aber dasselbe Element von Z zugeordnet sein. - Eine Abbildung einer mathematischen Menge ist *bijektiv*, wenn jedem Urbild nur ein Bildpunkt und umgekehrt zugeordnet ist.

[183]Umgangssprachlich bedeutet $k \mid n$ die Wahrscheinlichkeit von k unter der Bedingung n (bedingte Wahrscheinlichkeit). Im allgemeinen bezeichnet man als bedingte Wahrscheinlichkeit des Ereignisses B unter dem bedingten Ereignis A die Zahl $P(B \mid A) := \frac{P(A \cap B)}{P(A)}$, falls $P(A) \neq 0$ ist. Also ist $P(A \mid B)$ die Wahrscheinlichkeit des Ereignisses B, falls A schon eingetreten ist, d. h., daß man statt aus Ω (Menge aller möglichen Ausfälle) nur noch die Menge A als die Menge der möglichen Ausfälle zuläßt.

[184]Zu Vorstehendem vgl. *Stegmüller*, Probleme, Bd.IV, S.109.

[185]Der Ausdruck „Regel“ muß genau genommen allerdings im Sinne einer hinreichenden Bedingung dafür verstanden werden, daß eine Annahme besser begründet (bestätigt, gestützt) ist als eine andere.

[186]Solche Überlegungen mögen zwar vielleicht auf den ersten Blick - drastisch dargestellt - wie die „verkehrte Welt“ eines Schizophrenen erscheinen, sind aber logisch unangreifbar.

[187]Vgl. *Rüßmann* in: AK-ZPO, Rdnr. 10 zu § 286.

Zur Illustrierung der eben angestellten Betrachtungen mag folgendes Anwendungsbeispiel aus der Praxis dienen: Kiefern-, Eichen- und Mischbestände eines Waldbauern in der Lüneburger Heide sind größtenteils zu 35 % - 45 %, teilweise sogar aber bis zu 70 % geschädigt, wofür er im Rechtswege einen bestimmten Schadensersatzbetrag zu erstreiten versucht. Er behauptet zur Begründung seiner auf §§ 1, 6 Abs. 1 UmwHG gestützten Klage eine insoweit erlittene Eigentumsverletzung, wofür er den „Sauren Regen" verantwortlich macht. Unstreitig wird der weitere Vortrag des Klägers, etwa 10 km westlich seiner Waldungen stehe eine schon seit Jahren in Betrieb befindliche emittierende Aluminiumhütte der Beklagten, die außerdem eine Halogenkohlenwasserstoffe emittierende Anlage nur wenige Kilometer von einem seiner Kiefernwälder entfernt unterhalte. Schließlich hat der Kläger - ebenfalls unwidersprochen - auch noch das Emittieren von SO_2 durch ein gleichfalls der Beklagten gehörendes Werk mit dem Standort im Nahbereich der klägerischen Wälder vorgetragen.

Durch Sachverständigengutachten wurde folgendes festgestellt [188]:

a) die wachshaltige äußere Schutzschicht von Kiefernnadeln habe aller Wahrscheinlichkeit nach Halogenkohlenwasserstoffe absorbiert; dort würden die Halogenkohlenwasserstoffe nämlich infolge von UV-Einstrahlung hydrolisiert, wobei unter anderem Salzsäure entstehe. Durch die Salzsäure werde indessen das Chlorophyll der Nadeln zerstört, wodurch deren Funktion - die Assimilation - entfalle;

b) die Waldböden seien stark versauert und wiesen nur noch pH-Werte von 2,8 bis 3,5 auf; dies sei mit großer Wahrscheinlichkeit auf SO_2-Immissionen zurückzuführen. Hierdurch werde das Pflanzenwachstum beeinträchtigt, was durch die hierdurch verursachte Schädigung von Zellmembranen und durch reduzierte Ionenaufnahme mit der Folge verminderter Photosynthese geschehe;

c) mit dem gesunkenen pH-Wert im Wasser des Waldbodens werde auch die Löslichkeit der meisten Metalle entsprechend größer und die Bodenlösung desto toxischer. Die durch die Bodenversauerung freigesetzten Schwermetall- und Aluminium-Ionen seien Gift für die Wurzeln; in diesem Kontext wird gutachterlich ausdrücklich betont, daß über das in fast allen Waldböden zunächst in unlöslicher Form vorkommende und sich erst infolge der Versauerung auflösende Aluminium hinaus in den Waldböden des Klägers ein vermehrtes Aufkommen an Aluminium-Ionen festzustellen sei. Insbesondere durch die toxischen Aluminium-Ionen würden die Feinwurzeln dadurch zum Absterben gebracht, daß die Wurzeln diese zusammen mit anderen im Bodenwasser gelösten Stoffen aufnähmen. Hierdurch wiederum werde die Wasseraufnahme erheblich behindert, so daß Äste und Nadeln vertrocknen könnten, was durch Laborversuche nachgewiesen sei. Darüber hinaus vermindere sich durch die verringerte Wasseraufnahme auch die Photosynthese, da Voraussetzung für die

[188] Zu den chemischen und biochemischen Fragen bei Einwirkungen von Luftschadstoffen auf Waldbäume und Waldböden im Zusammenhang mit der Entschädigungsproblematik beim „Waldsterben" vgl. etwa *v. Dörnberg*, § 14 Satz 2 des Bundes-Immissionsschutzgesetzes als Staatshaftungsnorm bei emittentenfernen Waldschäden durch Immissionen (Teil 2), S.153, 156f.

Assimilation auch die Beteiligung von Wasser sei, so daß hierdurch Zuwachsverluste an den Bäumen aufträten;

d) durch die starken Säuregrade des Waldbodens werde auch die Auswaschung der leichtlöslichen Nährstoffe wie Kalium, Kalzium und Magnesium in tiefere und von den Baumwurzeln nicht mehr erreichbare Bodenhorizonte bewirkt;

e) man habe in auffallender Weise Blattschädigungen festgestellt, was wahrscheinlich auf eine Störung der Photosynthese zurückzuführen sei;

f) bei Stichprobenuntersuchungen sei eine Verknappung der Kohlenhydrate festgestellt worden, was in der Regel auf einen Rückgang der Assimilation schließen lasse. Die Sachverständigen weisen hierbei darauf hin, daß sich aus den primär gebildeten Kohlenhydraten sämtliche für den Lebensprozeß der Bäume notwendigen Bau- und Betriebsstoffe ableiteten, wobei der Aufbau von Kohlenhydraten aus Kohlendioxyd und Wasser aber in den grünen Pflanzenteilen erfolge.

Nach Vorlage des Sachverständigengutachtens wendet die Beklagte unwidersprochen ein, es sei schon vor 8 Jahren in unmittelbarer Nachbarschaft zum Waldbesitz des Klägers ein Tiefbrunnen zur Trinkwassergewinnung für die Stadt Hamburg niedergebracht und errichtet worden. Dadurch sei - wie der Kläger selbst habe verlautbaren lassen - auf seinem Grundbesitz der Grundwasserspiegel teilweise bis zu 1 1/2 Metern abgesunken; dies sei der einzige Grund für die Waldschäden des Klägers, zumal es in den letzten 7 bis 8 Jahren wiederholt extrem trockene Sommer in Norddeutschland gegeben habe.

In Anwendung der Likelihood-Regel[189] hat das erkennende Gericht bei der Beweiswürdigung die Hypothese A (Waldschäden infolge toxischer Immissionen) gegen die Hypothese B (Waldschäden infolge Grundwasserabsenkung bei niederschlagsarmen Sommern) im Sinne der dahingehenden Prüfung gegeneinander abzuwägen, welche Hypothese das feststehende Resultat des „Waldsterbens“ als wahrscheinlicher besser stützt[190].

3. Denken in Likelihoods und Theorem von Bayes

Im Sinne einer generellen Anwendung und schablonisierend läßt sich das Theorem von *Bayes* in der Weise kennzeichnen, daß dieses *bedingte* Wahrscheinlichkeiten - zum einen relativ zu einem früheren empirischen Befund (Apriori-Wahrscheinlichkeit) und zum anderen relativ zu der um ein neues Beobachtungsergebnis verbreiterten empirischen Feststellung (Aposteriori-Wahrscheinlichkeit) - zueinander in Beziehung setzt[191]. Das

[189]Wozu man allerdings nur gelangt, wenn man - was hier geschehen soll - von der Möglichkeit additiven, kummulativen oder synergistischen Zusammenwirkens der von beiden Parteien behaupteten Kausalgründe absieht.

[190]Zuzugestehen ist, daß man bei diesem Beispielfall zu diesem Ergebnis wohl auch schon aufgrund intuitiver Überlegungen gelangen würde. Dies aber auch mit anderen Worten: Wenn solche Betrachtungen angestellt werden, wird meistens nicht erkannt, in Likelihoods gedacht zu haben.

[191]Es wird die Aposteriori-Wahrscheinlichkeit zur Apriori-Wahrscheinlichkeit in Beziehung gesetzt.

*Bayes*sche Modell macht also *bedingte* Wahrscheinlichkeitsaussagen über miteinander um den Vorrang wetteifernde statistische Hypothesen. Dieserhalb kann es nicht überraschen, daß die mathematische Ableitung des Theorems von *Bayes* in einem ersten Schritt nach der Wahrscheinlichkeit eines Ereignisses G unter der Bedingung fragt, daß das Ereignis F eingetroffen ist:

$$p(G,F).$$

Die Beantwortung der Frage ergibt sich aus der Rückschau auf die bereits erwähnte Formel für die bedingte Wahrscheinlichkeit:

$$P(B \mid A) := \frac{P(A \cap B)}{P(A)}.$$

Übertragen auf die Symbole F und G ist definitionsgemäß gleich mit der Wahrscheinlichkeit für G unter der Bedingung [192]:

$$\begin{aligned} F &:= \frac{p(G \cap F)}{p(F)}; \\ \text{also:} \quad p(G,F) &= \frac{p(G \cap F)}{p(F)}. \end{aligned} \tag{B.2}$$

In einem nächsten Schritt bringen wir den Multiplikationssatz zum Einsatz, wonach

$$P(A \cap B) = P(A)\,P(B \mid A)$$

gilt, wenn A, B Ereignisse in einem Zufallsversuch sind. Die rechte Seite dieser häufig zur Definition der bedingten Wahrscheinlichkeit dienenden Formel setzen wir nun statt $p(G \cap F)$ in den Zähler des Quotienten von (B.2) ein und erhalten

$$p(G,F) = \frac{p(G) \cdot p(F,G)}{p(F)}. \tag{B.3}$$

Ferner stimmt die im Nenner des Quotienten für F angegebene Wahrscheinlichkeit überein mit der Summe aus den Wahrscheinlichkeiten, daß F und G zusammen verwirklicht sind und daß F und nicht-G zusammen verwirklicht sind:

$$p(F) = p(F \cap G) + p(F \cap \neg G). \tag{B.4}$$

Dies verdeutlicht man sich durch die mengentheoretische Überlegung, daß die Menge der F mit der Vereinigungsmenge aus den Durchschnitten $(F \cap G)$ und $(F \cap \neg G)$ übereinstimmt: $F = (F \cap G) \cup (F \cap \neg G)$. Macht man nun bei (B.4) hinsichtlich jedem

[192] $p(G,F)$; üblicherweise wird - wenn vielleicht auch etwas irritierend - für den Ausruck einer statistischen Wenn-Dann-Verbindung die Dann-Komponente vor die Wenn-Komponente geschrieben.

der rechts vom Gleichheitszeichen stehenden und durch das Additionszeichen voneinander getrennten Mengenbereiche von dem Multiplikationssatz Gebrauch, so ergibt sich $p(F) = p(G) \cdot p(F,G) + p(\neg G) \cdot p(F,\neg G)$[193]. Stellt man dies in den Nenner von (3) ein, erhält man die Formel für das *Bayes*theorem

$$p(G,F) = \frac{p(G) \cdot p(F,G)}{p(G) \cdot p(F,G) + p(\neg G) \cdot p(F,\neg G)}. \tag{B.5}$$

a.) Grundlagen zur Apriori-Wahrscheinlichkeit

Die Möglichkeit einer mathematisch präzisen Wahrscheinlichkeitsangabe für das gesuchte Merkmal G in Anwendung des *Bayes*schen Theorems ist heuristisch und prinzipiell nur dann gegeben, wenn nicht nur der in diesem Lehrsatz auf der rechten Seite gebrauchte Likelihoodfaktor eingesetzt, sondern auch die nach der Apriori-Wahrscheinlichkeit oder Ausgangswahrscheinlichkeit zu stellende Frage beantwortet wird. Bezeichnenderweise betonen Rechtsprechung[194] und Literatur[195], daß das Rechenergebnis bei Anwendung des Lehrsatzes von *Bayes* wertlos und daher unbrauchbar bleiben müsse, wenn dieses Resultat auf einem willkürlichen und damit unfundierten Apriori-Ansatz aufbaut[196].

Ein aus diesem Dilemma herausführender Weg kann nur dann gewiesen werden, wenn und soweit es gelingt, bei der Verwendung des Theorems die Apriori-Meinung an Bedeutung verlieren zu lassen. Der Königsweg eröffnet sich - gerade auch in methodischer Hinsicht - allein durch Stärkung des im Lehrsatz von *Bayes* gebrauchten und alle Informationen aus dem empirischen Befund enthaltenden Likelihoodfaktors. Indem und soweit die Bedeutung dieses Faktors mit zunehmenden Beobachtungen wächst, um soviel geringer sind die an Gewicht und Überzeugungskraft gemessenen, voneinander divergierenden Apriori-Vorstellungen[197]. Dieses Ergebnis ist auch intuitiv einleuchtend; denn je mehr Informationen wir zu F gesammelt haben, desto weniger kann es auf eine ohne

[193] Vgl. zum Vorstehenden statt aller *Koch/Rüßmann* (o.Fußn.3), S.319f.

[194] *BGH*, ZZP, 103. Bd. (1990), S.62,65.

[195] Vgl. etwa *Stegmüller*, Probleme, Bd.IV, S.123.

[196] Das Problem der Ausgangswahrscheinlichkeit bspw. beim biostatischen Vaterschaftsbeweis durch Erstellung serologischer Abstammungsgutachten nach dem Verfahren von *Essen* und *Müller* ist - im Wege von Richtlinien des Bundesgesundheitsamtes für die Erstattung von Blutgruppengutachten (wo übrigens q vom „Likelihood-Quotienten" gesprochen wird) - durch Regelung der Ursprungswahrscheinlichkeit als Gleichwahrscheinlichkeit von 0.5 für Vaterschaft und Nichtvaterschaft zu lösen versucht worden. Der *BGH* (o.Fußn. 194) sieht hier einen von ihm anerkannten, aber nicht verallgemeinerungsfähigen Sonderfall des Gebrauchs des Theorems von *Bayes*. - Vgl. hierzu auch *Palandt/Diederichsen*, Bürgerliches Gesetzbuch, 61. Aufl., Einführung vor § 1591 BGB, Rdnr. 11.

[197] *Stegmüller*, Probleme, Bd. IV, S. 124. Zur besseren Illustration soll mit *Stegmüller* angenommen werden, die Oberhypothese des statistischen Datums bedeute das Vorhandensein einer stetigen Verteilung gemäß der Wahrscheinlichkeitsfunktion und Wahrscheinlichkeitsdichte einer Normalverteilung mit gegebener kleiner Varianz σ^2. (Die Varianz ist ein Maß für die Abweichung einer Zufallsgröße von ihrem Erwartungswert. Sie ist also ein statistisches Streuungsmaß. Die Bedeutung der Varianz erkennt man bspw. beim Arbeiten mit der Normalverteilung. Die Normalverteilung ist eine stetige Wahrscheinlichkeitsverteilung. Normalverteilt wird eine Zufallsgröße X genannt, wenn die Funktion ihrer

Berücksichtigung und unabhängig von F erfolgende Schätzung des fraglichen Ereignisses ankommen.

Die Ansicht von *Koch* und *Rüßmann*[198], es dürften in die Schätzung zur Erzielung der Ursprungswahrscheinlichkeit keine Vorstellungen über F oder mit F zusammenhängende Daten eingehen, ist zwar richtig und steht damit im Gegensatz zur Auffassung von *Bender* und *Nack*[199], die mit jedem neuen Informationsgewinn auch jeweils neue Ausgangswahrscheinlichkeiten begründen wollen[200]. Damit kann es aber nicht sein Bewenden haben; außerdem erscheint die Befürchtung von *Koch* und *Rüßmann*[201] „einer Übergewichtung der Information von F" zweifelhaft. Denn wie zu rekapitulieren ist, schlägt sich die Zunahme der Information von F nur in einer Verstärkung des Likelihoodfaktors nieder. Indessen ist aber auch darauf zu verweisen, daß selbst unter der Annahme nicht eingetretener Erfüllung der Voraussetzungen für eine korrekte Anwendung des Lehrsatzes von *Bayes* dessen ungeachtet doch der Bedeutung der Likelihoodfunktion durch Vollziehung des Likelihood-Schlusses Rechnung getragen werden kann[202].

b.) Theorie von Bender und Nack der sich progressiv verstärkenden Ausgangswahrscheinlichkeit

Für die Anwendung in der Praxis empfehlen *Bender* und *Nack*[203] unter Bezugnahme auf

---

Wahrscheinlichkeitsdichte oder Wahrscheinlichkeitsverteilung sich mit Hilfe der für die Normalverteilung charakteristischen *Gaußschen Glockenkurve* graphisch darstellen läßt. Allerdings kann die Häufigkeit eines Merkmals bei einer statistischen Erhebung nie genau normalverteilt sein, da sie nur endlich viele Werte enthält. Dennoch wird ein Merkmal bzw. eine Zufallsgröße auch dann normalverteilt genannt, wenn die Wahrscheinlichkeitsverteilung hinreichend gut mit einer Normalverteilung übereinstimmt. In der Regel ist die Näherung um so deutlicher, je größer die Anzahl der Zufallsversuche ist; die Summe von genügend vielen unabhängigen Zufallsgrößen ist also näherungsweise normalverteilt. Dies erklärt das häufige Auftreten der Normalverteilung in der Natur; denn viele Größen [Gewicht, Körpergröße usw.] werden durch die Überlagerung vieler unabhängiger Einflüsse - Zufallsgrößen - bestimmt. Auch viele in der Natur vorkommenden Zufallsgrößen [Länge von Fichtennadeln, Größe von Blättern, Lebensdauer von Eintagsfliegen] sind normalverteilt). Verwirklicht wird die tendierte Veranschaulichung nun in erster Linie dadurch, daß man eine relativ steile *Gaußsche Glockenkurve* erhält. Damit wird ausgedrückt, daß die Spitze der Likelihoodfunktion um den maximalen Likelihoodwert mit zunehmenden empirischen Beobachtungen immer schärfer wird. (Der mathematische Grund hierfür ergibt sich daraus, daß es beim Vorliegen mehrerer Meßwerte zu einer Multiplikation in der Formel für die Likelihoodfunktion kommt. Hierdurch erhöhen sich die Werte über 1 allmählich, indem sich dadurch die Werte unterhalb von 1 noch reduzieren). Durch die auf der rechten Seite des *Bayes*schen Lehrsatzes festgelegte Multiplikation werden alle Wahrscheinlichkeiten außerhalb eines Bereichs innerhalb der Glockenkurve fast auf Null herabgemindert, weil die Glockenkurve dort bereits ganz flach verläuft. Die Abweichungen in der Bewertung der Anfangswahrscheinlichkeit müssen also nur in dem besagten kleinen Bereich beachtet werden; ihre Bedeutung schwindet aber infolge des immer mächtiger werdenden Likelihoodfaktors zusehends dahin.

[198] *Koch/Rüßmann* (o.Fußn.3), S.320.

[199] *Bender/Nack* (o. Fußn. 2) S.190ff.

[200] Auf die jeweils „neue Ausgangswahrscheinlichkeit" wollen *Bender* und *Nack* weitere Indizien oder Indizkombinationen „aufsetzen".

[201] *Koch/Rüßmann* (o.Fußn.3), S.320.

[202] *Stegmüller*, Probleme, Bd.IV, S.127.

[203] *Bender/Nack* (o.Fußn. 2), Rdnr. 434ff.

das Theorem von *Bayes*, nicht von der „eigentlichen Anfangswahrscheinlichkeit" und damit „von nahe null auszugehen", sondern von einer „ins Gewicht fallenden Ausgangswahrscheinlichkeit", auf die man dann weitere Indizien oder Indizkombinationen „aufsetzen" können soll. Die auf diesem Wege gewonnene „neue Aposteriori-Wahrscheinlichkeit" soll dann wiederum als „neue Ausgangswahrscheinlichkeit" und damit als Grundlage für hierauf „aufzusetzende" weitere Indizien oder Indizkombinationen dienen[204]. *Bender* und *Nack* gelangen schließlich durch „Aufsetzen" weiterer Indizkombinationen zur „Gesamtendwahrscheinlichkeit". Diese Theorie ist daraufhin zu untersuchen, ob sie deckungsgleich mit der von *Gauß* beschriebenen und durch die *Gauß*sche Glockenkurve graphisch darstellbaren mathematischen Wahrscheinlichkeitsfunktion der Normalverteilung zufälliger Fehler ist[205].

Augenscheinlich ist zunächst, daß *Bender*, *Nack* und *Rüßmann* übersehen, daß - wie bereits ausgeführt - nun einmal den Abweichungen in der Bewertung der Ursprungswahrscheinlichkeit nur Bedeutung in dem kleinen Sektor außerhalb eines Bereichs innerhalb der *Gauß*schen Glockenkurve zukommt, diese Bedeutung aber mit zunehmenden Informationen aufgrund neuer Indizien und dem damit einhergehenden immer mächtiger werdenden Likelihoodfaktor[206] mehr und mehr herabgemindert wird. Werden etwa im Laufe eines Zivilprozesses (bspw. durch Sachverständigengutachten) immer neue Indizien festgestellt - die allerdings voneinander unabhängig sein müssen, was jedoch bei einer Anspruchstellung nach §§ 1, 6 Abs. 1 UmwHG nicht immer gegeben sein dürfte -, so sind nicht stets neue Ausgangswahrscheinlichkeiten zu bilden, sondern es ist schließlich allein auf den Likelihoodfaktor abzuheben, was auch das Ergebnis intuitiver Plausibilitätskontrolle sein dürfte.

[204]Dieser Auffassung ist *Rüßmann* in RuP 1983, 62, 66 beigetreten.

[205]Vgl. hierzu oben Fußn. 197.

[206]*Bender, Nack* und *Rüßmann* bezeichnen diesen als Likelihoodquotienten.

5. KAPITEL

Das immerwährende Methodenproblem der Rechtsfindung

A. Rechtsphilosophische und rechtstheoretische Implikationen bei der Anwendung von § 6 Abs. 1 UmwHG

I. Begriff und Leitprogramme richterlicher Rechtsfindung

Für den Rechtsfindungsprozeß im gerichtlichen Urteilsverfahren ist kennzeichnend die Konzipierung einer Einzelfallentscheidung auf der Grundlage des geltenden Rechts, das mit dem festgestellten Sachverhalt in Einklang zu bringen ist. Dabei dürfte mittlerweile methodologisch und weitgehend auch in der Praxis Übereinstimmung darin bestehen, daß - wenn auch mit unterschiedlicher Argumentation - der operationale Einsatz des Subsumtionsmodells nicht hinreichend ist. Die dieserhalb von verschiedenen Rechtstheorien vertretenen und als unerläßlich postulierten Rechtsfindungsmethoden lassen sich in die drei Gruppen der Deduktions-, Wertungs- und Dialogmodelle einteilen.

Bei der nunmehr vorzunehmenden Eignungsprüfung dieser Modelle im Hinblick auf ihre Verwendbarkeit bei der Rechtsfindung ist auch zu klären, welches Verfahren dem seit *Engischs*[1] rechtstheoretischen Untersuchungen zum scheinbar unangreifbaren Methodenwissen zählenden Sinnbild des „ständigen Hin- und Herwanderns des Blickes zwischen tatsächlichem und möglichem Sachverhalt und Gesetzesnorm“[2] (sog. hermeneutischer Zirkel)[3] bzw. der Metapher der „Anpassung“ oder „Angleichung“ des „Gesetzes an die

[1] *Engisch*, Logische Studien zur Gesetzesanwendung, 3. Aufl. 1963, S.314f.

[2] Siehe bspw. auch neuestens *Arthur Kaufmann*, Über Gerechtigkeit, S.191; ebenso bereits *ders.*, Analogie, S.42.

[3] In der hermeneutischen Tradition wird unter diesem Begriff eine Vielzahl verschiedener Probleme subsumiert. Wie sich durch neuere wissenschaftstheoretische Forschung (etwa durch *Wolfgang Stegmüller*) erwiesen hat, handelt es sich bei keinem dieser Probleme tatsächlich um einen echten Zirkel.

Wirklichkeit"[4] als für die Rechtsfindung entscheidende Methodenfrage wissenschaftstheoretisch genau entspricht. - Zudem wird die weitere Untersuchung zu beachten haben, daß ein notwendigerweise an der Praxis auszurichtendes Rechtsfindungsmodell nicht einseitig an wissenschaftstheoretischen Konzeptionen orientiert sein darf. - Schließlich stellt sich die Frage, ob es überhaupt eine einzige Rechtsfindungsmethode bei der Anwendung jeglicher Gesetze und für alle Einzelfälle gibt.

II. Deduktive Methode der Rechtsfindung

Es sei die Frage vorangestellt, ob der Versuch der Rechtsfindung im Deduktionsmodell namentlich bei § 6 Abs. 1 UmwHG zu einer „Letztbegründung"[5] führen könne.

Bekanntermaßen erfolgt die „schlichte Rechtsanwendung" der „Subsumtion" durch „richterlichen Syllogismus" im deduktiven Verfahren. Durch das Gesetz bzw. das anzuwendende Recht werden die Prämissen gebildet, von denen auf die Rechtsfolge geschlossen wird. Freilich ging bereits *Engisch*[6] davon aus, daß das - schon von ihm abgelehnte, da hinsichtlich seiner idealistischen Zielsetzung nicht erreichbare[7] - deduktive Begründungsmodell in seiner Erscheinungsform axiomatisch sei.

Dessen eingedenk, daß - in den Worten *Engischs* - „das Ideal der axiomatisch-deduktiven Methode in der Jurisprudenz nicht verwirklicht werden kann", haben *Koch* und *Rüßmann*[8] in ihrer „Juristischen Begründungslehre" versucht, eine zwar nicht axiomatische, aber dennoch deduktive Methodenlehre der Rechtsfindung zu begründen. Ihre These basiert auf der syllogistischen - also deduktiven - Konstruktion des Subsumtionsmodells, an der sie somit festhält, und baut dieses mit Hilfe der Normenlogik[9] im Sinne einer logischen

Die Problemhaftigkeit des echten Zirkelschlusses ergibt sich hier also erst gar nicht; so ist die besondere Herausstellung der Zirkelhaftigkeit beim Erkenntnisprozeß durch *Arthur Kaufmann* (in: Über Gerechtigkeit, S. 262, 323, und in: Jura 1992, S.304) nicht recht verständlich, weil das zu Beweisende in der Voraussetzung nicht enthalten ist.

[4]Vgl. *Arthur Kaufmann*, Über Gerechtigkeit, S.288.

[5]„Letztbegründung" steht als Bezeichnung für einen besonderen Typ von Begründung (im Sinne einer rationalen Argumentation, bei der Übereinstimmung hinsichtlich ihrer Geltung erzielt wird), der besonders in der Wissenschaftstheorie eine Rolle spielt. Eine Behauptung heißt letztbegründet, wenn für sie eine Begründung angegeben wurde, wonach die Forderung nach einer weiteren Begründung nicht mehr sinnvoll erhoben werden kann. Dabei darf es sich aber nicht um eine theoretische Begründung handeln, da man eine solche stets hinterfragen kann. Zur Letztbegründung im Kontext mit der ökonomischen Analyse vgl. unten S. 174 ff.

[6]In: Studium Generale, 10. Jahrgang (1957), S.173ff.

[7]*Engisch* (o.Fußn.1) verweist darauf, daß ein Rechtssystem analog dem streng „axiomatischen" System der Mathematik zuvörderst eine geschlossene Zahl miteinander logisch verträglicher, jeweils „letzter Axiome" zur Voraussetzung habe. Nur auf der Grundlage solcher Axiome als Prämissen könnten „Letztbegründungen" - die dann indessen allerdings auch größtmögliche Rechtssicherheit garantieren würden - deduziert werden. Es ist aber nahezu *locus communis*, daß die Rechtsanwendung grundsätzlich eben nicht in der Deduktion ihr Genügen hat.

[8]*Koch/Rüßmann*, Juristische Begründungslehre, S.31 ff. Vgl. hierzu auch *Robert Weimar* in: *Jakob/Usteri/Weimar* (Hrsg.), Psyche-Recht-Gesellschaft, Bern/München 1995, S. 174.

[9]Die Normenlogik befaßt sich mit der logischen *Analyse* von Normen, soweit diese als beurteilende,

Zergliederung staatlicher Gesetzesnormen[10] aus[11].

Als hilfreich und angebracht dürfte nun diese Zwischenbemerkung erscheinen: Um Mißverständnissen im Hinblick auf die methodologische Einordnung der im 4. Kapitel dieser Arbeit betrachteten Anwendung der modernen formalen Logik vorzubeugen und um möglicherweise noch deutlicher den rechtstheoretischen Standort des *Koch* und *Rüßmann*schen Gedankenentwurfs bestimmen zu können, ist aus wissenschaftstheoretischer Sicht Folgendes streng voneinander zu trennen:

Das Verfahren, bei dem Erkenntnisse hinsichtlich der Zergliederung der als ein Ganzes zu sehenden logischen Beziehungen in elementare Bestandteile bei deduktiven Schlußketten bspw. infolge der von *Koch* und *Rüßmann* praktizierten Normenlogik[12] gewonnen werden, ist analytisch[13]. Ausgangspunkt für das analytische Verfahren solcher deduktiv-logischen Beziehungen ist der *Tatbestand* der Rechtsnorm. Demgegenüber wird bei den oben im 4. Kapitel aufgeführten und die Gegebenheiten nach § 6 Abs. 1 UmwHG ausfüllenden Erfahrungssätzen als Prämissen für induktiv-statistische Systematisierungen der zur richterlichen Überzeugung festzustellende *Sachverhalt* angesprochen, der sich aber nicht aufgrund analytischer, sondern vermittels *synthetischer* Schlußfolgerung ergibt. Voraussetzung für das Vorliegen synthetischer Urteile ist, daß deren Wahrheit nicht ausschließlich aus rein sprachlichen Gründen feststeht (im Gegensatz zu analytischen Schlüssen). Synthetische Sätze sind hinsichtlich ihres Wahrheitsgehaltes grundsätzlich vom Zustand der Welt abhängig. Um diesen aber erkennen zu können, bedarf es der *Anschauung*[14] und darauf aufbauend der Erfahrung, mithin also des Wissens um Tatsachen. Alle empirischen Wissenschaften - wie die Naturwissenschaften - enthalten synthetische Aussagen.

Zur vorgelegten weiteren vergleichenden Betrachtung gehört nun auch die Untersuchung der Frage, ob und ggf. welche der beiden angeführten Konzeptionen logischen Schließens zur Erkenntniserweiterung führt. Im Wege der deduktiven Methode, mit deren betreffender Erörterung begonnen werden soll, werden aus als wahr akzeptierten Sätzen durch logisches Schließen neue Aussagen gewonnen. Damit ist jedoch kein neues Wissen ent-

kontrollierende, steuernde oder vorschreibende Verhaltensregeln zu bezeichnen sind; vgl. hierzu etwa *Hans Lenk* (Hrsg.), Normenlogik, Pullach 1974.

[10]So bspw. auch *Robert Alexy*, Theorie der juristischen Argumentation, 2. Aufl. 1991, S. 276 ff. und *ders.*, Forschungsbericht Juristische Argumentationstheorie, Ergebnisse des von der Deutschen Forschungsgemeinschaft finanzierten Forschungsprojekts, Frankfurt/Main 1978.

[11]*Koch/Rüßmann* (o. Fußn. 8), S. 31 ff.

[12]Insbesondere am Beispiel des § 17 BImSchG.

[13]Zwar vielleicht einprägsam, nicht aber ganz zutreffend ist in diesem Kontext die Sentenz *Arthur Kaufmanns* (in: Über Gerechtigkeit, S. 285, 495/496; Jura 1992, 303), der deduktive *Schluß* sei *analytisch*, weil der wissenschaftstheoretische Begriff des *analytischen Schlusses* bereits schon mit einem anderen Inhalt besetzt ist: Werden nur *sprachliche Konventionen* wie Prädikatorenregeln und Definitionen gebraucht, um die Wahrheit der Konklusion sicherzustellen, so spricht man von einem *analytischen Schluß*; z. B.: Von „K. Müller ist eine erwachsene Frau" und „K. Müller ist unverheiratet" kann man auf „K. Müller ist eine Junggesellin" schließen.

[14]*Anschauung* gehört zu den vieldeutigsten, aber auch wichtigsten Termini der Philosophie. Anschauung stellt ihren Gegenstand als unvermitteltes, gegenwärtiges Ganzes dar (im Gegensatz zum Begriff) und bildet damit eine wichtige Quelle der Erkenntnis.

standen, da ja alles Wissen bereits in den Axiomen bzw. in den akzeptierten Sätzen enthalten ist. Damit erweist sich die Deduktion also als nicht erkenntniserweiternd. Ihr wird daher die induktive Methode, die durch (unvollständige) Induktion von einzelnen zu allgemeinen Aussagen führt, gegenübergestellt.

Grundvoraussetzung und Grundprinzip aller Induktion ist der „Satz von der Gleichförmigkeit des Naturlaufs", also die Annahme, daß es in der Natur parallele Fälle gibt; daß das, was einmal geschieht, unter den gleichen Verhältnissen stets wieder geschehen wird. Folglich gilt das Kausalgesetz - das gerade auch bei der *Sachverhaltsfeststellung* nach § 6 Abs. 1 UmwHG von wesentlicher Bedeutung ist - als Grundaxiom der Induktion. Beobachtung und Experiment sind die beiden Hauptbestandteile der induktiven Methode. Aus Beobachtung und Experiment bildet sich Erfahrung. Da folglich die vor allem in den Erfahrungswissenschaften angewendeten und vom Bekannten zum Unbekannten führenden induktiven Argumente sich als eine ein allgemeines Gesetz ableitende Erfahrung darstellt, wobei der Gehalt der Konklusionen dieses Schlußverfahrens weit über den Gehalt ihrer Prämissen hinausgeht[15], erweist sich die induktive Methode - demnach im Gegensatz zum Deduktionsmodell - als erkennntniserweiternd.

Auf der Grundlage der vorgehend entwickelten wissenschaftstheoretischen und methodologischen Auffassungen und in Bezug auf die für die Anwendung von § 6 Abs. 1 UmwHG erforderliche Sachverhaltsfeststellung, insbesondere aufgrund von Erfahrungssätzen, sollen sich nunmehr die folgenden Gedanken anschließen:

Indem *Koch* und *Rüßmann* - wie oben ausgeführt - die traditionelle Konzeption der Syllogistik mit den Mitteln der modernen Aussagen-, Prädikaten- und deontischen Logik[16] ausgebaut haben, ändert sich dennoch an der Grundstruktur des deduktiven Modells nichts. Dies hat zum einen zur Folge, daß der lediglich analytische Charakter und die fehlende Erkenntniserweiterung des Schließens im Deduktionsmodell erhalten geblieben sind. Zudem ist auch das von *Koch* und *Rüßmann* entwickelte Deduktionsmodell mit der für das Subsumtionsmodell unvermeidlichen und unabdingbaren „Kluft" zwischen abstraktem Tatbestand und konkretem Sachverhalt behaftet[17]. Diese Kluft versuchen *Koch* und *Rüßmann* durch „semantische Interpretationen gesetzlicher Normformulierungen"[18] zu überwinden, was im Grunde aber die Rezeption der analytischen Sprachphilosophie bedeutet, womit von vornherein der Weg für hermeneutische Argumentationsstrategien versperrt wird.

Im besagten Kontext ist voranzustellen, daß es überhaupt nur zwei Wege zur Beantwortung von Fragen gibt, nämlich die Methoden der empirischen Wissenschaften und

---

[15]Vgl. *Salmon*, Logik, passim.

[16]Wenn *Arthur Kaufmann* (in: Jura 1992, 303) *Koch* und *Rüßmann* in der Weise zitiert, „die Wissenschaft müsse auf das deduktive Schließen, auf den Syllogismus und damit auch auf die Aussagenlogik beschränkt werden", so werden diese Worte wegen der nicht auch dort angeführten Prädikaten- und deontischen Logik nicht vollständig wiedergegeben.

[17]Vgl. *Koch/Rüßmann* (o.Fußn.8), S.24ff., 49f., 68ff. und passim.

[18]*Koch/Rüßmann* (o.Fußn.8), S.126ff.

die Sprachanalyse[19]. Die Sätze, die auf die erste Art gewonnen werden, sind synthetisch und empirisch, die anderen a priori und analytisch. Damit wird der von *Koch* und *Rüßmann* schon in Anwendung des von ihnen vertretenen normenlogischen Deduktionsmodells hervorgerufene analytische Charakter der Rechtsfindung durch die „semantischen Interpretationen gesetzlicher Normformulierungen" noch zusätzlich verstärkt.

Arthur Kaufmann[20] hat in der beständigen Auseinandersetzung zwischen der rechtspositivistischen analytischen Rechtstheorie und der Hermeneutik Position bezogen und davor gewarnt, daß die formale Logik Gefahr laufe, „das Recht in einem ‚axiomatischen' System abzuschließen und es für das strömende Leben unzugänglich zu machen" . Vom gegensätzlichen methodischen Standort aus würde man demgegenüber wohl auf einen höheren Grad an Erwartungssicherheit des Rechts infolge der Übernahme der normenlogischen[21] deduktiven Konzeption verweisen. Auch dürfte aus dieser Sicht die Rezeption der Erkenntnisse der modernen formalen Logik im Hinblick auf die Gesetzesfunktion zu einer Erhöhung der richterlichen Normbindung im Verhältnis und gegenüber einer Beschneidung der allerdings nie völlig auszuschließenden rechtsschöpferischen Rolle des zur Rechtsfindung Autorisierten führen. Für solche als Ergebnis wissenschaftstheoretischer Überlegungen gewonnenen prozeßrechtlichen Auffassungen könnte allerdings überhaupt nur dann Raum sein, wenn bei der Kodifizierung der jeweiligen Norm auch die entsprechende inhaltliche Gesetzgebungstechnik angewandt worden ist.

Bei § 6 Abs. 1 UmwHG jedenfalls kann das erklärte Ziel, durch Formalisierung der Gesetze den Syllogismus zu präzisieren und diesen gleichsam von der Ungenauigkeit des juristischen Alltags zu befreien, nicht erreicht werden. Schon am Beispiel der von *Koch* und *Rüßmann* realisierten Formalisierung von § 17 BImSchG wird deutlich, daß eine etwaige Gesetzespräzisierung mit einem erheblichen Aufwand an diffiziler philosophisch-mathematischer Gedankenarbeit erkauft werden muß, wobei auch noch das Risiko der Vornahme fehlerhafter Formalisierungen wohl oft nicht ausgeschlossen werden kann. Die Grenzlinie, jenseits der Tatbestandsmerkmale einer Formalisierung nicht mehr zugänglich sind, ist dann erreicht, wenn die Gesetzesnorm - jedenfalls auch - „verdeckte" Tatbestandsmerkmale enthält, die erkennbar dem Rechtsanwender in besonderem Maße einen rechtsschöpferischen Wirkungsbereich eröffnen sollen. Ein solches verdecktes Tatbestandsmerkmal wird durch den Ausdruck „alle(n) sonstigen Gegebenheiten, die im Einzelfall für oder gegen die Schadensverursachung sprechen" in § 6 Abs. 1 UmwHG figuriert.

[19] Kennzeichnend für alle Formen der analytischen Philosophie ist die Auffassung, daß philosophische Probleme durch Analyse ihrer sprachlichen Darstellungen geklärt werden können.

[20] *Arthur Kaufmann*, Über Gerechtigkeit, S.18.

[21] Um eine nutzbringende Anwendung der Normenlogik und der Semiotik in der Rechtswissenschaft haben sich außer den bereits Genannten auch insbesondere *Ota Weinberger*, *Herberger* und *Simon* und *Rödig* bemüht.

Der eben genannte Ausdruck in § 6 Abs. 1 UmwHG ist aber nicht das einzige Indiz dafür, daß im Sinne der gesetzgeberischen Intention eines möglichst effektiven Rechtsschutzes dem erkennenden Richter zwar keine dezisionistischen Freiheiten gegeben sind, diesem dennoch aber dem Gesetzeszweck entsprechend ein gewisser rechtsgestaltender Freiraum nicht versagt werden kann[22]; dies ist insbesondere den Gesetzesmaterialien zum Umwelthaftungsgesetz zu entnehmen. Diese dem Rechtsanwender vom Gesetzgeber gewährten besonderen schöpferischen Möglichkeiten der Rechtsfindung sind aber mit einer Formalisierung von § 6 Abs. 1 UmwHG nicht zu vereinbaren.

Zu § 6 Abs. 1 UmwHG bleibt zur Frage der Rechtsfindung im Deduktionsmodell nunmehr nur noch resümierend festzustellen, daß - um mit *Robert Weimar*[23] zu sprechen - es darauf ankommt, über die beschreibende Analyse von Normierungen hinauszukommen und zu einer nomologisch-erklärenden Behandlung vorzudringen. Dies führt uns dazu, in Bezug auf § 6 Abs. 1 UmwHG Wertungen einbeziehende Rechtsfindungsmodelle zu untersuchen.

III. Wertende Methoden der Rechtsfindung

Die Annahme eines einheitlichen Wertungsmodells wäre ein prinzipieller Irrtum. Es werden jedoch die *idealistischen*, *realistischen* und *hermeneutischen* als einander kontrastierende Konzeptionen vertreten.

1. Idealistische Wertungsmodelle

Namentlich die bekannteste zivilrechtliche Methodenlehre, nämlich die von *Karl Larenz*, trägt *hegel*ische Züge im Sinne des deutschen philosophischen Idealismus[24].

Für *Hegel* ist Grund der Welt und Prinzip seines Systems nicht nur das sich in der Weltvernunft und in Gott, sondern gerade auch das sich in der Idee offenbarende Absolute. Bei ihm bildet das Reich der Ideen den Grund und die Voraussetzung jedes einzelnen Daseins. *Hegel* sagt: „Nichts lebt, was nicht auf irgendeine Weise Idee ist“[25]. Danach

[22] Ein Verstoß gegen das Gewaltenteilungsprinzip ist hier aber nicht gegeben. Zwar darf keine der der einheitlichen Staatsgewalt zuzurechnenden Teilgewalten (gesetzgebende, vollziehende und rechtsprechende Gewalt) ein von der Verfassung nicht vorgesehenes Übergewicht über eine andere Gewalt erhalten. Es ist aber nur der Kernbereich der verschiedenen Gewalten unabänderbar, womit insbesondere beabsichtigt ist, daß keine Gewalt Dominanz gegenüber den anderen Gewalten erhält. Dies ist hier aber nicht gegeben, zumal es der Gesetzgeber selbst ist, der im Kontext mit § 6 Abs. 1 UmwHG im begrenzten Rahmen eigene Kompetenz auf eine andere Gewalt, nämlich die Judikative, übertragen hat.

[23] *Weimar*, Reine Rechtslehre und Theoriefortschritt. Überlegungen zur Fortentwicklung der Theorie des Rechts, RTH Beiheft 5 (1984), S. 409 ff., 418; dieser allerdings zum Bereich empirisch-erfahrungswissenschaftlicher Segmente der Rechtswissenschaft, der sich mit sozialen Tatbeständen befaßt.

[24] Dies wird besondere deutlich in den beiden ersten Auflagen (1. Auflage 1960) der „Methodenlehre der Rechtswissenschaft“ von *Larenz*, ist dann in den folgenden Auflagen aber nicht mehr ganz so offenkundig (vgl. 6.Aufl.1991, S.457 ff.).

[25] *Hegel*, Grundlinien der Philosophie des Rechts, S. 30.

bestimmen also die Idee und das Absolute die Wirklichkeit; alles dieses findet *Hegel* in einer mit absoluter Vernünftigkeit ausgestatteten objektiven Welt vor. Absolut und unwandelbar ist der folglich gleichfalls objektive Geist[26].

Von zentraler Bedeutung ist es nun, ob im *hegel*schen rechts-philosophischen System das Recht von einer Idee der Gerechtigkeit gefordert wird. Zwar ist dies namentlich von *Hegel* nie explizit so formuliert worden, ist jedoch aus der Exegese und bei „Entschlüsselung" seiner Texte[27], außerdem insbesondere aus seiner Forderung nach einer *dialektischen* Entwicklung des Rechts zu ersehen.

Nach der Überzeugung *Hegels* hat die Wirklichkeit des Rechts, ausgerichtet auf den Zielpunkt der erkennbaren Rechtsidee, eine notwendige dialektische Entwicklung hin zum absoluten Geist, zur vollständigen Gerechtigkeit hin zu nehmen[28]. Die dialektische[29] Entfaltung des Rechts zur absoluten Gerechtigkeit hin soll den Vorstellungen *Hegels* entsprechend mittels der „Logik" als „Wissenschaft der reinen Idee" [30] verwirklicht werden. Logik darf bei *Hegel* aber nicht - wie die gewohnte Gedankenverknüpfung ist - als die Lehre vom richtigen Schließen aufgefaßt werden; vielmehr spricht er selbst davon, daß „Logik ... wesentlich spekulative Philosophie" [31] sei. Spekulation bzw. spekulative Philosophie macht bei *Hegel* gerade das aus, was sonst auch Dialektik heißt; er faßt Logik als Erkenntnistheorie, als allgemeine Lehre vom richtigen Erkennen auf[32].

---

[26]Vgl. dazu auch *Naucke*, Rechtsphilosophische Grundbegriffe, 3. Aufl. 1996, S.111.

[27]Siehe etwa „Der Boden des Rechts ist überhaupt das Geistige.", *Hegel* (o.Fußn.25), S.46; „Das Recht ist zuerst das unmittelbare Dasein, welches sich die Freiheit auf unmittelbare Weise gibt ...", *ders.* (o.Fußn.25), S.98; „Diese Realität überhaupt, das Dasein des freien Willens, ist das Recht, welches nicht nur als das beschränkte juristische Recht, sondern als das Dasein aller Bestimmungen der Freiheit umfassend zu nehmen ist.", *ders.*, System der Philosophie (Glockner-Ausgabe der sämtlichen Werke, Bd.10), S. 383; „Im Recht ... ist der Inhalt die persönliche Freiheit.", *ders.*, Philosophische Propädeutik, (Glockner-Ausgabe der sämtlichen Werke, Band 3), S.38.

[28]Vgl. *Naucke* (o.Fußn.26), S.111ff.

[29]*Hegels* Dialektik ist sowohl als Methode als auch als Prinzip der Logik und als Realdialektik zugleich bestimmt.

[30]*Hegel*, Enzyklopädie der philosophischen Wissenschaften im Grundrisse (Glockner-Ausgabe der sämtlichen Werke, 6.Band), S.33, 36f.

[31]*Hegel*, Enzyklopädie der philosophischen Wissenschaften im Grundrisse (Glockner-Ausgabe der sämtlichen Werke, 6.Band), S.33, 36f.

[32]Vgl. *Naucke* (o.Fußn.26), S. 113; spezifischer ausgedrückt, ist spekulative bzw. dialektische Methode hier die *Selbstbewegung des Begriffs*, bei der nicht, wie beim *reflektierenden*, „bloß räsonierenden" Denken, das Subjekt Begriffe „verwendet", um zu Sätzen und Schlüssen zu kommen, die *Darstellungen* objektiver Gegebenheiten sind, sondern bei der der *Begriff* selbst die Weiterführung des Gedankenganges leistet. *Hegel* formuliert dies so: „Das Einzige, um den wissenschaftlichen Fortgang zu gewinnen, und um dessen ganz einfache Einsicht sich wesentlich zu bemühen ist, - ist die Erkenntniß des logischen Satzes, daß das Negative ebenso sehr positiv ist, ... Sie ist ein neuer Begriff, aber der höhere, reichere Begriff als der vorhergehende; denn sie ist um dessen Negation oder Entgegengesetztes reicher geworden; enthält ihn also, aber auch mehr als ihn, und ist die Einheit seiner und seines Entgegengesetzten. - In diesem Wege hat sich das System der Begriffe überhaupt zu bilden, - und in unaufhaltsamem, reinem, von Außen nichts hereinnehmendem Gange, sich zu vollenden.", *Hegel*, Wissenschaft der Logik (Glockner-Ausgabe der sämtlichen Werke, Band 4), S. 51, und so: Die Logik ist „von ihrem Gegenstande und Inhalte nichts Unterschiedenes ...; - denn es ist der Inhalt in sich, die Dialektik, die er an ihm selbst hat, welche ihn fortbewegt. Es ist klar, daß keine Darstellungen für wissenschaftlich gelten können, welche nicht den Gang dieser Methode gehen und ihrem einfachen Rythmus gemäß sind, denn es ist der Gang der Sache

Für *Hegel* ist die absolute Idee die Einheit des Begriffs mit seiner Realität, dem wirklichen Recht; in ihr ist der Begriff *sich selbst* Gegenstand. Die Realität, das wirkliche Recht ist das Sich-selbst-Begreifen des Begriffs. Dialektik ist dabei nicht mehr Methode des Denkens, das seinen Begriff der Sache, der Realität, dem wirklichen Recht „angemessen" machen will. Die Sache, das wirkliche Recht ist *nicht* mehr ein *außerhalb* des Denkens befindlicher Gegenstand, sondern sie ist die „Tätigkeit des Begriffs" [33] selbst. In der absoluten Idee ist der Begriff „einfache Beziehung auf sich" und demzufolge identisch mit dem „reinen, unbestimmten Sein", dem absoluten Geist, der vollständigen Gerechtigkeit.

Aus den vorgetragenen Überlegungen folgt, daß nach den die Realität und die Erkenntnis der Realität leitenden Regeln der *hegel*schen Dialektik das wirkliche, noch unvollkommene Recht sich solange in der Entwicklung auf die vollkommene, die absolute Idee des Rechts treffende Gerechtigkeit hin befindet, bis es irgendwann den unvermeidlichen Endpunkt der Entwicklung erreicht hat[34].

Es steht nun noch die Beantwortung der Hauptfrage aus, ob und ggf. welchen Einfluß die „Idee der Gerechtigkeit" im *hegel*schen Sinne auf die heutige Rechtsprechung und zumal bei der Gesetzesanwendung von § 6 Abs. 1 UmwHG haben kann. Nach *Hegel* hat die *zufällige rechtliche Regelung immer eine Nähe zum Absoluten.* Damit schlüpft die Philosophie der Rechtsgeschichte unvermittelt und überraschend in die Rolle des das jeweilige positive Recht als historisch unvermeidlich zur Entfaltung des richtigen Rechts Legitimierenden[35]. Einwirkungen dieses rechtlichen Prinzips *Hegels* auf das heutige Recht sind aber wegen der Bindung des Richters an Gesetz und Recht (Art. 20 Abs. 3, 97 Abs. 1 GG) schon aus verfassungsrechtlichen Gründen nicht gedeckt. Zwar ist das Recht nicht mit der Gesamtheit der geschriebenen Gesetze identisch[36], sondern ein neben die geschriebene Norm tretendes Recht, Wert-Vorordnung als Sinnganzes; dies hat der Richter aus der Gesamtheit der vorhandenen Rechtsnormen - also aus den in der *geschriebenen Rechtsordnung* enthaltenen, in dieser sich niederschlagenden Wertvorstellung - zu erschließen[37]. Aber die - wenn auch schwierige - Findung des „Rechts" neben dem „Gesetz" gestattet dem Richter dennoch keine Loslösung von Gesetz und Recht[38]. Die Bindung des Richters auch an das „Recht" berechtigt ihn nicht dazu, sich von den Bindungen an das *geschriebene* Recht loszusagen. Eine Lösung von diesen vom Verfassungsgeber gewollten Bindungen würde es aber bedeuten, wollte man die Gerechtigkeit

selbst.", *Hegel*, Wissenschaft der Logik, a.a.O. (vorhergehend in dieser Fußnote), S. 52.

[33] *Larenz* (o.Fußn.24), 6. Auflage, S.458: „Der Begriff im Sinne *Hegels* ist ... nicht lediglich ein Gedankenprodukt, sondern wirkendes, bildendes und gestaltendes Prinzip; *Hegel* sagt, er sei ‚das Prinzip allen Lebens und damit zugleich das schlechthin Konkrete'" .

[34] Vgl. *Naucke* (o.Fußn.26), S.96ff.

[35] Vgl. *Naucke* (o.Fußn.26), S.96ff.

[36] Das Bundesverfassungsgericht (*BVerfGE* 34, 269, 286 = NJW 1973, 1221) hat die Formel von der „Bindung an Gesetz und Recht" in der Weise verdeutlicht, daß mit ihr ein enger Gesetzespositivismus abgelehnt werden soll: „Die Formel hält das Bewußtsein aufrecht, daß sich Gesetz und Recht zwar faktisch im allgemeinen, aber nicht notwendig und immer decken."

[37] *BVerfGE* 39, 1, 41 = NJW 1975, 573.

[38] *Luhmann*, Das Recht der Gesellschaft, 1.Aufl. 1993, S.15: „Das Recht selbst bestimmt, was die Grenzen des Rechts sind; bestimmt also, was zum Recht gehört und was nicht" .

als ein Ideal mit absolutem Inhalt im Sinne *Hegels* außerhalb des geschriebenen Rechts mit der Folge festlegen, daß sich das Recht nach ihr zu richten habe. Dies hätte zugleich auch die Wirkung einer methodisch unangreifbaren Überhöhung der „wertenden" Faktoren der Rechtsfindung, wenn man sie an der „Idee der Gerechtigkeit" festmachte. An dem eben gefundenen Ergebnis und seiner Begründung ist übrigens auch im Kontext mit § 6 Abs. 1 UmwHG nichts zu revidieren, weil hinsichtlich dieser Norm die - auch nur minimale - Lockerung der Bindung des Richters an das Gesetz lediglich von tatbestandlicher Natur ist, nicht aber das Prinzip und das Problem der Einbeziehung der „Idee der Gerechtigkeit" in die Rechtsfindung berührt. Gerechtigkeit gehört zum allgemeinen sozialen Gehalt des Rechts, der durch die Interessen und die Wertvorstellungen der relevanten Gruppen in der Gesellschaft bestimmt wird[39].

2. Realistische Wertungsmodelle

In gewollter Kontrastierung zu den idealistischen Rechtskonzeptionen hat sich in jüngster Zeit in Weiterentwicklung der schon durch die Wertungsjurisprudenz abgeklärten Interessenjurisprudenz eine durch kognitive Ergebnisse realwissenschaftlicher und rechtssoziologischer Forschung angereicherte Rechtstheorie[40] herausgebildet. *Krawietz*[41] hatte diese Theorie dann insofern aber noch verschärft, als er sie nicht lediglich durch sozialwissenschaftliche Erkenntnisse *ergänzt*, sondern mit seiner „Theorie der Theoriesubstitution" eine völlige Bindung an die Systemtheorie[42] - also an ein nichtjuristisches Grundmodell - vollzogen hatte. Zudem wird von *Luhmann*[43] hervorgehoben, daß aufgrund des über den Begriff des beobachtenden Systems durch die Systemtheorie eröffneten Zugangs zu einer - im weitesten Sinne - konstruktivistischen Erkenntnistheorie hiervon „Systeme jeder Art, die selbstproduzierte Beobachtungen einsetzen, um ihr Verhältnis zur Umwelt zu regeln, zu der sie keinen direkten operativen Zugang haben" - also außer Systemen wie Religion, Kunst, Wirtschaft und Politik gerade auch das *Rechtssystem* -, erfaßt werden könnten.

Infolge der sprachlichen Verfaßtheit des Rechts sind gegen eine solche Ersetzung der Sprachphilosophie[44] durch die ältere Systemtheorie grundsätzliche juristische Bedenken

---

[39] *Petev*, Zum Begriff des Rechts in bürgerlicher und marxistischer Sicht, Rechtstheorie 7 (1976), S.53ff.

[40] Wichtigster Vertreter ist *Werner Krawietz*, Juristische Entscheidung und wissenschaftliche Erkenntnis, 1978, S.227ff.

[41] *Krawietz*, Recht als Regelsystem, 1984, S.158ff., 198ff.

[42] Unter Systemtheorie wurde ursprünglich nur das Teilgebiet der theoretischen Informatik verstanden, das sich mit den Bezeichnungen und Eigenschaften von formalen Systemen und mit der Möglichkeit der Beeinflussung solcher Systeme beschäftigt. Später wurden systemtheoretische Ansätze zunehmend in der Sozialphilosophie erörtert. Die rein formale Wissenschaft der Systemtheorie wurde sodann auch auf anderen Gebieten wie auf denen der Gesellschaft, der Biologie usw. angewendet. Die Systemtheorie erschließt über den Begriff des beobachtenden Systems einen Zugang zu einer konstruktivistischen Erkenntnistheorie im weitesten Sinne (*Luhmann* [o.Fußn.38], S.16); von wissenschaftstheoretischem Interesse ist hier also die Bedeutung der Konstitutionsleistungen des Subjekts im Erkenntnisprozeß. - Es wird aber wohl nur die ältere Systemtheorie abzulehnen sein.

[43] *Luhmann* (o.Fußn.38), S.16.

[44] Die als Teildisziplin der Philosophie die Sprache - also auch die sprachlich zu vermittelnden Geset-

zu erheben[45]. Es bleibt ein Fazit zu ziehen, das zu Bedenken Anlaß geben sollte: nach der Erhebung des Absolutheitsanspruchs der „Idee" scheint nunmehr der Absolutheitsanspruch des „Systems" und damit in der Konfrontation dieser Dogmen eine Spaltung im Rechtssystem bevorzustehen.

3. Hermeneutische Wertungsmodelle

a.) Erkenntnistheoretische Ausgangsposition

Einleitend sei bemerkt, daß die Erkenntnistheorie in der gegenwärtigen Philosophie als relativ selbständiges Arbeitsgebiet gilt, zu dem Disziplinen wie Logik, Sprachphilosophie, Wissenschaftstheorie oder auch Hermeneutik gehören. Auch wenn die Bezeichnung Erkenntnistheorie erst vor ca. 150 Jahren geprägt wurde, so ist doch die Frage, ob und wie Menschen sicheres Wissen erlangen können, so alt wie die Philosophie selbst[46].

Der Ausgangspunkt aller Erkenntnistheorie wird durch die Fragestellung bestimmt, was man überhaupt unter „Wissen" verstehen solle, und zwar in Abgrenzung zum bloßen „Meinen" - bei dem immer ein Zweifel mitschwingt - und zum „Glauben" . Wissen in einem engeren philosophisch-wissenschaftlichen Sinne liegt aber erst dann vor, wenn zur Haltung des Überzeugtseins - der subjektiven Komponente des Für-wahr-Haltens[47] - die *selbständige* Kenntnis guter Gründe hinzukommt, die zur Bestätigung oder Rechtfertigung der fraglichen Aussagen hinreichen. Hieran schließt sich ein weiteres und zu allen Zeiten der Philosophie wesentliches Problem der Erkenntnistheorie an: Wann liegen so gute, überzeugende Gründe vor, daß man sagen kann, etwas sei Wissen?

Die Hauptrichtungen der Erkenntnistheorie kann man nach den Antworten auf zwei Fragen unterscheiden. Die eine Frage bezieht sich auf den Ursprung der Erkenntnis. Der erkenntnistheoretische Rationalismus beantwortet diese Frage in der Weise, daß der Anteil der *Vernunft*[48] an den Erkenntnisleistungen des Menschen verabsolutiert wird. Demgegenüber geht der Empirismus als erkenntnistheoretische Gegenposition zum Rationalismus davon aus, daß alle Erkenntnis wesentlich aus der begriffsfreien Erfahrung abgeleitet werde. Die zweite Frage betrifft den *Wert*, die *Geltung* der Erkenntnis. Der *Realismus* beantwortet diese Frage mit der Anschauung, es gäbe eine vom menschlichen Denken unabhängige, aber in ihm erkennbare Wirklichkeit; diese zeige sich darin, daß das Erkennen ein zumindest in gewissen Grenzen sich abspielendes Abbilden der Dinge sei, daß

---

zesnormen - nach Ursprung, Wesen, Funktion u.a. untersucht.

[45]Vgl. *Gröschner*, Der Staat, 1987, passim.

[46]Schon *Platon* stellte die Frage nach der wahren Erkenntnis bzw. dem wahren Wissen.

[47]Diese subjektive Seite ist auch beim „Glauben" gegeben.

[48]*Vernunft* ist seit *Kant* in der deutschen Philosophie die Bezeichnung für eine Fähigkeit der nicht erfahrungsbezogenen, nicht sinnlichen Erkenntnis der Prinzipien und Ideen, d.h., allgemeine, oberste Grundlagen des theoretischen Erkennens und des praktischen Handelns zum Gegenstand einer Prüfung zu machen und nach zwischenmenschlich annehmbaren Kriterien ihrer Gültigkeit zu forschen. Im Unterschied hierzu ist der *Verstand* diskursiv und bezieht sich auf sinnliche Erfahrung.

die Dinge also so zu erkennen seien, wie sie an sich sind[49]. Hingegen behauptet der *Idealismus*, daß wir die Dinge nur so erkennen, wie sie uns erscheinen, also in den Formen unseres Erkenntnisvermögens; die Dinge bleiben also vom Subjekt bedingt innerhalb der Denkinhalte.

Es ist hier zwar nicht der Ort, alle Stationen des erkenntnistheoretischen Entwicklungsprozesses in der Geschichte aufzuzeigen, ein besonderer, im 19. Jahrhundert durch den *Historismus*[50] eingebrachter - für unser eigentliches Thema kennzeichnender - Aspekt kann aber nicht unerwähnt bleiben: Diese philosophische Reflexion forderte nämlich die Berücksichtigung der historischen Bedingtheit allen Erkennens mit der Folge der Ergänzung der Erkenntnistheorie um eine geisteswissenschaftliche Hermeneutik[51].

b.) Die sog. Methode des Verstehens

Die dieser Methode des Verstehens - genauer: des nachvollziehenden und nacherlebenden Verstehens[52] - zugrundeliegende Theorie, die vornehmlich von *Dilthey* vertreten wurde, erhob im Hinblick auf die Stärke des Erkenntnisanspruchs einen Gleichrang, wenn nicht sogar eine Prävalenz gegenüber den hierzu als verschieden angenommenen, in den Naturwissenschaften zur Anwendung kommenden Methoden. Dies führt sogleich zu der allerdings jetzt enger zu fassenden Fragestellung, ob in gleicher Weise die *Dilthey*sche *Hermeneutik* mit dem Anspruch auftritt, ein Verfahren zur Erlangung sicherer Erkenntnisse bereitzustellen und ggf., ob die sich dann stellenden Geltungsprobleme zu lösen sind.

Nach der Anschauung *Diltheys* kommt man stets dann zu eindeutigen Ergebnissen des Verstehens, wenn man nicht bei den sich ständig ändernden Ausdrucksformen und Darstellungsweisen des täglichen Lebens bleibt, sondern bei den „dauernd fixierten Lebensäußerungen" - wie z. B. schriftlich verfaßten Formen der Literatur oder Rechtsordnungen - ansetzt, auf die man bei den Interpretationsversuchen infolge ihres permanenten Fortbestandes allezeit zurückkommen könne[53]. Der spätere *Dilthey* entwickelte sein Programm der Hermeneutik als wissenschaftlich-methodische Form der Auslegung skriptural und

[49] Der (neuzeitliche) Realismus steht erkenntnistheoretisch unter dem Eindruck des sog. Subjekt-Objekt-Problems.

[50] Die Denkungsart des Historismus wurde namentlich im deutschsprachigen Raum aus der reflexiven Betrachtung der Geschichte entwickelt, ausgeprägt im Begriff des Verstehens bei *Dilthey*, die uns im nächsten Abschnitt im einzelnen beschäftigen wird.

[51] Aus dieser Ergänzung leitet sich dann ein erkenntnistheoretischer Bereich innerhalb sprachphilosophischer Untersuchungen her, der heute auch in der Mathematik und in den Naturwissenschaften eine Rolle spielt.

[52] Gemeint ist hier aber nicht der psychologische Prozeß der Einfühlung wie in der früheren Hermeneutik etwa bei *Schleiermacher*, sondern die Wahrnehmung von Bedeutung vor dem Hintergrund eines gesamten geschichtlichen Zusammenhangs.

[53] *Dilthey* hat in seiner erst später entwickelten Lehre von der Hermeneutik nicht mehr die verstehende Psychologie als Fundament für die geisteswissenschaftliche Erkenntnis angesehen, sondern das *hegel*sche Phänomen des *objektiven Geistes* (die uns umfangende gemeinsame geistige Wirklichkeit), welches er wiedergefunden zu haben meinte.

damit fortdauernd niedergelegter Lebensaussagen, d. h., als „Kunstlehre des Verstehens schriftlich fixierter Lebensäußerungen“ und sah in seiner Lehre die methodische Grundlage der Geisteswissenschaften überhaupt.

Der sich nun stellenden, auf die Verstehenstheorie bezogenen Auseinandersetzung mit dem Geltungsproblem ist zunächst dies voranzustellen: Auf dem Hintergrund des Phänomens, daß in der Wissenschaftstheorie mit *Geltung* und *Gültigkeit* die objektive Grundlage des Anerkanntseins von Werten, Ideen, Sätzen, Gesetzen oder Normen bezeichnet wird, hat *Habermas* - soweit mit Sprechakten[54] Geltungsanforderungen einhergehen - vier solcher Gültigkeitsansprüche unterschieden:

1. die vom Sprechakt in Anspruch genommene *Verständlichkeit*;
2. *Wahrheit*, wenn der Sprechakt eine Aussage in sich begreift;
3. *Wahrhaftigkeit*, die sich auf die vom Sprecher bekundete Einstellung zu dem von ihm Gesagten bezieht;
4. der Anspruch auf *Richtigkeit*, soweit der Sprechakt ein normatives Urteil ausdrückt.

Erkenntnistheoretisch ist die Anerkennung von Gültigkeit die Voraussetzung für die Intersubjektivität[55] von Normen. Wird ein Geltungsanspruch nicht anerkannt, so wird eine *Begründung*[56] erforderlich.

Es stellt sich die Frage, in welchem Zusammenhang das Geltungsproblem in Verbindung zur Verstehenstheorie zu sehen ist und am zweckmäßigsten erörtert wird, soweit es hier relevant sein kann. Zunächst darf der metaphysische Einfluß bei der Bildung der Theorie des Verstehens nicht übersehen werden, auch wenn damit bereits ein Vorgriff auf den Hauptgedanken des Resultats der Überprüfung dieser Methode erfolgt. Das Leitmotiv dieser Metaphysik läßt sich auf diese Weise darstellen[57]: Die gesamte Natur können wir nur von außen studieren. Hingegen ist im gesamten Kosmos nur eine einzige Größe vorhanden, die ich nicht lediglich von *außen* einschätzen, sondern die ich mir von *innen* her erschließen kann: mich selbst als Quelle für von mir unmittelbar erfahrene Bewußtseinsvorstellungen. Ausgehend von dem wesensgemäß *präferierten* Zugang zum eigenen seelisch-geistigen Leben wird von da aus zu deduzieren versucht, man habe daher letztlich

---

[54] *Sprechakt* ist ein von dem der sprachanalytischen Oxforder Schule angehörenden englischen Philosophen *John Langshaw Austin* eingeführter Terminus, mit dem der Handlungscharakter sprachlicher Äußerungen hervorgehoben werden soll. Im Hinblick auf die von *Austin* entwickelte Sprechakttheorie ist besonders die *Sprachhandlung* herauszustellen, mittels derer bei einem Angesprochenen etwas bewirkt oder ausgelöst werden soll.

[55] Intersubjektivität ist in der Wissenschaftstheorie die Bezeichnung für die Forderung, eine jede wissenschaftliche Behauptung erst dann als „objektiv“ gültig oder wahr anzusehen, wenn sie von jedem nachgeprüft werden kann. Die Intersubjektivität kommt nur im Dialog zustande.

[56] Eine Aussage oder eine Handlungsnorm heißt begründet, wenn im Kontext mit einer rationalen Argumentation Übereinstimmung hinsichtlich ihrer Geltung erreicht wird. Eine Begründung kann man folglich als eine Argumentationsstrategie bezeichnen.

[57] Vgl. *Stegmüller*, Probleme, Bd.I, 2.Aufl.1983, S.415.

überhaupt auch gemeinhin zu den Geschehnissen im menschlichen Bereich einen gleichen Zugang wie zum eigenen Ich; denn man könne davon ausgehen, daß die seelisch-geistigen Vorgänge in anderen Menschen den eigenen psychischen Vorstellungen zureichend entsprächen. Dies habe beim Vorliegen entsprechender Voraussetzungen zur Konsequenz, daß das Bewußtsein anderer Menschen zugänglich werde, wenn man - sich in deren Situation hineinversetzend und die eigenen Erwägungen unter solchen Umständen bedenkend - ihre Empfindungen einschätze und erfühle.

Wenn man sich nun also nach der ins Auge gefaßten Zielsetzung einer wissenschaftstheoretischen Untersuchung auf die Erörterung des Geltungsproblems beschränkt[58], ist Überprüfungsgegenstand für den Erkenntniswert der Verstehensmethode das *Gedankenexperiment*, und zwar in der Weise, daß man sich die Entscheidungen[59] anderer Personen dadurch verdeutlicht, daß man ihre tatsächlichen und präskriptiven Anschauungen sowie die sich in ihren Überlegungen manifestierende Denkungsart in sich selbst zum Leben erweckt.

Will man das genannte Gedankenexperiment dem die modernen Erfahrungswissenschaften kennzeichnenden Experiment gegenüberstellen, so muß man sich zunächst dessen bewußt werden, daß dabei auf dem Hintergrund von gewissen, durch eine Theorie begründeten Annahmen eine *Hypothese* formuliert wird, die experimentell geprüft werden soll; im naturwissenschaftlichen Experiment arbeiten Erfahrung und Theorie in charakteristischer Weise zusammen. Hierbei wird eine Entscheidung darüber getroffen, welche Faktoren als wichtig anzusehen sind und welche nicht[60]. Experimente werden erst wirklich aussagekräftig in Verbindung mit einer vollständigen Theorie und der darin verarbeiteten Erfahrung.

Während nun bei den Erfahrungswissenschaften Hypothesen aufgrund experimentell gewonnener Erfahrungen und hieraus gebildeter Theorien mit bestimmten Annahmen formuliert werden, kann man in Verbindung mit der Verstehenstheorie nur zu gewissen psychologischen Hypothesen gelangen[61], denen jegliches Fundament experimentell gesammelter Erfahrungen fehlt[62]. Wahrhaftig führt die Methode des Verstehens in Anwendung des Gedankenexperiments zu einer Hypothesenbildung in zweifacher Hinsicht. Zum einen ist bereits eine Hypothese in dem Unternehmen zu sehen, uns im Wege dieses Gedankenexperiments *in die Situation einer anderen Person zu versetzen*[63]. *Stegmüller*[64] weist zu Recht darauf hin, daß man bereits bei der Abschätzung und Bewertung der Lage und bei dem seelisch-geistigen Nachempfinden der Vorstellungen und Motive eines anderen

[58]Denkbar wären aber auch etwa die sich im Anschluß an semantische oder allgemeine philosophische Fragen ergebenden Problemstellungen.

[59]Also ggf. auch normative Entscheidungen des Gesetzgebers, wie sie etwa in § 6 Abs. 1 UmwHG zum Ausdruck kommen.

[60]Das Experiment wird daher auch als „Frage an die Natur“ (*Kant*) oder - noch sinnfälliger - als „Verhör der Natur“ (*v. Weizsäcker*) bezeichnet.

[61]Vgl. *Stegmüller* (o.Fußn.57), S.417.

[62]Insoweit kann man allenfalls von inneren Erfahrungen anderer sprechen.

[63]*Stegmüller* (o.Fußn.57), S.417.

[64]*Stegmüller* (o.Fußn.57), S.417.

Menschen schweren Irrtümern unterliegen könne.

Als weiteres hypothetisches Segment des Gedankenexperiments läßt sich die Gewinnung psychologischer Generalisierungen abbilden[65]. Für das Vorbringen erklärender Argumente sind psychologische Generalisierungen erforderlich. Der Verstehende muß also seine persönliche Erfahrung einbringen, mittels der er dann bei der Heranziehung der Erklärung eine allgemeine regelmäßige Beschaffenheit zu generalisieren sucht; die sich hieraus ergebende Abstraktion ist gleichfalls als Hypothese zu qualifizieren[66].

Das Resultat der Prüfung des Erkenntniswerts dürfte im Hinblick auf beide Hypothesen bereits jetzt in der Weise evident sein, daß die Verstehensmethode nicht zu unbestreitbaren Erkenntnissen führen kann. Es bleibt daher noch festzustellen, daß mit der reproduzierenden Methode des seelisch-geistig nachempfindenden Verstehens *keine zureichenden* historischen[67] Erklärungen erzielt werden können[68]. Diese Methode stellt also keineswegs ein Verifikationsverfahren zur Verfügung. Immerhin werden aber - wie *Stegmüller*[69] zuzugeben ist - möglicherweise durch die „Kunstlehre der *Interpretation* dauernder Lebensäußerungen" heuristische[70] Maximen zur Gewinnung von vielleicht zutreffenden Hypothesen für die *Interpretation* bereitgestellt.

Die Verfahrensweise des Verstehens ist für das Bereitstellen verwendbarer Hypothesen aber nicht nur *nicht hinreichend*, sondern auch *nicht notwendig*[71]. Die Begründung für diese These lautet: Die in den empirischen Wissenschaften durch Experimente gewonnenen Hypothesen haben sich im Wege der Überprüfung (Beobachtungen) zu bewähren; die Hypothesen gelten dann als bestätigt. Für die aufgrund von Gedankenexperimenten gebildeten Hypothesen muß dies um soviel mehr gelten, als das Fundament für die „psychologische" Hypothese von Anfang an der Tauglichkeit entbehrt, die die in den Erfahrungswissenschaften gebildeten Hypothesen bereits vor ihrer Überprüfung durch zuvor in der Regel schon erfolgte viele Einzelbeobachtungen und Experimente auszeichnet. Während nun bei den empirischen Wissenschaften etwa statistische Überprüfungsmethoden angewandt werden können, können die infolge von etwa (ausschließlich) auf Gesetzestexte als schriftliche dauernde Lebensäußerungen bezogenen Gedankenexperimenten aufgrund *nachfühlenden Verstehens* gewonnenen Hypothesen bspw. anhand der Gesetzesmaterialien mit den in sich begriffenen Motiven[72] überprüft werden. Indessen dürfte es einleuchtend sein, daß man an den aus den amtlichen Gesetzesbegründungen entnommenen Einsichten auch dann noch festhalten würde, wenn einem das allein auf

[65]Vgl. *Stegmüller* (o.Fußn.57), S.418.

[66]Vgl. *Stegmüller* (o.Fußn.57), S.418.

[67]Wozu eben auch Gesetzestexte gehören.

[68]Vgl. *Stegmüller* (o.Fußn.57), S.418.

[69]*Stegmüller* (o.Fußn.57), S.417,419,420,422,425,429.

[70]Es ist allgemeiner Konsens, daß die Heuristik u.a. mit Vermutungen, Analogien, Generalisierungen, Arbeits*hypothesen* und *Gedankenexperimenten* arbeitet. Im Vordergrund der heutigen Diskussion stehen vornehmlich Fragestellungen der Hermeneutik im Rahmen von Forschungen zur Denkpsychologie.

[71]*Stegmüller* (o.Fußn.57), S.425.

[72]Diese sind gerade bei § 6 Abs. 1 UmwHG besonders deutlich, nämlich dort im Sinne einer tunlichsten Verwirklichung einer Gefährdungshaftung mit erleichternden Akzenten.

den Gesetzestext bezogene nachfühlende Verständnis unzugänglich wäre. Dies macht deutlich, daß die aufgrund der ausschließlich etwa auf Gesetzestexte[73] bezogenen Gedankenexperimente gewonnenen Hypothesen entbehrlich sind. Folglich ist die Operation des Verstehens für die Bildung geeigneter Hypothesen zur Gewinnung von Erkenntnissen keine conditio sine qua non.

Abschließend und resümierend ist der auch schon in der Einleitung dieses Abschnitts angeschnittene Gedankengang wieder aufzugreifen: in der nachfühlenden Methode des Verstehens wird fälschlicherweise eine die Wahrheit verbriefende Erkenntnisart gesehen. Dieser Irrtum beruht auf den metaphysischen Wurzeln dieser Erkenntnisweise, wodurch ein falsches Bild von den geistigen Abläufen als einer unsichtbaren Welt hinter der sichtbaren Welt gezeichnet wird; „Dispositionen wie Motive werden darin zu gespensterhaften geistigen Agentien „hinter der Szene“ [74].

c.) Juristische Hermeneutik

Franz Bydlinski[75] hat der Jurisprudenz vorgehalten, ohne Orientierung an den eigenen Bedürfnissen „sich einfach an eines der aktuellen erkenntnistheoretischen Systeme anzuschließen“, und dabei für diese reklamiert, „vor allem die methodischen Regeln festzuhalten, die nach ihrer eigenen Erfahrung, ihrem Gegenstand und ihren Aufgaben adäquat sind“ . Füglich sind das von *Bydlinski* formulierte Problem und seine Lösung aber korrigierend in der Weise abzuwandeln, daß einem bereits wissenschaftstheoretisch abzulehnenden Verfahren auch die Eignung dafür fehlen muß, in die Rechtswissenschaft bzw. in die Rechtstheorie mit übernommen zu werden[76]. Konkret werden wir aber jetzt mit dem Problem konfrontiert, ob die in der Form der Methode des nachfühlenden Verstehens ja ungeeignete philosophische Hermeneutik von der juristischen Hermeneutik übernommen worden ist. Oder lehrt die juristische Hermeneutik womöglich doch eine hiervon abweichende andere Methode der Erkenntnis?

Eine der zentralen Intentionen der philosophischen Hermeneutik ist - ohne daß dies aber von der juristischen Hermeneutik anders gesehen wird - die Unterscheidung der „verstehenden“ Geisteswissenschaften von den „erklärenden“ Naturwissenschaften. Selbst *Arthur Kaufmann* [77] sieht als einer der maßgeblichen Vertreter der „Kunstlehre des Verstehens“ [78] - wenn auch ohne nähere Begründung - diese Differenzierung aber als problema-

[73]Als Beispiel schriftlicher dauernder Lebensäußerungen.

[74]*Stegmüller* (o.Fußn.57), S.428f.

[75]*Bydlinski*, Juristische Methodenlehre und Rechtsbegriff, 2. Aufl. 1991, S.61.

[76]Die Wissenschaftstheorie untersucht alle mit Wissenschaft zusammenhängenden Probleme. Hierzu gehören insbesondere Fragen der Struktur der Wissenschaften, der Voraussetzungen und Ziele von Wissenschaft und der wissenschaftlichen Methoden. Wenn die Rechtswissenschaft für sich in Anspruch nimmt, auch Wissenschaft zu sein (auf die einschlägigen Diskussionen soll hier aber nicht eingegangen werden), so kann sie auch nicht etwa wissenschaftlich nicht abgesicherte Methoden für den eigenen Erkenntnisbereich verwirklichen.

[77]*Arthur Kaufmann* (o.Fußn.20), S.493.

[78]Wenn auch in der Modifikation seiner „Konvergenztheorie der Wahrheit“ .

tisch an. Ungeachtet ihrer wie auch immer erfolgenden Kennzeichnung soll die Methode des nachempfindenden Verstehens als ein Verfahren zum Erwerb geeigneter Erkenntnisse figurieren; dies kann sich sowohl auf das Erlangen von Erkenntnissen über konkret gegebene psychische Vorgänge und geistige Gehalte als auch auf Einschätzungen im Hinblick auf generelle Zusammenhänge im geistig-seelischen Bereich beziehen. Demgegenüber bezieht sich der Begriff des Erklärens auf die Beantwortung der Frage nach Ursachen oder Gründen[79]. Eine gedankliche Konfrontierung erscheint aber nur zwischen den Begriffen „erklären - beschreiben“ [80] zweckmäßig, nicht aber diejenige zwischen „erklären - verstehen“ [81]. Um nicht von vornherein als etwas völlig Vages und Unbestimmtes außer Betracht gezogen werden zu müssen, muß die hermeneutische Methode daher als ein zur Erzielung geeigneter Erklärungen strebendes Verfahren gekennzeichnet werden, d.h., „*um die für diese Erklärungen erforderlichen Hypothesen oder nichthypothetischen Einsichten zu gewinnen*“[82].

An dieser Stelle ist die Frage unausweichlich, ob und ggf. inwieweit ein Unterschied zwischen der auf Nachempfinden schriftlicher Texte fixierten traditionellen philosophischen Hermeneutik und der heutigen Methodenlehre in der juristischen Weiterentwicklung der Philosophie *Gadamers* als Modell der Rechtsfindung zu erblicken sei, die das dem Rechtsfindenden gewährte „Vorverständnis“ von zentraler Bedeutung sein läßt.

Welche Bedeutung soll dem „Vorverständnis“ zukommen und was hat man sich überhaupt darunter vorzustellen? *Arthur Kaufmann* [83] identifiziert die juristische Hermeneutik mit dem „Verstehen der Sinngehalte des Rechts“ . Das Wesen des hermeneutischen Vorverständnisses sei daran zu erkennen, daß derjenige, der einen Text zu verstehen gedenke, immer schon eine Sinnerwartung an ihn herantrage[84]. *Arthur Kaufmann* [85] empfiehlt, als einziges erfolgversprechendes Verfahren von einem möglichst unbefangenen „Vorverständnis“, was „Wissenschaft“ und was „Recht“ ist, auszugehen; die „Vorurteilsstruktur des Verstehens“ sei eine „transzendentale Bedingung der Möglichkeit von Verstehen überhaupt“ . Hieraus wird bereits deutlich, daß die an einen Text herangetragene Sinnerwartung mit dem Ziel, bestimmte Sinngehalte zu verstehen, letztlich nichts anderes ist als ein auf das schriftlich verfaßte sprachliche Korpus bezogenes und mit Hilfe des seelisch-geistigen Nachempfindens der Vorstellungen und Motive des Textautors inszeniertes Gedankenexperiment.

[79]Dies betrifft also die Frage des Warum.

[80]In der Wissenschaftstheorie wird mit Beschreibung die systematische, geordnete Darstellung von Sachverhalten im Wege sprachlicher Mittel bezeichnet. Beschreibungen bilden die Grundlage für alle Erfahrungswissenschaften, indem sie das Erfahrungsmaterial sprachlich aufbereiten und damit allgemein verfügbar machen.

[81]Vgl. *Stegmüller* (o.Fußn.57), S.416. Eine Unterscheidung von erklärenden Naturwissenschaften und verstehenden Geisteswissenschaften wurde vor allem von *Dilthey* konstruiert.

[82]*Stegmüller* (o.Fußn.57), S.416.

[83]*Arthur Kaufmann* (o.Fußn.20), S.360.

[84]*Arthur Kaufmann* (o.Fußn.20), S.493.

[85]*Arthur Kaufmann* (o.Fußn.20), S.262.

Arthur Kaufmann[86] sieht den erkennenden Richter in der Rolle des Rechtsanwenders als „Teil des Rechtsfindungsprozesses" . Erst der erkennende Richter bringe das Gesetz zum Sprechen, wenn er mit einem „Vorverständnis" an den Text herangehe[87]. Hiermit ist eben das oben schon beschriebene Gedankenexperiment gemeint, daß man sich die skripturalen Entscheidungen anderer dadurch verdeutlicht, indem man ihre präskriptiven und tatsächlichen Anschauungen sowie die sich in deren Überlegungen manifestierende Denkungsweise in sich selbst zum Leben erweckt. Folglich sind die aufgrund solcher Gedankenexperimente gebildeten psychologischen Hypothesen zum Verstehen von Gesetzestexten nicht geeignet.

Nicht widersprochen werden kann allerdings *Fritjof Haft*[88] mit seiner Feststellung des Sich-selbst-Einbringens des Richters mit seinen Vorurteilen in die prozessuale Praxis. Er[89] fordert, der Richter müsse - da er von Vorverständnisstrukturen geprägt sei - diese Strukturen aufdecken und zur Diskussion stellen. Ähnlich ist die Argumentation *Arthur Kaufmanns*[90]; er bemerkt, daß alles Verstehen mit einem Vorverständnis anfange, der Rechtsfindende müsse es jedoch „offenlegen, reflektieren, in die Argumentation einbringen und bereit sein, es gegebenenfalls zu korrigieren" .Dies mag Veranlassung dafür sein, noch einmal zur Erörterung der Parteianhörung nach § 141 ZPO zurückzukehren. Da nie auszuschließen sein wird, daß der erkennende Richter bei der Anwendung des in Betracht zu ziehenden Gesetzestextes sich der - wenn auch (wie aufgezeigt) ungeeigneten - Methode des nachfühlenden Verstehens bedient, muß er gerade auch in der Parteianhörung das Resultat seines nachempfindenden Textverständisses offenlegen. Denn andernfalls sieht sich die Partei bei der Anhörung nach § 141 ZPO womöglich daran gehindert, bei ihrem Sachvortrag nicht auf die Auffassung von der Gesetzesnorm so einzugehen, wie sie sich der Richter für das eigene Verstehen dem Normgeber scheinbar nachfühlend zum Leben erweckt hat, weil die Partei dem Gesetz einen anderen Sinn beimißt. Gibt der Richter sein Textverständnis nicht preis, ist der Verfassungsgrundsatz des rechtlichen Gehörs verletzt.

Neben dem „Vorverständnis" ist weiteres wesentliches Merkmal der juristischen Hermeneutik die von dieser Lehre behauptete Gleichsetzung von Gesetzesnorm und Fall im Wege der beiderseitigen Annäherung in einem hermeneutischen Verfahren[91]. Wegweisend für diese Rechtsfindungsmethode war die von *Engisch*[92] geprägte Metapher der aufgrund des Hin- und Herwanderns des Blickes zwischen Obersatz und Lebenssachverhalt erfolgenden Rechtsanwendung. Es ist aber auch ein von *Gadamer*[93] ausgehender Einfluß der philosophischen Hermeneutik insofern unverkennbar, als nach seinem Verständnis ein Gesetzestext nur im Hinblick auf die Anwendung auf den Fall ausgelegt und verstanden

[86] *Arthur Kaufmann* (o.Fußn.20), S.493.
[87] *Kaufmann* (o.Fußn.20), S.493; *ders.*, Jura, 1992, 237.
[88] *Haft*, in: *Kaufmann/Hassemer* (Hrsg.), Einführung in Rechtsphilosophie, S.254.
[89] *Haft* (o.Fußn.88), S.252
[90] *Arthur Kaufmann*, Jura 1992, 299.
[91] Wichtigste Vertreter dieser Methodenlehre sind *Engisch* (o.Fußn.1), S.26ff.; *Kaufmann* u.a. in: Analogie und „Natur der Sache", S.29ff.; *Hassemer*, Tatbestand und Typus, S.124.
[92] *Engisch* (o.Fußn.1), S.15.
[93] *Gadamer*, Wahrheit und Methode, S.308.

werden kann: „Der Jurist faßt den Sinn des Gesetzes von dem gegebenen Fall her und um dieses gegebenen Falles willen“ [94].

Von den Lösungsversuchen auf der Grundlage der Gedanken *Gadamers*, Norm und Fall „in Einklang zu bringen“, ist der von *Arthur Kaufmann* aus im folgenden darzulegenden Gründen besonders bemerkenswert. *Arthur Kaufmann* sieht das Zentralproblem der Rechtsfindung in den von ihm angenommenen dualistischen Konstellationen von Allgemeinem und Besonderem bzw. von Sollen und Sein als metaphysisch-erkenntnistheoretischen Synonymen für das nach seiner Auffassung durch Norm und Fall gebildete Antonym. Die Überwindung dieses Dualismus erhofft er mit Hilfe der Analogie[95] zu erreichen.

Um etwaigen Irrtümern vorzubeugen, sei zunächst klargestellt, daß mit dem von *Arthur Kaufmann* als Ziel der Rechtsfindung auf der Grundlage der Gleichsetzungen des Sollens mit der Gesetzesnorm und des Seins mit dem Lebenssachverhalt angesprochenen Fragenkomplex von ihm nicht das philosophische Sein-Sollen-Problem angesprochen wird; dieses Problem ergibt sich aus der Frage, ob man aus dem, was faktisch *ist*, ableiten kann, was *sein soll*[96]. Für *Arthur Kaufmann* sind Sein und Sollen vielmehr zwei erkenntnistheoretische Größen, die „auf kategorial verschiedenen Ebenen“ [97] stehen, die aber im Wege „diskursiver Argumentation“ [98] ihre Bestimmung im Rechtsfindungsprozeß dadurch erlangen, daß sich Fall und Norm als „Sachverhalt“ und „Tatbestand“ aufeinander zu bewegen, um schließlich in gegenseitiger Anpassung ihre Entsprechung zu finden[99]; durch die Verwirklichung von Recht werde Sollen und Sein vermittelt[100].

Die Entsprechung von Fall und Norm kann in dem von *Arthur Kaufmann* hierfür vorgesehenen analogischen[101] Verfahren indessen erst dann erreicht werden, „wenn die Analogate vergleichbar gemacht, d.h., in eine Ähnlichkeitsbeziehung gebracht worden sind.“ Daß

---

[94] Methodologisch hat diese Anschauung auch ihre Wurzeln in dem sog. „philosophischen Zirkel“, der die Wechselbeziehung des Verstehens von *Ganzem* und *Teilen* beschreibt und u. a. bei *Dilthey*, *Schleiermacher* und eben auch bei *Gadamer* eine zentrale Rolle spielt. Diese Wechselbeziehung läßt sich unter Umgehung der Zirkularität darstellen als das Verfahren, das *Vorverständnis*, d.h. die Arbeitshypothesen bezüglich der Interpretation eines Gegenstandes, diese mit Hilfe von Protokollaussagen (Aussagen, die die „einfachsten“ erkennbaren Sachverhalte unter Ausschluß aller theoretischen Ordnungsfaktoren in Aussagen über das unmittelbar „Gegebene“ festhalten sollen) über die einzelnen Sachverhalte des Gegenstandes zu bestätigen oder zu widerlegen, um so allmählich zu einer Endhypothese zu gelangen.

[95] *Arthur Kaufmann*, Analogie und „Natur der Sache“, S. 33, charakterisiert die „Analogie der Erkenntnis“ als die Mitte zwischen Logik und Dialektik.

[96] Sog. naturalistischer Fehlschluß, wonach aus dem Sein niemals ein Sollen folgt (sog. *Humesches Gesetz*).

[97] *Arthur Kaufmann* (o.Fußn.20), S.288.

[98] *Arthur Kaufmann* (o.Fußn.20), S.268.

[99] *Arthur Kaufmann* (o.Fußn.20), S.175, 266ff., 288, 494; *ders.* (o.Fußn.95), S.38, 40; *ders.*, Jura 1992, 304.

[100] *Arthur Kaufmann* (o.Fußn.20), S.175.

[101] *Larenz* (o.Fußn.24), 6. Auflage, S.136, weist zu Recht darauf hin, daß *Arthur Kaufmann* mit der von ihm bei der Normanwendung zugrunde gelegten Analogie nicht das Verfahren der Analogie meint, bei dem zwei Gegebenheiten miteinander verglichen werden. - Zu den Hauptthesen *Arthur Kaufmanns* (o.Fußn.20), S.494, gehört, daß das Recht „ursprünglich analog“ sei.

der hierfür unerläßliche Vergleichsgesichtspunkt nicht feststeht, sondern auswechselbar ist, wird von *Arthur Kaufmann*[102] eingestanden; desgleichen wird von ihm[103] eingeräumt, daß das Erkennen geeigneter Aspekte für die Vergleichsbetrachtung das eigentlich Problematische an der Analogie sei. *Schapp*[104] hat dieses Erkenntnisproblem in der Weise zu beschreiben versucht, daß die Bewegung von Norm und Fall nicht direkt aufeinander zu, sondern seitlich versetzt gerichtet sei. Danach wäre erst noch in einem weiteren Denkschritt eine Angleichung von vergegenständlichter Norm und aufbereitetem Fall erforderlich. Wie dem auch sei: Ziel und Schlußpunkt ist in jedem Fall die erkenntnistheoretische Überwindung des von dem Begriffspaar der allgemeinen Norm und dem konkreten Fall figurierten Dualismus durch entsprechende Gleichsetzung.

Ein erster Ansatzpunkt für eine kritische Betrachtung der dargestellten juristischen Hermeneutik ergibt sich aus der richterlichen Praxis. Der Versuch der Übernahme des kantischen Dualismus von Sein und Sollen auch auf die Bereiche von Fall und Norm wirkt gesucht konstruiert. Er taugt nicht für eine Darstellung der Rechtsfindung in der richterlichen Praxis; denn der erkennende Richter wird kaum seinen zum Finden einer dem geltenden Recht gemäßen Entscheidung führenden Denkvorgang als einen Akt beiderseitiger Anpassung von Norm und Fall bis zur Gleichsetzung beider verstehen[105].

In logischer Hinsicht charakterisiert *Arthur Kaufmann* [106] die beschriebene Rechtsfindung im Wege analogischen Denkens als gemischt deduktiv-induktives Verfahren, als Schluß vom Besonderen über das Allgemeine zum Besonderen. Richtigerweise ist bei der Methode des nachempfindenden Verstehens jedoch anzunehmen, daß es sich hierbei entweder um einen direkten induktiven Analogieschluß vom eigenen auf den anderen Fall oder um einen logischen Schluß aus einer allgemeinen Regel, die man durch Generalisierung aus dem eigenen Verhalten gewonnen hatte, handelt[107].

Die Prämissen und die sich hieraus ergebenden Folgerungen bei derartigen wie den eben beschriebenen direkten induktiven Analogieschlüssen sind kaum auf die von der juristischen Hermeneutik postulierten relationalen Beziehungen zwischen Gesetzestatbestand und Sachverhalt übertragbar. Der „eigene Fall" müßte für das eigene Wollen - das Wollen des Rechtsfindenden - stehen, das den Willen des Gesetzgebers in einem gedanklichen Identifizierungsprozeß dem eigenen Wollen anzugleichen hätte. Einem solchen Verständnis von einer einseitigen, nur nach der Vorstellung des Rechtsfindenden ausgerichteten Angleichung des Wollens stünde allerdings die Auffassung von der grundsätzlichen Zirkularität des Verstehens in der juristischen Hermeneutik entgegen. - Schließlich könnte ein induktiver Analogieschluß niemals zu einem sicheren Ergebnis führen[108].

In logischer Hinsicht ist bereits die weitere Denkmöglichkeit angedeutet worden, die Me-

[102]*Arthur Kaufmann* (o.Fußn.95), S.36.
[103]*Arthur Kaufmann* (o.Fußn.95), S.36.
[104]*Schapp*, Hauptprobleme der juristischen Methodenlehre, Tübingen 1983, S.75.
[105]Vgl. *Schapp* (o.Fußn.104), S.75.
[106]*Arthur Kaufmann* (o.Fußn.20), S.191, 266f., 494; *ders.*, Jura 1992, 303f.
[107]Vgl. *Stegmüller* (o.Fußn.57), S.422.
[108]*Stegmüller* (o.Fußn.57), S.422.

thode des nachfühlenden Verstehens als einen logischen Schluß aus einer allgemeinen Regel, die man durch Generalisierung aus dem eigenen Verhalten gewonnen hatte, zu qualifizieren. Hier ist die erkenntnistheoretische Schwachstelle bereits beim Ausgangspunkt des methodischen Verfahrens mit der zunächst zu treffenden singulären Überlegung auszumachen. Denn die aus einer singulären Aussage hergeleitete hypothetische Generalisierung teilt mit dieser die ihr immanente Unsicherheit[109].

Soweit der Methode der Rechtsfindung auf der Grundlage der juristischen Hermeneutik ein monopolistischer Geltungsanspruch beigemessen wird, kann dem bei Bestehen entsprechender Besonderheiten der gesetzlichen Tatbestandsmerkmale der Boden entzogen werden. Wenn bspw. in § 6 Abs. 1 UmwHG bestimmt wird, daß sich die Eignung zur Ursachenvermutung im Einzelfall auch nach „allen sonstigen Gegebenheiten" beurteilen soll, so hat der Richter jedoch nicht lediglich eine Generalklausel[110] oder ein sonstiges wertausfüllungsbedürftiges Tatbestandsmerkmal anzuwenden oder - nach der Lehrmeinung der juristischen Hermeneutik - durch Hin- und Herwandern des Blickes zwischen Normtatbestand und Lebenssachverhalt eine „Assimilation" zwischen beiden herbeizuführen[111]; vielmehr steht der „alle sonstigen Gegebenheiten" im Sinne von § 6 Abs. 1 UmwHG umfassende Rechtsbegriff im Gegensatz zu den gesetzlich normierten Generalklauseln, die *Justus Wilhelm Hedemann* als „Tatbestand oder Tatbestandsteil" bleiben wollende „dehnbare" Begriffe beschrieben hat, gleichsam *außerhalb* des Tatbestandes [112].

Für die Rechtsfindung hat das eben festgestellte und dem erkennbaren gesetzgeberischen Willen entsprechende Ergebnis des außerhalb des Gesetzestatbestandes stehenden besagten Rechtsbegriffs in § 6 Abs. 1 UmwHG fürs erste überhaupt die Konsequenz der sowohl zunächst durch den Tatrichter gebotenen Erforschung des Quasi-Tatbestandes „aller sonstigen Gegebenheiten" gemäß § 6 Abs. 1 UmwHG als auch danach dessen Ausfüllung nach Feststellung eines diesen betreffenden Sachverhalts. Es versteht sich daher von selbst, daß in Anbetracht der dem Richter auch zur Festlegung dieses Quasi-Tatbestandes verliehenen Kompetenz weder durch ihn ein nachempfindendes Verstehen des gesetzgeberischen Wollens denkbar sein noch insoweit eine durch die Metapher des Hin- und Herwanderns des Blickes beschriebene hermeneutische Wechselbeziehung des Verstehens zwischen Fall und Norm gegeben sein kann.

[109] Ähnlich *Stegmüller*, (o.Fußn.57), S.422; nach *Arthur Kaufmann*, Jura 1992, 303, führt die Generalisierung auf hypothetischer Basis zu neuen Erkenntnissen.

[110] Mit „Generalklausel" bezeichnet man gemeinhin wertausfüllungsbedürftige Rechtsbegriffe in allgemein gehaltener Formulierung. *Bydlinski* (o.Fußn.75), S.582, (aber) sieht in den „Generalklauseln" Vorschriften, „die sprachlich nur einen vagen Richtliniengehalt enthalten" .

[111] Vgl. *Kaufmann* (o.Fußn.95), S.38.

[112] So *Hedemann* in seiner berühmten Schrift „Die Flucht in die Generalklauseln - Eine Gefahr für Recht und Staat", Tübingen 1933, S.53f. Für *Hedemann* stehen die Generalklauseln im Verhältnis zu den „(Einzel)-Tatbeständen" lediglich über diesen (*Hedemann*, a.a.0., S.54) und damit eben *nicht außerhalb* des Tatbestandes.

Der Vollständigkeit halber und auch bereits im Hinblick auf den nachfolgend darzustellenden Abschnitt sei noch kurz die Kritik *Jan Schapps*[113] angeführt, der es als eine Schwäche der juristischen Hermeneutik in sich begreift, nicht zuvor die „Leistungsfähigkeit" des Gesetzes untersucht zu haben [114]. Diese Methodenschelte wird allerdings nur von der Auffassung *Jan Schapps* her deutlich, das Gesetz von vornherein auf Fälle zu beziehen und „nicht als Text oder Sinn schon im Ausgangspunkt absolut" zu setzen[115].

IV. Rechtsfindung im Dialogmodell

Von den gegeneinander abzugrenzenden Dialogmodellen[116] soll hier nur die für den praxisbezogenen Zugang zum Dialog der Rechtsfindung besonders relevante Konzeption *Jan Schapps* erörtert werden.

Das Innovative an den Grundvorstellungen des *Schapp*schen Gedankenentwurfs für ein Rechtsfindungsmodell ist, daß dort die Überwindung des dualistischen Ansatzes von Fall und Norm ernsthaft in Angriff genommen wird. Zentraler Begriff seiner Methodenlehre ist der zu imaginierende Bedeutungsinhalt der „gesetzgeberischen Entscheidung" . Dieses Bedeutungselement offenbart sich des Näheren durch die Konzeption *Schapps* von der aus konkreten Einzelfällen - einer „Fallreihe" - bestehend zu denkenden „Gesetzes als Entscheidung des Falles" [117]. Die Anschauung vom „Gesetz als Entscheidung des Falles" hat aber zur Folge, daß dem Gesetz nicht mehr als generell-abstrakte Normung ein individuell-konkreter Fall entgegengesetzt werden kann. *Schapp* vollzieht damit den Bruch zu den kantischen traditionellen Dualismen von Sollen und Sein bzw. dem Allgemeinen und dem Besonderen[118]. Es ist kein Grund ersichtlich, unser aller Lebenswelt, von der die Rechtsordnung nicht ausgeschlossen werden kann, nicht ganzheitlich zu sehen. Auch der Richter geht in der prozessualen Praxis im Hinblick auf Fall und Norm nicht von Sein und Sollen respektive von zwei verschiedenen Welten aus[119]. Die Betrachtungsweise

---

[113] *Schapp* (o.Fußn.104), S.91ff.

[114] *Schapp* würde allerdings wohl die oben angesprochenen Fälle mit „Quasi-Tatbeständen" von dem von ihm vertretenen Methodenmodell, in dem „das Gesetz als Entscheidung des Falles" konzipiert wird (*Schapp* [o.Fußn.104], S.31ff), ausnehmen, hätte dann insoweit aus der Position seiner Rechtsfindungsmethode aber keinen Ansatzpunkt mehr für eine kritische Beurteilung der juristischen Hermeneutik.

[115] *Schapp* (o.Fußn.104), S.91.

[116] Man wird dazu argumentationstheoretische (insbesondere die Konzeption von *Alexy* [Theorie der juristischen Argumentation]) und dialogische Modelle (neben dem *Schapp*schen Gesprächsmodell ist hier vornehmlich die Rechtsfindungskonzeption von *Rolf Gröschner*, Dialogik und Jurisprudenz, 1982, zu nennen) der Rechtsfindung zu unterscheiden haben.

[117] *Schapp* (o.Fußn.104), S.31ff., 53ff., 64ff., 90ff. und passim. Vgl. zu diesem Dialogmodell auch *Weimar* (o.Fußn.8), S. 174; er lehnt diese dialogische Konzeption wegen ihres „fiktiven Charakters" als nicht praktikabel ab.

[118] Ebenso und hierzu *Gröschner*, Die richterliche Rechtsfindung: „Kunst" oder „Methode" ?, JZ 1983, 944, 945f.; *ders.*, Judiz - was ist das und wie läßt es sich erlernen?, JZ 1987, 903, 905 f. Die herkömmliche Ausgangsposition war bislang die Kontrastierung von Fall und Gesetz, durch die der philosophische Gegensatz von Sein und Sollen zu einer methodologischen Entgegensetzung von Besonderem und Allgemeinem konstruiert wurde.

[119] Ähnlich *Gröschner*, JZ 1983, 944, 945f; *ders.*, JZ 1987, 903, 905; *Schapp* (o.Fußn.104), S.18.

einer einheitlich-lebensweltlichen Sicht[120] schließt die Isolierung des Rechts vom Fall und umgekehrt aus[121].

In Abwendung von der Auffassung des Gesetzes als einem generell-abstrakten Sollen birgt dies für *Schapp* also insofern eine konkrete gesetzgeberische „Fall"-Entscheidung, als da die Entscheidung bezüglich derjenigen „Fallreihen" ist, auf deren konkrete Einzelfälle sich das einschlägige Gesetz bezieht[122]. Er begreift das Gesetz selbst schon als „etwas Besonderes, Einzelnes deshalb, weil es einen oder mehrere in der Zukunft liegende konkrete Einzelfälle entscheidet" [123]. Dies geschieht durch eine Entscheidung über die „Reihe" dieser Einzelfälle, die sich zugleich als eine Entscheidung über den Einzelfall selbst darstellt[124]. Den einzelnen Fall indessen will der Gesetzgeber nach dem Verständnis *Schapps* in kommenden gerichtlichen Entscheidungen aus bestimmten, in den Normtatbeständen enthaltenen Gründen gleichbehandelt wissen.

Zudem entscheidet der Gesetzgeber nach der Lehre *Schapps*[125] zunächst nur die Fälle[126] eines engeren Kernbereichs, die Anlaß der Kodifizierung waren und die er sich deswegen vor Augen geführt hatte; erst in zweiter Linie habe das Gesetz dann schließlich auch noch Bezug auf weitere, aber nicht so eindeutig wie die vom normativen Kernbereich erfaßten Fälle[127]. Für die Beantwortung der Frage nach der Einbeziehung auch dieser Fälle vom Gesetz sei der Richter berufen[128]. Dabei seien Ausgangspunkt für die im Fallvergleich[129] zu erfolgende richterliche Entschließung die vom Gesetzgeber sicher entschiedenen Fälle; Entscheidungskriterium für den Rechtsfindenden sei, ob der für den Gesetzgeber zur Entscheidung des als unzweideutig eingestuften Falles relevante Grund auch als Entscheidungsgrundlage für den nicht eindeutig festgelegten Fall dienen könne[130]. Die Bedeutung des Gesetzes überhaupt wird nach der Anschauung *Schapps*[131] nur durch die rückblendende Reflexion auf die sicher entschiedenen Fälle begreiflich.

Auch *Schapp* nimmt für sein dialogisches[132] Modell der Rechtsfindung - wie wohl alle Vertreter von Rechtsfindungskonzeptionen für die jeweilige Lehre - Allgemeingültigkeit in Anspruch. Allerdings vermißt man bei ihm auf Feststellung der Bewährung des universellen Geltungsanspruchs seines Rechtsfindungsmodells abzielende Untersuchungen etwa in der Weise des Versuchs, den Nachweis zu erbringen, daß seine Rechtsgewinnungskonzeption den Aufbau und Struktur ausreichend vieler Gesetze figurierten Prüfungskriterien

[120] *Schapp* (o.Fußn.104), S.18, spricht von der „Einheit von Fall, Recht und Lebenswelt" .
[121] Vgl. *Gröschner*, JZ 1983, 944, 946.
[122] *Schapp* (o.Fußn.104), S.4, 10, 31, 53ff., 64ff., 90ff.
[123] *Schapp* (o.Fußn.104), S.7, 93.
[124] *Schapp* (o.Fußn.104), S.10.
[125] Vgl. *Schapp* (o.Fußn.104), S.31.
[126] *Schapp* gebraucht hierbei den Ausdruck „Fall" im Sinne von „Fallreihe" .
[127] *Schapp* (o.Fußn.104), S.31.
[128] *Schapp* (o.Fußn.104), S.31.
[129] Die Fälle sollen im Hinblick auf ihre Entscheidungsgründe verglichen werden.
[130] *Schapp* (o.Fußn.104), S.31.
[131] Vgl. *Schapp* (o.Fußn.104), S.31.
[132] Für *Schapp* (o.Fußn.104), S.66, 72, 78, ist hierunter das Gespräch des Richters mit dem Gesetzgeber in der Dreiecksbeziehung Gesetzgeber-Fall-Richter zu begreifen.

standgehalten hat. Statt dessen widmet sich *Schapp*[133] lediglich dem Problem der Aufspaltung des Tatbestandes in deskriptive und normative Tatbestandsmerkmale, die er mit der Begründung ablehnt, ansonsten auch zu zwei Arten von Rechtsanwendungslehren zu gelangen.

Die Frage der Unterscheidung von deskriptiven und normativen Tatbestandsmerkmalen kann indessen bei § 6 Abs. 1 S. 2 UmwHG auf sich beruhen, da jedenfalls der Gesamtbestand dieser Vorschrift ersichtlich normativ ist. Allerdings ist mit dieser Erkenntnis allein noch nichts gewonnen, sondern durch sie wird erst die Frage nach der Struktur dieser Normativität hervorgerufen, die hier aber auch im Kontext damit gestellt werden soll, ob der Allgemeingültigkeitsanspruch des *Schapp*schen Rechtsgewinnungsmodells noch aufrechterhalten werden kann.

Im Hinblick auf § 6 Abs. 1 S. 2 UmwHG kann nicht im Sinne der *Schapp*schen dialogischen Rechtsfindungskonzeption davon gesprochen werden, daß der Gesetzgeber dort zunächst einen Kernbereich sicher entschiedener Fälle vorgesehen habe. Ein solcher sich gleichsam an das Gesetz eng anlehnender Kernbereich - wie etwa bei dem Tatbestandsmerkmal der Sittenwidrigkeit des § 138 BGB - ist bei dem - um ein Wort *Peter Saljes*[134] zu gebrauchen - „richtergesteuerten“ § 6 Abs. 1 S. 2 UmwHG nicht auszumachen und dürfte auch mit dem Willen des Gesetzgebers schwerlich in Übereinstimmung gebracht werden können. Daß die richterliche Rechtsfindung auch nicht für einen eindeutigen Kernbereich einer präzisen Steuerung unterliegen soll, ist insbesondere aus dem „offenen“ Tatbestand der „Eignungsgegebenheiten“ gemäß § 6 Abs. 1 UmwHG zu entnehmen[135]. Daß es nicht ausreichen kann, lediglich ein zwar geistreiches Rechtsgewinnungsmodell zu konstruieren, dieses aber ohne hinreichende praktische Überprüfung an den für diese Konzeption gedachten Gesetzen zu tun, zeigt sich auch an der Sentenz *Schapps*[136], daß der Richter „immer nur von den sicher entschiedenen Fällen ausgehen“ könne. Wird das Vorkommen von Rechtsvorschriften - wie der von § 6 Abs. 1 UmwHG - nachgewiesen, die nicht einmal einen Grundstock von vom Gesetzgeber sicher entschiedenen Fällen aufweisen, dann fällt das Rechtsgewinnungsmodell *Schapps* gewissermaßen wie ein Kartenhaus in sich zusammen[137].

---

[133] *Schapp* (o.Fußn.104), S.32.

[134] Umwelthaftungsgesetz, S.196.

[135] Die Kehrseite der Medaille ist natürlich die damit einhergehende Verkürzung der Rechtssicherheit.

[136] *Schapp* (o.Fußn.104), S.31.

[137] Zu § 6 Abs. 1 S. 2 UmwHG läßt sich entgegen *Schapp* (o.Fußn.104), S.33, eben auch nicht sagen, das Gesetz habe „immerhin Entscheidungsgründe für sicher entschiedene Fälle herausgearbeitet, die dann offenbar auch für weitere - zunächst nicht bedachte oder nicht ausdrücklich einbezogene - Fälle Bedeutung haben.“

Wenig auf § 6 Abs. 1 UmwHG zugeschnitten erscheint es auch, wenn von der Rechtsfindungslehre *Schapps* doziert wird, der Gesetzgeber entscheide in bestimmter Weise die Reihe der Einzelfälle und den mit diesen gleichgelagerten zukünftigen konkreten Einzelfall aus einem bestimmten, für alle Fälle geltenden Grund zugleich selbst[138].

Ebensowenig kann die Behauptung *Schapps*[139] mit § 6 Abs. 1 S. 2 UmwHG in Einklang gebracht werden, der Gesetzgeber habe hinsichtlich der von ihm nicht eindeutig entschiedenen Fälle zur Sicherung einer umfassenden Wirkung seiner Entscheidung den Kreis der betroffenen Fälle offen gelassen. Von einer Entscheidung des Gesetzgebers in diesem Sinne kann in § 6 Abs. 1 S. 2 UmwHG insofern keine Rede sein, als bei der Anwendung dieser Gesetzesnorm nicht nur der Kreis der betroffenen Fälle offen ist, sondern infolge der nur beispielhaft normierten „Eignungsgegebenheiten" mit der Möglichkeit weiterer nicht ausdrücklich genannter Gegebenheiten das Tatbestandsmerkmal dieser Gegebenheiten auch überhaupt.

B. Resümierende Gedanken zur Rechtsfindung im Hinblick auf § 6 Abs. 1 UmwHG

Ausgangspunkt für die erste reflektierende Betrachtung zur Problematik der Rechtsfindung sei noch einmal die Lehre *Schapps*: Es hat den Anschein, als glaube er, gerade in der - in Relation zur eigenen Theorie - abgrenzenden methodologischen Darstellung des juristischen hermeneutischen Modells und dessen Widerlegung bei gleichzeitiger Hervorhebung der Kriterien der eigenen Rechtsgewinnungskonzeption den wesentlichen Baustein für die Grundlegung des Gültigkeitsanspruchs für die eigene Lehre gefunden zu haben. Denn er stellt die nach Meinung der hermeneutischen Gleichsetzungsmethode im Wege des Rechtsfindungsprozesses erst noch erforderliche richterliche Konkretisierung des Gesetzes im Hinblick auf das Besondere dem eigenen Rechtsgewinnungsmodell gegenüber, wonach das Gesetz selbst schon etwas entschieden haben soll und dies von vornherein als Entscheidung des dem Richter vorliegenden Falles konkret sei[140]. Diese Einsichten mögen *Schapp* auch den Blick dafür versperrt haben, daß in der Entkräftung einer anderen Methode allein noch nicht der Gültigkeitsnachweis für die eigene Rechtsfindungskonzeption liegen kann. Es dürfte vielmehr am Beispiel des § 6 Abs. 1 UmwHG der Beweis erbracht worden sein, daß die Auffassung *Schapps*[141], daß die Gesetzeskenntnis auf der Fallkenntnis aufbaue und das „System" erst anhand der Fälle verständlich werde, solche Fälle vor allem nicht erfassen kann, die auf Gesetze angewandt werden sollen, deren Tatbestandsmerkmale im besagten Sinne „richtergesteuert" strukturiert sind, womit eben jedenfalls

[138] *Schapp* (o.Fußn.104), S.53; *Schmidt-Salzer*, Kommentar zum Umwelthaftungsrecht, Heidelberg 1992, S.621, Rdnr.196 zu § 6 UmwHG, spricht demgegenüber im Hinblick auf § 6 Abs. 1 S. 2 UmwHG von einer an das Gericht delegierten „gesetzlichen Prüfungsanweisung" .

[139] Vgl. *Schapp* (o.Fußn.104), S.55.

[140] *Schapp* (o.Fußn.104), S.76.

[141] Vgl. *Schapp* (o.Fußn.104), S.63, dort Fußn.3.

eine *Geltung* dieser dialogischen Rechtsgewinnungslehre zwingend ausgeschlossen ist.

Es bleibt festzustellen, daß die Erörterung der untersuchten und miteinander gleichsam im gedanklichen Wettbewerb stehenden Rechtsfindungsmodelle gezeigt hat, daß bei allen diesen Konzeptionen methodologische oder andere Unzulänglichkeiten aufzudecken waren und daß keine dieser Rechtsgewinnungslehren - um einen wettbewerbsrechtlichen Begriff zu verwenden - der von ihr vertretenen *Alleinstellungsbehauptung* gerecht geworden ist. Auf die Prüfung weiterer Rechtsfindungsmodelle kann jedoch verzichtet werden, da den bisherigen Erörterungen zu entnehmen sein dürfte, daß dem Richter vom Gesetzgeber unzweifelhaft die Kompetenz verliehen worden ist, die Reichweite des Tatbestandsmerkmals der „Eignungs-Gegebenheiten" gemäß § 6 Abs. 1 UmwHG - dem Gegenstand der Untersuchungen dieser Arbeit - bei der Rechtsgewinnung selbst zu steuern; angesichts dieser in diesem Umfang vom Gesetzgeber auf den Richter übertragenen *schöpferischen* Möglichkeiten[142] der Rechtsfindung[143] bedarf es jedenfalls für und bei der Anwendung von § 6 Abs. 1 S. 2 UmwHG keiner praxisfremden konstruierten oder philosophisch überhöhten Rechtsgewinnungskonzeptionen.

Es soll schließlich noch einmal ein zentrales Anliegen dieser Arbeit zur Sprache kommen. Es ist gar keine Frage, daß die Ansicht *Arthur Kaufmanns*[144], der Rechtsfindungsvorgang enthalte nicht ausschließlich formallogische Momente, nicht in Abrede gestellt werden kann. Aus dem Blickwinkel *Kaufmanns* von der Rechtsfindung als einem Prozeß hermeneutischer Zirkularität ist es indessen verständlich, daß er diese Aussage nicht etwa gegliedert auf Tatbestand und/oder Sachverhalt bezogen hat. Eine solche Differenzierung findet sich auch nicht bei *Ulfrid Neumann*[145], wenn er vor den „Gefahren einer Logifizierung von Recht und Rechtswissenschaft" warnt[146]. Eine Gesamtschau von Fall und Norm bei der Betrachtung des Problems, die Regeln der formalen Logik einzusetzen, erscheint allerdings nicht als sinnvoll. Es erweist sich insbesondere eine Logifizierung von § 6 Abs. 1 UmwHG im Sinne der Normenlogik wegen der „Offenheit" und der „Richterbezogenheit" des Tatbestandsmerkmals der „Eignungs-Gegebenheiten" als nicht recht vollstellbar.

---

[142]Immerhin will übrigens auch *Schapp* (o.Fußn.104), S.55, im Kontext seines Rechtsgewinnungsmodells die *schöpferische* Mitwirkung des Richters nicht ausschließen

[143]Was natürlich mit dem Verzicht auf die eigene Befugnis als Gesetzgeber im Kontext mit der Rechtsgewinnung einhergeht und damit etwa auch die Entäußerung der Möglichkeit bedeutet, mit dem Gesetzgeber in ein das Gesetz zum Verständnis bringendes Gespräch zu treten oder womöglich anhand der Tatbestandsmerkmale vom Gesetzgeber bereits vorgegebene fallbezogene Entscheidungen erkennen zu können.

[144]*Arthur Kaufmann* (o.Fußn.20), S.309.

[145]In: *Kaufmann/Hassemer* (Hrsg.), Einführung in Rechtsphilosophie, S.263.

[146]*Luhmann*, Gerechtigkeit in den Rechtssystemen der modernen Gesellschaft, in: Rechtstheorie 41(1973), S.131, merkt hierzu an: „Die Meinung, Logik sei auf Rechtsfragen nur begrenzt anwendbar, ist ebenso richtig wie unergiebig - besonders, wenn als Grund dafür die Wertungsabhängigkeit des Rechts angegeben wird und es bei dieser Auskunft bleibt." Anders *Alexy* (o.Fußn.10), S.274: „Es gibt Rechtsfragen, in denen eine Rechtfertigung einer logischen Form ausreicht."

Kontrastierend zu der - überhaupt als zu starr und damit in Anbetracht der grundsätzlich nicht eindeutigen Gesetzesbegriffe[147] in der Regel kaum dem gesetzgeberischen Willen entsprechenden - Normenlogik bietet sich der Gebrauch deduktiver oder induktiver probabilistischer Systematisierungen unter Anwendung formaler Logik bei Vorliegen entsprechender Erfahrungssätze in geeigneten Einzelfällen[148] bei der Feststellung des *Sachverhalts* als zu berücksichtigende Denk- und Erfahrungssätze an. Im Anschluß hieran bleibt mit dem *BGH*[149] noch hinzuzufügen, daß der Tatrichter grundsätzlich darin frei ist, „welche Beweiskraft er den Indizien im einzelnen und in einer Gesamtschau für seine Überzeugungsbildung beimißt", ihm aber die Verletzung des Gebots der Berücksichtigung von Denk- oder Erfahrungssätzen versagt ist.

Damit läßt sich nun auch die oben im 3. Kapitel unter B III. angeschnittene Frage nach einer möglichst objektiven Entscheidungsfindung nur in der Weise beantworten, daß naturgemäß zwar ein objektives Moment der Rechtsgewinnung in der Bindung an die Denkgesetze liegt, ansonsten aber gerade die als „richtergesteuert" zu charakterisierende, auf die Entscheidungsfindung abzielende Struktur des § 6 Abs. 1 S. 2 UmwHG es nicht verhindern könnte, sollte sich der Richter gewisse subjektive Freiheiten mit dem Ergebnis einer dezisionistischen Entscheidung herausnehmen, was in den Urteilsgründen ja nicht einmal offen zutage treten müßte.

Und ein letztes: Wenn der Rechtsfindende nach genannter Rechtsprechung grundsätzlich darin frei ist, darüber zu befinden, welchen Beweiswert er den Indizien[150] im einzelnen und in einer Gesamtschau für seine Überzeugungsbildung beimessen will, erscheint es - insbesondere im Kontext mit dem Indizienbeweis - weder tauglich noch überhaupt sinnvoll, Kriterien für die Ermittlung der Beweiskraft oder sogar die Berechnung[151] des „Gesamtbeweiswertes" durch Einsetzen von für jedes Beweismittel ermittelten „Maßzahlen" (von 0 bis 1) in eine mathematische Formel anzubieten.

---

[147]Eine Ausnahme stellen die Zahlbegriffe dar.

[148]Wie im Kontext mit § 6 Abs. 1 UmwHG zu zeigen versucht wurde. - Der Richter hat sich dabei also zunächst im Rahmen der ihm gesetzgeberisch erteilten Befugnis zur Bestimmung der Reichweite des Tatbestandsmerkmals der „Eignungs-Gegebenheiten" dessen bewußt zu werden, ob er eine von einer Partei als vorliegend gegeben behauptete Gegebenheit überhaupt als tatbestandsmäßige Möglichkeit anerkennen will. In der Praxis mag diese Bewußtseinswerdung allerdings im Einzelfall womöglich erst während der Beweisaufnahme reifen.

[149]Dieser hatte zuletzt in einem Urteil vom 15.06.1994, ZfS 1995, 373, seine betreffende ständige Rechtsprechung bestätigt.

[150]Diesen dürfte - wie darzustellen, versucht wurde - bei der Anwendung von §6 Abs. 1 UmwHG in der Regel eine ausschlaggebende Bedeutung beizumessen sein.

[151]So *Schreiber* in seiner Monographie „Theorie des Beweiswerts für Beweismittel im Zivilprozeß" aus dem Jahre 1968.

6. KAPITEL

Interdependenzen zwischen der ökonomischen Analyse des Rechts und dem Umwelthaftungsgesetz

A. Introduktion

Es kann nach meiner Überzeugung die thematische Introduktion nur mit der Kernfrage nach den Interferenzerwartungen und den hierauf bezogenen Geltungsansprüchen der ökonomischen Folgenanalyse des Rechts im Hinblick auf die gefährdungshaftungsrechtlichen Schadensrisikozuordnungen nach dem Umwelthaftungsgesetz beginnen[1].

Richard A. Posner, einer der Wegbereiter der economic analysis of law in den USA, schrieb 1977 in selbstsicherer Zuversicht auf den erwarteten Siegeszug dieser ökonomischen Rechtslehre in Amerika: „Whatever its dificiencies, the economic theory of law appears to be the most promising positive theory of law extant“[2]. Er wurde in seiner Erwartung des economic approach to law auch nicht enttäuscht, denn diese Rechtstheorie

[1] Fur diese ökonomische Theorie mag der Verweis auf die Problematik der Schadensrisikozuordnung bereits eine Provokation sein, da für sie nur eine ökonomisch indizierte Rechtsanwendung in Betracht kommt.

[2] *Richard A. Posner*, Economic Analysis of Law, 5. Aufl. 1998, S. 21. - Die Urfassung der US-amerikanischen *economic analysis of law* wurde vornehmlich neben *Richard A. Posner* von *Armen A. Alchian, Guido Calabresi, Herold Demsetz, Eirik G. Furubotn* und *Svetozar Pejovich* in Übernahme des von *Ronald H. Coase* in seiner Abhandlung über das Problem der sozialen Kosten entwickelten Theorems autoritativ geprägt (vgl. hierzu auch *Karl-Heinz Fezer*, JZ 1988, 223). Die schnelle Verbreitung des ökonomischen Theorieansatzes zeigte sich in den folgenden Jahrzehnten in den USA dann insbesondere darin, daß in einer nicht mehr überschaubaren Vielzahl von Literaturbeiträgen nahezu alle Rechtsinstitute und -einrichtungen einer ökonomischen Analyse unterzogen wurden und daß an den Law Schools im akademischen Unterricht der *economic approach to law* zunehmend an Bedeutung gewann. Es ist aber der Analyse der economic *analysis* of law durch *Bernhard Nagel* sehr anzurechnen, erkannt zu haben, daß die ökonomische Betrachtung des Rechts in den USA häufig ihren Ausgangspunkt nicht *de lege lata* nimmt, sondern von einer - aus der Sicht der US-amerikanischen ökonomischen Rechtslehre - allenfalls *de lege ferenda* zu erwartenden Rechtslage, die zu einem Modell von Rechtsnormen hochstilisiert und dann auf ihre Effizienz hin überprüft werden (vgl. *Bernhard Nagel*, Wirtschaftsrecht II, S. 267).

gewann nicht nur an Relevanz, sondern nahm zusehends - wie dann auch in Deutschland in rezeptiver Übernahme der economic analysis of law[3] - eine den angesprochenen Interferenzerwartungen entsprechende vorrangige und universelle Geltung für alle Rechtsbereiche für sich in Anspruch. Die Gültigkeitsfrage im Hinblick auf den Alleinstellungsanspruch, den die economic analysis of law erhebt, wollen wir insbesondere am Maßstab des systemtheoretischen Rechtscodes Recht / Unrecht - einer binären Leitdifferenz - kritisch hinterfragen und zu beantworten versuchen. Dabei wird zugrunde zu legen sein, daß das wesentliche Kennzeichen des Universalitätsanspruchs sich darin zeigt, daß es der ökonomischen Rechtsanalyse darum geht, alle rechtlich zu durchdringenden Bereiche der Gesellschaft den Prinzipien der ökonomischen Effizienz im Sinne der Kosten / Nutzen-Kriterien zu unterwerfen und sie nach der Zielfunktion der ökonomischen Effizienzplanung zu untersuchen, zu erklären und zu regeln [4]; der Universalitätsanspruch schließt ein das Postulat der Vorrangigkeit des ökonomischen Effizienzziels. Gänzlich versagt sich die Lehre der ökonomischen Analyse des Rechts der Angabe wissenschaftstheoretischer Gründe für den Geltungsanspruch dieses Theorems.

[3]Der grundsätzlich erfolgte ungeprüfte und bedenkenlose Transfer der economic analysis of law aus den USA mit einem durch das case law geprägten Rechtssystem hinein in den von anderen rechtstheoretischen und rechtsmethodischen Kategorien geprägten kontinentaleuropäischen Rechtskreis setzt sich zwar einerseits über das verschiedenartige Rechtsdenken hinweg, beweist flexible Anpassungsfähigkeit andererseits aber dadurch, daß er (insbesondere in Deutschland) die Institution der richterlichen Rechtsfortbildung für die **Anwendung** der ökonomischen Rechtsanalyse zu instrumentalisieren versucht (nach *Claus Ott / Hans-Bernd Schäfer*, Die ökonomische Analyse des Rechts, JZ 1988, S. 213 ff., betreffen die normativen Aussagen der ökonomischen Rechtsanalyse unmittelbar den Bereich der Rechtsanwendung).

[4]Vgl. *Karl-Heinz Fezer*, Nochmals: Kritik an der ökonomischen Analyse des Rechts, JZ 1988, S. 223, 226.

B. Die Lehre von der ökonomischen Analyse des Rechts

Welches sind die Grundprinzipien und wesenhaften ökonomischen Konzepte der economic analysis of law? Als ihre zentralen Erscheinungsformen sind die Allokationseffizienz[5], die paretianische Optimalität, das Kaldor-Hicks- Kriterium, das Coase-Theorem, die Internalisierung externer Effekte, die Transaktionskostenminimierung und die Folgenorientierung hervorzuheben. Bereits zu Beginn des 20. Jahrhunderts entwarf *Vilfredo Pareto* das der Beurteilung der Modalitäten ökonomischer Handlungsoptionen dienende Denkmodell des paretianischen Optimums als Leitsatz wohlfahrtsökonomischer Einschätzung der Wirklichkeit wirtschaftlicher Zustände[6]. Pareto-Optimalität wird als mögliche Veränderung gesellschaftlicher Verhältnisse erreicht, wobei eine Nutzenverbesserung einer Person nur gelingt, wenn mindestens eine andere Partei dadurch eine Nutzenverschlechterung in Kauf nehmen muß[7]. Es ist plausibel, daß das paretianische Optimum zum Maßstab für die wohlfahrtsökonomische Bewertung der Wirklichkeit ökonomischer Zustände erklärt wurde[8], weil - in den USA seit Ende der dreißiger Jahre - die *new welfare economics*[9] eine der wichtigsten Quellen ist, durch die die economic analysis of law gespeist wird. Anstatt jedoch einen tragfähigen wissenschaftstheoretischen Unterbau für die Begründung des apodiktisch vorgetragenen Anspruchs nach Verwirklichung der Zielvorstellung nach Entscheidungen gemäß dem Gemeinwohl zu liefern, meinen *Claus Ott* und *Hans-Bernd Schäfer*[10], im selbstbildenden Erschaffen eines offenen Dezisionsraums, und gemäß den imperialistischen Ansprüchen des „efficiency"-Kriteriums als zweckkontrolliertes Konditionalprogramm das von der - auch von ihnen vertretenen - Lehre der ökonomischen Rechtsanalyse formulierte Bedürfnis nach einer ihrer ideologischen Vorstellung entsprechenden zeitgemäßen Neukonzipierung des Rechts in Form einer Globalaussage im Hinblick auf den erheischten Effekt des Effizienzkalküls als kollektives Gut mit dieser autoritativen Sentenz belegen zu können: „Gesellschaftlich wünschenswert sind solche Entscheidun-

---

[5]Allokation ist die Bezeichnung für die Verteilung der Produktionsfaktoren in einem bestimmten Raum. Eine optimale - also effiziente - Allokation der Ressourcen ist gleichzusetzen mit den Begriffen optimale Arbeitsleistung und optimale Verteilung der Produktionsfaktoren auf alternative Verwendungszwecke.

[6]Ähnlich *Karl-Heinz Fezer*, Aspekte einer Rechtskritik an der economic analysis of law und am property rights approach, JZ 1986, S. 817, 819.

[7]Vgl. *Hans-Bernd Schäfer / Claus Ott* (o. Fußn. 7), Lehrbuch der ökonomischen Analyse des Zivilrechts, S. 26. *Karl-Heinz Fezer*, Aspekte einer Rechtskritik an der economic analysis of law und am property rights approach, JZ 1986, 817, 819, bezeichnet unzutreffend als Pareto-Effizienz einen solchen sozialen Zustand, der wenigstens eine Person besser zu stellen vermag, **ohne** hierdurch eine andere Person zu benachteiligen. Nach Ansicht *Horst Eidenmüllers*, Rechtsanwendung, Gesetzgebung und ökonomische Analyse, AcP 197 (1997), S. 128 (dort Fußn. 122), soll das Pareto-Kriterium für die ökonomische Analyse des Rechts keine Rolle spielen.

[8]*Karl-Heinz Fezer*, Aspekte einer Rechtskritik an der economic analysis of law und am property rights approach, JZ 1986, 819.

[9]Die sich als ein von Werturteilen freies Theorem der Wohlfahrt versteht.

[10]*Claus Ott / Hans-Bernd Schäfer*, Die ökonomische Analyse des Rechts - Irrweg oder Chance wissenschaftlicher Rechtserkenntnis?, JZ 1988, S. 213 ff.

gen, die dem Gemeinwohl entsprechen"[11]. Es wird an späterer Stelle im einzelnen noch zu untersuchen sein, ob die Forderung der ökonomischen Rechtslehre, Rechtsentscheidungen unter dem Blickwinkel des Gemeinwohls zu treffen, mit der Verfassungswirklichkeit des Grundgesetzes in Einklang zu bringen ist.

Das Kaldor-Hicks-Kompensations-Kriterium - ein weiteres Grundprinzip der ökonomischen Analyse des Rechts - besagt, daß eine Entscheidung oder Maßnahme, durch die mindestens ein Mitglied der Gesellschaft bevorzugt und mindestens ein Mitglied benachteiligt wird, dann durchgeführt werden soll, wenn es möglich ist, aus dem Gewinn der Begünstigten die Benachteiligten zu entschädigen und den Begünstigten trotzdem noch ein Vorteil verbleibt. Entschädigung wird vom Kaldor-Hicks-Kompensationskriterium aber nur als gedankliche Möglichkeit vorausgesetzt; würde sie tatsächlich durchgeführt, läge eine Pareto-Verbesserung vor[12]. Bei Berücksichtigung der Kollektiventscheidungsregel von *Kaldor* und *Hicks* wird deutlich, daß es aus der Sicht der ökonomischen Analyse des Rechts nicht sinnvoll ist, einen Schaden um jeden Preis zu vermeiden. Auch auf die Frage der Begründbarkeit des Kaldor- Hicks-Kriteriums wird zurück zu kommen sein.

Als Vater der economic analysis of law wird neben *Guido Calabresi* insbesondere *Ronald H. Coase* angesehen, der in seinem bahnbrechenden Beitrag „The Problem of Social Costs"[13] einen methodischen Problemlösungsansatz schuf, der gerade auch auf alle umweltschutzrechtlichen Schadensfälle[14] angewandt werden soll. In seinem Denkmodell fordert *Coase*, die wirtschaftlichen Vor- und Nachteile gegeneinander abzuwägen und solche Änderungen der *social arrangements* durchzuführen, daß der Gesamtproduktionswert der Volkswirtschaft maximiert, also die günstigste Kosten-Nutzen-Relation herbeigeführt wird. Dabei geht er von diesen konzeptionellen Annahmen aus: Ein Nutzungskonflikt um eine knappe Ressource kann alternativ entweder dadurch gelöst werden, daß sich zum einen der Stärkere durchsetzt oder zum anderen im Wege der Festlegung autoritativer Rechtsgeltung einer entsprechenden Norm bestimmt wird, daß der einen oder der anderen Partei das Eigentums- und Nutzungsrecht an der knappen Ressource zugesprochen wird oder schließlich zwar die Befugnis zum Erwirken der Eigentums- und Nutzungsrechte vom Staat besteht, die Konfliktparteien sich jedoch auf einen Kompromiß einigen können. *Coase* behandelt die Verteilung gesellschaftlicher Nachteile nach dem Grundsatz ökonomischer Optimalität[15], es gehört dabei zu den Modellannahmen seines Theorems,

[11] *Claus Ott / Hans-Bernd Schäfer*, Die ökonomische Analyse des Rechts - Irrweg oder Chance wissenschaftlicher Rechtserkenntnis?, JZ 1988, S. 213 ff.

[12] Zum Kaldor-Hicks-Kriterium vgl. *Hans-Bernd Schäfer / Claus Ott* (o.Fußn. 7), S. 32 ff. Der Kompensationstest nach *Kaldor* und *Hicks* wurde 1939 von den britischen Ökonomen *Hicks* und *Kaldor* als weitere Entscheidungsregel vorgeschlagen. *Hicks* und *Kaldor* hatten es sich zur Aufgabe gemacht, einen Ausweg aus dem dadurch zu beschreibenden Dilemma zu finden, daß es kaum möglich ist, daß auch nur ein Mitglied der Gesellschaft eine Nutzenverbesserung erlangen kann, ohne daß dadurch der Nutzen eines anderen beeinträchtigt wird.

[13] *Coase*, Journal of Law an Economics 3 (1960), S. 1 ff.

[14] *Coase* hatte das Problem der sozialen Kosten am Beispiel des nachbarrechtlichen Immissionsschutzes exemplifiziert.

[15] Vgl. hierzu auch *Karl-Heinz Fezer*, JZ 1986, 819.

daß bei den Verhandlungen zwischen den Parteien keine Transaktionskosten[16] anfallen.

Im Hinblick auf die angenommenen Modellbedingungen einer transaktionsfreien ökonomischen Gesellschaft leidet das Coase-Theorem jedoch unter einem Realitätsverlust - über andere kontrafaktische Annahmen dieser Lehre wird noch zu sprechen sein -, die es als ein utopisches Lehrgebäude desavouieren. Bei Auftreten hoher Kosten eines Austauschprozesses auf dem Markt (Transaktionskosten) treten entsprechend hohe Fehlallokationen von Ressourcen auf[17]. Das Vorhandensein von Transaktionskosten verhindert also eine optimale Ressourcenallokation, so daß *externe Effekte*[18] auftreten [19]. Es bleibt daher nur die Alternative, entweder transaktionsbedingte Handlungsrestriktionen in Kauf zu nehmen, oder dem Recht - wenn die Rechtsordnung als in die ökonomische Analyse miteinbezogen angesehen werden kann - die Funktion zuzuweisen, die nicht berücksichtigten Transaktionskosten zwischen den Wirtschaftsakteuren auf dem Markt in der Weise zu kompensieren, daß das Recht mit dem Ziel der Internalisierung externer Effekte instrumentalisiert wird[20]. Andererseits wiederum soll die Rechtsordnung als ein System von Anreizen (*incentives*) in erwarteter Rechtsanwendung im Sinne der ökonomischen Rechtsanalyse die Wirtschaftssubjekte zu einem marktrationalen, also allokationseffizienten Entscheidungsverhalten über den Prozeß einer Internalisierung veranlassen [21]. *Incentives* durch eine von der ökonomischen Analyse indoktrinierte Rechtsordnung entfallen allerdings immer dann, wenn der Handelnde die Entstehung der zu internalisierenden Kosten überhaupt nicht voraussehen kann.

Es bleibt zu resümieren, daß allein schon die die Geltung des Coase-Theorems bedingende Modellannahme des Fehlens von Transaktionskosten einen Bezug zur Wirklichkeit vermissen läßt, und daher dieses Theorem als eine ihre Gültigkeit nur hypostasierende Theorie der Eignung ermangelt, als zentrales Denkmuster der ökonomischen Rechtslehre - als das sie von den Vertretern der ökonomischen Analyse des Rechts gewöhnlich angesehen wird - zu figurieren. Die Realitätsferne des Coase-Theorems darf für die Rechtsordnung nicht Veranlassung zur Korrektur der Wirklichkeit werden, vielmehr erweist sich der Rekurs auf das Coase-Theorem zugleich auch als entscheidender Einwand gegen die Rezeption der economic analysis of law.

---

[16] Zu den Transaktionskosten zählen Kosten der Organisation, Kosten der Koordination bei der Übertragung von Rechten und Kosten der Durchsetzung von Rechten und der Informationsbeschaffung (Die Kosten für die Besorgung von Informationen etwa über die Produktionsweise und die Betriebsorganisation von Unternehmen mit beim Produktionsbetrieb hervorgerufenen schädigenden Emissionen können im Hinblick auf die Durchsetzung von Rechten unter Umständen exorbitant hoch sein). Transaktionskosten können auch als Kosten der Nutzung des Marktes definiert werden. Zu den Transaktionskosten vgl. insbesondere *Hans-Bernd Schäfer / Claus Ott* (o. Fußn.7), S. 89 ff.

[17] Vgl. *Karl-Heinz Fezer*, JZ 1986, 820 ff.; ders. JZ 1988, 223, 224, 225.

[18] Externe Effekte sind dann gegeben, wenn Handlungen eines Wirtschaftsakteurs bei Inanspruchnahme einer Ressource Folgen für andere zeitigen, die nicht kompensiert werden, also in der jeweiligen privaten Kosten-Ertragsrechnung keine Berücksichtigung im Wege der Internalisierung finden (*Hans-Bernd Schäfer / Claus Ott* [o.Fußn.7], S. 98).

[19] Vgl. *Karl-Heinz Fezer*, JZ 1986, 821.

[20] Ähnlich *Karl-Heinz Fezer*, JZ 1986, 821.

[21] Vgl. *Karl-Heinz Fezer*, JZ 1986, 821.

Es bleibt zunächst, im Rahmen einer ersten thematischen Aufbereitung das Phänomen der Folgenorientierung bei der rechtlichen Entscheidungsfindung als eine der zentralen Erscheinungsformen der ökonomischen Rechtsanalyse anzusprechen. Diese Erscheinungsform der ökonomischen Rechtslehre scheint bei erster Betrachtung besonderes prädestiniert zu sein, als Eingangspforte zur tradierten Rechtsordnung dienen zu können, weil hier eine Schnittmenge zwischen dem herkömmlichen Rechtssystem und der ökonomischen Analyse des Rechts anzutreffen ist: Die Folgenorientierung beschreibt nicht nur eine Denkweise der ökonomischen Rechtslehre, sondern scheint zugleich vom geltenden Recht zumindest im Ansatz auch angenommen worden zu sein[22].

Es ist voranzustellen, daß die ökonomische Analyse des Rechts eine umfassende ökonomische Folgenberücksichtigung generiert[23]. Aus der Sicht der ökonomischen Rechtslehre erübrigt diese Feststellung auch die eigentlich von einem rechtstheoretischen und rechtssystematischen Standpunkt aus zu stellende Frage, ob auf eine umfassende Theorie der *juristischen* Folgenbewertung zurückgegriffen werden kann. Von der ökonomischen Analyse des Rechts wird nur die wirtschaftswissenschaftliche Methode der Folgenbewertung präferiert und ihr allein der methodische Vorrang gegeben[24]. Jede Theorie der Folgenberücksichtigung muß von der Fragestellung ausgehen, wie Folgen zu ermitteln und wie sie zu bewerten sind[25]. Es fragt sich daher, ob die wirtschaftswissenschaftliche Methode der Folgenberücksichtigung diese Fragen beantworten kann und wie die Antworten gegebenenfalls ausfallen. *Eidenmüller*[26] ist der Auffassung, die ökonomische Analyse des Rechts verfüge nicht nur über ein exaktes Leitprogramm der Folgenbewertung, sondern ebenso über eine klar formulierte Konzeption der Folgenermittlung, worin auch die Attraktivität der ökonomischen Rechtslehre liege. Im Hinblick auf das behauptete Vorliegen einer konzeptionell gesteuerten Folgen*ermittlung* müssen jedoch aus evidenten Gründen Bedenken erhoben werden.

Bei der Folgenermittlung wird das Aufspüren von empirischen in der Zukunft liegenden Entitäten - als da sind: die Folgen der Entscheidung - angesprochen, die der Rechtsanwender zwar zu seinen Entscheidungsgründen macht, im Zeitpunkt der Entscheidung aber noch gar nicht kennen kann - aber irgendwie einschätzen muß -, da Informationen unvollständig bleiben und weitere Entscheidungen interferieren können[27]. Wegen der infolge des Entscheidungskriteriums der Folgenbeurteilung in die Zeit, mithin in die Zukunft, verlagerten Rechtsgeltung[28] lediglich anzutreffenden präsumtiven Folgen kann also von einer präzisen Folgenermittlung keine Rede sein, vielmehr hat die Unschärfe der Rechtsentscheidungsfolgen ebenso für die ökonomische Analyse des Rechts selbst das Verdikt scheinpräziser Ungewißheit[29] zur Konsequenz.

[22]Ähnlich die Einschätzung im Hinblick auf das konventionelle Recht *Karl-Heinz Fezer*, JZ 1986, 821.

[23]Die Folgenberücksichtigung wird insbesondere durch das Pareto-Kriterium und die Pareto-Effizienz bzw. die Allokationseffizienz indiziert.

[24]Vgl. *Hans-Bernd Schäfer / Claus Ott* (o.Fußn.7), S. 16 ff.

[25]*Horst Eidenmüller* (o.Fußn.7), S. 82.

[26]*Horst Eidenmüller* (o.Fußn.7), S. 83.

[27]Vgl. *Niklas Luhmann*, Das Recht der Gesellschaft, S. 280, 309.

[28]*Niklas Luhmann* (o.Fußn.27), S. 563.

[29]Siehe auch das Urteil über die so scheinpräzise „economic analysis of law" bei *Anthony D'Amato*,

Im Hinblick auf die Folgenberücksichtigung im Nexus mit der ökonomischen Rechtsanalyse müssen aber noch weitere Probleme angesprochen werden; Lösungsversuche können jedoch in der Regel erst dann in Angriff genommen werden, wenn - womit im nächsten Kapitel begonnen werden soll - vorab entsprechende, insbesondere wissenschaftstheoretische Grundlagen geschaffen und angewandt worden sind. Vornehmlich folgende Fragen - die hier in unsystematischer Weise aneinandergereiht werden sollen - sind noch zu klären: Können Gerichte ihre Entscheidungen durch Folgenbewertung legitimieren, auch wenn - wie zu referieren war - auf der Ebene der Entscheidungsprogramme keine zu hohen Anforderungen an Folgenvoraussicht gestellt werden können? Würde das Rechtssystem nicht dadurch Risiken übernehmen, ohne für deren Beurteilung durch die Verfügungsstellung einschlägiger Rechtsmethoden oder -verfahren gerüstet zu sein[30], oder kann anstelle der insofern fehlenden Rechtskonzepte die wirtschaftswissenschaftliche Methode der Folgenbewertung treten?

Überhaupt: Kann die Folgenorientierung als ein theoriegenerierendes Prinzip angesehen werden? Spielt hierbei die Unabhängigkeit der Folgenanalyse von der Folgenbewertung eine Rolle? Ist die von der ökonomischen Analyse des Rechts erzeugte Folgenorientierung *juristischer* Natur? Hat die Folgenorientierung im Recht nur Kontroll- bzw. Korrektivfunktion oder kommt ihr auch eine konstitutive Aufgabe zu? Ist zu unterscheiden zwischen argumentativer Voraussicht auf Entscheidungsfolgen und der Zweckprogrammierung des juristischen Entscheidens[31]? Es fragt sich zudem, ob die Berücksichtigung ökonomischer Auswirkungen zu einem bei nach wirtschaftswissenschaftlicher Lehre zur Vermeidung von Ressourcenverschwendung anzustrebender Allokationseffizienz als Gerechtigkeit[32] zu qualifizierenden Zustand beiträgt und wie ein solches Gerechtigkeitsverständnis zu bewerten ist. Es wird in diesem Kontext zweifellos auch von Bedeutung sein, ob und gegebenenfalls inwieweit die mit dem Effizienzziel verfolgte ökonomische Wohlfahrtsfunktion im Hinblick auf die intendierte ökonomische Utilität anerkannt werden kann.

Eine Grundsatzfrage ist weiter, ob die durch einzelne Gesetze - etwa bei unbestimmten Rechtsbegriffen - zugelassenen Interpretationsspielräume tatsächlich, wie die herrschende Meinung glauben machen will, grundsätzlich das Einfallstor für die - wie auch immer indizierte - Folgenbewertung sind. Sollte dem so sein, ergibt sich hieraus die weitere Frage, ob dies auch für die ökonomisch bedingte Folgenbewertung gilt, weil sich dann die Konsequenz hieraus ergäbe, daß die durch das Pareto-Kriterium und die Pareto-Effizienz bzw. die Allokationseffizienz hervorgerufene Folgenberücksichtigung per se Auslegungskriterien abgäben. Anders formuliert: Besteht gleichsam ein Junktim zwischen der etwaigen Notwendigkeit und Nützlichkeit der Folgenberücksichtigung mit der jeweiligen Gesetzesinterpretation und sind mit ihr die Grenzen der Folgenorientierung verknüpft oder treten die Folgenerwägungen doch unabhängig von der Gesetzesauslegung ein, und erfolgen sie

---

Can Any Legal Theory Constrain Any Judicial Decision, University of Miami Law Review 43 (1989), S. 513 - 539.

[30]So *Niklas Luhmann* (o.Fußn.27), S. 563.

[31]Vgl. hierzu *Niklas Luhmann* (o.Fußn.27), S. 379.

[32]Vgl. *Hans-Bernd Schäfer / Claus Ott* (o.Fußn.7), S. 2.

aufgrund angenommener souveräner, autonomer Wesensform der ökonomischen Rechtslehre mit ihren Effizienzkonzepten?

Es soll zudem noch das Problem erörtert werden, ob - weil die systemtheoretische Analyse möglicherweise geeigneter als die ökonomische Analyse erscheint, Rückschlüsse auf sich selbst ziehen zu können[33] - die Systemtheorie des Rechts ebenso dazu taugt, ihrerseits die ökonomische Rechtsanalyse zu analysieren; denn wer sogar befähigt ist, sich selbst zu analysieren, dem wird man womöglich auch das Vermögen zubilligen können, Erklärungen auch zu anderen Systemen - wie dem Wirtschaftssystem -, und zwar befugt wieder im Hinblick auf das eigene System - das Rechtssystem - abzugeben, wenn auch wiederum aus der Sicht des eigenen Systems. Hierbei ist noch hinzuzufügen, daß bei den Erörterungen auch zu berücksichtigen sein wird, daß eine systemtheoretische Deskription es angeraten sein läßt, zunächst einmal systeminterne und systemexterne Folgen zu unterscheiden[34]. Und schließlich ist noch der Frage nachzugehen, ob das Umwelthaftungsgesetz die Anwendung der Kriterien der ökonomischen Analyse des Rechts vorsieht.

Ungeachtet der aus dem Wortlaut des § 1 UmwHG scheinbar allein resultierenden Regelung einer Gefährdungshaftung für Sach- und Personenschäden durch bestimmte Umwelteinwirkungen wird in der amtlichen Begründung zum Umwelthaftungsgesetz expressis verbis auf das *Ziel* einer effizienten Ressourcenallokation verwiesen[35]. Hieraus ergibt sich indes unmittelbar als zentrale Aufgabenstellung, das Grundproblem der Zulässigkeit der Implementierung der ökonomischen Analyse des Rechts in das *Rechtssystem* - soweit jedenfalls und sogar vermittels des gesetzgeberischen Willens die ökonomische Effizienz als Gesetzeskonkretisierung vorgesehen ist[36] - anzugehen und - mit welchem Ergebnis auch immer - einer Lösung zuzuführen[37]. Erst wenn es daher gelingt, Struktur und Signifikanz des Rechtssystems zu entfalten, kann in es hinein das Wagnis der Stratifikation der ökonomischen Analyse des Rechts ausprobiert werden.

---

[33]Vgl. Luhmann (o.Fußn.27), S. 287, dort Fußn. 99.

[34]Vgl. Luhmann (o.Fußn.27), S. 379 f.

[35]BT - DS 11/6454 v. 14.2.1990, S. 13.

[36]*Eidenmüller* (o. Fußn.7), S. 116, schenkt dieser Frage hingegen keine Beachtung und sieht die soeben angesprochene Fallgruppe als unproblematisch im Sinne einer nach seiner Meinung sich aufgrund der richterlichen Bindung an das Gesetz (Art. 20 Abs. 3 GG) ergebenden Verpflichtung zu einer gesetzesinterpretativen und - begleitenden Berücksichtigung ökonomischer Erwägungen an. Ähnlich *Kirchner / Koch*, Norminterpretation und ökonomische Analyse des Rechts, Analyse und Kritik, S. 111 f., S. 124 f. und passim, und *Taupitz*, Ökonomische Analyse und Haftungsrecht - Eine Zwischenbilanz, AcP 196 (1996), S. 146 ff.

[37]*Eidenmüller* (o.Fußn.7), S. 92, verleiht der ökonomischen Effizienz bereits von vorne herein die Befähigung, für das Rechtssystem zustandsbildend - also eigenschaftsprägend - sein zu können.

C. Kernfragen zur ökonomischen Analyse des Umwelthaftungsgesetzes

I. Die Normung der Gefährdungshaftung im Umwelthaftungsgesetz

Aus wohlfahrtsökonomischer Sicht dient die Haftungsrechtsordnung - als eine von mehreren denkbaren Modalitäten - der Optimierung des gesamtwirtschaftlichen Nutzens aller. Wenn man mit der Theorie der ökonomischen Analyse davon ausgeht, daß sich für jede Aktivität des einzelnen ein pareto-optimales Niveau darstellen läßt, so muß es - aus ökonomischer Sicht - Ziel eines effizient verfaßten Haftungsrechts sein, auf die Erreichung dieses Aktivitätsniveaus hinzuwirken[38]. Demzufolge ist auch im Hinblick auf das Umwelthaftungsgesetz im Rahmen der ökonomischen Betrachtungsweise die Instrumentalisierung des in diesem Gesetzeswerk vorhandenen *Anreizpotentials des* Schadensrechts von entscheidender Bedeutung. Auf der Grundlage der Theorie des methodologischen Individualismus - einer von den meisten Wirtschaftswissenschaftlern anerkannten ökonomischen Gesetzeshypothese, wonach die Menschen ihren eigenen, egoistischen Interessen folgen und ihre Ziele rational verfolgen[39] - soll daher der Normgeber des Umwelthaftungsgesetzes die Haftungslasten zwischen Schädiger und Geschädigtem so verteilen, daß der private Nutzen einer Aktivität dem allgemeinen Wohlfahrtsmaximum - das *alle* Nutzen und Kosten aus der Betätigung, gleichgültig, bei wem sie anfallen, mitberücksichtigt[40] - entspricht[41].

Die Einführung der Gefährdungshaftung durch das Umwelthaftungsgesetz ist nun im Hinblick auf die Fragestellung zu betrachten, ob es die zur Erreichung des wohlfahrtsökonomischen Optimums notwendigen Anreize auslösen kann, ob also diese Gefährdungshaftungsregelung dazu geeignet ist, die Wirtschaftsakteure zu allokationseffizienten Tätigkeiten zu mobilisieren. Dies soll zunächst nur auf der Grundlage des § 1 UmwHG[42] erörtert werden, also ohne fürs erste die Kausalitätsvermutung gemäß § 6 Abs. 1 UmwHG zu berücksichtigen. Das Aktivitätsniveau (d.h. die Produktionsmenge) der Inhaber der Katalog-Anlagen gemäß Anhang 1 zu § 1 UmwHG muß danach ausgerichtet werden, daß es dazu geeignet ist, die Differenz zwischen dem Wert der schadenssenkenden Wirkungen der Sorgfalts-Aktivität (Senkung des Aktivitätsniveaus) und den notwendig werdenden Sorgfaltskosten zu maximieren. Da die Vertreter der Theorie der ökonomischen Analyse

---

[38] Vgl. *Stecher*, Die Ursachenvermutung, S. 112.

[39] Im Englischen wird oft von der REMM-Hypothese (resourcefull, evaluating, maximizing man) gesprochen; vgl. hierzu auch *Schäfer / Ott* (o. Fußn. 7), S. 56.

[40] Richtigerweise weist *Adams* (Ökonomische Analyse, S. 20 ff.) darauf hin, daß nicht nur die Kosten einer gefährlichen Aktivität, sondern auch ihre Vorteile mit einzubeziehen seien.

[41] Vgl. *Stecher* (o. Fußn. 38), a.a.O.

[42] Die Gefährdungshaftung nach § 1 UmwHG umfaßt auch den genehmigten Normalbetrieb einer Katalog-Anlage im Sinne von Anhang 1 zu § 1 UmwHG. *Feess- Dörr / Prätorius / Steger* (Umwelthaftungsrecht, S. 93) leiten die Notwendigkeit zur Einbeziehung des Normalbetriebs bereits aus der *begrifflichen* Analyse der Gefährdungshaftung ab.

postulieren, daß nutzenstiftende Güter nicht um jeden Preis, sondern nur bei Übersteigen des Nutzwerts gegenüber den Opportunitätskosten erstrebt werden sollten, kann das Ziel optimaler Sorgfalt (im Sinne des *Kaldor-Hicks-Kriteriums*) nur dann erreicht werden, wenn die aus der Summe der Schadenshöhe und der Kosten des Vermeidungsaufwands gebildeten Gesamtkosten minimiert werden[43] (die Kritik der ökonomischen Analyse des Rechts richtet sich daher insbesondere darauf, daß der Gesetzgeber in der Regel in seine Normierungen Überlegungen der Allokationseffizienz nicht einbeziehe und damit nicht zur Vermeidung der Verschwendung von knappen Ressourcen beitrage). Mit anderen Worten: Initiiert die ja auch für den genehmigten Normalbetrieb nach § 1 UmwHG bestehende Gefährdungshaftung Anreize zur Einhaltung eines wohlfahrtsoptimalen Sorgfaltsniveaus durch die Inhaber von Katalog-Anlagen[44]? Neben der Analyse des Sorgfaltsniveaus wird nach der Wirkungsweise der Haftungsregeln auf das Aktivitätsniveau - also eben auf die Produktionsmängel - gefragt, weil im Hinblick auf die Belastungen der Umwelt sowohl das Sorgfaltsniveau als auch das Produktionsniveau maßgeblich sind[45]. Der Analyse und theoretischen Beurteilung der Gefährdungshaftung nach den Haftungsregeln des Umwelthaftungsgesetzes sind aber noch diese Prämissen und Rahmenbedingungen für die folgende Untersuchung zugrunde zu legen:

- Auszugehen ist nicht von monopolistischer Produktion, sondern von vollständiger Konkurrenz, so daß Kongruenz zwischen der Angebotsfunktion[46] und der Grenzkostenfunktion[47] besteht. Hierbei ist die stets negativ definierte Preiselastizität[48] der Nachfrage[49] positiv.

- Da Haftungsregeln nur auf die Internalisierung *unsicherer* externer Effekte[50] abzielen, soll die Annahme gelten, daß alle anderen externen Effekte bereits durch Instrumente wie Steuern, Abgaben, Zertifikate usw. internalisiert sind[51].

[43]Vgl. *Schäfer / Ott* (o. Fußn. 7), S. 117 ff.

[44]In diesem Kontext ist darauf zu verweisen, daß die ökonomische Theorie des Haftungsrechts untersucht, welche Haftungsnorm unter den Nebenbedingungen der Risikoeinstellung und der Versicherbarkeit rationale Unternehmen zur Entscheidung für das wohlfahrtsoptimale Sorgfaltsniveau motiviert; vgl. hierzu *Feess-Dörr / Prätorius / Steger*, (o. Fußn. 42), S. 97.

[45]*Feess-Dörr / Prätorius / Steger* (o. Fußn. 42), a.a.O.

[46]Die Angebotsfunktion gibt an, welche Gütermenge für einen bestimmten Preis angeboten wird. Aus der Angebotsfunktion ergibt sich also der Zusammenhang zwischen der angebotenen Gütermenge und dem Preis für das betreffende Gut.

[47]Grenzkosten ist die Bezeichnung für den Zuwachs der Gesamtkosten, der entsteht, wenn die Produktion auf einem bestimmten Produktionsniveau um eine Gütereinheit erhöht wird.

[48]Preiselastizität der Nachfrage oder Absatzelastizität bezeichnet das Verhältnis der relativen Veränderung der Absatzmenge zu der sie verursachenden relativen Veränderung des Absatzpreises.

[49]Nachfrage bezeichnet die Summe der Güter, Dienstleistungen oder Faktorleistungen, die ein Käufer (Nachfrager) auf einem Markt abnehmen will (individuelle Nachfrage) bzw. die Summe an Gütern und Leistungen, die am Markt nachgefragt werden (Gesamtnachfrage).

[50]Externe Effekte sind die Wirkungen (Vor- und Nachteile), die von der ökonomischen Aktivität eines Wirtschaftssubjekts (Produzent oder Konsument) auf die Produktions- und Konsummöglichkeiten anderer Wirtschaftssubjekte ausgehen, ohne daß diese Wirkungen vom Preissystem berücksichtigt werden.

[51]Dies mag zwar in der Praxis unrealistisch sein, ist aber für die theoretische Untersuchung und

- Es soll weiter die Annahme gelten, daß die Inhaber von Katalog-Anlagen Haftpflichtversicherungen abschließen, daß keine Transaktionskosten anfallen und die Unternehmen und Versicherungen über denselben Informationsstand verfügen. Auch werden faire Versicherungsprämien unterstellt (die Prämien entsprechen also dem Erwartungswert der Schäden).

II. Die Wahl des Sorgfaltsniveaus

Die Entscheidung des Emittenten für ein bestimmtes Sorgfaltsniveau wird von der Haftungsregel (Verschuldens- oder Gefährdungshaftung), der Risiko-Einstellung (Risiko-Aversion oder Risiko-Neutralität) und dem Abschluß von Versicherungsverträgen gesteuert[52]. *Feess-Dörr*, *Prätorius* und *Steger*[53] sind der Auffassung, bei der Gefährdungshaftung ohne Risiko-Aversion[54] bzw. mit vollständigem Versicherungsschutz werde (wie - nach ihrer Auffassung - bei der Verschuldenshaftung) das wohlfahrtsoptimale Sorgfaltsniveau erreicht. Sie gehen von dieser unternehmerischen Wahl mit der Begründung aus, daß eine weitere Erhöhung des Sorgfaltsniveaus ineffezient wäre - obwohl den Unternehmen bei der Gefährdungshaftung Kosten für die dennoch verursachten Schäden entstünden -, weil das optimale Sorgfaltsniveau gerade über den Ausgleich der Grenzkosten[55] der Prävention mit dem *Erwartungswert* der verminderten Grenzschäden definiert werde; außerdem wäre eine Übererfüllung im Hinblick auf den Sicherheitsaufwand betriebswirtschaftlich unrentabel[56].

Beurteilung der Gefährdungshaftung zweckmäßig und daher angemessen, da verzerrende Faktoren ausgeschlossen werden sollten, die mit der auf Individualisierung bezogenen Schadenszurechungsproblematik im Kontext mit der Gefährdungshaftungsregelung nicht in kausaler Relation stehen. Immerhin soll an dieser Stelle doch auf diese Problematik und punktuelle Kritik der ökonomischen Analyse des Rechts an der Ursachenvermutungsregelung der §§ 6, 7 UmwHG hingewiesen werden: Prekär im Hinblick auf die Kompatibilität mit anderen marktorientierten Umweltinstrumenten ist nämlich die Eliminierung des bestimmungsgemäßen Betriebs aus der Ursachenvermutung problematisch. Entscheidet sich der Emittent X bei einer Schadstoffemission für eine niedrigere Schadstoffintensität als Emittent Y und überschreitet Emittent X die mit einer Abgabe belasteten Emissionen, so würde die Ursachenvermutung für X gelten und für Y nicht, obwohl die Schadenstoffintensität von Y höher ist (Beispiel nach *Feess-Dörr / Prätorius / Steger* [o. Fußn. 42], S. 98 f, dort Fußn. 8). Hierin liegt auch eine kaum widerlegbare Kritik der ökonomischen Theorie des Haftungsrechts an der Regelung der Ursachenvermutung nach § 6 Abs. 1 UmwHG.

[52] Vgl. *Feess-Dörr / Prätorius / Steger* (o. Fußn. 42), S. 100.

[53] *Feess-Dörr / Prätorius / Steger* (o. Fußn. 42), S. 101.

[54] Unter Risiko-Aversion wird verstanden, daß die Unternehmen eine sichere Auszahlung aufgrund Versicherungsschutzes besser bewerten als eine unsichere Auszahlung gleichen Erwartungswerts.

[55] Grenzkosten bezeichnet den Zuwachs der Gesamtkosten, der entsteht, wenn die Produktion auf einem bestimmten Produktionsniveau um eine Gütereinheit erhöht wird. Die Grenzkosten als Vollkostenbegriff umfassen die gesamten Selbstkosten des Grenzbetriebs, der zur Marktdeckung noch benötigt wird, aber keinen Gewinn mehr erzielt.

[56] *Feess-Dörr / Prätorius / Steger* (o. Fußn. 42), a.a.O.

Hingegen prognostizieren *Feess-Dörr*, *Prätorius* und *Steger*[57] bei der Gefährdungshaftung mit Risiko- Aversion[58] und ohne Versicherungsschutz, daß die Sorgfaltsbemühungen über den ökonomisch optimalen Sicherheitsaufwand hinaus ausgedehnt würden. Zum Beleg hierfür führen sie an, in diesen Fällen entstünden unsichere Zahlungen, die entsprechend der Definition der Risiko-Aversion schlechter als eine sichere Zahlung gleichen Erwartungswerts bewertet würden. Es komme daher nicht mehr zum Ausgleich der Grenzkosten der Prävention mit dem Erwartungswert der Grenzschäden, sondern mit der subjektiven Bewertung der Schadensverteilung[59]. *Feess-Dörr*, *Prätorius* und *Steger* merken also kritisch an, die Gefährdungshaftung mit Risiko-Aversion ohne Versicherungsschutz binde - unter Wohlfahrtsgesichtspunkten - zu viele Ressourcen.

Für den Fall, daß für die Kausalität ein Vollbeweis gefordert wird (dies wäre eben etwa bei § 1 UmwHG gegeben), prognostizieren *Schäfer* und *Ott*[60] angesichts der Alles - Oder - Nichts - Methode des deutschen Rechts bei der Gefährdungshaftung (aber auch bei der Verschuldenshaftung) nur Anreize für geringe Sorgfaltsaufwendungen. Sie begründen ihre Ansicht der unternehmerischen Wahl einer nur unteroptimalen Sorgfalt bei der Gefährdungshaftung mit dem Erfordernis des Vollbeweises damit, es werde für den Schädiger nicht lohnend erscheinen, „Schäden, die teilweise durch die Natur oder den Zufall und teilweise durch eignes Verhalten entstehen, zu vermeiden“[61].

Lediglich bei einer Verknüpfung der Gefährdungshaftung mit der Regelung einer Umkehr der Beweislast[62] für den Kausalitätsnachweis sehen *Schäfer* und *Ott*[63] optimale Anreize zum Vorsorgeaufwand bei der Gefährdungshaftung (wie auch bei der Verschuldenshaftung) entstehen. Im Hinblick auf die Steuerung des Sorgfaltsniveaus ist aber die Normierung der Umkehr der Beweislast äquivalent mit der Regelung einer Kausalitätsvermutung im Wege einer Beweislastsondernorm - wie bei § 6 Abs. 1 UmwHG. *Schäfer* und *Ott*[64] kritisieren jedoch, die Regelung der Umkehr der Beweislast - was dann eben auch für Kausalitätsvermutungen mit ähnlicher beweisrechtlicher Bedeutung wie die Umkehr der Beweislast gelten müßte - hätte dann negative Konsequenzen, wenn der Schaden entweder durch den Schädiger oder durch eine nicht zum Ersatz verpflichtende Ursache bewirkt worden sei. In solchen Fällen sehe sich der Schädiger mit der Aufteilung des erwarteten Schadens in zwei Ordnungsgruppen konfrontiert: zum einen in einen Schadensteil, den er durch den Einsatz eines entsprechenden Sicherheitsaufwandes vermindern könne, und

---

[57] *Feess-Dörr / Prätorius / Steger* (o. Fußn. 42), S. 101 f.

[58] Die Gefährdungshaftung führt bei Risiko-Aversion zu schlechteren, ökonomischen Ergebnissen. Bei der Gefährdungshaftung muß der Verletzer immer mit einem Schaden rechnen; der Schadenserwartungswert ist entsprechend hoch. Bei Vorliegen einer Versicherung tritt allerdings Risiko-Neutralität ein.

[59] Vgl. *Feess-Dörr / Prätorius / Steger* (o. Fußn. 42), a.a.O.

[60] *Schäfer / Ott* (o. Fußn. 7), S. 258.

[61] *Schäfer / Ott* (o. Fußn. 7), a.a.O.

[62] Der Regelung der Kausalitätsvermutung nach § 6 Abs. 1 UmwHG ist als Beweislastsondernorm eine äquivalente beweisrechtliche Bedeutung im Verhältnis zur Beweislastumkehr beizumessen. Nach Meinung von *Schäfer / Ott* (o. Fußn. 7), S. 184, kommen die ökonomischen Wirkungen der Beweislastumkehr denen der verschuldensunabhängigen Gefährdungshaftung nahe.

[63] *Schäfer / Ott* (o. Fußn. 7), a.a.O.

[64] *Schäfer / Ott* (o. Fußn. 7), a.a.O.

den restlichen Schadensteil, der durch sonstige Umstände vorgegeben sei[65]. Der Restschadensteil sei für den Unternehmer ein Fixkostenblock, den er schon wegen der bestimmten, durch ihn bewirkten wirtschaftlichen Aktivität zu kompensieren habe. Der hierauf bezogene Schadensersatz falle immer in einer bestimmten erwarteten und unbeeinflußbaren Höhe an, sobald er seine wirtschaftliche Betätigung in Angriff nehme[66]. *Schäfer* und *Ott* sehen eine mögliche negative Konsequenz dieser Methode zunächst darin, daß eine sozial nützliche Aktivität nicht aufgenommen werde, weil sie zu teuer und mit aktivitätsfremden Kosten verbunden sei; sollte sie aber ungeachtet des Fixkostenblocks immer noch rentabel sein, blieben bei der Gefährdungshaftung optimale Anreize für Sorgfaltsaufwendungen bestehen[67]. Denn der Unternehmer vergleiche in diesem Falle seinen Sicherheitsaufwand mit jenem Teil des Schadenserwartungswerts, den er vermeiden könne. Es sei zu prognostizieren, daß er seine Schadensreduzierungskosten solange ausdehnen werde, wie der von ihm beeinflußbare Schadensteil mit jeder Einheit weiteren Vermeidungsaufwands noch um mehr als eine Einheit absinke[68]. Der Wirtschaftsakteur erreiche sein persönliches Kostenminimum dort, wo auch das Kostenminimum der sozialen Wohlfahrt liege. Insoweit blieben also Anreize zur optimalen Sorgfalt bestehen[69].

Wenn *Schäfer* und *Ott* weiter kommentatorisch zur Rechtsprechung in den USA abschweifen, so ist dieser Exkurs nicht uninteressant im Hinblick auf die ökonomische Analyse der §§ 6, 7 UmwHG: Sie machen nämlich darauf aufmerksam und kritisieren, daß auch die in der Judikatur der USA verwendete Alles-Oder-Nichts-Methode, bei der eine **überwiegende Kausalitätswahrscheinlichkeit** bereits zur vollen Haftung führe, falsche Anreize generiere[70]. Denn bei einem Kausalitätswahrscheinlichkeitsanteil unter 50 % sei es lohnend, ökonomisch unteroptimale Sorgfaltsaufwendungen zu erzeugen. Stiege der Wahrscheinlichkeitsanteil aber über 50 % an, träten dieselben Wirkungen wie bei einer Umkehr der Beweislast ein[71]. Diese Gedanken lassen sich übertragen, soweit - wie auch in dieser Arbeit - angenommen wird, daß die Kausalitätsvermutung nach § 6 Abs. 1 UmwHG die Rechtsnatur der weitaus überwiegenden Kausalitätswahrscheinlichkeit habe. Unter Zugrundelegung dieser Prämisse würden *Schäfer* und *Ott* sicherlich konstatieren, die in § 6 Abs. 1 UmwHG normierte Ursachenvermutung werde nicht ausreichende pareto-effiziente Anreize setzen.

Undifferenziert geht *Stecher*[72] hingegen generell davon aus, daß die Gefährdungshaftung zum Einsatz des ökonomisch optimalen Sorgfaltsaufwandes führe.

Feess[73] kritisiert die Erwartungshaltung des Gesetzgebers, durch den Übergang von der Verschuldens- zur Gefährdungshaftung im Wege des Inkrafttretens des Umwelthaftungs-

[65] Vgl. *Schäfer / Ott* (o. Fußn. 7), a.a.O.
[66] *Schäfer / Ott* (o. Fußn. 7), a.a.O.
[67] *Schäfer / Ott* (o. Fußn. 7), a.a.O. 30
[68] Vgl. *Schäfer / Ott* (o. Fußn. 7), a.a.O.
[69] *Schäfer / Ott* (o. Fußn. 7), a.a.O.
[70] *Schäfer / Ott* (o. Fußn. 7), a.a.O.
[71] *Schäfer / Ott* (o. Fußn. 7), a.a.O.
[72] Vgl. *Stecher* (o. Fußn. 38), S. 114.
[73] *Feess*, Haftungsregeln für multikausale Umweltschäden, S. 18.

gesetzes könnten die Inhaber von Katalog-Anlagen zur Wahl eines höheren Sorgfaltsniveaus veranlaßt werden. Daß eine solche Vorstellung Realität werden könne, setze jedoch voraus, daß auf der Grundlage des Umweltverwaltungsrechts systematisch zu hohe Emissionen genehmigt und damit erlaubt würden; hiervon sei in der verwaltungsrechtlichen Praxis jedoch nicht auszugehen[74]. Dies werde auch von einer empirischen Studie gestützt, wonach alle befragten Unternehmer der chemischen Industrie erklärt hätten, daß durch den Übergang von der Verschuldens- zur Gefährdungshaftung mittels des Umwelthaftungsgesetzes ihre Sorgfaltsanstrengungen nicht erhöht würden[75].

Feess[76] ist zudem der Auffassung, die Unternehmen würden sich auch nach Einführung der Gefährdungshaftung nach dem Umwelthaftungsgesetz weiterhin am Schadenserwartungswert orientieren. Da aber der Schadenserwartungswert vom Sorgfaltsniveau abhängig ist, will *Feess* offensichtlich darauf hinweisen, daß die Unternehmen das von ihnen zu wählende Sorgfaltsniveau am Schadenserwartungswert ausrichten.

Schließlich ist *Adams*[77] der Meinung, daß bei der Verwendung eines aus Informationsgründen eingeschränkten Sorgfaltsbegriffs in praxi die Gefährdungshaftung (und gleichermaßen die Verschuldenshaftung) Anreize zu sozial ineffizientem Verhalten ausübe.

III. Die Wahl des Aktivitätsniveaus unter Berücksichtigung des Vorsorgeaufwands

In Anlehnung an *Schäfer* und *Ott*[78] seien zunächst die Wirkungen der Gefährdungshaftung bei konstantem Aktivitätsniveau anhand einer Abbildung dargelegt[79].

V	SW	GK
0	100	100
20	50	70
40	25	65
60	15	75
80	8	88

Tabelle 6.1: Die Auswirkung der Gefährdungshaftung bei konstantem Aktivitätsniveau

Da im Gegensatz zur Verschuldenshaftung die Gefährdungshaftung unabhängig von der Höhe des Vorsorgeaufwands eintritt, wird sich der rational egoistisch schädigende Unternehmer dazu entscheiden, den Sicherheitsaufwand bis zur Erreichung des Minimums der

[74] Vgl. *Feess* (o. Fußn. 73), a.a.O.
[75] So *Feess* (o. Fußn. 73), a.a.O.; ebenso *Feess-Dörr / Prätorius / Steger* (o. Fußn. 42), S. 72 ff.
[76] *Feess*, Umweltökonomie und Umweltpolitik, S. 153 ff.
[77] *Adams*, Ökonomische Analyse der Gefährdungs- und Verschuldenshaftung, S. 135.
[78] *Schäfer / Ott* (o. Fußn. 7), S. 193 ff.
[79] Hierbei soll V den Verhütungsaufwand, SW den Schadenserwartungswert und GK die gesamten gesellschaftlichen Schadenskosten bezeichnen.

Gesamtkosten, aber keinesfalls länger zu steigern[80]; dies ist bei einem Vorsorgeaufwand von 40 und einem Schadenserwartungswert von 25 mit Gesamtkosten von 65 gegeben[81]. Jede andere Summe von Verhütungsaufwand und Schadenserwartungswert ist größer als 65. *Schäfer* und *Ott*[82] haben nachgewiesen, daß dieser geringste Gesamtaufwand dem Learned-Hand-Kriterium[83] entspricht und daß er entsprechend dem Kaldor-Hicks-Kriterium jeder anderen Konstellation vorzuziehen sei. *Schäfer* und *Ott* konstatieren an zitierter Stelle, daß rechtspolitisches Ziel und privatwirtschaftliche Kalkulation des Schädigers zusammenfielen. Sie resümieren, bei Schäden außerhalb von Marktbeziehungen und bei einseitiger Schadensverursachung erzeuge Gefährdungshaftung Anreize zu optimaler Sorgfalt des schädigenden Unternehmers[84].

Die Haftungsregeln steuern ersichtlich nicht nur das Sorgfaltsniveau, sondern auch das Aktivitätsniveau. Die verursachten Umweltschäden werden also auch vom Aktivitätsniveau (d.h. von der Produktionsmenge) beeinflußt[85]. Bei einer Gegenüberstellung der Gefährdungshaftung und der Verschuldenshaftung zeigt die Analyse, daß durch die Verschuldenshaftung potentiell zu viele Schäden herbeigeführt werden[86]: Hinsichtlich der Verschuldenshaftung ist zunächst zu unterscheiden, ob der gerichtlich festgelegte Sorgfaltsmaßstab mit dem optimalen Sorgfaltsniveau übereinstimmt oder ob er unterhalb der effizienten Sorgfalt bleibt. Entspricht der richterlich festgelegte Sorgfaltsmaßstab der effizienten Sorgfalt, so erreicht der Schädiger sein Kostenminimum, wenn er genau die effiziente Sorgfalt aufwendet. Werden dennoch Schäden verursacht, obwohl der Emittent das optimale Sorgfaltsniveau einhält, so entstehen ihm keine Kosten, so daß die Schäden nicht internalisiert werden[87]. Liegt jedoch der gerichtlich festgelegte Sorgfaltsmaßstab unterhalb der effizienten Sorgfalt, so erreicht der Schädiger sein Kostenminimum, wenn er gerade diesen Sorgfaltsmaßstab einhält; effiziente Sorgfalt wird jedoch nicht erreicht.

Zudem läßt sich prognostizieren, daß bei der Verschuldenshaftung die Produktionsmenge und die Umweltbelastungen zu hoch sein werden[88].

Bei der vom Umwelthaftungsgesetz eingeführten Gefährdungshaftung haftet der Emittent für alle Schäden, was zur Folge hat, daß alle unternehmensintern anfallenden Kosten auch volkswirtschaftliche Kosten sind[89]. Nach Auffassung von *Feess-Dörr*, *Prätorius* und *Steger*[90] ist zu validieren, daß bei der Gefährdungshaftung ohne Risiko-Aversion bzw. mit Versicherungsschutz[91] die einzelwirtschaftlichen und die gesamtwirtschaftlichen Entschei-

[80] Vgl. *Schäfer / Ott* (o. Fußn. 7), S. 193.
[81] Siehe Tabelle 6.1.
[82] *Schäfer / Ott* (o. Fußn. 7), a.a.O.
[83] Nach *Learned Hand* handelt jemand dann fahrlässig, wenn sein Vermeidungsaufwand kleiner als der Schaden im Falle des Schadenseintritts multipliziert mit der Schadenswahrscheinlichkeit ist.
[84] Vgl. *Schäfer / Ott* (o. Fußn. 7), a.a.O.
[85] Vgl. *Feess-Dörr / Prätorius / Steger* (o. Fußn. 42), S. 102.
[86] Ebenso *Feess- Dörr / Prätorius / Steger* (o. Fußn. 42), a.a.O.
[87] *Feess-Dörr / Prätorius / Steger* (o. Fußn. 42), a.a.O.
[88] Dies gilt jedenfalls bei einer kostenorientierten unternehmerischen Preispolitik.
[89] Ähnlich *Feess-Dörr / Prätorius / Steger* (o. Fußn. 42), S. 103.
[90] *Feess-Dörr / Prätorius / Steger* (o. Fußn. 42), a.a.O.
[91] Wie bereits gesagt, besteht Identität zwischen den Situationen ohne Risiko-Aversion sowie mit

dungsregeln identisch sind. Dies bewirkt, daß nicht nur ein optimales Aktivitätsniveau, sondern auch - da auch das optimale Sorgfaltsniveau gewählt wird - eine optimale Verminderung der Umweltbelastungen erreicht wird[92]. Im Beispiel der Tabelle 6.1 wurde eine Risikoneutralität angenommen; daher ist das Ergebnis effizient.

Nach Meinung von *Feess-Dörr*, *Prätorius* und *Steger* ist die Produktionsmenge bei Gefährdungshaftung mit Risiko-Aversion zu gering, was unmittelbar aus der Entscheidung für ein zu hohes Sorgfaltsniveau folge. Angesichts des zu hohen Sorgfaltsniveaus entstünden zu hohe Kosten pro Produktionseinheit, so daß sich die Angebotskurve nach links verschiebe und die Produktionsmenge bei normal verlaufenden Nachfragekurven[93] sinke[94].

Feess[95] sieht die Verminderung des Aktivitätsniveaus („sinkende Produktionsmenge") durch die Einführung der Gefährdungshaftung mittels des Umwelthaftungsgesetzes veranlaßt; er begründet dies damit, daß angesichts der Gefährdungshaftung auch jene Umweltschäden zu internalisieren seien, die selbst bei Einhaltung des effizienten Sorgfaltsniveaus entstünden.

Das Aktivitätsniveau muß im Umwelthaftungsfall als Produktionsmenge gesehen werden, so daß die Marktbeziehungen explizit bereitet werden müssen. *Feess*[96] glaubt, beim Übergang von der Verschuldenshaftung zur Gefährdungshaftung eine Verminderung der Umweltbelastungen vorhersagen zu können, weil die im Falle der Verschuldenshaftung bei Wahl von x_i^+[97] beim Übergang zur Gefährdungshaftung entstehenden Schäden nun ausgleichspflichtig würden, was unter den üblichen Annahmen die Preise für umweltbelastende Produkte erhöhe und die erzeugten Mengen vermindere, also die Emissionsintensität reduziere[98].

Ob die Unternehmen aber tatsächlich infolge der Gefährdungshaftung ihre Produktionsmenge senken (Emissionsintensität vermindern), bleibt insoweit zweifelhaft, als sie bei Multi- und Distanzschäden infolge der fehlenden Möglichkeit der Schadensindividualisierung nicht mit ihrer Kostenpflichtigkeit rechnen.

Schäfer und *Ott*[99] sehen angesichts der „Alles-Oder-Nichts-Methode" des deutschen Zivilrechts bei der Gefährdungshaftung und unter der Voraussetzung, daß der Schaden entweder durch den Schädiger oder durch eine nicht zum Ersatz verpflichtende Ursache

---

Risiko-Aversion und vollständigem Versicherungsschutz, da bei fairen Versicherungsprämien der Erwartungswert der Schäden definitionsgemäß der Versicherungsprämie entspricht.

[92]Vgl. *Feess-Dörr / Prätorius / Steger* (o. Fußn. 42), a.a.O.

[93]Positive Preiselastizität der Nachfrage.

[94]Vgl. *Feess-Dörr / Prätorius / Steger* (o. Fußn. 42), a.a.O.

[95]*Feess* (o. Fußn. 73), S. 18. Siehe auch *Stecher* (o. Fußn. 38), S. 114.

[96]*Feess* (o. Fußn. 73), S. 122.

[97]Siehe Abbildung 6.1; diese Abbildung ist eine Nachbildung der Abbildung 5.2 in: *Feess* (o. Fußn. 73), S. 121;

[98]Vgl. *Feess* (o. Fußn. 73), S. 122. Werden die Kosten (teilweise) auf die Preise überwälzt und ist die (negativ definierte) Preiselastizität der Nachfrage positiv, so vermindert sich nach Ansicht von *Feess*, Haftungsregeln, S. 18, die Produktionsmenge ceteris-paribus.

[99]*Schäfer / Ott* (o. Fußn. 7), S. 258.

bewirkt wurde, ein Risiko darin, daß eine sozial nützliche Aktivität nicht oder nur mit zu geringem Aktivitätsniveau aufgenommen werde. Damit bezweifeln *Schäfer* und *Ott* die Auffassung, das womöglich angestrebte gesetzgeberische Ziel einer wohlfahrtsfördernden Anreizordnung der Gefährdungshaftung als marktorientiertes Instrument der Umweltpolitik könne nicht erreicht werden.

IV. Zusammenfassende ökonomische Einordnung und Wohlfahrt

Vorangestellt werden soll zunächst eine Abbildung, aus der sich die soziale Wohlfahrt als Funktion von x_i^+ ergibt:

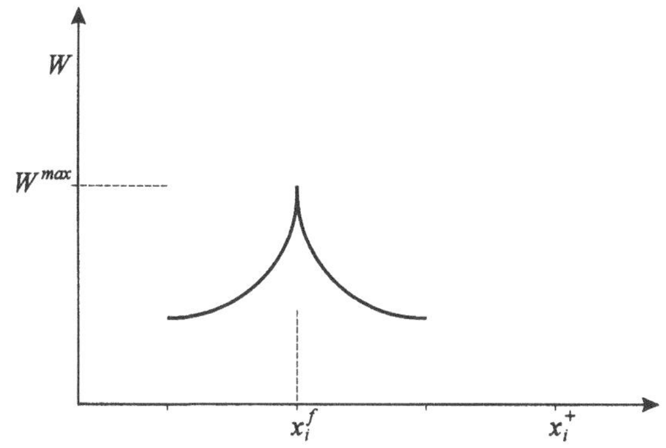

Abbildung 6.1: Die soziale Wohlfahrt als Funktion von x_i^+ bei Regelungen der Verschuldenshaftung

Zur vergleichenden Betrachtung der sozialen Wohlfahrt bei Regelungen der Verschuldenshaftung: x_i bezeichnet die Emissionsintensität des Unternehmens i; x_i ist eine stetige Variable und stets größer als 0. Mit den pareto-effizienten Emissionen x^f wird das soziale Optimum erreicht.

Die Erörterung im Hinblick auf die unternehmerische Wahl des Sorgfaltsniveaus (der Prävention) und des Aktivitätsniveaus (der Produktionsmenge bzw. der Emissionsintensität) machen nun einen resümierenden Vergleich der Haftungsregeln nach den Kriterien der Prävention, der Produktionsmengen, der Umweltbelastungen - die eine Funktion von Prävention und Aktivitätsniveau darstellen - und der Wohlfahrt möglich. *Feess-Dörr*, *Prätorius* und *Steger*[100] gehen davon aus, daß von einer wohlfahrtsoptimalen Allokation nur bei Gefährdungshaftung mit Versicherungsschutz als anreizindiziertem Mechanismus auszugehen sei. Die Gefährdungshaftung ohne Versicherungsschutz binde hingegen - so

[100] *Feess-Dörr / Prätorius / Steger* (o. Fußn. 42), S. 104.

Feess-Dörr, *Prätorius* und *Steger* an eben zitierter Stelle weiter -, gemessen am Maximum, im Rahmen des Umweltschutzes zu viele Ressourcen, so daß sich - aus gesamtwirtschaftlicher Sicht - eine zu geringe Produktionsmenge ergebe. Sie konstatieren und kritisieren „die negativen makroökonomischen Effekte einer Gefährdungshaftung ohne Versicherungsschutz" und leiten hieraus die Vermutung ab, daß das Problem der Versicherbarkeit von Umweltschäden auch konkrete rechtspolitische Auswirkungen haben könne[101].

Immerhin stellen *Feess-Dörr*, *Prätorius* und *Steger*[102] mittelbar in der Gegenüberstellung zur Verschuldenshaftung auch Vorzüge der Gefährdungshaftung heraus: Die Verschuldenshaftung führe zwar im Gegensatz zur Gefährdungshaftung mit Risiko-Aversion und ohne Versicherungsschutz unter den in der ökonomischen Analyse des Haftungsrechts gewöhnlich unterstellten vereinfachenden Voraussetzungen zum optimalen Sorgfaltsniveau, jedoch erzeugten die nicht internalisierbaren Kosten im Hinblick auf die gleichwohl entstehenden Schäden eine zu große Produktionsmenge; gemessen am Optimum seien die sowohl durch das Sorgfaltsniveau als auch durch das Aktivitätsniveau mit beeinflußten Schäden zu hoch[103]. Das Kernproblem liegt in der Nicht-Versicherbarkeit bei Risiko-Aversion; dann ist die Gefährdungshaftung ineffizient.

Feess-Dörr, *Prätorius* und *Steger*[104] resümieren, der Unterschied der beiden Haftungsnormen, denen die Verschuldenshaftung bzw. die Gefährdungshaftung zugrundeliege, sei ausschließlich in der unterschiedlich umfänglichen Hervorbringung von Produktionsmengen zu sehen[105], so daß die erhoffte Umweltentlastung durch den Übergang zur Gefährdungshaftung eben nicht durch eine steigende Sorgfalt, sondern nur „durch eine geänderte Zusammensetzung des Sozialprodukts" generiert werden könne. *Feess-Dörr*, *Prätorius* und *Steger*[106] kritisieren an der in der rechtspolitischen Diskussion geäußerten Hoffnung auf eine Umweltentlastung durch eine Verschärfung des Haftungsrechts mittels des Umwelthaftungsgesetzes, daß diese stets und nur an der Prävention und nicht am Aktivitätsniveau festgemacht worden sei[107].

In diesem Zusammenhang ist auch die Zielfunktion eines gewinnmaximierenden Katalog-Anlagen-Inhabers im Falle der Gefährdungshaftung bei monokausalen Schäden aus ökonomischer Sicht zu betrachten.

---

[101] *Feess-Dörr / Prätorius / Steger* (o. Fußn. 42), a.a.O.; ähnlich Steffen, NJW 1990, 1817, 1820.

[102] Vgl. *Feess-Dörr / Prätorius / Steger* (o. Fußn. 42), S. 105.

[103] *Feess-Dörr / Prätorius / Steger* (o. Fußn. 42), a.a.O. Sie betonen, die von ihnen dargestellten Analyseergebnisse der ökonomischen Theorie umfaßten sowohl den genehmigten Normalbetrieb als auch die Kausalitätsvermutung nach dem Umwelthaftungsgesetz.

[104] *Feess-Dörr / Prätorius / Steger* (o. Fußn. 42), a.a.O.

[105] Infolge der Senkung des Aktivitätsniveaus bei der Gefährdungshaftung sind in diesem Falle die Produktionsmengen geringer.

[106] *Feees-Dörr / Prätorius / Steger* (o. Fußn. 42), a.a.O.

[107] Bei vorliegendem Versicherungsschutz prognostiziert die ökonomische Theorie des Haftungsrechts sowohl für die Verschuldens- als auch für die Gefährdungshaftung das gleiche Sorgfaltsniveau.

Es seien zunächst die folgenden Bezeichnungen eingeführt:

- x bezeichnet die Emissionen.
- $U(x)$ ist der Nutzen der Emissionen.
- $S(x)$ als Schadenserwartungswert[108].

Es wird nun diese Gesetzeshypothese postuliert: Da ein gewinnoptimierendes Unternehmen bei seiner Entscheidung über x - also im Hinblick auf seine Wahl bezüglich des Umfangs der von seiner Anlage ausgehenden Emissionen - angesichts der Tatsache, daß er ggf. auch dann Schadensersatz leisten muß, wenn ihm keinerlei Fahrlässigkeit vorgeworfen werden kann, stets den Schadenserwartungswert einkalkulieren muß, lautet seine Zielfunktion

$$G(x) = U(x) - S(x)^{109}.$$

Weil aber alle Schäden beim potentiellen Schädiger internalisiert sind, sind die Zielfunktion des Unternehmens und die soziale Wohlfahrtsfunktion deckungsgleich. Dies ist eine ebenso notwendige wie hinreichende Bedingung dafür, daß die Gefährdungshaftung zum Optimum x^f [110] führt, weil sich der Emittent genauso verhält, wie auch ein auf soziale Wohlfahrt bedachter Planer verfahren würde[111].

Feess[112] untersucht, welche Wahl (Umfang der aus seiner Anlage emittierenden Schadstoffe) der Unternehmer unter dem Regime der Gefährdungshaftung bei Monokausalität treffen wird. Er prognostiziert, daß für den Unternehmer eine Wahl **unter** x^f (also unterpareto-effiziente Emissionen) nicht in Betracht komme, da $U(x)$ - also der Nutzen der möglicherweise umweltschädigenden Aktivität - steige und auch schon die Einhaltung behördlich vorgegebener Emissionsgrenzwerte von der Haftung befreie[113]. Sollte der Unternehmer - so *Feess* an zitierter Stelle weiter - Emissionen **über** x^f wählen, müsse dies den erwarteten Gewinn des Unternehmens erhöhen; es müsse also gelten:

$$U(x) - S(x) > U(x^f),$$

[108] Es soll deswegen vom Begriff des Schadenserwartungswerts ausgegangen werden, weil bereits sichere und zu zivilrechtlich zurechenbaren Schäden führende Aktivitäten staatlicherseits von vornherein nicht genehmigt werden würden; gerade im Hinblick auf das Zivilrecht scheint es einleuchtender zu sein, von unsicheren Schäden auszugehen, weshalb der Begriff Schadenserwartungswert für die Bezeichnung dieses Tatbestandes treffender sein dürfte. Auch sei noch einmal referiert, daß der Schadenserwartungswert um so höher ist, je höher die Emissionen bzw. je geringer die Sorgfalt.

[110] Siehe Abbildung 6.2.

[111] Ähnlich *Feess*, Umweltökonomie und Umweltpolitik, S. 154.

[112] *Feess*, Umweltökonomie und Umweltpolitik, S. 155 ff.

[113] Vgl. *Feess*, Umweltökonomie und Umweltpolitik, S. 155. Hier verkennt Feess, daß auch bei dem Einsatz unterpareto-effizienter Emissionen bei Einhaltung des Normalbetriebs eine Haftung nach § 1 UmwHG in Betracht kommen kann.

weil bei Überschreitung von x^f der Schadenserwartungswert berücksichtigt werden müsse. *Feess* macht sich am angegebenen Ort die logische Ableitung zunutze, daß $U(x^f)$ größer als $U(x^f) - S(x^f)$, da der Schadenserwartungswert positiv sei.

Die beschriebenen Überlegungen von *Feess* sind in der folgenden Abbildung (von ihm in leichter Abwandlung übernommen[114]) dargestellt.

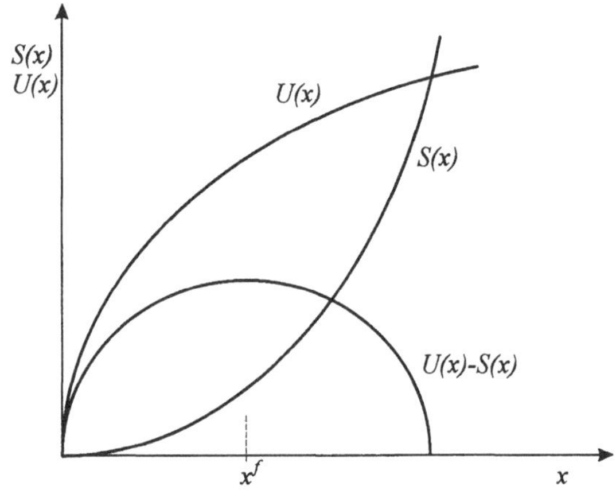

Abbildung 6.2: Auf das Sorgfaltsniveau bezogene Zielfunktion bei der Gefährdungshaftung

Das Unternehmen befindet sich gleichsam auf der Funktionskurve $U(x)$, solange es bis maximal x^f emittiert. Emittiert es jedoch über x^f, so muß es den Schadenserwartungswert $S(x)$ mit einkalkulieren, so daß sich die Zielfunktion von $U(x)$ auf $U(x) - S(x)$ vermindert. Es zeigt sich, daß die Zielfunktion durch x^f maximiert wird[115].

Die Abbildung 6.3 zeigt, daß bis x^f eine Schadenstragung nicht erfolgt. Nach x^f tritt eine Unstetigkeit insofern ein, als danach die Tragung des vollen Schadens eintritt.

Adams[116] stellt - offensichtlich - im Rahmen ökonomischer Effizienzüberlegungen die Frage, ob und ggf. inwieweit die Gefährdungshaftung unter ökonomischen und sozialeffizienten Anreizgesichtspunkten das Verhalten des Unternehmens trotz des seiner Meinung nach aus Informationsgründen eingeschränkten Sorgfaltsbegriffs unter dem Blickwinkel ökonomischer Effizienzkriterien und als Präventionsanreiz beeinflussen könnte. Präskriptiv formuliert er: Da bei gegebenem System der Gefährdungshaftung der Verletzer den erwarteten Schaden zu tragen habe, ergebe sich aus seinem Eigeninteresse, seine Aktivität nur auszudehnen, soweit sein Grenznutzen auf das Niveau der Grenzkosten in Form der erwarteten Schadens- und Sorgfaltskostenerhöhung herabgesunken sei. Hierin

---

[114] *Feess*, Umweltökonomie und Umweltpolitik, S. 156.
[115] Vgl. *Feess*, Umweltökonomie und Umweltpolitik, S. 156.
[116] *Adams* (o. Fußn. 77), S. 139 f.

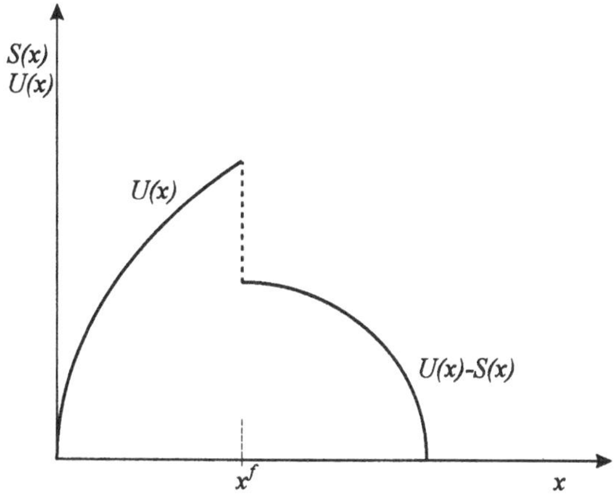

Abbildung 6.3: Auf das Sorgfaltsniveau bezogene Zielfunktion bei der Verschuldenshaftung

liege auch der Grund, daß der Unternehmer seine Sorgfalt steigern werde, bis die dem Verletzer zuzuordnenden Grenzkosten als Senkung der erwarteten Schadenskosten sich zeigender Wert ihres Nutzens diesen erreicht habe[117]. Zudem führe der Umstand, daß die Gefährdungshaftung den Verletzer mit der gesamten Schadenstragungspflicht beschwere, dazu, daß er durch seine Tätigkeit keinen externen Effekt generieren[118] könne, da die erforderliche Schadensabwälzung auf eine andere Person nicht ermöglicht werde[119].

Adams[120] resümiert, daß im Hinblick auf monokausale Schäden sowohl das Opfer als auch der Verletzer trotz informationsbedingter Unvollständigkeit des Sorgfaltsbegriffs unter dem Regime des Systems der Gefährdungshaftung immer Anreizen zu wohlfahrtsoptimierendem Verhalten ausgesetzt seien.

Nach Ansicht von *Stecher*[121] soll die Gefährdungshaftung - jedenfalls im Bereich von Umweltschäden bei unterstellter fehlender zumutbarer Möglichkeit des Opfers, sich der Schädigung entziehen zu können[122] - im Vergleich zur Verschuldenshaftung aus theoretischer Sicht günstigere allokative Wirkungen zeitigen können.

---

[117] *Adams* (o. Fußn. 77), a.a.O.

[118] Diese Aussage ist nicht einleuchtend, weil nach allgemeinem Verständnis angesichts eines durch den Verletzer verursachten Schadens durchaus ein externer Effekt erzeugt wird.

[119] *Adams* (o. Fußn. 77), S. 139 f.

[120] *Adams* (o. Fußn. 77), S. 140.

[121] *Stecher* (o. Fußn. 38), S. 113.

[122] Vgl. hierzu auch *Adams* (o. Fußn. 38), S. 137 ff.; *Feess-Dörr / Prätorius / Steger* (o. Fußn. 42), S. 98 f.

Zur Frage der Schadensprävention führt *Stecher*[123] aus, daß sie aus Sicht der ökonomischen Analyse nur bis zu dem Punkt gewollt sei, an dem der Schadensausgleich der Pareto-Effizienz im Sinne der Zielsetzung der sozialen Wohlfahrtsfunktion entspreche. Nur in diesem Umfang will *Stecher* also einen haftungsrechtlichen Präventionsanreiz gesetzt sehen. Aus der Sicht des ökonomischen Paradigmas der Optimierung des gesamtwirtschaftlichen Nutzens aller sei es unerheblich, ob man aus rechtlicher Sicht einer Haftungsnorm Funktionen des gerechten Schadensausgleichs oder der Schadensprävention zuerkenne[124]. Diese exklusive ökonomische Sichtweise führe aber - so *Stecher* an zitierter Stelle weiter - dazu, daß die Haftungsnormen ausschließlich als „Steuerungsinstrument" zur Erwirkung wohlfahrtlicher Nutzenoptimierung eingesetzt würden, was notgedrungen den Blick auf mögliche Anreizeffekte richten müsse. Indessen reflektiert auch *Stecher*, daß ein anreizindizierendes, verhaltenslenkendes Potential des Haftungsrechts jedenfalls dort anzuerkennen sei, wo ein gewinnmaximierender, also wirtschaftlich kalkulierender Akteur in der Lage sei, auch das Haftungsrisiko seiner Aktivität in seine Unternehmensplanung einzubeziehen[125]. Soweit Verhaltensanreize durch die vom Umwelthaftungsgesetz ausgehende Gefährdungshaftungsandrohung ausgelöst würden, kommt nach Ansicht von *Stecher*[126] der Unentbehrlichkeit des Nachweises[127] des Ursachenzusammenhangs zwischen der gefahrerzeugenden Handlung des Emittenten und der Schädigung deswegen entscheidende Relevanz zu, weil für den Fall einer Ersatzpflicht ausschließlich für selbstverursachte Schäden „preisanaloge Signale" gegeben würden.

Schließlich sieht es *Stecher*[128] als unabweisbar an, daß auf der Grundlage der wohlfahrtsökonomischen Analyse eine Harmonisierung des gesamtwirtschaftlichen mit dem individuellen Nutzen aus einer gefährlichen Betätigung allein über eine weitestgehende Internalisierung externer Effekte erfolgen könne.

Schäfer und *Ott*[129] zeigen auf, daß der Nettonutzen einer schädlichen Aktivität stets größer als Null sei. Dies ergebe sich insbesondere daraus, daß die Geschädigten bei der Gefährdungshaftung (im Gegensatz zur Verschuldenshaftung) in jedem Fall entschädigt und die externen Effekte schädigender Handlungen vollständig beim Schädiger internalisiert würden. Es sei exemplifiziert, daß der Nutzen der schädigenden Handlung 50 betrage, wobei der optimale Sicherheitsaufwand (im Sinne der Marginalbedingung) mit 40 und der dann entstehende Schaden mit 20 zu Buche schlage; die Wahl des Unternehmers solle nach *Schäfer* und *Ott* dann dahin gehen, die entsprechende Aktivität nicht in Angriff zu nehmen (der Schädiger hätte anderenfalls einen Verlust von 10). Es ist dies zusammenfassen: Bei Schäden außerhalb von Marktbeziehungen und einseitiger Schadensverursachung werden durch die Gefährdungshaftung Anreize an den Schädiger vermittelt,

---

[123] *Stecher* (o. Fußn. 38), S. 114.
[124] *Stecher* (o. Fußn. 38), a.a.O.
[125] *Stecher* (o. Fußn. 38), S. 329.
[126] *Stecher* (o. Fußn. 38), S. 330.
[127] Die Beweiskomponente wird von *Stecher* zwar nicht ausdrücklich erwähnt, sie dürfte im Kontext seiner Überlegungen aber ein unverzichtbarer Baustein sein.
[128] *Stecher* (o. Fußn. 38), S. 113.
[129] *Schäfer / Ott* (o. Fußn. 7), S. 194.

keine Aktivitäten in Angriff zu nehmen, deren sozialer Nutzen unter Berücksichtigung der mit ihnen verbundenen Schäden kleiner als Null ist[130].

Da - wie wir gesehen haben - das Aktivitätsniveau nicht immer konstant ist und die Höhe des Schadensersatzes das Aktivitätsniveau unmittelbar beeinflußt, steuert Gefährdungshaftung das Aktivitätsniveau auf eine sozial wünschenswerte Höhe. Bei der Verschuldenshaftung soll hingegen - aus der Sicht der ökonomischen Analyse des Rechts - das Aktivitätsniveau der schädigenden Handlungen auf eine zu große Höhe gesteuert werden[131]. Die beschriebene Interdependenz ist mittels Abbildung 6.3 dargestellt.

Nehmen wir den Beispielsfall an, es handle sich beim Schädiger um den Inhaber einer Großfeuerungsanlage (Katalog-Anlage im Sinne des Umwelthaftungsgesetzes). Der Preis, der sich langfristig für das von der Großfeuerungsanlage hervorgebrachte Produkt gebildet hat, soll - angesichts einer bestehenden funktionsfähigen Marktwirtschaft - den langfristigen Grenzkosten des Produkts kongruent sein. In diesen Kosten sind nach gesicherten ökonomischen Kenntnissen sowohl die Sorgfaltsaufwendungen als auch der Schadensersatz enthalten. Es sei weiter unterstellt, daß diese Kosten bei der Gefährdungshaftung - auf eine Produkteinheit bezogen - höher als bei der Verschuldenshaftung sind[132]. Im Rahmen der Gefährdungshaftung haftet der Schädiger - wie bereits gesagt - unbenommen dessen, ob er einen bestimmten Verhütungsaufwand eingehalten hat oder nicht.

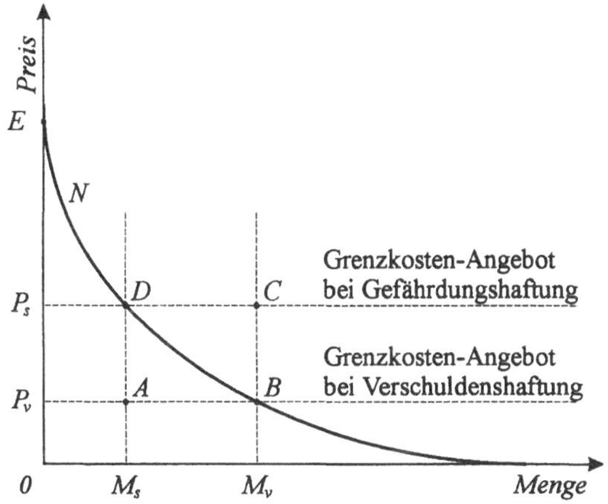

Abbildung 6.4: Wohlfahrtswirkungen bei der Gefährdungshaftung und der Verschuldenshaftung

N bezeichnet die Nachfragefunktionskurve[133]. Die waagerechten Geraden betreffen die

[130] So *Schäfer / Ott* (o. Fußn. 7), a.a.O.

[131] Vgl. *Schäfer / Ott* (o. Fußn. 7), a.a.O.

[132] Ebenso *Schäfer / Ott* (o. Fußn. 7), a.a.O.

[133] In Abbildung 6.4 ist auf der Ordinate der Produktpreis P und auf der Abszisse die Produktmenge

Grenzkosten- und Angebotskurven. Beginnen wir bei der Erörterung der Abbildung 6.4 mit der Verschuldenshaftung: Es ist zu erkennen, daß das Produkt zum Preis P_v angeboten wird. In diesem Preis sind sowohl die Produktionskosten als auch der Verhütungsaufwand enthalten. Zudem soll weiter angenommen werden, daß das Rechtssystem den Sicherheitsaufwand nach der Learned-Hand-Formel festgelegt habe und der Katalog-Anlagen-Inhaber diese Kosten als gewinnmaximierender Unternehmer aufwende. Angesichts dieses Preises treffen den Emittenten keine Schadensersatzkosten, da er den erforderlichen Sorgfaltsmaßstab einhält. Es sei weiter unterstellt, daß die langfristigen Grenzkosten konstant seien, so daß also zu diesem Preis jede beliebige Menge angeboten wird (d.h., die Angebotskurve ist unendlich elastisch) [134]. Es ist zudem in der Abbildung erkennbar, daß die Nachfragekurve die Angebotskurve im Punkt B schneidet, so daß also zum Preis von P_v die Menge M_v abgesetzt wird.

Bei der Gefährdungshaftung soll davon ausgegangen werden, daß die Haftungskosten pro Produkteinheit um den Betrag $P_s - P_v$ höher als bei der Verschuldenshaftung ausfallen. Dieser Betrag und der durchschnittliche Schaden pro Produkteinheit - der noch aussteht - sind deckungsgleich, obwohl der nach dem Learned-Hand-Kriterium geforderte Verhütungsaufwand eingesetzt wurde. Es ist ersichtlich, daß die Angebotskurve bezüglich der Gefährdungshaftung höher als die bei der Verschuldenshaftung liegt. Zum Preis P_s wird nun die Menge M_s verkauft. Das Niveau der gefährdenden Tätigkeit liegt bei der Gefährdungshaftung um den Betrag $M_v - M_s$ niedriger als bei der Verschuldenshaftung, während der Produktpreis höher ist[135].

Sowohl bei der Verschuldenshaftung als auch bei der Gefährdungshaftung entstehen pro Produkteinheit Schäden in Höhe von $P_s - P_v$, da jeweils derselbe dem Learned-Hand-Kriterium entsprechende Sorgfaltsmaßstab angelegt wird[136]. Bei der Gefährdungshaftung ist - im Verhältnis zur Verschuldenshaftung - der Produktpreis höher, was zur Folge hat, daß die abgesetzte Menge des Produkts geringer ist. Der Schaden, der letztlich von den Käufern des Produkts in Form höherer Preise getragen wird, entspricht jetzt der Größe des Rechtecks $P_s P_v A D$[137]. Die insgesamt verursachte Schadensmenge ist aber bei der Gefährdungshaftung niedriger als bei der Verschuldenshaftung[138]. Dieses Zwischenergebnis erlaubt noch kein Urteil darüber, welchem der beiden Haftungsregime unter pareto-effizienten Gesichtspunkten die Präferenz gegeben werden sollte. Dazu ist eine weitere Untersuchung unerläßlich. Es ist voranzustellen, daß sich die Wirkungen der sozialen Wohlfahrt aus dem Gesamtnutzen der Konsumenten minus der Nettoschäden der Geschädigten ergeben[139]. Bei der Gefährdungshaftung ist der Nettonutzen der Konsumenten gleich ihrer Konsumentenrente[140], d.h. gleich dem Differenzbetrag zwischen ihrem

bzw. die Schadensmenge bzw. die gefährdende Aktivität abgetragen. Die Abbildung wurde aus *Schäfer / Ott* (o. Fußn. 7), S. 195, entlehnt.

[134] Vgl. auch *Schäfer / Ott* (o. Fußn. 7), a.a.O.

[135] *Schäfer / Ott* (o. Fußn. 7), a.a.O.

[136] *Schäfer / Ott* (o. Fußn. 7), a.a.O.

[137] Vgl. *Schäfer / Ott* (o. Fußn. 7), S. 196.

[138] *Schäfer / Ott* (o. Fußn. 7), a.a.O.

[139] Der Nettoschaden ist der Schaden minus Schadensersatz.

[140] Die Konsumentenrente ergibt sich als Differenz zwischen dem Höchstpreis, den ein Konsument zu

Gesamtnutzen und dem Erlös für das Produkt[141]. Bei der Gefährdungshaftung entspricht der Gesamtnutzen in der Abbildung 6.4 der Fläche unterhalb der Nachfragekurve für das Intervall $O - M_s$. Der Kaufbetrag ist die Fläche $O\,M_s\,D\,P_s$[142]. Bei der Gefährdungshaftung entspricht die Konsumentenrente demzufolge dem Dreieck $P_s\,D\,E$. Die Opfer erhalten ihre Schäden in Höhe von $P_s\,P_v\,A\,D$ vollständig kompensiert, so daß sie also keinen Nutzennachteil hinnehmen müssen[143]. Aus der Fläche $P_s\,D\,E$ (Konsumentenrente) ergeben sich daher die gesamten Wohlfahrtswirkungen; es treten keine unkompensierte externe Effekte auf[144]. Gefährdungshaftung lenkt also das Aktivitätsniveau auf die sozial nützliche Höhe.

V. Allokationseffizienz der Gefährdungshaftung bei nicht vorhersehbaren Schäden?

Voranzustellen ist, daß die Funktion der Gefährdungshaftung nach dem Umwelthaftungsgesetz nach richtiger Ansicht nicht auf die Kompensation des vorhersehbaren Schadens beschränkt ist. Die Gefährdungshaftung tritt zudem unabhängig davon ein, ob von ihr bei unvorhersehbaren Schäden eine allokative Wirkung ausgeht oder nicht.

Eine pareto-effiziente Anreizwirkung - also ein durch die Haftung gesteuertes Sorgfalts- und Aktivitätsniveau - kann von dem Gefährdungshaftungssystem des Umwelthaftungsgesetzes nur ausgehen, wenn der Katalog-Anlagen-Inhaber den möglicherweise auf ihn zukommenden Gesamtaufwand - also einschließlich des auch bei seiner Preisgestaltung zu berücksichtigenden Schadenserwartungswerts - kalkulieren kann[145]. Eine Vorausberechnung aller möglichen Kosten und insbesondere die Senkung des Aktivitätsniveaus als sonst gegebene allokative Wirkung der Gefährdungshaftung ist aber nur bei entsprechender Schadensvorhersehbarkeit möglich. Ist jedoch für den Emittenten die potentielle Schädlichkeit seiner Aktivität nicht erkennbar - was insbesondere bei multikausalen Schäden gegeben sein dürfte - so kann in diesen Fällen die Gefährdungshaftung keine wohlfahrtsfördernden allokativen, sondern allenfalls Verteilungswirkungen zur Folge haben[146].

---

zahlen bereit ist, und dem tatsächlich zu zahlenden, niedrigeren Marktpreis, multipliziert mit der gekauften Stückzahl.

[141] *Schäfer / Ott* (o. Fußn. 7), a.a.O.

[142] *Schäfer / Ott* (o. Fußn. 7), a.a.O.

[143] Vgl. *Schäfer / Ott* (o. Fußn. 7), a.a.O.

[144] *Schäfer / Ott* (o. Fußn. 7), a.a.O.

[145] Ähnlich *Schäfer / Ott* (o. Fußn. 7), S. 199 f.

[146] Vgl. *Schäfer / Ott* (o. Fußn. 7), S. 200.

VI. Ökonomische Analyse des UmwHG bei multikausalen Schäden

Das zu erörternde Kernproblem ist hier, ob das Umwelthaftungsgesetz auch bei Eintritt multikausaler Schäden Anreize zu einer effizienten Schadensvermeidung setzen kann. Wie bereits ausgeführt[147], hat der Normgeber des Umwelthaftungsgesetzes noch nicht einmal eine Regelung im Hinblick auf die Frage der Aufteilung des Schadens auf mehrere Schädiger mit der Intention getroffen, dies der Rechtsprechung zu überlassen. *Feess* empfiehlt nun aber offensichtlich der Jurisdiktion, die von ihm hierfür aus ökonomischer Sicht vorgeschlagene und hier zu referierende Problemlösung zu übernehmen[148]: Unter der Voraussetzung, daß der tatsächlich aufgewandte Sorgfaltsaufwand der einzelnen Schädiger von dem Gericht genau beobachtet werden kann, empfiehlt die von *Feess* postulierte Haftungsregel bei multikausalen Schäden angesichts der durch das Umwelthaftungsgesetz geregelten Gefährdungshaftung eine Haftung zu gleichen Anteilen durch die beteiligten Unternehmen[149]. *Feess* lehrt, es führten bei Multikausalität Haftungsregeln dann zum Maximum, wenn die Vermeidungskosten der Katalog-Anlagen-Inhaber gerichtlicherseits bekannt seien[150]. Dann könnten nämlich - so *Feess* an zitierter Stelle weiter - für alle Unternehmen effiziente Sorgfaltsstandards definiert werden, deren Beachtung nicht nur das Optimum im Hinblick auf die soziale Wohlfahrt darstellten, sondern auch in betriebswirtschaftlicher Hinsicht sinnvoll sei. Es führe die Gefährdungshaftung bei multikausalen Schäden und Einbeziehung des Verschuldens im Innenregreß gem. § 426 BGB zu den pareto - effizienten Emissionen x_i^f [151], wenn alle Unternehmen die vorgegebenen Verhaltensstandards befolgten und damit sich alle effizient verhielten[152]. In diesem Falle habe jeder Unternehmer den gleichen Schadensteil zu tragen. Das soll dieses Beispiel zeigen: Trotz und bei optimaler Sorgfalt aller 10 Unternehmen sei der dann noch entstehende Schaden gleich 200; so ist jeder Schädiger mit einer Ersatzleistung von 20 betroffen.

---

[147] Vgl. oben S. 21 f.

[148] Anders als eine solche von *Feess* gegebene Anregung gegenüber der Judikatur zur Berücksichtigung ökonomischer Effizienzüberlegungen kann dies angesichts dessen, daß er dies auch in seiner Habil.-Schrift „Haftungsregeln für multikausale Umweltschäden" mit dem Untertitel „Eine ökonomische Analyse des **Umwelthaftungsgesetzes** unter besonderer Berücksichtigung multikausaler Schadensverursachung" ausbreitet, nicht verstanden werden.

[149] Vgl. *Feess* , Umweltökonomie und Umweltpolitik, S. 167 ff.; ders., Haftungsregeln für multikausale Umweltschäden, S. 157 ff.; siehe auch die Stellungnahme hierzu von *Schäfer / Ott* (o. Fußn. 7), S. 262.

[150] *Feess* , Umweltökonomie und Umweltpolitik, S. 170.

[151] Siehe Abb. 6.4.

[152] Vgl. *Feess* , Umweltökonomie und Umweltpolitik, S. 170 f.

Wenn aber in Abänderung dieses Beispielsfalls sich 2 der 10 Unternehmen **nicht** sorgfältig verhalten, diese also x_i^f [153] überschreiten, und wenn der Gesamtschaden unter Berücksichtigung von durch beide Unternehmen erfolgte verminderte Sorgfaltsaufwendungen trotzdem auf 250 steigt, so tragen die Emittenten mit unteroptimaler Sorgfalt von dem Gesamtschaden je 125, so daß die anderen 8 Unternehmen von dem Gesamtschaden nichts zu tragen haben[154].

Feess hat zudem aufgezeigt, daß die Wahl der effizienten Emissionen x_i^f für jede Katalog-Anlage ein Nash-Gleichgewicht[155] ist[156]. Jeder Schädiger wird vermeiden wollen, die ganze Schadenslast tragen zu müssen. Aus ökonomischer Sicht wird die Verwendung des Nash-Gleichgewichts zur Überprüfung der Effizienz als erforderlich angesehen, weil die Schadensausgleichszahlungen nicht allein von der eigenen Verhaltensweise abhängen, sondern auch von den Emissionen der anderen Katalog-Anlagen[157]. Im dargelegten Fall wird vom Nash-Gleichgewicht vorausgesetzt, daß auf keines der Unternehmen der Anreiz ausgeht, über die pareto-effizienten Emissionen x_i^f hinaus zu emittieren, wenn auch alle anderen Unternehmen sich für ihre jeweils effizienten Emissionen x_i^f entscheiden[158]. Es bleibt zu resümieren, daß ein Unternehmen, welches von den Bedingungen eines Nash-Gleichgewichts, daß alle anderen Emittenten x_i^f wählen, abweicht, den ganzen Schaden alleine tragen muß. Bleibt es hingegen bei x_i^f, so braucht es in unserem Beispiel lediglich den zehnten Schadensteil zu tragen[159].

Mit Hilfe eines ähnlichen Zahlenbeispiels wie zuvor soll nun noch im Wege der der Gefährdungshaftung gegenüberzustellenden Verschuldenshaftung - ebenfalls unter Zugrundelegung der Bedingungen des Nash-Gleichgewichts - eine vergleichende Erörterung erfolgen: Wendet jeder der 10 Schädiger effiziente Sorgfalt von 10 auf, ist keiner von ihnen zum Schadensersatz verpflichtet. Die ungeachtet der effizienten Sorgfalt entstehenden Schäden von 200 verbleiben beim Geschädigten (casum sentit dominus). Unter dieser Bedingung bedeutet effiziente Vorsorge jedes Schädigers ein Nash-Gleichgewicht[160]. Mindert jedoch eines der Unternehmen seinen Sorgfaltsaufwand unter den vorgeschriebenen Wert von 10, hat er nunmehr den gesamten Schaden zu tragen, während den anderen Schädigern lediglich ihre Schadensvermeidungskosten verbleiben. Für keinen der Unternehmer besteht ein Anreiz, unterhalb der effizienten Sorgfalt zu bleiben; das Optimum ist also ein stabiles Nash- Gleichgewicht[161].

---

[153]Siehe Abb. 6.4.

[154]So *Schäfer / Ott* (o. Fußn. 7), S. 262, und *Feess* , Umweltökonomie und Umweltpolitik, S. 171.

[155]Unter einem Nash-Gleichgewicht wird verstanden, daß kein Unternehmer einen Anreiz hat, von seiner Strategie abzuweichen, sofern auch die anderen bei ihren Strategien bleiben.

[156]Vgl. *Feess* , Umweltökonomie und Umweltpolitik, S. 171; ebenso *Schäfer / Ott* (o.Fußn.7), S. 262 f.

[157]*Feess* , Umweltökonomie und Umweltpolitik, a.a.O.

[158]Vgl. *Feess* , Umweltökonomie und Umweltpolitik, a.a.O.

[159]*Feess* , Umweltökonomie und Umweltpolitik, a.a.O.

[160]Vgl. *Schäfer / Ott* (o. Fußn. 7), S. 263.

[161]*Schäfer / Ott* (o. Fußn. 7), a.a.O.

VII. Rechtliche und ökonomische Analyse eines obergerichtlichen Urteils zur Aufteilung multikausaler Schäden

Soweit ersichtlich, ist bisher einzig durch das *OLG Düsseldorf*[162] mit Urteil vom 19.06.1998 ein auf der Grundlage des Umwelthaftungsgesetzes (teilweise) obsiegendes obergerichtliches Urteil zugunsten eines durch eine Katalog-Anlage Geschädigten ergangen[163]. Der Entscheidung des *OLG Düsseldorf* vom 19. Juni 1998 lag dieser Sachverhalt zugrunde: Die Kläger waren geschädigte Hauseigentümer, wobei die Beklagte in der Nähe des Anwesens ein Kraftwerk betrieb. Sie machten die Beklagte für Schäden an der Fassade ihres Hauses verantwortlich, die entsprechend ihrer Darlegung im Juni 1993 durch einen aus heißen Partikeln bestehenden Ascheregen aus dem Kamin des Kraftwerks entstanden waren. Die Kläger verlangten Schadensersatz in Höhe der Kosten einer Renovierung der gesamten Hausfassade.

Nach den offenbar nur teilweise durch Sachverständigengutachten gedeckten Feststellungen des Gerichts ist der Schaden - die Beschädigung der Hausfassade - erst durch das Zusammenwirken zweier Umstände kausal geworden. Nach den tatbestandlichen Erkenntnissen des Gerichts war der eine Faktor in aus dem Kamin des Kraftwerks der Beklagten gelangten Aschepartikel zu sehen, die für sich genommen jedoch unschädlich gewesen sein sollen. Den zweiten schadenmitverursachenden Faktor sah das Gericht in der allgemeinen Luftverschmutzung, insbesondere unter Beteiligung der Luftbestandteile Benzyprene und Benzole sowie ähnlichen offenbar ätzenden Schadstoffen. Nach den Feststellungen des Gerichts konnte auch dieser zweite Umstand nicht alleine schadensursächlich sein, sondern erst durch das Zusammenwirken beider Faktoren sei es zur Beschädigung des Hauses gekommen.

Das *OLG Düsseldorf* hat der Klage nur teilweise stattgegeben, indem es den Schaden hälftig zwischen Geschädigten und Schädiger (Kraftwerksbetreiber) aufgeteilt hat. Zum Ergebnis seiner Entscheidung ist das Gericht im Wege der freien Beweiswürdigung gelangt, wobei es sich an der Anwendung der Regelung der Kausalitätsvermutung nach § 6 Abs. 1 UmwHG zum einen daran gehindert sah, daß es eine quasi im Normalbetrieb arbeitende Anlage unterstellt hatte, und zum anderen, weil es wegen der mitursächlichen allgemeinen Luftverschmutzung von dem Vermutungsausschluß gemäß § 7 Abs. 2 UmwHG ausging.

Kritik an der Entscheidung des *OLG Düsseldorf* ist nun bereits daran festzumachen, daß heiße Aschepartikel nur als starkes Indiz für das Vorliegen eines **nicht** ordnungsgemäßen Betriebsablaufs i. S. v. § 6 Abs. 2 UmwHG[164] angesehen werden können. In dem Lackierkabinen-Urteil hatte der Bundesgerichtshof[165] nämlich richtigerweise sehr strenge Ansprüche an die Darlegungs- und Beweisobliegenheiten des Anlagenbetreibers gestellt.

[162] OLG Düsseldorf, JZ 1999, 684 - 685 = NJW 1998, 3720 - 3721.
[163] In den von ihnen entschiedenen Fällen haben eine Haftung nach den §§1 ff. UmwHG verneint: das OLG Düsseldorf, NJW-RR 1994, 1181, und das OLG Köln, NJW-RR 1993, 598.
[164] Umkehrschluß aus § 6 Abs. 2 Satz 2 UmwHG.
[165] BGH, JZ 1998, 358.

Die Entscheidung des *OLG Düsseldorf* vom 19. Juni 1998 führt - entgegen der gesetzlichen Regelung - zudem die richterrechtlich konzipierte Beweislastsondernorm ein, daß dem Geschädigten die Darlegungs- und Beweislast auferlegt wird, gleichsam im Wege eines negativen Beweises nachzuweisen, daß die allgemeine Luftverschmutzung für den Schaden nicht mitursächlich geworden sein könne[166]. Bei Mißlingen dieses Nachweises durch den Geschädigten wäre also nach Auffassung des *OLG Düsseldorf* der Schaden jeweils zwischen ihm und dem Katalog-Anlagen-Inhaber zu teilen. Sollten sich in vergleichbaren Fällen andere Gerichte der Entscheidungspraxis des *OLG Düsseldorf* anschließen, so könnte prognostiziert werden, daß verklagte Betreiber von Anlagen i. S. v. § 1 UmwHG wohl stets hilfsweise vortragen werden, es sei eine mitursächliche Schadenswirkung der allgemeinen Luftverschmutzung nicht auszuschließen, was fast generell zu einer Halbierung der Schadensersatzansprüche nach § 1 UmwHG führen könnte, weil dem Geschädigten der Nachweis fehlender Mitursächlichkeit der allgemeinen Luftverschmutzung sicherlich kaum je gelingen wird. *Salje*[167] merkt in diesem Kontext zu Recht an, daß das *OLG Düsseldorf* einen „generellen Abschlag“ für allgemeine Luftverschmutzung eingeführt habe, der vor seiner Entscheidung vom 19. Juni 1998 in praxi noch nicht judiziert worden sei.

Fragt man danach, wer von den Parteien, der Schädiger oder der Geschädigte, Risikovermeidungsmöglichkeiten hat, das Risiko also steuern kann, so fällt die Antwort leicht: Während der Geschädigte dem Risiko und seiner Verwirklichung, dem Schadenseintritt, wohl nur in den seltensten Fällen wird ausweichen können, wird der Anlagen-Inhaber in aller Regel die Möglichkeit haben, das Risiko zu begrenzen oder zu vermeiden. In dem von dem *OLG Düsseldorf* entschiedenen Fall hätte der Katalog-Anlagen-Inhaber zudem voraussehen können und müssen, daß es zu einer Kausalkette käme, wie sie vom Oberlandesgericht angenommen wurde, nämlich die Absorption von Stoffen aus der allgemeinen Umweltbelastung[168]. In Anbetracht der Tatsache der dem Geschädigten nicht gegebenen Möglichkeiten zur Risikosteuerung muß der Anlagen-Inhaber sich aufgrund dessen den vollen Schaden zurechnen lassen, daß sich sein Anlagerisiko bei Berücksichtigung der allgemeinen Umweltbelastung verwirklicht hat[169].

§ 11 UmwHG i. V. m. § 254 BGB zeigt zudem, daß nur bei Mitverschulden den Geschädigten eine Schadens(teil)zurechnung trifft. Deswegen hat das *OLG Düsseldorf* gegen die sich inzidenter aus § 11 UmwHG ergebende Entscheidung des Gesetzgebers verstoßen, daß der Geschädigte die von ihm nicht beeinflußbaren allgemeinen Umweltbelastungen nicht tragen muß[170]. Etwas anderes kann nur gelten, wenn die zunächst als

[166] Ebenso *Salje*, JZ 1999, S. 686.
[167] *Salje*(o. Fußn. 166), S. 687.
[168] Notfalls hätte der Anlagenbetreiber analog den Beobachtungspflichten der Produzenten in Produkthaftungsfällen gemäß § 823 Abs. 1 BGB insoweit wissenschaftliche Forschung angehen oder in Auftrag geben müssen. Es ist davon auszugehen, daß es der Wille des Normgebers ist, daß die Verpflichtungen des Katalog-Anlagen-Inhabers nicht geringer sind als die Verkehrssicherungspflichten nach § 823 Abs. 1 BGB.
[169] Ähnlich *Salje*(o. Fußn. 166), S. 687.
[170] Vgl. *Salje*(o. Fußn. 166), S. 688.

allgemeine Umweltbelastung qualifizierten Schadensmitverursachungsanteile doch identifizierbar sind und Drittschädigern zugerechnet werden können.

Der Versuch einer ökonomischen Analyse des Urteils des *OLG Düsseldorf* vom 19. Juni 1998 müßte sicherlich mit der Überlegung beginnen, daß die Aufteilung eines nicht von einer Anlage allein verursachten Schadens aus ökonomischer Sicht die entscheidende Frage ist[171]. Es ist zunächst zu validieren, daß das Urteil des *OLG Düsseldorf* natürlich keine Anreize auf den Geschädigten - der ja 50 % seines Schadens selbst tragen soll - im Hinblick auf eine pareto-effiziente Emissionsintensität ausüben kann. Aus ökonomischer Sicht wären solche Anreizüberlegungen absurd, so daß also schon hierin eine Kritik der ökonomischen Analyse des Rechts an der Entscheidung des *OLG Düsseldorf* zu sehen ist.

Ausgangspunkt der ökonomischen Analyse der Entscheidung des *OLG Düsseldorf* ist aus ökonomischer Sicht die Überlegung, daß es darauf ankommt, den Schädiger mit den Schadenskosten zu belasten, um eine alle Kosten umfassende Kosten-Nutzen-Analyse zu erreichen. Die hiervon ausgehenden Anreize können in zwei Richtungen wirken: Entweder wird der Katalog-Anlage-Inhaber investieren, um das Schadensvermeidungspotential auszuweiten, oder er wird seine Aktivität so weit vermindern, wie es erforderlich ist, um einen Nettogewinn zu erreichen[172]. Aus ökonomischer Sicht gilt im Hinblick auf die Gefährdungshaftung der Grundsatz, daß sich jedes Unternehmen an seinen eigenen Vermeidungskosten orientiert[173]. Aufgrund des Urteilsvotums des *OLG Düsseldorf* besteht jedoch hier ein Zielkonflikt zwischen statischer Allokationseffizienz und dynamischer Anreizwirkung. Durch diese obergerichtliche Entscheidung erfolgen Anreizwirkungen ex ante, weniger als die optimale Sorgfalt aufzuwenden, weil der Verletzer sich dessen bewußt ist, allenfalls 50 % des durch ihn mitverursachten Schadens ersetzen zu müssen. Dieses Ergebnis steht im Gegensatz zu dem von *Schäfer* und *Ott*[174] herausgearbeiteten Leitsatz, wonach die Alles-Oder-Nichts-Methode des deutschen Rechts (auch) bei der Gefährdungshaftung dazu führe, beim Unternehmer Anreize zu setzen, zu geringe Sorgfalt aufzuwenden, wenn - wie auch hier angesichts des von dem *OLG Düsseldorf* angenommenen Arbeiten der Katalog-Anlage im Normalbetrieb - für die Kausalität ein Vollbeweis gefordert werde[175].

Um überhaupt eine auf das Sorgfaltsniveau bezogene Anreizwirkung hervorrufen zu können, muß hierfür jedoch die Voraussetzung erfüllt sein, daß für den Katalog-Anlagen-Inhaber die Schädlichkeit oder potentielle Schädlichkeit seiner Aktivität zu dem Zeitpunkt erkennbar gewesen sein muß, an dem er die Schädigung verursacht hat[176]. In dem von dem *OLG Düsseldorf* entschiedenen Fall könnte es allerdings zweifelhaft sein, ob die Beklagte die erst im Zusammenwirken mit anderen Umständen gegebene Scha-

---

[171]Vgl. hierzu *Feess* , Haftungsregeln für multikausale Umweltschäden, S. 65.
[172]*Schäfer / Ott* (o. Fußn. 7), S. 192.
[173]Vgl. *Feess*, Umweltökonomie und Umweltpolitik, S. 157.
[174]*Schäfer / Ott* (o. Fußn. 7), S. 258.
[175]Lediglich bei Regelung einer Umkehr der Beweislast für die Kausalität sehen *Schäfer* und *Ott* (o. Fußn. 7, a.a.O.) optimale Anreize zum Vorsorgeaufwand (auch) bei der Gefährdungshaftung.
[176]Vgl. hierzu auch *Schäfer / Ott* (o. Fußn. 7), S. 199.

densursächlichkeit ihrer Emissionen erkennen konnte. Es stellt sich in diesem Kontext aber auch die Frage, ob der schadensmitverursachenden Beklagten im Hinblick auf die von dem *OLG Düsseldorf* angenommene Schädigung Anreize vermittelt werden sollten, Forschungskosten für chemische Untersuchungen hinsichtlich des Zusammenwirkens der eigenen Emissionen mit anderen Umständen bei der Schadensverwirklichung aufzuwenden. Immerhin wird man wohl festhalten können, daß die volle Schadenstragung durch den Katalog-Anlagen-Inhaber ihm gegenüber einen entscheidenden Anreiz dafür liefern dürfte, notfalls unter Einsatz von Forschungskosten zur Aufklärung der Schadenszusammenhänge beizutragen[177].

Aus der Sicht des Ökonomen bewirkt die Gefährdungshaftung in der Regel die Senkung des Aktivitätsniveaus. Dieser Grundsatz muß angesichts der Frage der Vorhersehbarkeit der Schadensursächlichkeit und der durch das *OLG Düsseldorf* judizierten pro-rata-Haftung von lediglich 50 % relativiert werden. Möglicherweise besteht hier im Hinblick auf das Aktivitätsniveau überhaupt keine Anreizwirkung, oder aber die Senkung des Aktivitätsniveaus fällt weniger gravierend aus, weil der Katalog-Anlagen-Inhaber allenfalls mit einer Schadenstragung von 50 % rechnen muß.

Im Nexus mit dem eben erörterten Problem steht auch die Frage der wirtschaftlichen Anreizwirkung zur Schadstoffkontrolle bei Führen der Katalog-Anlage im Normalbetrieb. Der Gesetzgeber des Umwelthaftungsgesetzes hat Anreize im Sinne dieses (auch) ökonomischen Präventionsziels durchaus vorgesehen. Der Erfolg im Hinblick auf dieses anreizkompatible Präventionsziel dürfte jedoch durch die Entscheidung des *OLG Düsseldorf* bei Fällen wie dem von ihm entschiedenen dadurch gefährdet sein, daß es bei dem von ihm angenommenen genehmigten Normalbetrieb in Anwendung von § 1 UmwHG nur von einer Haftung von 50 % durch den Katalog-Anlagen-Inhaber ausgegangen ist. Es bleibt zu validieren, daß der an und für sich bei Ausschluß der Kausalitätsvermutung gem. § 6 Abs. 2 UmwHG gegebene starke Anreiz zur Einhaltung vorgegebener Standards durch die Rechtsprechung des *OLG Düsseldorf* erheblich beschnitten worden ist.

Im Hinblick auf den vom *OLG Düsseldorf* entschiedenen multikausale Schäden betreffenden Fall sind im übrigen die oben dargestellten ökonomischen Modelle - denen Monokausalität zugrunde gelegt wird - nicht ganz stimmig. Zwar gibt die Gefährdungshaftung dem Geschädigten mehr Eigentumsrechte. Diese Konsequenz zeigt sich bei multikausalen Schäden aber nur bedingt, da nur monokausale Schäden voll vom Verletzer zu tragen sind.

Es bleibt zu resümieren, daß es überhaupt unter ökonomischen Anreizgesichtspunkten verfehlt ist, wenn das *OLG Düsseldorf* in seinem Urteil dem schädigenden Anlagenbetreiber lediglich auferlegt, 50 % des Schadens tragen zu müssen. Auch für ihn kann deswegen kein Anreiz zu pareto-optimaler Emissionsintensität gegeben sein, zumal er im Rahmen seiner unternehmerischen Kalkulation lediglich die Tragung einer Schadensquote von

[177] Auch *Feess* (o. Fußn. 73), S. 86, hält dafür, daß die Androhung einer gesamtschuldnerischen Haftung einen nachhaltigen Anreiz dafür vermitteln würde, zur Aufklärung der Schadenszusammenhänge beitragen.

50 % berücksichtigen müßte. Schließlich ist auch der Anreiz zur Entwicklung umweltfreundlicher Technologien durch das Urteil des *OLG Düsseldorf* eingeschränkt worden.

D. Das Rechtssystem

I. Das Rechtssystem als Teilsystem der Gesellschaft

Zumal die ökonomische Analyse des Rechts unstrittig - jedenfalls primär - dem Wirtschaftssystem (ebenfalls einem Teilsystem der Gesellschaft) zuzuordnen ist, soll die im Unterschied zu allen ihr historisch vorausgegangenen Gesellschaftssystemen zu sehende moderne Gesellschaft Ausgangspunkt der nachfolgenden systemtheoretischen Überlegungen sein[178]. Zudem ist zu validieren, daß die Präferenz der Systemtheorie schon aufgrund folgender Erwägung angemessen ist: Diese Theorie befähigt dazu - im Gegensatz zur ökonomischen Analyse des Rechts[179] -, eine sehr viel inhaltsreichere, konkretere Gesellschaftsbeschreibung - gerade auch für den Zweck ihrer Anwendung auf andere Funktionssysteme der Gesellschaft - zu entwerfen[180].

Es ist nunmehr vorab hervorzuheben, daß eine mehrdeutige Interdependenz zwischen dem Teilsystem „Systemreferenz Rechtssystem“ und dem umfassenden Gesellschaftssystem besteht: Zwar bildet einerseits die Gesellschaft die Umwelt für ihr Rechtssystem, andererseits sind aber auch alle Operationen des Rechtssystems stets auch Operationen in der Gesellschaft, mithin Operationen der Gesellschaft; das Rechtssystem läßt Gesellschaft Wirklichkeit werden, „indem es sich in der Gesellschaft ausdifferenziert“[181]. Es vollzieht mit den eigenen Operationen (die sich gleichzeitig aber auch als gesellschaftliche Operationen erweisen) - mit anderen Worten - gewissermaßen eine eigene Inzision in die Gesellschaft und erst hierdurch wird eine gesellschaftsinterne Umwelt des Rechts hervorgerufen[182]. Es stellt sich daher das Problem, wie Einwirkungen dieser Umwelt - die sich in vielleicht zunächst nicht auszuschließender Weise ja womöglich auch in Gestalt der ökonomischen Analyse des Rechts zeigen kann - auf das Recht ohne das Eintreten

[178]Hierbei ist von signifikanter Relevanz, daß für die Bereiche des Rechts und der Wirtschaft - im Detail noch zu beschreibende - autopoietische Systeme mit gleiche Bedeutungsinhalte umfassenden Begriffen wie operative Geschlossenheit, Funktion, Codierung/Programmierung, Beobachtung, funktionale Differenzierung, Kommunikation, Redundanz, Selbstreferenz usw. zur Anwendung kommen können. - Der Begriff der Autopoiesis bezieht sich auf (autopoietische) Systeme, die alle elementare Einheiten, aus denen sie bestehen, durch ein Netzwerk genau dieser Elemente reproduzieren und sich dadurch von einer Umwelt abgrenzen - sei es in der Form von Leben, in der Form von Bewußtsein oder - wie hier - im Falle sozialer Systeme in der Form von Kommunikation. Autopoiesis ist die Reproduktionsweise dieser Systeme. Autopoiesis ist mithin ein System, dessen Funktion darauf ausgerichtet ist, sich selbst zu erneuern; ein autopoietisches System ist deshalb in erster Linie auf sich selbst bezogen oder *selbstreferentiell.*

[179]Diese kann die Gesellschaft nur als allgemeines System im Hinblick auf einen - wie auch immer indirekt vermittelten - Vorteilsausgleich einbeziehen.

[180]Vgl. *Luhmann* (o. Fußn. 27), S. 23.

[181]*Luhmann* (o. Fußn. 27), S. 34.

[182]Vgl. *Luhmann* (o. Fußn. 27), a. a. O.

der Ununterscheidbarkeit von Recht und Gesellschaft erfolgen können. Solche äquivoken Wechselbeziehungen zwischen Recht und Gesellschaft laufen nun allerdings dem sich aus dem operativen Ansatz ergebenden Postulat der *Einheit* eines Systems zuwider. Da die Einheit eines Systems von seinen auch seine Grenzen und Struktur bildenden Operationen bestimmt wird, ergibt sich nunmehr als unausweichliche Themenstellung die Erörterung der (die Einheit des Systems betreffenden) „operativen Geschlossenheit" des Rechtssystems.

II. Die operative Geschlossenheit des Rechtssystems

1. Exkurs: autopoietisches System

a.) Ausgang und Vorstufe

Die Erklärung des Systembegriffs (im Sprachgebrauch unserer Untersuchungen) - womit begonnen werden soll - hat ihren Ausgang in der generell auf alle Systeme (der in Betracht kommenden wissenschaftlichen Felder) bezogenen These zu nehmen, daß ein System „reale" Sachverhalte, und zwar nicht nur der empirischen Welt, treffen soll[183]. Dies ist zu explizieren. Was den *biologischen* Systemraum anbetrifft, so ist dieser begreiflicherweise durch die räumlich - physische Abgrenzung von Organismen festgelegt. Mithin reproduziert sich eine Nervenzelle durch die „Beobachtung" ihrer selbst und ihrer Umwelt, wodurch sie die Unterscheidung von sich und der Umwelt penetrieren und inszenieren (operationalisieren) kann[184]. Gleichfalls sind *psychische* Systeme (Formen von Bewußtsein) im Hinblick auf ihre Exklusivität im menschlichen Organismus unterscheidbar[185] Das Recht als soziales System hingegen besteht einzig aus als *Operationen*[186] zu segmentierenden *Kommunikationen*[187]. Nicht für das Rechtssystem eigentümlich sind weder sachliche Produktionsmittel, Formen von Bewußtsein usw. noch die hieran „teilhabenden" Menschen[188].

---

[183]So *Luhmann*, Soziale Systeme. Grundriß einer allgemeinen Theorie. Frankfurt a.M. 1984, S. 599.

[184]*Maturana* in: Maturana, Humberto R. und Varela, Francisco J., Autopoiesis and Cognition. The Realization of the Living, S. 15 ff.

[185]*Frey*, Vom Subjekt zur Selbstreferenz, Berlin 1989, S. 47.

[186]Die Einheit einer Operation - die eine Unterscheidung verwendet, um die eine oder die andere Seite dieser Unterscheidung zu benennen - wird durch den auf dem Abstraktionsniveau des Begriffs der Autopoiesis definierten Terminus der *Beobachtung* bezeichnet. In anderen Systemen als dem Rechtssystem ist die Art der Operation nicht Kommunikation, sondern kann *Leben* oder *Bewußtsein* sein.

[187]Durch den Begriff der Kommunikation wird nicht schlicht ein Mitteilungshandeln bezeichnet, das Informationen „überträgt", sondern eine eigenständige autopoietische Operation, die drei verschiedene Selektionen, nämlich Information, Mitteilung und Verstehen, zu einer emergenten Einheit verknüpft, an die weitere Kommunikationen anschließen können.

[188]Dieses unterscheidet sich prinzipiell von allen bisherigen Rechtstheorien, die den Menschen stets mit einbezieht. A. A. im systemtheoretischen Kontext etwa auch *Maturana, Humberto R.*, in: S. Schmidt, Biologie der Sozialität, 1987, s. 292 ff., der als „Komponenten" sozialer Systeme auch „Lebewesen" berücksichtigt, und *Teubner*, Recht als autopoietisches System, S. 41.

b.) Selbstreferenz

In morphogenetischer Hinsicht für das autopoietische Rechtssystem als rekursiv in sich geschlossenem System gilt zudem die rechtssysteminterene Anforderung der Selbstreferenz als bestimmendes Prinzip[189]. Ein geschlossenes System kann auch als selbstreferentielles System bezeichnet werden[190]. In dieser Darstellungsweise muß *Referieren* als Bezeichnen im Nexus einer Unterscheidung, die jeweils eine andere Seite bereit hält, verstanden werden[191]. In anderer Formulierung: Gemeint ist mit *Selbstreferenz* jede Operation, die sich selbst auf anderes und dadurch auf sich selbst bezieht. Reine Selbstreferenz, die nicht den Umweg über anderes geht, liefe auf eine Tautologie hinaus. Reale Operationen bzw. reale Systeme wie das Rechtssystem sind auf eine Enttautologisierung bzw. „Entfaltung“ dieser Tautologie[192] angewiesen, weil sie nur so erfassen können, daß sie in einer realen Umwelt nur auf eingeschränkte, nichtbeliebige Weise möglich sind. Aus seiner Selbstreferenz resultiert die Geltung des Rechts; sie wird *innersystemisch*, also innerhalb des Rechts, hervorgebracht[193]. Es gibt weder in Beziehung zur gesellschaftlichen Umwelt noch *intersystemisch* Input oder Output von Recht[194].

Auch wenn aufgrund all dieser Überlegungen mit *Luhmann*[195] resümierend als Quintessenz die tautologische Maxime „Es gibt kein Recht außerhalb des Rechts“ zu verifizieren ist, so können mit Hilfe dieser Argumentationslinie die imperialistischen Ansprüche des „efficiency“-Kriteriums die diese ökonomische Theorie stützenden Protagonisten ihre Lehre ja gerade nicht als antagonistisch zum Recht[196] behaupten; eine Umorientierung der Theorie des selbstreferentiellen Rechtssystems im Sinne der ökonomischen Analyse des Rechts ist also zunächst noch nicht ausgeschlossen. Ob aber eine systemtheoretische Uminterpretation im Sinne der sich paternalistisch gebärdenden These von der ökonomischen Analyse des Rechts erforderlich ist, oder ob die Einsicht der rekursiven, selbstreferenti-

---

[189] *Teubner* (o.Fußn.188), S. 27 ff., sieht allerdings keine Identität zwischen der Selbstreferentialität und der Autopoiese des Rechtssystems; ein System könne selbstreferentiell sein, ohne daß es schon autopoietisch wäre.

[190] *Luhmann* (o.Fußn.27), S. 51.

[191] *Luhmann* (o.Fußn.27), S. 51; ähnlich *Frey* (o.Fußn.185), S. 37.

[192] Hierauf wird zurückzukommen sein.

[193] Vgl. *Teubner* (o.Fußn.188), S. 8.

[194] Vgl. *Frey* (o.Fußn.185), S. 4 und *Luhmann* (o.Fußn.27), S. 69.

[195] *Luhmann*, Die soziologische Beobachtung des Rechts, S. 20 f.

[196] „Sie betrachtet es (sogar) als legitime und notwendige Aufgabe der Rechtswissenschaft, rechtliche Regelungen danach zu beurteilen, in welchem Maße sie die Verschwendung von Ressourcen verhindern und damit die Effizienz erhöhen“ (*Schäfer / Ott* [o.Fußn.7], S. 1). Der effizienzorientierten Rechtsanwendung wird folglich Priorität eingeräumt: Die - auf den ersten Blick - scheinbar nur insuffiziente rechtliche Begründung einer auf das Effizienzkriterium ausgerichteten *rechtlichen* Regelung (wie: da die Herstellung von Allokationseffizienz zu den wesentlichen Forderungen an eine Rechtsordnung gehöre, sei es nicht ohne weiteres zu rechtfertigen, wenn juristische Zielsetzungen wie Verkehrssicherheit und Rechtssicherheit, die aber bei Förderung der Allokationseffizienz legitim seien, gleichrangig neben oder gar über das Effizienzziel gestellt würden; es sei nicht begründbar, zu ineffizienten Lösungen führende Rechtsprechung mit anderen Argumenten, wie etwa dem der Rechtssicherheit, aufrechtzuerhalten - *Schäfer / Ott*, a. a. O. und S. 7) ist atavistisch und erweist sich letztlich als eine *petitio prinzipii*.

ellen Geschlossenheit des Rechtssystems womöglich apodiktisch die effizienzorientierte Rechtsanwendung ausschließt, kann letztlich aber nur in autopoiesegeeigneter Weise mit Hilfe des basalen selbstreferentiellen Zirkels aus den operationsleitenden Strukturen der *Kommunikation* und der *Beobachtung* ersehen werden, die es jetzt weiter zu untersuchen gilt.

2. Codierung und Programmierung des Rechtssystems

Wie bei allen selbstreferentiellen (autopoietischen) Systemen wird auch beim Rechtssystem vorausgesetzt, daß es seine Einheit und Identität dadurch erlangt, daß es sich in seinen Operationen und Prozessen auf sich selbst bezieht; dies besagt, daß das Rechtssystem nur im Rekurs auf sich selbst seine permanente Selbstorganisation und Reproduktion als von der Umwelt ausdifferenziertes Rechtssystem bewältigen kann. Dies geschieht in der Art, daß in zirkulärer Weise Elemente des Rechtssystems, seine Strukturen und Prozesse, seine Grenzen und seine Einheit im ganzen gesehen im Wege seiner Operationen produziert werden[197]. Zudem ist im Kontext mit diesem Denkmodell eines selbstreferentiellen (autopoietischen) Rechtssystems festzustellen, daß es die Festpunkte für seine Operationsweise bei sich selbst mit dem Modus der Selbstbeschreibung als systeminternem Steuerungsprogramm für seine Operationen finden muß, wobei die die Systemprozesse kontinuierlich erzeugenden Operationen der Selbstbeschreibung des Systems entsprechen[198].

Andererseits ist nur durch Selbstbeschreibung und Beobachtung die Selbstreferenz zugänglich[199]. Die Begriffe Selbstreferenz und Beobachtung implizieren einander wechselseitig[200].

Systemisch eingliedernd ist die Selbstbeschreibung des Rechts als Operation anzusehen, mit der das Rechtssystem seine eigenen Systemkomponenten kommunikativ beobachtet und in die Form semantischer Artefakte bringt[201]. Diese Eigenschaften der Selbstbeschreibung des Systems können als Ausdifferenzierung eines in sich geschlossenen, operativ nur auf sich selbst gestellten Funktionssystems qualifiziert werden[202]. Aus den Normen des geltenden Rechts entwickelt sich die Selbstbeschreibung des Rechtssystems[203]. Das Rechtssystem muß sich mit seinen eigenen Operationen der Selbstbeschreibung und Selbstbeobachtung so beobachten, „*als ob es von außen wäre*“[204]. Das System von

[197] *Teubner* (o.Fußn.188) S. 2
[198] *Teubner* (o.Fußn.188) S. 23
[199] Vgl. *Frey* (o.Fußn.185). S. 4
[200] *Luhmann* (o.Fußn.27), S. 52.
[201] Demgemäß handelt es sich beim Rechtssystem um ein operativ geschlossenes, autopoietisches, sich selbst beschreibendes und sich selbst unterscheidendes System (*Luhmann* [o.Fußn.27], S. 542. Es ist auch eine Beschreibung und Beobachtung der Einheit des Systems möglich, auch wenn letzteres kein Element der Operationen des Systems sein kann (*Luhmann*, a. a. O., S. 74).
[202] *Luhmann* (o.Fußn.27), S. 532.
[203] Vgl. *Luhmann* (o.Fußn.27), S. 565.
[204] *Luhmann* (o.Fußn.27), S. 534, dort Fußn. 86. Notabene: weil die Selbstbeschreibung / Selbstbeobachtung die interne Beschreibung wie eine externe Beschreibung handhabt, die über objektive Sachver-

außen betrachtet bildet sich nun aber ab als ein Flechtwerk von operativ verarbeiteten Unterscheidungen. Eine Lösung dieses Problems kann allerdings nur mit der Unterscheidung von Operationen und Beobachtung / Beschreibung gefunden werden[205]. Die Selbstbeschreibung / Selbstbeobachtung muß sich auch damit auseinandersetzen, daß sie nach außen hin - zu der gesellschaftlichen Umwelt - die verschiedensten Kontaktpunkte aufspüren kann[206]. Wenn sich daraufhin zwar jetzt im allgemeinen die Frage stellt, wie man auf dem Eigenfundament des Rechtssystems zwischen diesen Okkasionen entscheiden könne[207], ist im Hinblick auf den besonderen Fall der ökonomischen Analyse des Rechts als paradigmatisch für die gesellschaftliche Umwelt des Rechtssystems vorab zu prüfen, ob nicht mit Hilfe einer für das Recht spezifischen Unterscheidung dies Problem hier zu umgehen wäre.

3. Die Leitunterscheidung des Rechtssystems

Jedes System hat seine spezifische Unterscheidung[208]. Die für das Recht geforderte binär codierte „Leitdifferenz" *Recht* bzw. *Unrecht / Nicht-Recht* findet ihre Prägung aufgrund der aus den spezifischen Rechtserwartungen und den von ihnen ausgehenden, in thematischer Ausrichtung auf Rechtsnormativität gesteckten rechtssystemischen Grenzen resultierenden konstruktivistischen Prämissen[209]. Die Geltung des *nur* zweiwertigen Rechtscodes ist stringent; es gibt bloß das Entweder / Oder: obwohl die beiden auseinanderzuhaltenden Werte des Rechtscodes - der positive und der negative - ständig im Spiel sind, kann im Einzelfall lediglich der eine oder andere vorliegen. Auf der Version der Zweiwertigkeit beruht der Separierungs- und Ordnungseffekt der Codierung[210]. Dies bedeutet zunächst, daß das Rechtssystem nicht als ein teleologisch ausgerichtetes, auf bestimmte Ziele hin orientiertes System qualifiziert werden kann, das nach Zweckerreichung seine Operationen einstellt[211]. Die Applikation der ökonomischen Analyse des Rechts und das Erreichen des Effizienzzieles hat sich dieses Theorem im Hinblick auf seine Theorie-

---

halte referieren könnte, ist die Selbstbeschreibung / Selbstbeobachtung selbst ein paradoxes Unterfangen; hierauf soll jedoch erst später eingegangen werden.

[205] *Luhmann* (o.Fußn.27), S. 506; auch die Selbstbeschreibung eines Systems ist dann eine unter vielen Operationen des Systems.

[206] Vgl. *Luhmann* (o.Fußn.27), S. 505. Zu diesen Anknüpfungspunkten gehören neben der Religion, der Politik und der Wissenschaft auch die Wirtschaft (insoweit könnte gegebenenfalls auch die ökonomische Analyse des Rechts einbezogen werden).

[207] Die Frage, ob im Seitenblick auf eine gleichzeitig operierende Umwelt solche Anstöße von außen sich eventuell als Lernleistungen des Rechtssystems mit dem Ergebnis von Änderungen des geltenden Rechts zeigen können, wäre unter Umständen im Wege einer Unterscheidung und permanenten Verknüpfung von normativ geschlossener innersystemischer Selbstreferenz und einer dem System Umwelt-Orientierung verleihender und mit kognitiver Öffnung ausgestatteter umweltlicher Selbstreferenz / Selbstbeobachtung zu beantworten (vgl. *Luhmann* [o.Fußn.27], S. 52, 53, 74 und 83). Vgl. hierzu auch *Teubner* (o.Fußn.48), S. 88.

[208] So wird die Leitunterscheidung des Wirtschaftssystems bspw. durch den binären Code Zahlung / Nicht-Zahlung gebildet.

[209] Vgl. *Teubner* (o.Fußn.188), S. 88, *Frey* (o.Fußn.185), S. 44, und *Luhmann* (o.Fußn.27), S. 165.

[210] Vgl. *Luhmann* (o.Fußn.27), S. 178.

[211] *Luhmann* (o.Fußn.27). S. 178.

ausrüstung aber ja gerade auf seine Fahnen geschrieben. Es kann also diese ökonomische Steuerungsebene schon aus diesem Grunde als mit dem Rechtssystem inkompatibel nicht zum Tragen kommen.

Die Einführung der Allokationseffizienz als Rechtskategorie scheitert zudem aber auch daran, daß der Rechtscode eben nur aus zwei Werten (Recht und Unrecht / Nichtrecht) und nicht aus drei Werten besteht: Recht, Unrecht und (ökonomischer) Gemeinnutz[212]. Das Insistieren der ökonomischen Analyse auf Recht schlägt aber auch wegen der Striktheit des binären Schemas Recht / Unrecht aufgrund seiner systemidentifizierenden Funktion fehl; denn wie ließe sich innerhalb des Rechtssystems der richterliche Entscheidungszwang[213], über Recht oder Unrecht befinden zu müssen, ohne den binären Rechtscode rechtfertigen[214], wobei zu unterstreichen ist, daß die die Judikative treffende Unentbehrlichkeit, zu einem Verdikt gelangen zu müssen, nicht von dem Postulat der ökonomischen Analyse des Rechts hervorgerufen wird, über allokationseffizienzorientierte, soziale Wohlfahrtsstrategien betreffende Kriterien zu befinden?

Ungeachtet all dieser Überlegungen ist das strenge und intransigente Unterscheiden von Recht und Unrecht / Nichtrecht und die Beschränkung auf nur zwei Code-Werte im Rechtssystem als nicht selbstverständlich zu vermerken. So hat es in der Tat zu dieser These bisweilen auch kritische Stimmen gegeben.

Als Erstes könnte vielleicht bezweifelt werden, ob das ja gerade (auch) mit dem Umwelthaftungsgesetz spezialgesetzlich normierte Rechtsinstitut der Gefährdungshaftung von dem Code Recht / Unrecht mit erfaßt wird. So könnten - zum einen - die von *Luhmann*[215] vorgetragenen Bedenken darin bestehen, daß „die Dogmatik, die das Recht / Unrecht-Schema direkt implementiert, inkompatibel mit dem Phänomen des Risikos" sei. Die Gefahr, ein erst in der Zukunft liegendes ungewisses mögliches Ereignis bereits gegenwärtig nach dem Schema Recht und Unrecht / Nichtrecht beurteilen zu sollen und zu müssen, ist aber auch im Falle einer Gefährdungshaftung nicht gegeben. Denn für die Frage, ob und wann eine Entscheidbarkeit für den und gemäß dem binären Rechtscode vorliegt, kommt es allein auf die Tatsachenkonstellation im maßgeblichen Entscheidungszeitpunkt an. Wenn aber etwa ein Gericht konkret über die Frage einer gefährdungshaf-

---

[212] *Luhmann* (o.Fußn.27), S. 180. Die ökonomische Analyse des Rechts kann sich dem binären Rechtscode nicht stellen, weil die dem Gemeinwohl verpflichtete ökonomische Utilität und die soziale Wohlfahrtsfunktion der Allokationseffezienz sich als alia zur Matrix Recht / Unrecht erweisen und also keinem der Code - Werte zugeordnet werden können. Der positive Wert wird generiert, wenn ein Sachverhalt mit den Normen des Systems in Einklang steht, während der negative Wert bei einem Verstoß eines Sachverhaltes gegen die Normen des Systems zur Anwendung kommt.

[213] Gerade die kommunikativ Entscheidungen suchende Gerichtsbarkeit ist als im Mittelpunkt des Rechtssystems stehend anzusehen (ähnlich *Luhmann* [o.Fußn.27], S. 503).

[214] Vgl. *Luhmann* (o.Fußn.27), S. 502.

[215] *Luhmann* (o.Fußn.27), S. 171. Im Anschluß daran, daß die Erscheinung des Risikos lediglich auf ein erst in der Zukunft möglicherweise auftretendes Ereignis abstellt, sieht er insoweit eine Parallele zur über die *futura contingentia* geführte Diskussion, die sich an *Aristotoles'* De interpretatione 9 angeschlossen habe; denn auch dort sei es darum gegangen, daß die Wahrheit bzw. Unwahrheit von Aussagen derzeit über mögliche Ereignisse in der Zukunft unentscheidbar sei, obwohl man sich bereits momentan auf Zukunftsperspektiven hin ausrichten müsse.

tungrechtlichen Schadensverteilung zu votieren hat, ist zu diesem Zeitpunkt naturgemäß eine codespezifische Entscheidbarkeit gegeben; denn zum Entscheidungszeitpunkt geht es ja nicht mehr bloß um die Bewertung eines Risikos mit daraus sich ergebender Gefahr für einen zunächst nur drohenden, in der Zukunft aber womöglich (erst) eintretenden Schaden, sondern sie - die Gefahr - hat den Schaden dann bereits verwirklicht. Es bleibt festzuhalten, daß die von *Luhmann* anscheinend aufgestellte Behauptung der Unvereinbarkeit des Phänomenes des Risikos mit der Dogmatik des Recht / Unrecht-Schemas sich als Scheinproblem erwiesen hat.

Zum anderen soll noch kurz auf das - wenn auch sofort als zu durchsichtig - zu entlarvende Argument eingegangen werden, in Fällen und infolge der Rechtmäßigkeit erlaubten - wenn auch aufgrund der Regelung von Gefährdungshaftungsnormen mit der Verpflichtung zum Schadensausgleich sanktionierten - Handelns sei das Recht / Unrecht-Schema nicht anwendbar. Bei dieser Begründungsfigur wird nun allerdings darüber hinweggesehen, daß die vollständige Matrix des Rechtscodes - wie dies auch so von *Frey*[216] gebraucht wird - durch die Form Recht-Unrecht / Nicht-Recht gekennzeichnet ist. Bei der Kommunikation im Hinblick auf die Frage der Anwendung von Gefährdungshaftungsnormen können die Operationen zwischen den Code-Werten *Recht* und *Nicht-Recht* optieren.

Schließlich kann einem philosophisch-wissenschaftstheoretischen Problem nicht ausgewichen werden: Dadurch, daß die Differenz Recht bzw. Unrecht / Nichtrecht zum Einsatz gebracht und in das Rechtssystem etabliert wird, gründet sie sich auf einen selbstreferentiellen Zirkel; durch diesen wird zwangsläufig eine Konstellation der Tautologie und der Paradoxie hervorgerufen, was zu einer tiefgreifenden Unbestimmtheit des Rechts führen kann[217]. Hiervor braucht allerdings nicht das Feld geräumt zu werden.

Um zunächst mit einer Strukturklärung der hier angesprochenen Paradoxie zu beginnen: Vorliegend geht es nicht um eine logische Paradoxie[218], sondern um eine Paradoxie im eigentlichen Sinne mit einer nur scheinbar antinomischen Struktur. Das paradoxe Ergebnis greift verändernd in die Zusammenhänge des sprachlich- gesellschaftlichen Regelsystems (hier also des Rechtssystems) ein, indem es die eine oder andere Regel in Frage stellt, gegebenenfalls sogar außer Kraft setzt, jedenfalls aber dem Ganzen die Selbstverständlichkeit nimmt und Konflikte provoziert. Unabhängig davon, wie verschieden Inhalt, Geltungswirkung und Ergebnis einer Paradoxie auch sein mögen, immer tritt dieser verändernde Effekt auf: Nach Bewußtwerden der Misere kann der ursprüngliche - gleichsam einfältig leichtgläubige - Zustand, der ungefährdete Zusammenhang, nicht mehr auf derselben Bewußseinsebene rekonstruiert werden.

Das Paradox kann als Gefahr, als Randerscheinung oder als Chance gewertet und behandelt werden. Da bei entsprechender Denkungsweise Paradoxien das Niveau und die Intensität von Beziehungen und Prozessen / Kommunikationen in einem System stei-

---

[216] *Frey* (o.Fußn.185).

[217] Vgl. *Teubner* (o.Fußn.188), S. 18 f.

[218] Wie z. B. die Paradoxien der Mengenlehre. Bei solchen Paradoxien wäre im Interesse einer differenzierteren und präziseren Sprache besser der Begriff *Antinomie* angebracht.

gern können, wollen wir uns dazu entschließen, im Hinblick auf das aus dem Phänomen selbstreferentieller Zirkularität des Rechtssystems abzuleitende Paradox die Handlungsalternative, ein Paradox als Chance aufzufassen, zu wählen; dies bedeutet, die Konfliktsituationen positiv anzunehmen, also das Risiko zu akzeptieren und den Reiz der Situation und des Experimentierens in den Vordergrund zu stellen, sich mithin nicht zu verschließen, sondern den kritischen Dialog und die Diskussion zu suchen als Möglichkeit, zu Veränderung und Erneuerung[219] zu finden und damit die eigenen Grenzen immer wieder neu zu überschreiten und die - nicht zuletzt durch Systeme strukturierte - Welt offen zu halten und zu gestalten.

Die Entfaltung des paradoxinduzierten Unbestimmtheitsproblems im Rechtssystem - welches sich daraus ergibt, daß die Einheit des Systems in zwei inkompatiblen Werten besteht - läßt sich im Wege der genannten heuristischen Prinzipien nun primär durch die systemidentifizierende Einführung der Unterscheidung zwischen Recht und Unrecht / Nicht-Recht begründen[220]. Nicht zuletzt tragen aber auch das Erfordernis, zu einer (richterlichen) Entscheidung kommen zu müssen, und das die wiederholende Prüfung unter gleichen tatbestandlichen Voraussetzungen rechtmäßig verhindernde Rechtsinstitut der Rechtskraft zur Entparadoxisierung bei[221].

[219] *Luhmann*, Autopoiesis als soziologischer Begriff, in: H. Haferkamp und M. Schmid (Hrsg.): Sinn, Kommunikation und soziale Differenzierung, Frankfurt a. M. 1987, S. 320, und „The Third Question: The Creative Use of Paradoxes in Law and Legal History", 15 Journal of Law and Society, 1988, S. 153 ff., spricht insofern ähnlich von der „kreativen Verwendung von Paradoxien, von der Transformation unendlicher in endliche Informationslasten und von der Überführung unbestimmbarer Komplexität in bestimmbare Komplexität" und sieht hierin den Schlüssel für eine „Entparadoxierung von Paradoxien".

[220] Vgl. *Luhmann* (o.Fußn.27). S. 176, 182 und passim.

[221] Vgl. *Luhmann* (o.Fußn.27), S. 182 und 207.

E. Ökonomische Analyse des Rechts und Gerechtigkeit

Von Protagonisten der ökonomischen Analyse des Rechts wird eine partielle Deckungsgleichheit zwischen ökonomischer Effizienz und Gerechtigkeit dann angenommen, wenn aufgrund ihrer Sichtweise die Vermeidung von Verschwendung (auch) als Gebot der Gerechtigkeit postuliert wird[222]. Dies führt zur ersten daran anknüpfenden Fragestellung, ob ein konkreter Fall, mit dem das Rechtssystem unter Anwendung der §§ 1 ff. UmwHG befaßt ist, unter Zugrundelegung eines solchen Gerechtigkeitsverständnisses eben **gerecht** entschieden werden kann.

Ein Rechtsfall hat seine Einheit jeweils im Hinblick auf bestimmte, auszulegende Normtextstellen und in Relation zu den beiden streitenden Parteien, deren Konflikt eine Entscheidung erheischt[223]. Sein Votum resultiert aus der Abgrenzbarkeit eines solchen Falles in Bezug auf andere Fälle und mithin auf Entscheidungsprinzipien, die ihrerseits als gerecht gelten können, falls sie gleiche und ungleiche Fälle konsistent aufteilen. Dies besagt zudem, daß Gerechtigkeit nicht als „Tugend" ersonnen werden kann[224].

Es sollen die Fragen zur ökonomisch indizierten Gerechtigkeit aber zunächst noch ergänzt werden: Welches sind überhaupt die Erfordernisse für die Ausfüllung des dem Rechtssystem zuzuordnenden Begriffs bzw. der Idee der Gerechtigkeit? Besteht Rechtsverträglichkeit im Hinblick auf das durch die amtliche Begründung zum Umwelthaftungsgesetz als Richtschnur der Politik erhobene Ziel der Vermeidung von Verschwendung? Kann der Gerechtigkeit - und zwar auch bei der Einzelfallentscheidung - eine normative Bedeutung beigemessen werden? Und welche Funktion hat eine etwa gegebene selbstreferentielle Norm der Gerechtigkeit im Rechtssystem? Dürfen im Hinblick auf die Ausgestaltung der Gerechtigkeit normative Erwartungen gestellt werden, und von wem sind sie zu formulieren? Muß die - wie auch immer - ausgestaltete Gerechtigkeit generell im Rechtssystem anwendbar sein? Widerspricht es nicht geradezu der Einheit des Rechtssystems, bezüglich der Haftungsregelung des Umwelthaftungsgesetzes die - entsprechend ihrer Funktion - für Schadensausgleichsnormen immanente synallagmatische (kommutative) Gerechtigkeit ins Feld zu führen, zugleich aber auch in diesem Kontext im Hinblick auf eine das Gemeingut betreffende, effiziente Ressourcenallokation die Vermeidung von Verschwendung als ein Gebot der Gerechtigkeit bei der Anwendung der §§ 1 ff. UmwHG berücksichtigt sehen

[222] *Schäfer / Ott* (o.Fußn.7), S. 2., *Eger*, *Nagel* und *Weise* (Effizienz und Menschenwürde - Ein Gegensatz? , in: *Ott / Schäfer* [Hrsg.]: Ökonomische Probleme des Zivilrechts, S. 18) konstatieren, aus Sicht der Ökonomen transmutiere Gerechtigkeit zur Effizienz; soweit ein Konsens darüber herstellbar sei, die Verschwendung volkswirtschaftlicher Ressourcen zu verhindern, müßten Effizienzverluste durch Gerechtigkeitsgewinne anderer Art kompensiert werden. *Eger*, *Nagel* und *Weise* (a.a.O., S. 23) bemerken aber auch, aus der Sicht der ökonomischen Analyse des Rechts sei Grundlage für die Zuteilung von Rechten das Kriterium der Allokationseffizienz, gemessen durch das Kaldor-Hicks-Kriterium, wodurch die Gerechtigkeit als zweitrangig angesehen werde.

[223] *Luhmann* (o.Fußn.27), S. 227.

[224] Ähnlich *Luhmann* (o.Fußn.27), a.a.O.

zu wollen? Und schließlich: Es gibt nicht nur Gerechtigkeit und Ungerechtigkeit - die Maxime *tertium non datur* gilt hier nicht; es stellt sich daher die Frage, ob die Vertreter der ökonomischen Analyse des Rechts den Begriff der Gerechtigkeit im Zusammenhang mit der ökonomischen Effizienz richtig gewählt haben. Ist es vielleicht nur ihr Anliegen, der Begründung für die Ausgestaltung der Gerechtigkeit im Sinne des Gebots der Vermeidung, d. h. keine Mittel zu verschwenden, mittels des „Supercodes" der Gerechtigkeit (scheinbar) entbehren zu können, um im Wege der sich diesermaßen vor der Rechtsanwendung antizipierten rechtlichen „Überhöhung" der ökonomischen Analyse des Rechts den Weg ins Rechtssystem bereiten zu können?

Zunächst ist zu konstatieren, daß mit der Sentenz von *Luhmann*[225] „Das Rechtssystem will sich selbst, was immer die Fakten (sind), als gerecht" für die Beantwortung der gestellten Fragen noch nichts gewonnen ist. Eine sich unabhängig von den Fakten ergebende Gerechtigkeit erlangt nicht schon dadurch ihre Gültigkeit, daß man sich ausdrücklich auf den „Wert" der Gerechtigkeit beruft, weil erfahrungsgemäß die meisten rechtspolitischen und damit rechtskritischen Vorstellungen und Wünsche - nur verbrämt durch den Begriff der Rechtsidee der Gerechtigkeit - wiederum nur das Argumentationskriterium für das ersehnte Ergebnis - eben die vorgestellten Wünsche - erbringen[226]. Um aber dem Vorwurf dieses Zirkelschlusses zu entgehen, wird dann oft auch von „Vorgegebenheiten" gesprochen[227].

Daß das Ergebnis des Gewünschten nicht die Bedeutung eines Argumentes haben kann, soll auch versucht werden, am - wenn auch sicherlich drastischen - Beispiel der als rechtswissenschaftliche Lösung für die Durchsetzung der nach 1933 aus der nationalsozialistischen Weltanschauung hervorgegangenen „Rechtserneuerung" - betitelt als „institutionelles Rechtsdenken" - zu demonstrieren. Dieses Rechtsdenken wurde insbesondere immer dann vollzogen, wenn Problemfälle gesetzlich nur unvollständig oder aus dem Blickwinkel des Rechtsanwenders unbefriedigend geregelt waren. Diese „Institutionen" wurden aus der Perspektive der nationalsozialistischen Weltanschauung gemeinhin als vor- bzw. außerpositive rechtliche Struktur begriffen, die als gegenüber dem Gesetz selbständige Vorgegebenheit auf einen übergeordneten „organischen", mithin also weltanschaulichen Kontext bezogen war[228]. Bezugsgrößen waren hierbei Volksgeist, Rechtsidee, Gerechtigkeit usw. Lediglich aus diesem ganzheitlichen Nexus wurden mithin für einzelne „Institutionen" im Wege einer interpretativen Umwertung der bisher geltenden Rechtsordnung im Sinne jeweils gewünschter - mit den gesetzlichen Regelungen aber nicht im Einklang stehender - Rechtsfolgen begründet. Es gab in der NS-Zeit zwei teilweise sich überschneidende Ansatzpunkte des institutionellen Rechtsdenkens: Zum einen das von *Carl Schmitt* vertretene „konkrete Ordnungsdenken" und zudem das Denken in „konkret-allgemeinen Begriffen" nach *Karl Larenz*, auf das später zurückzukommen sein wird.

---

[225] *Luhmann* (o.Fußn.27), S. 217.

[226] *Bydlinski*, Juristische Methodenlehre und Rechtsbegriff, S. 315.

[227] Vgl. *Rüthers*, Das Ungerechte an der Gerechtigkeit, S. 95.

[228] Vgl. *Rüthers* (o.Fußn.227), a.a.O. Als vor- und übergeordnet im Verhältnis zum gesetzten Recht wird im übrigen noch heute weithin die Gerechtigkeit begriffen.

Carl Schmitt läßt der abstrakt-allgemeinen Rechtsnorm nur eine eingeschränkte und untergeordnete Funktion zuteil werden, wenn er verkündet: „Die Norm oder Regel schafft nicht die Ordnung; sie hat vielmehr nur auf dem Boden und im Rahmen einer vorgegebenen Ordnung eine gewisse regulierende Funktion mit einem relativ kleinen Maß in sich selbständigen, von der Sache unabhängigen Geltens“[229]. Demgegenüber artikuliert die These vom konkreten Ordnungsdenken den Vorrang der konkreten Lebensordnung vor der abstrakten Gesetzesordnung. Es mag erlaubt sein, sich als advocatus diaboli zu gerieren: Es scheint eine kontingentierende Vergleichbarkeit im angesprochenen Sinne - wenn natürlich auch nicht als Spiegelbildlichkeit - mit der ökonomischen Analyse des Rechts gegeben zu sein; hier wie dort muß man sich gegen die „Heiligsprechung“ einer Gerechtigkeitslehre wenden, die die wie auch immer geartete Lebensordnung - auch und gerade die Apostel (um weiter im kirchlichen Bild zu bleiben) der ökonomischen Analyse des Rechts sehen die Verwirklichung des Postulats der Vermeidung von Verschwendung als der Lebensordnung zugehörig an - auf den Schild erhebt, während in den beiden gerade angesprochenen Rechtsordnungen bei erfolgreichem Spielen der Rolle des advocatus diaboli die abstrakt-allgemeine Rechtsnorm jeweils das Dasein eines Bettelmönchs mit der ihr fehlenden Befugnis fristet, einen Heilig- oder Seligsprechungsprozess - sprich: für sich allein, also autonom die Ausprägung des geltenden Rechts bestimmen zu können - durchzuführen.

Und weiter heißt es bei *Carl Schmitt*: „Alle diese (neuen) Ordnungen (des NS-Staates) bringen ihr inneres Recht mit sich ... . Unser Streben aber hat die Richtung lebendigen Wachstums auf seiner Seite, und unsere neue Ordnung kommt aus uns selbst“[230] Könnten diese Scheinargumente entsprechend im Hinblick auf die Vermeidung von Verschwendung als Gebot der Gerechtigkeit ausgesprochen worden sein? Bringt die ökonomische Analyse des Rechts nicht auch „ihr inneres Recht mit sich“ und kommt ihre „neue Ordnung“ ausschließlich aus ihr selbst?

Bei *Karl Larenz* liest man zudem: „Gemeinschaften wie Familie und Betrieb haben als Gliederungen der Volksgemeinschaft unmittelbar die Bedeutung *rechtlicher* Ordnungen .... Sie haben die Kraft, ihnen entgegenstehende abstrakt-allgemeine Gesetzesnormen ...insoweit zurückzudrängen, als ihre besondere Art und völkische Aufgabe das zwingend erfordert“[231]. Natürlich soll nicht im entferntesten „völkisches Rechtsdenken“ in

[229] *Carl Schmitt*, Über die drei Arten rechtswissenschaftlichen Denkens, S. 13. - Zu *Carl Schmitt* siehe *Bernd Rüthers*, Immer noch Neues zu Carl Schmitt?, NJW 1999, S. 2861 ff.

[230] *Carl Schmitt*, Nationalsozialistisches Rechtsdenken, DR 1934, 225 (228).

[231] *Karl Larenz*, Über Gegenstand und Methode des völkischen Rechtsdenkens, S. 31. Es mag erstaunen, *Karl Larenz* - den hochangesehenen Verfasser von Schuldrechtslehrbüchern und der „Methodenlehre der Rechtswissenschaft“ - als Autor der „völkischen Rechtserneuerung“ und damit als juridischer Wegbereiter der von der Rassenideologie geprägten Rechtsordnung des NS-Staates kennenlernen zu müssen. Natürlich könnte er sich nicht mit dem Argument exkulpieren, er hätte sich dem „Zeitgeist“ nicht entziehen können. Aber mit diesem Autor kann exemplarisch expliziert werden, daß ein unlösbarer und genereller Kontext zwischen Rechtsodnung und Wertordnung, zwischen Recht und Ideologie und zwischen Rechtstheorie und politischem System besteht; diese Einsicht könnte zuvorderst gegenwärtigen und künftigen Rechtsmißbrauch verhüten helfen (vgl. hierzu *Rüthers* [o.Fußn.87], S. 90). Überhaupt zu *Karl Larenz* siehe *Ralf Frassek*, Karl Larenz (1903 - 1993), JuS 1998, S. 296 ff.

Zusammenhang gebracht werden mit der ökonomischen Analyse des Rechts oder ihren Vertretern, aber auch diese ökonomische Lehre tritt mit dem Anspruch auf, daß ihr die von ihr sich selbst beigemessene „Kraft“ nicht abgesprochen werden könne, ihr „entgegenstehende abstrakt-allgemeine Gesetzesnormen ... zurückzudrängen“.

Bei *Carl Schmitt* lesen wir auch: „Wir denken die Rechtsbegriffe um ... wir sind auf der Seite der kommenden Dinge“[232]. Es kann sicherlich nicht geleugnet werden, daß auch die ökonomische Analyse des Rechts die Rechtsbegriffe umdenkt.

Unmittelbare Vergleichbarkeit - ja sogar Parallelität - in der Intention des Wortes ist gegeben bei den nahezu synonym gebrauchten Begriffen des im nationalsozialistischen völkischen Rechtsdenken verwurzelten Terminus des „Gemeinnutzens“ und der auf das Sinnbild des „Gemeinguts“ abzielenden ökonomischen Effizienz. *Carl Schmitt* schreibt: „Du bist nichts, dein Volk ist alles“ und „Gemeinnutz geht vor Eigennutz“[233]. Nun darf in diesem Kontext natürlich nicht außer acht gelassen werden, daß zum klassischen Bild der distributiven Gerechtigkeit[234] nicht nur das Recht des einzelnen gegenüber der Gemeinschaft, sondern auch seine Pflichten ihr gegenüber gehören. Allerdings müssen die dem einzelnen der Gemeinschaft oder der Gesellschaft gegenüber obliegenden Verpflichtungen ausdrücklich durch das Gesetz legitimiert sein. Basal für diese Legitimation soll vornehmlich die *Rechtsidee*[235] sein. Die Proklamation einer neuen Rechtsidee ohne gesetzliche Grundlage - sei sie „völkisch und blutsmäßig bedingt“ oder durch das Wirtschaftssystem[236] motiviert - kann nicht bereits schon die Begründung für solchermaßen statuierte Auslegungsmethoden abgeben[237]. Dies gibt - im Wege eines Exkurses - Veranlassung zur Auseinandersetzung mit der Frage nach dem Verständnis von juristischer Argumentation und dem Vorliegen ihrer Begründetheit.

---

[232] *Carl Schmitt*, Nationalsozialistisches Rechtsdenken, DR 1934, S. 229.

[233] *Carl Schmitt*, Nationalsozialismus und Rechtsstaat, JW 1934, 713 (717).

[234] Die Unterscheidung von austeilender (distributiver) und ausgleichender (kommutativer) Gerechtigkeit geht auf *Aristoteles* zurück.

[235] *Karl Larenz*, Deutsche Rechtserneuerung und Rechtsphilosophie, Tübingen 1934, S. 38: „Der Nationalsozialismus hat in Deutschland eine neue, die spezifisch deutsche Rechtsidee zur Geltung gebracht ... völkisch und blutsmäßig bedingt.“ (Von einer „spezifisch deutschen Rechtsidee“ ist dann allerdings in seiner Schrift „Methodenlehre der Rechtswissenschaft“ nicht mehr die Rede). *H. Stoll*, Die nationale Revolution und das bürgerliche Recht, DJZ 1933, Sp. 1229 (1231): „Die Vorschriften des Bürgerlichen Gesetzbuchs bestehen noch, aber sie erhalten durch die äzentrale Rechtsidee der siegreichen Bewegung eine neue Zielsetzung.“ Andererseits scheint der ökonomischen Analyse des Rechts eine spezifisch ökonomische „Rechtsidee“ (was schon fast einen Widerspruch in sich birgt) zugrunde zu liegen.

[236] Die Verweisung auf das Ziel einer effizienten Ressourcenallokation in der amtlichen Begründung zum Umwelthaftungsgesetz ist aber nicht genügend zur Verwirklichung der Rechtsidee der ökonomischen Analyse des Rechts, weil sich hierfür im Gesetzestext kein Anhaltspunkt finden läßt.

[237] Um Mißverständnisse auszuschließen, soll aber immer wieder darauf hingewiesen werden, daß das Aufzeigen von Parallelitäten bei der Umwertung der Gesetzesordnung durch die rassisch-völkische Rechtserneuerung des Nationalsozialismus einerseits und die ökonomische Analyse des Rechts andererseits einzig und allein den Zweck haben soll zu verdeutlichen, daß es natürlich grundsätzlich keine Entsprechung zwischen dem Unrechtssystem des NS-Staates und dem heutigen, auf dem Grundgesetz basierenden heutigen Rechtsstaat in Deutschland gibt, daß dies aber vergleichbare Fälle - wie bei der Anwendung der ökonomischen Analyse des Rechts - des Fehlens oder Verfehlens von Begründungsargumenten für das Auffinden geeigneter juristischer Denk- und Auslegungsmethoden nicht ausschließt.

F. Begründende juristische Argumentation und ökonomische Rechtslehre

I. Einführung

Die juristische Argumentation nährt sich von der Verschiedenheit der zu entscheidenden Fälle und erreicht damit eine hohe Spezifität, die sich nicht in allgemeine Prinzipien - wie etwa Gerechtigkeit -, aber auch nicht in ökonomische Effizienz als Rechtsprinzip auflösen läßt. Vielmehr erreicht die juristische Argumentation hohe Problem- und Unterscheidungssensibilität, die der Anwendung solcher Prinzipien entgegensteht. Die juristische Argumentation versteht sich als am jeweils vorliegenden Fall operierendes Sichtbarmachen von Unterschieden. Auch wenn die ökonomischen Analysen in Mode gekommen zu sein scheinen, so können sie - dies sei an dieser Stelle bereits thesenartig vorangestellt - doch nicht die Begründungsgesichtspunkte der Praxis erfassen[238].

Wer Begründen als Berufung auf Gründe qualifiziert, ist gezwungen, auch Gründe zu begründen. Er benötigt dazu beständige Prinzipien. Es wird hierbei auf die Umwelt des Systems verwiesen, in der die benannten Prinzipien gleichfalls anerkannt werden. Dies gilt zumal dann, wenn diese Prinzipien mit dem Attribut „ethisch“ oder „moralisch“ oder „vernünftig“ oder vielleicht „ökonomisch effizient“ versehen werden. Was ist von dem Geltungsanspruch solcher Argumentationstheorien zu halten? Gelten für sie die Anachronismen eines Prinzipienglaubens?

Der Ansatzpunkt für die Untersuchung der Struktur von Entscheidungsbegründungen - auch auf der Grundlage des Gedankens der ökonomischen Effizienz - muß nach einem Begriff der Argumentation suchen, der das Moment der Begründung nicht bereits definitorisch enthält, sondern die Möglichkeit bietet, nach den Voraussetzungen für die Möglichkeit und nach der Funktion von Begründung zu fragen. Diese Voraussetzungen werden aber nur dann aufgespürt werden können, wenn der Begriff der Argumentation und ihre Begründung nicht völlig vom Gesetzestext gelöst und von ihm abstrahiert, sondern zu seiner Interpretation entwickelt werden.

[238]Siehe hierzu insbesondere *Charles Fried*, The Artificial Reason of the Lawor: What Lawyers Know, Texas Law Review 60 (1981), S. 35-58.

II. Stellenwert ökonomischer Argumentation für die Interpretation

Sobald Texte - also auch Gesetzestexte - geschrieben sind, entsteht in praxi das Problem der Interpretation, da solche Schrift allein noch keine entscheidungsreife Determination des Rechts sein kann. Der Vorgang schriftlicher Fixierung des geltenden Rechts erzeugt also bereits den Interpretationsbedarf[239]. Der Leser, der zu interpretieren beginnt, bereitet Argumentation vor. Er wird nach den Kriterien suchen, die überzeugende Interpretationsaussagen treffen können. Unter der Prämisse des Zwangs der Gerichte, einer Entscheidungsfindung nicht ausweichen zu dürfen, gilt für die juristische Argumentation die Besonderheit, eine der wahlweisen, dualistischen Entscheidungsalternativen Recht oder Unrecht begründen zu müssen. Hierbei darf man jedoch nicht aus den Augen verlieren, daß - für sich genommen - weder Interpretation noch Argumentation etwas am geltenden Rechtszustand ändern. Argumentation bedeutet Kommunikation mit lediglich vorbereitender Funktion und der Aufgabe zu klären, unter welchen Bedingungen Dispositionen zur „Aufklärung" der Rechtsgeltung vorgenommen werden können. Argumentation bedeutet, Operationen des Rechtssystems, die kraft ihres vorbereitenden Charakters dazu dienen, den Auswahlbereich für die einmal zu treffende Entscheidung einzuschränken. Auch wenn die Argumentation - auch die auf der Grundlage der ökonomischen Analyse des Rechts - noch keinen normativen Prozeß darstellt, so kann aber ihr Ertrag zu Prinzipien oder zu normativen Regeln gerinnen, so daß dann in der Retrospektive die Rechtsdogmatik zur „Rechtsquelle" wird. Wie verhält es sich insoweit mit der ökonomischen Analyse des Rechts? Argumentation bedeutet, daß Gründe vorgetragen werden, eine bestimmte Auslegung im Verhältnis zu anderen zu präferieren. Der Charakter der Gründe wird hierbei als gut oder vernünftig angegeben. Kann für die Begründbarkeit solcher Gründe nun nur und doch die sich selbst ins Spiel bringende „Vernunft" - wie üblicherweise argumentiert wird - Auskunft geben oder kann hier unmittelbar bei der ökonomischen Analyse des Rechts angesetzt werden? Sollte letzteres zutreffen, so würde solch vernünftiges Argumentieren dazu führen, dem so interpretierten Recht infolge geprüfter guter Gründe den Charakter einer durchdachten Vernünftigkeit zu geben, wenn man dies nicht als Zirkelschluß ansieht.

1. Effizienz als Begründung

Sieht man auch die ökonomische Analyse des Rechts als Teil der tatsächlichen kommunikativen Operationen des Systems an, so könnte insoweit Rechtsdogmatik durch die Verfestigung einer solchen Struktur von Entscheidungsgesichtspunkten entstehen. Für die ökonomische Analyse des Rechts dient das Effizienzprinzip - wie sonst das Zitieren bewährter Prinzipien und Regeln - zunächst selbst als Begründung. Ihr Charakter als guter Grund, der geltendem Recht anhaftet, kann aber durch Argumentation in Zweifel

[239] *Luhmann*, a.a.O. (o. Fn. 27), S. 362: „Schrift ist nur eine Form, die eine Differenz von Textkörper und Interpretation, von Buchstaben und Geist des Gesetzes erzeugt."

gezogen werden, weil das Recht geschriebenes Recht ist. Die ökonomische Analyse des Rechts kann nicht als Außenimpuls - als Denken außerhalb des Rechts - verstanden werden, und zwar schon deswegen nicht, weil sie nicht dem Zwang untersteht, Entscheidungen über Recht und Unrecht verantworten zu müssen. Wenn man in der ökonomischen Analyse des Rechts einen durch die Gesellschaft initiierten „Wertwandel" des Rechtssystems sieht, muß eine systeminterne Bewertung erfolgen. Es gehört zum Wesen der Gründe, daß es zugleich die Ausschließung anderer Gründe impliziert[240]. Die Ausschließung anderer Gründe als und durch das Effizienzprinzip bedarf wiederum der Begründung, warum andere Argumente keine gute Begründung sein sollen.

2. Exkurs: Rechtsvergleichende Betrachtung der nationalsozialistischen Rechtserneuerung

Gerade aber auch zu den von der nationalsozialistischen Rechtserneuerung für ihre Rechtsgeltung angeführten Gründen gehört der Ausschluß anderer Gründe. Denn die Lehre von den *konkret-allgemeinen Begriffen* (auf die wir zurückkommen wollten) geht - in Anlehnung an die Hegelsche Dialektik - von der rechtserzeugenden Funktion der Begriffe aus: „Der Begriff ist das **wahrhaft Erste**, und die Dinge sind das, was sie sind, durch die Tätigkeit des ihnen innewohnenden und in ihnen sich offenbarenden Begriffs[241]" (Hervorhebung durch den Autor). Zudem ist der konkret-allgemeine Begriff „nicht in sich abgeschlossen, sondern weist - durch die ihm immanente Bewegung - über sich hinaus auf andere Begriffe und auf einen übergeordneten Zusammenhang[242]". Der aber erwartungsgemäß durch die nationalsozialistische Weltanschauung geprägte „übergeordnete Zusammenhang" und der rassistisch-völkisch ausgerichtete (Rechts-) Begriff erheben bei der Proklamierung der Geltung der von ihnen postulierten Rechtsgründe den Anspruch des „wahrhaft Ersten", ohne aber das Bestehen anderer rechtswirksamer Gründe neben sich zu tolerieren. Ergibt sich im Hinblick auf die Ausschließung anderer Gründe als und durch das eigene Prinzip nicht aber auch Vergleichbarkeit mit der ökonomischen Analyse des Rechts?

[240]Ähnlich *Luhmann* (o.Fußn.27), S. 369.

[241]*Georg Wilhelm Friedrich Hegel*, Sämtliche Werke, Glockner-Ausgabe, § 163 Zusatz 2.

[242]*Karl Larenz*, Zur Logik des konkreten Begriffs - Eine Voruntersuchung zur Rechtsphilosophie, DRW V (1940), 279 (294).

Bevor aber die Beantwortung dieser Frage in Angriff genommen werden kann, ist zunächst noch dies aufzuweisen: Das Denken in konkret-allgemeinen Begriffen erfüllte die Aufgabe der Überleitung zur These von der rechtserzeugenden Kraft des „Typus“ und der „Typenreihe“. Der Typusbegriff und der konkret-allgemeine Begriff sollten nicht die Wirklichkeit eines Rechtssystems beschreiben oder nachvollziehen, sondern es erst *formen und gestalten*[243]. Der erstrebte Zustand war ein neues, aus den Begriffen entwickeltes und mit dem Postulat nach gemeinnütziger Rechtsausübung[244] verbundenes nationalsozialistisches Recht. Dies führt uns zur Frage nach der Begründungsfigur der *Rechtsquelle*[245] im Rechtssystem, die wir in einem rechtsvergleichenden Zugriff auf das Recht des NS-Staates und die ökonomische Analyse des Rechts betrachten wollen.

Die im nationalsozialistischen Denken verwurzelte Lehre von den konkret-allgemeinen Begriffen hat im Hinblick auf gesetztes Recht eine inhaltsändernde Funktion. Sie ist also nicht als eine Rechtsanwendungslehre zu qualifizieren, sondern kann nur als eine Rechtsquelle begriffen werden[246]. Zudem soll diese Rechtsquelle Ausdruck eines neuen Rechtsideals mit einem aus ihm hervorgegangenen autonomen Gerechtigkeitsbegriff gewesen sein[247]. Gilt Vergleichbares auch bei der ökonomischen Analyse des Rechts und wie ist dies alles aus rechtssystemischer Sicht zu klassifizieren und zu valuieren?

III. Die ökonomische Folgenanalyse als Rechtsquelle

Unter Rechtsquelle wird allgemein der Ursprungsort eines Rechtssatzes - die eine einzelne rechtliche Geltungsanordnung und Sollensanforderung enthaltende Rechtsnorm - verstanden. Den Ursprung betreffend kann dabei von der Erkenntnis oder der Geltung ausgegangen sein. Hinsichtlich der Geltung ist Rechtsquelle die Quelle, aus der das Recht seine Geltung bezieht.

1. Stratifizierung der Rechtsquelle in die Geltungshierarchie des Rechtssystems

Man könnte allerdings die Frage stellen, ob auch ein normfrei gehaltener Geltungsbegriff denkbar und praktikabel ist, um der Komplexitätsdiskrepanz von Rechtssystem und Entscheidung besser gerecht werden zu können; diese Auffassung von Geltung als Symbol der Einheit des Rechts würde die Frage nach den Rechtsquellen und damit den Ausgangspunkt aller „positivistischen“ Rechtstheorien ersetzen. Wir wollen dem jedoch deswegen nicht weiter nachgehen, weil dies nicht für den normalen rechtstheoretischen Diskurs über

[243] *Rüthers* (o.Fußn.227), S 97.

[244] *Erik Wolf*, Das Rechtsideal des nationalsozialistischen Staates, AR SP 28 (1934/35), S. 349.

[245] Es soll hypothetisch zunächst einmal von der Entität der Rechtsquelle ausgegangen werden.

[246] Vgl. *Rüthers* (o.Fußn.227), S. 96. Rechtsquelle ist dort in erster Linie das „Volkstum“ und das „Führertum“ (siehe etwa *Erik Wolf* [o.Fußn.244], S. 348).

[247] Vgl. *Erik Wolf* (o.Fußn.244), S. 348.

Begriff und Kriterien der Rechtsgeltung gilt - der fast den gesamten Rechtstheorienstreit widerspiegelt - und weil der Begriff der Rechtsquelle als *Begründungsfigur* fungiert; dieses Untersuchungsinstrument zur Überprüfung der Frage der Geltung / Nicht-Geltung des Kriteriums der ökonomischen Effizienz und des vom Gemeinschafts- und Führerprinzip gesteuerten nationalsozialistischen Rechts in Rechtsanwendungssituationen würde ansonsten nicht zur Verfügung stehen.

Indessen suggeriert der Begriff der Rechtsquelle eine externe Referenz[248]. Dies ist für *Savigny* „Volk", für die frührere Rechtssoziologie so etwas wie „lebendes Recht"[249], für die Nationalsozialisten das aufgrund des „auf Interessengleichheit beruhende(n) Gemeinwille(ns)"[250] und infolge der - in Anbetracht der „mit dem sittlichen und religiösen Leben der Gemeinschaft eng verbundenen Lebensordnung"[251] - am Ideal der Gemeinnützigkeit[252] ausgerichtete Recht und für die ökonomische Analyse des Rechts die Ressourcenallokation. Die Rechtsquellenmetapher wird zum Begriff für die *begründete Geltung* abstrakter rechtlicher Normen[253]. Zu diesen Normen zählen Gesetzesrecht, Gewohnheitsrecht und eingeschränkt und - im einzelnen umstritten - Richterrecht; dies bedeutet vor allem, daß der Rechtspositivismus seine Bindung an eine rechtsexterne Rechtsquelle, nämlich durchsetzungsfähige politische Macht - etwa die des NS-Staates[254] - aufgibt und statt dessen eine Rechtsquelle einschiebt (nämlich die des Richterrechts), die nur „begründet" entscheiden kann[255] - was immer dies heißen mag.

Wenn aber - wie zu erläutern war - dem Begriff der Rechtsquelle eine Identifikationsfunktion für das geltende Recht zukommt, so versagt dieses Erkennungszeichen für die Gültigkeit von Recht immer dann, wenn in Wahrheit keine *Rechts*quelle vorliegt; es muß also eine Quelle des *Rechts* gegeben sein. Allerdings ist einzuräumen, daß mit dieser Aussage noch nicht viel gewonnen ist. Denn mit dieser Sentenz ist ja das Problem noch nicht gelöst, wann der Quelle begründete rechtliche Qualität im Rechtssystem - um dies tautologisch zu validieren - beizumessen ist, wann also von einer begründeten Geltung des Rechtlichen im Hinblick auf die Metapher der Quelle gesprochen werden kann. Dies gilt es zu erforschen.

Am Beginn einer Erörterung von der Bedeutung der Geltungssemantik steht die Frage, welche Aufgabe die sich in der Unterscheidung von Geltung und Nichtgeltung zeigende

[248]Vgl. *Luhmann* (o.Fußn.27), S 101.

[249]Womit vorgegebene Erwartungsordnungen gemeint sind, die das geschriebene Recht aber nicht abändern, sondern allenfalls re-institutionalisieren können (vgl. *Eugen Ehrlich*, Grundlegung der Soziologie des Rechts [1913], Neudruck Berlin 1989).

[250]*Karl Larenz*, Deutsche Rechtserneuerung und Rechtsphilosophie, S. 7.

[251]*Karl Larenz* (o.Fußn.250), S. 5.

[252]Vgl. *Erik Wolf* (o.Fußn.244), S. 349; *Karl Larenz* (o.Fußn.250), S. 39, postuliert den „Vorrang des Gemeininteresses vor dem Eigeninteresse (‚Gemeinnutz geht vor Eigennutz')".

[253]*Luhmann* (o.Fußn.27), S. 524. Der Begriff der Rechtsquelle gestattet mithin eine einfache Identifikation des geltenden Rechts, erlaubt also, das Recht als geltend zu erkennen.

[254]Eine solche rechtsexterne Rechtsquelle ist aber natürlich im Kontext mit der ökonomischen Analyse des Rechts nicht gegeben.

[255]Vgl. *Luhmann* (o.Fußn.27), S. 525.

Struktur des Begriffs der Geltung zu erfüllen hat[256], weil eben die *Geltung* die Begründungslast für das einer Lösung zuzuführende Problem der Gültigkeit der Rechtsquelle zu tragen hat. Diese rechtstheoretische Modifikation wird nicht allein durch die Anwendung der Lehre selbstreferentieller, operativ geschlossener Systeme erzwungen[257]. Jedenfalls verschafft Geltung dem Rechtssystem einen „Eigenwert“, der in rekursiver Verwirklichung der systemeigenen Operationen entsteht *„und nirgendwo anders verwendet werden kann“*[258]. Zumal bei der rechtsvergleichenden Betrachtung der ökonomischen Analyse des Rechts und des entarteten Rechts der Nationalsozialisten muß zum bisherigen Entwurf des eben entworfenen rechtstheoretischen Bildes jedoch noch das *operative* Symbol **Rechtsgeltung** eingefügt werden, da man nur damit zur Änderung des Rechtszustands gelangen kann; denn eine Rechtsänderung - sei es durch Gesetzgebung, sei es durch Rechtsprechung - ist nur durchführbar, wenn man von der Maxime ausgeht, daß bestimmtes Recht bisher *nicht* gegolten hat[259].

Grundvoraussetzung für die Lösung des Problems der Gültigkeit einer neuen, Rechtsänderungen initiierenden Rechtsquelle ist, daß - zum einen - der *Ursprung* der Rechtsquelle aufgedeckt wird und - zum anderen - eine Stratifizierung der Rechtsquelle in die vom Rechtssystem anerkannte *Geltungshierarchie* erfolgt. Wenn man mit *Luhmann* die Positivität des Rechts und den rechtstheoretischen Positivismus als im Rechtssystem figurierende Selbstbeschreibung unterscheidet[260], dann beantwortet zwar der rechtstheoretische Postivismus die Geltungsfrage mittels der Rechtsquellenmetapher[261], da diese Frage aber die Bezugnahme auf geltendes Recht und damit den Verweis auf die weitere Frage impliziert, was denn als Recht bzw. nicht als Recht gelte[262], genügt es nicht, die Geltungsfrage des Rechts allein mit Hilfe des Begriffs der Rechtsquelle beantworten zu wollen, vielmehr bleibt evidenterweise das Problem des Ursprungs oder - gleichbedeutend - des Geltungsgrundes der Rechtsquelle zu lösen; nur dann kann von der Rechtsquelle als Begriff für die *begründete* Geltung abstrakter rechtlicher Normen gesprochen werden[263]. Die Rechtsquellenlehre hingegen hat es sich - grundlos - versagt, nach der jeweiligen „Urquelle“ der einzelnen Rechtsquellen zu suchen, und geht überhaupt der Frage nach der Natur des Rechts aus dem Wege[264].

---

[256] Ähnlich *Luhmann* (o.Fußn.27), S. 101.

[257] So aber *Luhmann* (o.Fußn.27), a.a.O.

[258] *Luhmann* (o.Fußn.27), a.a.O.

[259] *Luhmann* (o.Fußn.27), a.a.O. Rechtsänderungen waren bzw. sind ja aber gerade vom NS-Staat und der ökonomischen Analyse des Rechts gewollt.

[260] *Luhmann* (o.Fußn.27), S. 523.

[261] Vgl. *Alf Ross*, Theorie der Rechtsquellen: Ein Beitrag zur Theorie des positiven Rechts auf Grundlage dogmenhistorischer Untersuchungen, Neudruck der Ausgabe 1929, Aalen 1989.

[262] Gemeint ist hiermit die normative Geltung im Sinne ihrer sich darin zeigenden Verbindlichkeit, daß Gerichte, Behörden und einzelne den dieserart normativ gestellten Anforderungen nachkommen sollen. Vgl. hierzu *Larenz / Canaris*, Methodenlehre der Rechtswissenschaft, 7. Aufl., S. 255 ff.

[263] Es ist zu unterscheiden zwischen der Aussage der Rechtsquellenlehre, daß die *Geltungsfrage* des Rechts mittels des Begriffs der Rechtsquelle beantwortet werde, und dem Postulat, daß die *Geltung* der Rechtsquellen zu begründen sei.

[264] *Luhmann* (o.Fußn.27), S. 524 ff.

Urquelle, Ursprung und Herkunft, also der Grund für das Entstehen des Gesetzes als Rechtsquelle - wenn die spätere Gesetzesanwendung ohne externe Verweisung, die womöglich eine neue Rechtsquelle einführen würde, auskommt - sind die gesetzgebenden parlamentarischen Gremien. Was die Frage der angesprochenen externen Verweisung anbetrifft, so muß immerhin eingeräumt werden, daß - wie schon angedeutet wurde - der Begriff der Rechtsquelle eine externe Referenz suggeriert. Bei der ökonomischen Analyse des Rechts ist tatsächlich konkret die Entität einer externen Verweisung, und zwar im Hinblick auf Wohlstandsmaximierung gegeben. Bei der ökonomischen Rechtslehre zeigt es sich wirklich, daß der Begriff der Rechtsquelle als Begründungsfigur dient und dann als Kriterium in Rechtsanwendungssituationen verwandt wird, in denen in Frage gestellt wird, ob Recht, welches jemand - wie die ökonomische Analyse des Rechts - für sich geltend macht, auch wirklich als Recht gilt[265]. Die ökonomische Analyse des Rechts sieht sich tatsächlich als Rechts(erkenntnis)quelle[266] und in der Situation, in der ihr auf der höchsten Stufe der Geltungshierarchie angesiedelter Rechtsgültigkeitsanspruch bezweifelt wird oder werden könnte. Zu den Erkennungszeichen der Rechtsquellenmetapher gehört insbesondere die Identifikation des Begriffs der Rechtsquelle mit dem geltenden Recht[267], außerdem der durch die Rechtsquellenmetapher eintretende Endpunkt für die Selbstbeschreibung. Alle diese Kriterien sind auch Bedeutungsmerkmale der ökonomischen Analyse des Rechts.

Es bleibt, die Frage nach dem Geltungsgrund oder nach der Letztrechtfertigung für die ökonomische Analyse als Rechtsquelle mit der Qualifikation als geltendes Recht zu stellen. Die Existenz eines solchen Geltungsgrundes ist nicht erkennbar, geschweige denn, daß ein solcher von der ökonomischen Rechtslehre angeboten würde. Das Ziel der ökonomischen Analyse des Rechts, knappe Ressourcen effizient einzusetzen, und die Kriterien dieser Rechtslehre sind nicht zugleich auch Geltungsgründe für das Bestehen geltenden Rechts. Es ist also nun noch das Problem der Letzt-Begründung hinsichtlich der Fragen, ob die Rechtsquelle der ökonomischen Analyse als geltendes Recht anzuwenden sei und ob sie im Hinblick auf die Selbstbeschreibung des Rechtssystems der Einheit des Systems im System Rechnung trüge, zu erörtern.

2. Letzt-Begründung der ökonomischen Analyse als Rechtsquelle?

Letzt-Begründung ist in der Wissenschaftstheorie die Bezeichnung für einen besonderen Typ von Begründung, also für eine Argumentationsstrategie, die vor allem in der modernen Diskussion um Normenbegründung - vornehmlich in der Ethik - und eben in der Wissenschaftstheorie von Bedeutung ist. Eine Behauptung heißt letztbegründet, wenn für sie eine Begründung angegeben wird, wonach die Forderung nach einer weiteren Begründung sinnvoll nicht mehr erhoben werden kann; mit *Karl-Otto Apel* ist Letzt-

[265]Vgl. überhaupt zur Rechtsquellenmetapher als Begründungsfigur *Luhmann* (o.Fußn.27), S. 101.

[266]Ähnliches gilt für die damalige von der nationalsozialistischen Rechtsordnung progagierte neue Rechtsquellenlehre.

[267]Vgl. *Luhmann* (o.Fußn.27), S. 524.

Begründung als Argumentation im Sinne des Nichthintergehbaren (also im Sinne dessen, wohinter niemand zurückgehen kann) zu begreifen[268].

Hans Albert hat das „Münchhausen-Trilemma“ der Letzt-Begründung konstruiert, was dadurch zustande kommt, daß außer den bereits seit *Aristoteles* bekannten „Lemmata“ des unendlichen Regresses[269] und des logischen Zirkels[270] auch der - vom klassischen Rationalismus und Empirismus ausgezeichnete - Rückgang auf Evidenz als Lemma, also als Rekurs auf ein Dogma und insofern als Abbruch des Begründungsverfahrens verstanden wird[271]. Infolge der mit dem Münchhausen-Trilemma einhergehenden Unmöglichkeit bzw. des Abbruchs des Begründungsverfahrens können also in dieser Weise Letztbegründungen für die ökonomische Analyse als Rechtsquelle nicht auskristallisiert werden. Das gesamte Trilemma wird jedoch zur *petitio principii*, wenn nicht gezeigt werden kann, daß es Bedingungen der Möglichkeit des Verstehens von Theoriebildung und -überprüfung gibt, die als solche nicht hintergehbar evident und daher keiner weiteren Begründung durch Ableitung bedürftig sind[272].

Es dürfte daher begreiflich sein, wenn dem Diktum entsprochen wird, lediglich den am Modell des logisch-mathematischen *Beweises* orientierten engen Begründungsbegriff aufzugeben, nicht aber das Begründungsdenken überhaupt. Von *Karl-Otto Apel* wird anempfohlen, im Sinne einer philosophischen Neubegründung durch den Kritischen Rationalismus die von *Kant* aufgeworfene transzendentale Begründungsfrage in entsprechender Radikalisierung als Problem der normativen Bedingungen der Möglichkeit von diskursiver Verständigung - und damit zugleich auch von argumentativer Kritik - anzugehen[273]. Begründung erweist sich dann nicht primär als Ableitung von Sätzen aus Sätzen in einem objektivierbaren Satz-System, in welchem von der aktuellen pragmatischen Dimension des Argumentierens immer schon abstrahiert wird, sondern als Beantworten von Warum-Fragen aller Art im Rahmen des argumentativen Diskurses[274]. In diesem Kontext ergibt sich dann als Verfahren der regreß- und zirkelfreien Letzt-Begründung die Möglichkeit der strikten Reflexion auf diejenigen notwendigen, nicht hintergehbaren Präsuppositionen[275] des Argumentierens, die derjenige, der argumentiert - also auch die

---

[268] *Karl-Otto Apel*, Das Problem der philosophischen Letztbegründung im Lichte einer transzendentalen Sprachpragmatik, in: *B. Kanitscheider* (Hrsg.), Sprache und Erkenntnis, 1976, passim; *ders.*, Fallibilismus, Konsenstheorie der Wahrheit und Letztbegründung, in: Forum für Philosophie, Bad Homburg (Hrsg.), Philosophie und Begründung, 1987, passim.

[269] Wenn als Begründung nur die Ableitung von Sätzen gelten soll - etwa die Ableitung von einer Urquelle auf eine Rechtsquelle - so ist klar, daß der erste Satz (die Urquelle) selbst nicht auf diese Weise begründet werden kann, womit ein *regressus ad infinitum* entsteht, der die Begründung unmöglich macht.

[270] Eine *logisch zirkuläre* Schein-Begründung ist bei einer Begründung gegeben, die die zu begründenden Regeln selbst schon voraussetzt, wie sich wohl letzten Endes auch die ökonomische Analyse des Rechts versteht.

[271] *Hans Albert*, Traktat über kritische Vernunft, 5. Aufl. Tübingen, 1981.

[272] Vgl. *Karl-Otto Apel* (o.Fußn.268), a.a.O.

[273] Vgl. *Karl-Otto Apel* (o.Fußn.268), a.a.O.

[274] Vgl. *Karl-Otto Apel* (o.Fußn.268), a.a.O.

[275] Präsupposition ist die Bezeichnung der traditionellen Logik für *nicht explizite* Voraussetzungen. Eines der bekanntesten Beispiele hierfür ist das antike Paradoxon des „gehörnten Mannes“: Ein Mann sagt zu einem anderen: „Alles, was man nicht verloren hat, besitzt man noch. Du hast keine Hörner

Frage nach der *Begründung* stellt und sie positiv oder negativ beantwortet (mithin argumentiert) -, schon immer *pragmatisch* anerkannt haben muß; die er also ohne pragmatischen Selbstwiderspruch nicht bestreiten und - infolgedessen aber - ohne logischen Zirkel nicht im Sinne des Beweises begründen kann[276]. Eine solche transzendentalpragmatische Letzt-Begründung - die steht und fällt mit der Möglichkeit einer situationsimmanenten Geltungsreflexion[277] auf den aktuellen Akt der Argumentation, wie er *performativ* etwa durch die sprachliche, aber zugleich vollziehende Äußerung „ich behaupte hiermit, daß ..." bezeugt wird - weist nun als irreversibel evident diesen regulativen Gedanken auf: Soll Fragen, Behaupten oder Bestreiten - und daher auch Falsifikation, Kritik usw. - überhaupt sinnvoll sein, so muß im Prinzip die *Möglichkeit* und die *Aufgabe* einer Konsensbildung (Verständigung) über Sinn und Wahrheit von Aussagen - darüber hinaus auch über alle Regeln einschließlich ethischer Normen - immer schon anerkannt sein[278]. Soweit in diesem Sinne Zweifel erhoben werden, Kritik geübt oder falsifiziert wird, wird von den Befürwortern der transzendentalpragmatischen Letztbegründung[279] dies postuliert: Wer gegen eine Behauptung argumentiert, sie also mit Gründen bezweifelt oder sie zu falsifizieren versucht, muß, um überhaupt argumentieren zu können, bestimmte Voraussetzungen anerkennen (z. B. die Prinzipien der Logik, die Geltung von sprachlichen Regeln u.a.). An diesen kann er vernünftigerweise nicht zweifeln, da sie ja das Artikulieren eines Zweifels erst ermöglichen. Folgt man diesem Denkmodell, so müssen alle Argumentierenden diejenigen Voraussetzungen als letztbegründet akzeptieren, die die Argumentationsgemeinschaft erst möglich machen; selbst das Akzeptieren dieser Voraussetzungen als letztbegründet würde aber nicht bereits schon als Letztrechtfertigung für die ökonomische Analyse als Rechtsquelle ausreichen, weil lediglich die Herstellung der Voraussetzungen zur Ermöglichung der Argumentationsgemeinschaft auch im Sinne eines *pragmatischen* Begründungsverständnisses aufgrund allgemeiner wissenschaftstheoretischer Überlegungen zur Letztbegründung nicht genügen kann.

---

verloren, also muß Du noch Hörner tragen!" Das Argument wird erst nach Hinzufügen der Präsupposition „*Was man jemals besessen und nicht verloren hat* ..." zur ersten Prämisse schlüssig.

[276]Vgl. *Karl-Otto Apel* (o.Fußn.268), a.a.O. Von einem transzendal*pragmatischen* Argument wird gesprochen, da es sich auf die Sprachpraxis bezieht.

[277]Mit dieser Reflexion sollen die Bedingungen der Möglichkeit und Gültigkeit der sinnvollen Argumentation aufgezeigt werden, wobei die transzendentale Reflexion der empirischen und logischen vorgeordnet ist; in ihr werden die Möglichkeits- und Gültigkeitsbedingungen aller Erkenntnisse dargelegt. - Überhaupt gehört der Ausdruck der Reflexion zu den wichtigsten Begriffen der neuzeitlichen Philosophie.

[278]Vgl. *Karl-Otto Apel* (o.Fußn.268), a.a.O. (Vernunftprinzip als transsubjektives Diskursprinzip).

[279]Zu diesen gehören auch Vertreter die Kritischen Theorie.

Soweit man jedoch die Konzeption der transzendentalpragmatischen reflexiven Letztbegründung im umfassenden Sinne der argumentativen Behauptungen versteht, stellt sich immer noch die bisher ungelöste Frage der Letzt-Begründung: Warum soll überhaupt Verständigung (Konsensbildung) über die intersubjektive Gültigkeit (Sinn und Wahrheit) von Erkenntnis angestrebt werden? Warum nicht statt dessen Anarchismus des subjektiven Verstehens und Fürwahrhaltens? Und umfassender: Ist es überhaupt möglich, wissenschaftliche Theorien von nichtwissenschaftlichen Sprachgebilden zu unterscheiden[280]? Und was bedeutet dies alles für die ökonomische Analyse als Rechtsquelle? Selbst wenn man im Sinne der Transzendentalpragmatik dahin argumentiert, daß schon durch das Zur-Diskussion-Stellen einer Frage der Boden der Vernunft im Sinne des argumentativen Diskurses betreten wird und damit entsprechende Normen (Regeln) und Präsuppositionen notwendigerweise anerkannt worden sind, so können solche transzendental-reflexive Letzt-Begründungsüberlegungen noch keine Geltungsansprüche von Rechtsquellen - auch nicht die durch die ökonomische Analyse in Selbstqualifikation vorgemerkte Eigenschaft der Rechtsquelle - einlösen. Außerdem: Da jedenfalls Einigkeit darüber besteht, daß die Realisierung der Konsensbildung - worauf immer sie sich auch beziehen mag - niemals erzwingbar ist, kann insoweit eine Grundlage für die die ökonomische Analyse als Rechtsquelle einstufende und in einen Konsens mündende derartige Letzt-Begründungsüberlegungen nicht gegeben sein. Und schließlich: Eine allgemeine Konsensbildung im Sinne der Propagierung der ökonomischen Analyse des Rechts als Rechtsquelle ist bisher nicht erfolgt.

3. Rechtsquellenlehre und positivistische Theorie

Es bleibt weiter zu betrachten, daß die Frage nach den Rechtsquellen den Ausgangspunkt aller „positivistischen“ Rechtstheorien markiert. Es besteht Kongruenz zwischen der Rechtsquelle und der positivrechtlichen Reflexionstheorie[281], mithin dem rechtstheoretischen Positivismus, der eben die Geltungsfrage kraft des Begriffs der Rechtsquelle beantwortet[282]. Weil aber der rechtstheoretische Positivismus die Geltungsfrage mittels des Begriffs der Rechtsquelle beantwortet[283], erhält die ökonomische Analyse des Rechts aufgrund ihrer Identifikation mit der Rechtsquellenmetapher eine rechtspositivistische Prägung[284]. Da die Positivierung des Rechts mit Hilfe der Rechtsquellenlehre erfolgt, kann und will die ökonomische Rechtslehre die Referenz auf die Rechtsquelle der

---

[280] *P. Feyerabend* hatte aus all diesem Konsequenzen im Sinne der Propagierung einer „anarchistischen“ Wissenschaftstheorie gezogen.

[281] Es gibt zwei verschiedene Reflexionstheorien, die vernunftrechtliche und die positivrechtliche. Beide Reflexionstheorien haben die Rechtsgeltung im Blick. - Bei der positivrechtlichen Reflexionstheorie fehlt es an einer Letztrechtfertigung für das, was als geltendes Recht angewandt wird (vgl. hierzu *Luhmann* [o.Fußn.S. 27]. S. 529).

[282] Vgl. *Luhmann* (o.Fußn.27), S. 523. Der Begriff der Rechtsquelle ist letztlich eine andere Metapher für die Positivität des Rechts.

[283] *Luhmann* (o.Fußn.27). S. 523.

[284] Im Hinblick auf diesen Rechtsquellenpositivismus ist nach ihrem Selbstverständnis die ökonomische Analyse des Rechts zugleich auch Erkenntnisquelle.

ökonomischen Analyse nicht vermeiden; für sie ist die Rechtsquellenmetapher Rechtsgeltungssymbol. Die Positivisten - wie die Vertreter der ökonomischen Rechtslehre in Selbstinterpretation - glauben im Sinne eines geltendes und nichtgeltendes Recht unterscheidenden Begriffs an Rechtsquellen[285]. Nach Auffassung *Luhmanns*[286] ist der Positivismus als Selbstbeschreibung des Rechtssystems daran zu erkennen, daß er nicht nur nicht der Verantwortung für Resultate ausweicht, sondern sich hierfür im Rechtssystem auch „praktisch engagiert". Mit dem Vorhandensein einer Denkweise zur Einschätzung, wann rechtspositivistische Positionen eingenommen werden können, ist aber noch nicht die Frage beantwortet, ob das positivistische Engagement sich innerhalb oder außerhalb des Rechtssystems verwirklicht. Es zeigt sich also, daß der Rechtsquellenpositivismus grundsätzlich in eine Sackgasse führt. Es scheint daher nur dieser Ausweg gangbar zu sein: Infolge der Geltung des Grundgesetzes kann sich der Positivismus auch auf die Verfassung beziehen. Es ist daher der - auch für die §§ 1 ff. UmwHG - geltende positivrechtliche Fixpunkt der Gesetzesbindung nach Art. 20 Abs. 3 GG zu fokussieren, wonach die Berücksichtigung der ökonomischen Rechtslehre auf diese umweltrechtlichen Haftungsnormen nur bei Vorliegen entsprechender Gesetzesauslegungsmöglichkeiten ins Kalkül gezogen werden kann; dieser Frage soll aber erst an anderer Stelle näher nachgegangen werden. - Die Überleitung zu dem folgenden Thema ergibt sich nun aus dem Umstand, daß die vordem positivistische Position jetzt von denen gehalten wird, die darauf dringen, daß Entscheidungen letztlich durch eine Folgenabwägung begründet werden müssen[287].

IV. Die ökonomisch indizierte Folgenberücksichtigung in der Rechtsanwendung

1. Folgenberücksichtigung als argumentative Voraussicht auf Entscheidungsfolgen

Da die ökonomische Analyse des Rechts das Ziel jeder Norm darin sieht, die unterstellte Ressourcenknappheit zu bewältigen und zu überwinden, kann sie die von ihr unterstellte normative Zielsetzung - was keiner näheren Begründung bedarf - nicht mit Hilfe der überkommenen Rechtsanwendungslehre erreichen. Ihr auf die Verwirklichung der paretianischen Wohlfahrtsökonomie abzielendes Konzept der Allokationseffizienz muß vielmehr von vorneherein darauf angelegt sein (und ist es auch), durch Einführung der überhaupt bei der Rechtsanwendung weithin praktizierten Folgenorientierung auch für die ökonomische Rechtslehre - ohne jedoch auch nur die auch ansonsten ungeklärte und unausweichliche Legitimationsfrage zu stellen - sich gleichsam durch die Hintertür den Weg in das Rechtssystem zu bahnen. Einen anderen gangbaren Weg, die ökonomische Rechtsanalyse in das Recht zu transplantieren, gibt es nicht, und in der Tat figuriert sie nach

---

[285] Vgl. *Luhmann* (o.Fußn.27), S. 527.
[286] *Luhmann* (o.Fußn.27), S. 527.
[287] Vgl. *Luhmann* (o.Fußn.27), S. 528.

ihrer Selbstinterpretation bei der Rechtsanwendung in der Form der Folgenanalyse und Folgenbewertung implementierenden Folgenorientierung[288]. Allgemein läßt sich die Folgenorientierung bei der Rechtsanwendung in der Weise kennzeichnen, daß die hierdurch erfolgende argumentative Voraussicht auf Entscheidungsfolgen - empirisch gesehen - auf der Beurteilung der unterschiedlichen Folgen von Rechtsentscheidungen beruht, die bei der Annahme unterschiedlicher Regeln einträten[289]. Bei der Folgenberücksichtigung werden nur *Realfolgen*, nicht aber auch Rechtsfolgen angesprochen[290].

Eidenmüller[291] hat sich in seinem Habilitationsvortrag mit der Frage beschäftigt, ob sich das ökonomische Verhaltensmodell zur Prognose der Realfolgen von Rechtsnormen eignet. Er beginnt seine Untersuchung mit der Überlegung, daß ohne gewisse Zusatzannahmen das ökonomische Verhaltensmodell einen Wert als Prognoseinstrument nicht haben könne[292]. Diese Zusatzannahmen seien im Hinblick auf die Präferenzen des Menschen zu treffen: vorzugsweise will er die weitere Annahme einführen, „daß sich alle Nutzen und Kosten in Geldeinheiten ausdrücken lassen. Dem *homo oeconomicus* geht es dann ausschließlich darum, sein persönliches Einkommen zu maximieren“[293]. Zwar soll nach seiner These durch diese Zusatzannahme der Folgenkalkül an Rechen- und Berechenbarkeit gewinnen, er kommt jedoch nicht umhin, einzugestehen, daß dieses Modell an mangelnder Realitätsnähe leidet und damit auch die Trefferquote der auf seinem Fundament erfolgenden Prognosen[294]. Dennoch will *Eidenmüller* diesem Verhaltensmodell dann noch eine Hintertür offenhalten, wenn sich nur „einzelne Individuen anders verhalten, als dies von dem Modell vorausgesetzt wird“[295]. Lediglich und erst dann, „wenn die überwiegende Mehrheit der Rechtsunterworfenen modellabweichend reagiert“, soll eine modellbasierte Prognose falsch sein; nur für diese Fälle sieht er „die Modellspezifikation für den untersuchten Gegenstandsbereich als wenig brauchbar bzw. als bereichsspezifisch falsifiziert“ an[296]. *Eidenmüller* wird bei alledem aber der Tatsache nicht gerecht, daß - wie noch im einzelnen auszuführen sein wird - das ökonomische Verhaltensmodell in Anbetracht der absoluten Unzuverlässigkeit der hierauf gestützten Prognosen der Realfolgen von Rechtsnormen eine zur Inszenierung solcher empirischen Präkognitionen verwendbare Eignung abgesprochen werden muß.

---

[288] Vgl. *Schäfer / Ott* (o.Fußn.7) S. 15 ff.; vgl. hierzu auch *Deckert*, Folgenorientierung in der Rechtsanwendung, passim.

[289] Vgl. *Luhmann* (o.Fußn.27), S. 378.

[290] Vgl. *Gertrude Lübbe-Wolff*, Rechtsfolgen und Realfolgen: Welche Rolle können Folgeerwägungen in der juristischen Regel- und Begriffsbildung spielen?, Freiburg 1981; zur Unterscheidung von Rechtsfolgen und Realfolgen außerhalb des Rechtssystems vgl. *Niklas Luhmann*, Rechtssystem und Rechtsdogmatik, Stuttgart 1974, S. 41.

[291] *Eidenmüller*, Rechtswissenschaft als Realwissenschaft, JZ 1999, S. 53 ff.

[292] *Eidenmüller*, JZ 1999, S. 55

[293] *Eidenmüller*, JZ 1999, S. 55

[294] *Eidenmüller*, JZ 1999, S. 55; dies ist überhaupt die Achillesferse des ökonomischen Verhaltensmodells zur Prognose der Realfolgen von Rechtsnormen.

[295] *Eidenmüller*, JZ 1999, S. 56

[296] *Eidenmüller*, JZ 1999, S. 56

Soweit - was schließlich zu diesem Kapitel noch auszuführen ist - die Bewertung der Folgen als erwünscht[297] oder unerwünscht notwendig wird, enthält die Folgenberücksichtigung ein normatives Kriterium[298].

2. Utilitarismus als Theorie der Effizienz

Konsequentialistische und utilitaristische Entscheidungsansätze werden immer wieder miteinander in Beziehung gebracht[299]. Kernpunkt des als Nützlichkeitslehre einzustufenden Utilitarismus ist der Nützlichkeitsstandpunkt, in der die Nützlichkeit bzw. der Nutzen erklärt wird, wobei entweder das Wohl des einzelnen[300] oder das der Allgemeinheit[301] präferiert wird. Den Bewertungsmaßstab des Handelns bildet das sog. Utilitätsprinzip[302]; sein Ziel ist nach *Jeremy Bentham „the greatest happiness of the greatest number*[303] ". Indem der einzelne das Wohl der Gemeinschaft fördert, fördert er auch sein eigenes Wohl; das Gemeinwohl versteht sich als Summe der Interessen der Gesellschaftsmitglieder[304]. Da im Utilitarismus mit der Forderung nach dem größtmöglichen Glück für die größtmögliche Zahl eine ganz klare Handlungsanweisung formuliert wird, wird durch ihn ein Kriterium an die Hand gegeben, an das man sich in Entscheidungssituationen halten kann.

Für einen Utilitaristen gibt es also keinen Gewissenskonflikt, da er sich am Nützlichkeitsprinzip ausrichtet. Diese Orientierung kann so verstanden werden, daß keine allgemeingültigen Normen aufgestellt werden, sondern der Handelnde sich in jeder Situation überlegt, welche Handlungen entweder seinem eigenen Wohl oder dem Wohl der Allgemeinheit am meisten nützen. Bei dieser Form des Utilitarismus, dem *Handlungsutilitarismus*, werden die konkreten Normen in Abhängigkeit von der Situation formuliert,

[297]Wie nach dem Selbstverständnis der ökonomischen Analyse des Rechts.

[298]*Deckert* (o.Fußn.288), S. 21; *Luhmann* (o.Fußn.27), S. 378, konstatiert, es habe sich inzwischen die *Kontrolle* des Rechts „an Hand erwünschter bzw. unerwünschter Folgen als einzig überzeugendes Prinzip durchgesetzt"; vgl. hierzu auch *Adalbert Podlech*, Wertungen und Werte im Recht, AöR 95 (1970), S. 185-223, insb. S. 198 ff.; *Gunther Teubner*, Folgenkontrolle und responsive Dogmatik, Rechtstheorie 2 (1975), S. 179-204; *Thomas W. Wälde*, Juristische Folgenorientierung: „Policy Analysis" und Sozialkybernetik: Methodische und organisatorische Überlegungen zur Bewältigung der Folgenorientierung im Rechtssystem, Königstein/Ts. 1979; *Hubert Rottleuthner*, Zur Methode einer folgenorientierten Rechtsanwendung, in: Wissenschaften und Philosophie als Basis der Jurisprudenz, Beiheft 13 des Archivs für Rechts- und Sozialphilosophie, Wiesbaden 1981, S. 97-118; *Hans-Joachim Koch / Helmut Rüßmann*, Juristische Begründungslehre, München 1982, S. 227 ff.

[299]Vgl. *Schäfer / Ott* (o.Fußn.7), S. 25 ff., zur konsequentialistischen Effizienzethik; außerdem überhaupt *Deckert* (o.Fußn.288), S. 21, die im „klassischen" Utilitarismus aber irrtümlicherweise einen deontologischen Ansatz sieht. Da im Utilitarismus Handlungen aber nicht aus sich heraus, sondern von ihren Folgen her beurteilt werden, ist insofern in ihm eine Form der teleologischen Ethik zu sehen und unterscheidet sich von allen Formen der deontologischen Ethik.

[300]Individualutilitarismus.

[301]Sozialutilitarismus.

[302]Auch Nützlichkeitsprinzip genannt.

[303]*Jeremy Bentham*, An Introduction to the principles of Morals and Legislation (1789), wieder abgedruckt in: Geschichte der Philosophie in Text und Darstellung, Bd. 4, Empirismus (Hrsg. G. Gawlick), 1980, S. 247 ff.

[304]Vgl. hierzu auch *Schäfer / Ott*, (o.Fußn.7), S. 39.

d.h., sie können den Anspruch auf Allgemeingültigkeit, der in einer vernünftigen Ethik erhoben wird, nicht erfüllen. Diesem Problem versucht der *Regelutilitarismus* auszuweichen, indem er aus dem Nützlichkeitsprinzip allgemeingültige Regeln ableitet, die in allen Situationen zu befolgen sind.

Der Utilitarismus versucht, eine metaphysikfreie Ethik aufzubauen, indem er rationale Elemente (Prinzip der Nützlichkeit) mit empirischen Tatsachen (den Folgen der Handlung und deren Konsequenzen für die Betroffenen) zu verbinden sucht[305]. Eine wesentliche Stärke des Utilitarismus wird darin gesehen, daß seine Bewertung von Handlungen häufig mit den allgemein vertretenen moralischen Überzeugungen[306] übereinstimmt. Da im Utilitarismus aber eben nicht die Handlung selbst, sondern die aus ihr hervorgehenden Folgen bewertet werden, wurde ihm häufig vorgehalten, eine Erfolgsethik zu sein. Dieser Vorwurf ist jedoch nicht unter der utilitaristischen Prämisse berechtigt, daß nicht die tatsächlichen, sondern die empirischen Kenntnisse über voraussehbare und wahrscheinliche Folgen[307] beurteilt werden. Es bleibt zu validieren, daß der Utilitarismus das rationale Element des Nützlichkeitsprinzips als Grundlage für die ethische Bewertung einer Handlung mit der empirischen Kenntnis über die Folgen der Handlung verbindet. Allerdings wird das Nützlichkeitsprinzip[308] nicht argumentativ begründet und es erzeugt der am allgemeinen Wohl ausgerichtete Utilitarismus weder ein Gerechtigkeitsprinzip noch einen generellen Schutz der Menschenwürde.

Nicht zuletzt wegen der vom Utilitarismus festgelegten Zielbestimmung der Förderung der Gesamtwohlfahrt bei Rechtsanwendungen wurde er als Zeichen des Folgenkonzepts erörtert[309]. Der Utilitarismus steht auf dem Standpunkt, die ethische Richtigkeit bzw. Unrichtigkeit von Handlungen hänge von der positiven bzw. negativen Qualität ihrer Konsequenzen ab: „Handlungen sind richtig, insofern sie ‚Utilität' besitzen, d.h. nützlich sind durch ihre Folgen"[310]. Damit dies verwirklicht werden kann, fordert der Utilitarismus die Einbeziehung aller Entscheidungsfolgen und die bestmögliche Aufdeckung der dabei vorgenommenen Bewertungen[311]. Dies führt zu der zentralen Frage, in welchem Maße der Utilitarismus für eine inhaltliche Vorzugsregel im Hinblick auf die Wertungsproblematik[312]

---

[305] Da der Utilitarismus auf Erfahrung aufbaut - nämlich der Beurteilung der voraussehbaren Folgen (eine Einschätzungsmöglichkeit für die Voraussehbarkeit der Folgen wird allerdings bei der ökonomischen Folgenanalyse - wie noch auszuführen sein wird - kaum je gegeben sein) - wird er oft von Anhängern des Empirismus vertreten.

[306] Was man beispielsweise nicht gerade im Hinblick auf die Anwendung der ökonomischen Rechtslehre sagen kann.

[307] Wobei wiederum die hierauf bezogene Einschätzungsmöglichkeit bei der Rechtsanwendung der ökonomischen Folgenanalyse in der Regel fehlen dürfte.

[308] Ein weiterer Kritikpunkt am Utilitarismus ist der, daß sich das Nützlichkeitsprinzip nur auf das Verhalten der Menschen zueinander und nicht des Menschen zu sich selbst bezieht.

[309] Vgl. *Norbert Hoerster*, Utilitarismus, Ethik und Verallgemeinerung, 2. Aufl., Freiburg i.Br., München 1997, S. 9, 13 ff.; *Thomas Sambuc*, Folgenerwägungen im Richterrecht, Diss. Berlin 1977, S. 95 f.; *Wälde*, Folgenorientierung, S. 6.

[310] So *Hoerster* (o.Fußn.309), S. 11.

[311] Vgl. *Deckert* (o.Fußn.288), S. 174.

[312] Die Wertungsproblematik betrifft die Erwartungen im Hinblick auf die Folgenbewertung, also die Frage der Verwendbarkeit des Effizienzkriteriums zur rationalen Selektion von Entscheidungsalternativen

der Folgenberücksichtigung etwas beizutragen vermag[313]. Da - wie bereits auszuführen war - der (klassische) Utilitarismus die Basis für das ökonomische Effizienzdenken der Wohlfahrtsökonomie[314] und damit auch für die ökonomische Rechtsanalyse schafft, muß die utilitaristische Lehre weiter betrachtet werden.

Es ist die Eignung der utilitaristischen Prinzips als Kriterium für die Folgenbewertung zu untersuchen. Da das utilitaristische Prinzip ein „*utilitarian sacrifice*" vom Einzelnen fordert, wenn es das größere Glück anderer verlangt[315], wird als Kardinaleinwand gegen den Utilitarismus (und damit ausgesprochen oder unausgesprochen auch gegen die Wohlfahrtsökonomie und im Anschluß hieran auch gegen die ökonomische Folgenanalyse als formale Weiterentwicklungen der utilitaristischen Ethik) - zu Recht - die fehlende Mitberücksichtigung von individuellen Grundwerten wie personaler Autonomie, Handlungs- und Grundfreiheiten, der sittlichen Integrität sowie der Ansprüche an eine freiheitliche Gestaltung der Rechts- und Wirtschaftsordnung gesehen[316].

Daß der klassische Utilitarismus Gerechtigkeitsfragen nur unzureichend abhandelt, ist bereits von *Sidgwick* erkannt worden[317]. Die rein teleologische Ethik des Utilitarismus mit kollektiven Glücks- und Nutzenbilanzen kann aber mit den Kriterien der Gerechtigkeit - insbesondere mit der Verteilungsgerechtigkeit - nicht in Einklang gebracht werden.

Erheblich ist schließlich auch der gegen den Utilitarismus erhobene Einwand der Vernachlässigung der inhaltlichen Bestimmung bei der utilitaristischen Festlegung der Gesamtwohlmaximierung; ihre inhaltliche Bestimmung hat dezisionistischen Charakter[318].

Es bleibt für die utilitaristische Folgenberücksichtigung als Ergebnis zu resümieren, daß der Topos des utilitaristischen Kalküls (dem größten Glück der größten Zahl), das dem Utilitarismus wie der Wohlfahrtsökonomie zugrundeliegt, sich im Sinne eines Bewertungskonzepts für die Folgenorientierung nicht als operationable Vorzugsregel für die rationale Entscheidungsfindung eignet[319]. Man wird daher kaum umhinkönnen, sich dem von *von Rothkirch* gefundenen Resultat für das hier erörterte Problem der Folgenbewertung anzuschließen: „Der Utilitarismus kann seinen Anspruch, die Förderung des Wohlerge-

---

mittels der Bewertung empirischer Folgen.

[313] *Deckert* (o.Fußn.288), S. 174.

[314] *Eidenmüller*, JZ 1999, S. 53, 56 erachtet die Wohlfahrtsökonomik philosophisch durch ihre Nähe zum Utilitarismus als „höchst angreifbar".

[315] Vgl. *Bogai*, Technikfolgen, Ökonomie und Ethik, München 1989, S. 37; *Höffe*, Zur Theorie des Glücks im klassischen Utilitarismus, Frankfurt a.M. 1979, S. 151, der demzufolge den Utilitarismus als eine Theorie des Kollektivegoismus charakterisiert, in der der einzelne zugunsten des größeren Wohls anderer Verzichte leisten muß. Vgl. hierzu auch *Deckert* (o.Fußn.288), S. 176.

[316] *Bogai* (o.Fußn.315), S. 53; *Trapp*, „Nicht-klassischer" Utilitarismus, S. 564 ff.; *Fezer*, JZ 1986, 817, 822; *Fezer*, JZ 1988, 223, 227. - Daß eine direkte Entwicklungslinie vom Utilitarismus zur Wohlfahrtsökonomie besteht, hat *Bohnen*, Die utilitaristische Ethik als Grundlage der modernen Wohlfahrtsökonomik, S. 57 ff., nachgewiesen.

[317] Dem hat *Sidgwick* zu entsprechen versucht, indem er einen formalen Gerechtigkeitsgrundsatz (Gleichbehandlungsgrundsatz) formuliert hat; siehe hierzu *Wulf Gaertner* in: Enderle (Hrsg.), Ethik, S. 112.

[318] Vgl. *Deckert* (o.Fußn.288), S. 176.

[319] Ähnlich *Deckert* (o.Fußn.288), S. 177.

hens aller in Form eines universal gültigen operationalen Verfahrens sicherzustellen, nicht einlösen“[320]. Auch ist zu validieren, daß es mit einer utilitaristischen Ethik weder überhaupt ein Gerechtigkeitsprinzip noch einen Minderheitenschutz noch einen generellen Schutz der Menschenwürde gibt.

3. Folgenorientierung und Gerechtigkeit

Nicht einbezogen in das Verteilungsproblem bleibt die folgenorientierte Effizienzbetrachtung der paretianischen Wohlfahrtsökonomie; Allokationseffizienz und Verteilungsgerechtigkeit bleiben in der ökonomischen Folgenanalyse also streng von einander geschieden[321]. Auch wenn man Gerechtigkeit unterschiedlich interpretieren mag, so ist sie doch dem Gegenstand nach stets eine Sache der *Verteilung*[322]. Hinsichtlich der folgenorientierten Allokationseffizienz und im Hinblick auf das Prinzip der Verteilungsgerechtigkeit ergibt sich aber nun das Dilemma, daß dem universalen Geltungsanspruch der ökonomischen Folgenanalyse des Rechts und dem autopoietischen Autonomieanspruch des Rechtssystems, in Gerechtigkeitsfragen die alleinige Beurteilungskompetenz zu behalten, nicht gleichzeitig entsprochen werden kann. Zwischen beiden muß gewählt werden; *tertium non datur*: Die beispielsweise auch durch die §§ 1 ff. UmwHG geregelte Einkommensverteilung - Ausdruck der Verteilungsgerechtigkeit - kann nicht etwa durch das auf Verwirklichung wohlfahrtsökonomischer Zustände abzielende Effizienzkriterium modifiziert werden, da dies außerhalb des Rechtssystems läge. Es ist aber auch die adversative Konstellation nicht akzeptabel: Es wird neuerdings die Auffassung vertreten, daß das wohlfahrtsökonomische Ziel der Effizienz - da sie als Bewertungskriterium für die Folgenorientierung unzureichend sei - durch das Erfordernis der Gerechtigkeit ergänzt werden solle[323]. Dies könnte aber nur in der Weise geschehen, daß mit Hilfe der rechtsinternen Norm der Verteilungsgerechtigkeit das folgenorientierte Effizienzkriterium der paretianischen Wohlfahrtsökonomie verfälscht und damit die ökonomische Folgenanalyse selbst in der Weise in ihrem Wesen verändert würde, daß die Wohlfahrtsökonomie den Kriterien der ausgleichenden und der austeilenden Gerechtigkeit weichen müßte.

---

[320] Siehe *von Rothkirch*, Rationales Handeln im öffentlichen Interesse. Theorien kollektiver Entscheidungen, Frankfurt a.M. 1981, S. 119.

[321] Vgl. *Deckert* (o.Fußn.288), S. 182 ff.

[322] So *Wetzel*, Ökologische Erweiterungen der Gerechtigkeitskonzeption, in: Reese-Schäfer / Schuon (Hrsg.), Ethik und Politik, S. 140, 148. - Im Hinblick auf die Gerechtigkeitstheorien wird man *Deckert* (o.Fußn.288), S. 193, zuzustimmen haben, daß es hierbei letztlich stets um das Problem der Letztbegründung von Normen geht. *Bernhard Nagel* (o.Fußn.2), S. 271, hält den neoklassischen Ökonomen vor, sie beschränkten sich auf die Analyse der Allokationswirkung, vernachlässigten hierbei aber die Verteilungswirkung.

[323] Vgl. *Behrens*, Die ökonomischen Grundlagen des Rechts, Tübingen 1986, S. 81 ff.; *Deckert* (o.Fußn.288), S. 185, 192.

4. Folgenberücksichtigung und Prognose

a.) Exkurs: Prognose und Voraussage

Der Begriff Prognose bezeichnet in der Wissenschaftstheorie die Voraussage über ein zukünftiges Ereignis. Zu einer wissenschaftlichen Prognose gehört die Angabe bestimmter Gesetzesannahmen und Randbedingungen. Erfolgt diese Angabe nicht und wird trotzdem ein Anspruch auf Prognostizierbarkeit gestellt, so spricht man von *Prophetie*[324].

Prognosen zu erstellen wird (neben dem Ziel, Erklärungen zu liefern) als eine der wichtigsten Aufgabenbereiche erfahrungswissenschaftlicher Tätigkeit angesehen. Einstellen auf die bzw. Gestalten der Zukunft machten Prognosen großen Umfangs auch in allen nichtnaturwissenschaftlichen Bereichen erforderlich.

Wie unschwer einleuchten dürfte, kann eine allokationseffizienzgesteuerte Folgenorientierung zunächst nicht aufgrund von deduktiv-nomologischen Prognosen erfolgen. Deduktiv-nomologische Prognosen sind nämlich Argumente mit wahrheitskonservierender Ableitung des gesuchten *Explanandums* [325] aus gegebenen Prämissen, welche mindestens ein *deterministisches* Gesetz und singuläre Anfangsbedingungen enthalten. Die ökonomische Rechtslehre stellt aber keine deterministischen Gesetze für D-N-Prognosen zur Verfügung.

Es ist weiter zu untersuchen, ob in allokationseffizienzgesteuerten Folgenanalysen[326] induktiv-statistische Prognosen im Sinne der statistischen Begründungen *Stegmüllers* gesehen werden können. Bei den I-S-Prognosen ergeben sich diese Ableitungen: Gegeben sei ein Ereignis Fa (dem Objekt a kommt eine Eigenschaft F zu). Herangezogen werde ein Wahrscheinlichkeitsgesetz $p(H, F) = r$, welches behauptet, daß mit Wahrscheinlichkeit r jedes Objekt, das F hat, auch H hat. Gesucht sind die *rationalen Gründe*, die dazu berechtigen, für das bestimmte Objekt a ebenfalls zu *erwarten*, daß es H hat. Verständlich ist, daß r mindestens größer 0,5 sein muß, sonst wäre eher $\neg$ Ha zu vermuten); für verschärfte Anforderungen - die man wohl auch für die ökonomische Analyse des Rechts postulieren müßte - sollte r nahe bei 1 liegen. Weiterhin darf kein auf a zutreffendes, gegenüber F logisch stärkeres Merkmal F^* existieren, für welches ein Wahrscheinlichkeitsgesetz $p(H, F^*) = q$ mit $q < r$ gilt, damit der Fall ausgeschlossen bleibt, daß etwaige für a relevante Zusatzinformationen das Eintreten von Ha mit geringerer Wahrscheinlichkeit behaupten. Die von *Stegmüller* ausschließlich intendierten Anwendungen der statistischen Begründungen sind Schlüsse - in einem nichtdeduktiven Sinn - auf ein noch unbekanntes Ereignis. Es liegen dann die Gegebenheitsumstände so vor, daß von statistischen Einzelfallprognosen gesprochen werden kann. Das Vorliegen effizienzindizierter induktivûstatistischer Folgenprognosen scheitert nun allerdings bereits schon daran, daß solche erfahrungswissenschaftlichen Prognosen zwar möglicherweise (auch) aufgrund bestimmter Anfangsbedingungen gewonnen werden können, was aber nicht näher unter-

---

[324] Sog. bedingungslose Vorhersagen im Unterschied zu den *bedingten* Prognosen.
[325] Explanandum heißt „das zu Erklärende“.
[326] Zu Prognose und Folgenanalyse vgl. auch *Schäfer / Ott* (o.Fußn.7), S. 17 ff.

sucht zu werden braucht, weil es jedenfalls an den ebenfalls notwendigen Gesetzen - hier Wahrscheinlichkeitsgesetzen - fehlt, mit deren Hilfe die Folgenprognosen hätten gewonnen werden können; nicht einmal nach ihrem Selbstverständnis wird von der ökonomischen Folgenanalyse des Rechts behauptet, es würden Folgenprognosen in Anwendung von Wahrscheinlichkeitsgesetzen gewonnen.

b.) Ökonomische empirische Folgen und Prognosen

Da - wie auszuführen war - Prognosen nach allgemeiner wissenschaftstheoretischer Auffassung nur dann als wissenschaftlich gelten, wenn sie mittels Gesetze und bestimmter Anfangsbedingungen erzielt wurden, aber kein weiteres in Betracht kommendes derartiges Gesetz[327] erkennbar ist, mit dessen Hilfe effizienzindizierte Folgenprognosen gewonnen werden könnten, kann die aus der paretianischen Wohlfahrtsökonomie hervorgegangene Folgenanalyse keine Folgen*prognosen* generieren, sondern es entpuppen sich diese „Prognosen" als lediglich *bedingungslose Vorhersagen* und das Folgenprogramm der allokationseffizienten Folgenorientierung muß sich in den Bereich der *Prophetie* verwiesen werden. *Savoir pour prévoir* war das erkenntnistheoretische Postulat von *Comte*; das Wissen, um wissenschaftlich begründet im Hinblick auf Folgenprognosen vorhersehen zu können, kann der ökonomischen Analyse nicht zur Verfügung stehen, wie sich auch aus weiterem zeigen wird.

Soweit - wie bei der ökonomischen Folgenanalyse des Rechts - empirische Folgen in Betracht kommen, liegt ein Wissen, um vorhersehen, also eine Prognose stellen zu können, nicht vor[328]. Da bei der Ex-ante-Prognose (wir wollen für diese Überlegungen einmal vom Vorliegen einer Prognose ausgehen) die Ergebnisse der ökonomischen Nutzenkalküle also in einer unbekannten Zukunft liegen, kann ihr vorausschauendes Wissen mit dem Ergebnis nicht zur Verfügung stehen, daß die ökonomische Rechtsanalyse mithin Rechtsentscheidungen als Risikoübernahmen verwirklicht, weil die Folgen im Zeitpunkt der rechtskräftigen Entscheidung noch in der ungewissen Zukunft liegen[329]. Da die Entscheidung aber im Wege argumentativer Voraussicht auf ihre Folgen (Prognosen) durch letztere gerechtfertigt werden soll, trifft die Theorie der ökonomischen Folgenanalyse des Rechts in Anbetracht der Unmöglichkeit der Berechnung der Zukunft und damit der Unerreichbarkeit einer Vorausschau der Folgen sich deswegen selbst an ihrem empfindlichsten Punkt[330]: Das wichtigste Legitimationskriterium für das kosten- und nutzenorientierte Effizienztheorem der ökonomischen Rechtstheorie - nämlich der konsequentialistische Ansatz - erweist sich wegen der Ungewißheit der Erreichbarkeit der antizipierenden, entscheidungstragenden Folgenprognosen mithin als der entscheidende Schwachpunkt. Dieses wird auch dadurch bestätigt, daß durch das Entscheidungskriterium der Folgenbeurteilung die Rechtsgel-

[327] Das Coase-Theorem etwa ist kein allgemeingültiges Gesetz.
[328] Ähnlich *Luhmann* (o.Fußn.27), S. 19.
[329] Vgl. zu allem *Luhmann* (o.Fußn.27), S. 23, 316, 563.
[330] Ähnlich *Luhmann* (o.Fußn.27), S. 23.

tung in die Zukunft verlagert wird[331]. Aus alledem ergibt sich für den auf der Grundlage der ökonomischen Folgenanalyse des Rechts agierenden Rechtsanwender, daß dieser sich letztlich die Kompetenz nimmt, nach eigener Einschätzung zu entscheiden. Dem kann aber kein theoriegenerierendes Prinzip zugrunde liegen.

5. Folgen- und Güterabwägung

Bernhard Nagel plädiert für eine sich in der Gestalt zeigende „richtige“ ökonomische Analyse des Rechts, die eine Hierarchie von ökonomischen Allokations- und rechtlichen Verteilungsargumenten vermeidet und dafür Güterabwägungen vornimmt[332]. Da die ökonomische Rechtslehre sich als ökonomische *Folgen*-Analyse (des Rechts) begreift, darf unterstellt werden, daß *Nagel* Güterabwägung im Sinne von (ökonomischer) Folgenabwägung versteht. Unter Zugrundelegung eines „schwach“ nicht-positivistischen Rechtsbegriffs, den er in gewisser Weise naturrechtlich beeinflußt sieht, postuliert *Nagel*, in der Weise Offenheitsbereiche des Rechts[333] als Einbruchsstellen der ökonomischen Analyse des Rechts anzusehen, daß es möglich sein müsse, im Rahmen von Güterabwägungen - und damit also auch von ökonomischen Folgenabwägungen - „die Offenheitsbereiche des Rechts so auszufüllen, daß rechtsökonomische Argumente in die juristischen Begründungsmuster und damit in die juristische Entscheidung einfließen“[334]. Da Voraussetzung aber dafür, daß ökonomische Folgen- und damit entsprechende Güterabwägungen vorgenommen werden können, ist, daß überhaupt sinnvollerweise ökonomische Folgenprognosen angestellt werden können, diese aber wegen der Ungewißheit ihrer Erreichbarkeit auch keine Basis für womöglich anzustellende Folgenabwägungen abgeben können, erweist sich das Güterabwägungsmodell von *Bernhard Nagel* nicht als praktikabel.

---

[331] *Luhmann* (o.Fußn.27), S. 563.

[332] *Bernhard Nagel* (o.Fußn.2), S. 271.

[333] Unter Offenheitsbereichen des Rechts versteht *Bernhard Nagel* (o.Fußn.2), S. 267 ff., offensichtlich die Normen und Prinzipien des Rechts, die Unklarheit, Unbestimmtheit oder Lückenhaftigkeit zur richterlichen Rechtsfortbildung (Ausfüllung der Offenheitsbereiche „des Rechts“, gegebenenfalls auch mit Hilfe von Prinzipien) geeignet erscheinen.

[334] *Bernhard Nagel* (o.Fußn.2), S. 271 f.

G. Zusammenfassung

I

Aus wohlfahrtökonomischer Sicht dient die Haftungsrechtsordnung der Optimierung des gesamtwirtschaftlichen Nutzens aller. Im Rahmen der ökonomischen Betrachtungsweise ist im Hinblick auf das Umwelthaftungsgesetz die Instrumentalisierung des in diesem Gesetzeswerk vorhandenen Anreizpotentials des Schadensrechts von entscheidender Bedeutung. Das die Gefährdungshaftung einführende Umwelthaftungsgesetz ist im Hinblick auf das zur Erreichung des wohlfahrtsökonomischen Optimums notwendige Anreizpotential zunächst unter dem Blickwinkel des hierfür erforderlichen Aktivitätsniveaus zu betrachten. Die das Aktivitätsniveau charakterisierende Produktionsmenge der Inhaber der Katalog-Anlagen gemäß Anhang 1 zu § 1 UmwHG muß darauf ausgerichtet sein, daß es dazu geeignet ist, die Differenz zwischen dem Wert der schadenssenkenden Wirkungen der Sorgfaltsaktivität und den notwendig werdenden Sorgfaltskosten zu maximieren. Im Sinne des Kaldor-Hicks-Kriteriums müssen aber auch die aus der Summe der Schadenshöhe und der Kosten des Vermeidungsaufwands resultierenden Gesamtkosten minimiert werden.

Was die Entscheidung des Emittenten für ein bestimmtes Sorgfaltsniveau anbetrifft, wird es von der Haftungsregel (Verschuldens- oder Gefährdungshaftung) unter Berücksichtigung der Risiko-Einstellung (Risiko-Aversion oder -Neutralität) und dem Abschluß von Versicherungsverträgen gesteuert. Für den Fall, daß für die Kausalität ein Vollbeweis gefordert wird - wie bei § 1 UmwHG -, prognostizieren *Schäfer* und *Ott* angesichts der Alles-Oder-Nichts-Methode des deutschen Rechts bei der Gefährdungshaftung nur Anreize für geringe Sorgfaltsaufwendungen. Lediglich bei einer Verknüpfung der Gefährdungshaftung mit der Regelung einer Umkehr der Beweislast für den Kausalitätsnachweis sehen *Schäfer* und *Ott* optimale Anreize zum Vorsorgeaufwand bei der Gefährdungshaftung entstehen.

Feess kritisiert die Erwartungshaltung des Gesetzgebers, durch den Übergang von der Verschuldens- zur Gefährdungshaftung im Wege des Inkrafttretens des Umwelthaftungsgesetzes könnten die Inhaber von Katalog-Anlagen zur Wahl eines höheren Sorgfaltsniveaus veranlaßt werden. Daß eine solche Vorstellung Realität werden könne, setze jedoch voraus, daß auf der Grundlage des Umweltverwaltungsrechts systematisch zu hohe Emissionen genehmigt und damit erlaubt würden; hiervon sei in der verwaltungsrechtlichen Praxis jedoch nicht auszugehen.

Adams ist der Meinung, daß bei der Verwendung eines aus Informationsgründen eingeschränkten Sorgfaltsbegriffs in praxi die Gefährdungshaftung Anreize zu sozial ineffizientem Verhalten ausübe.

Da im Gegensatz zur Verschuldenshaftung die Gefährdungshaftung unabhängig von der Höhe des Vorsorgeaufwands eintritt, wird sich der rational egoistisch schädigende Unternehmer dazu entscheiden, den Sicherheitsaufwand bis zur Erreichung des Minimums der Gesamtkosten zu steigern. Bei der vom Umwelthaftungsgesetz eingeführten Gefährdungshaftung haftet der Emittent für alle Schäden, was zur Folge hat, daß alle unternehmensintern anfallenden Kosten auch volkswirtschaftliche Kosten sind. *Feess* sieht die Verminderung des Aktivitätsniveaus durch die Einführung der Gefährdungshaftung mittels des Umwelthaftungsgesetzes veranlaßt; er begründet dies damit, angesichts der Gefährdungshaftung seien auch jene Umweltschäden zu internalisieren, die selbst bei Einhaltung des effizienten Sorgfaltsniveaus entstünden. Ob die Unternehmen aber tatsächlich infolge der Gefährdungshaftung ihre Produktionsmenge senken (Emissionsintensität vermindern), bleibt insofern zweifelhaft, als sie bei Multi- und Distanzschäden infolge der fehlenden Möglichkeit der Schadensindividualsierung nicht mit ihrer Kostenpflichtigkeit rechnen.

Feess-Dörr, *Prätorius* und *Steger* gehen davon aus, daß von einer wohlfahrtsoptimalen Allokation nur bei Gefährdungshaftung mit Versicherungsschutz als anreizindiziertem Mechanismus auszugehen sei; die Gefährdungshaftung ohne Versicherungsschutz binde hingegen, gemessen am Maximum, im Rahmen des Umweltschutzes zu viele Ressourcen, so daß sich - aus gesamtwirtschaftlicher Sicht - eine zu geringe Produktionsmenge ergebe. Sie resümieren, der Unterschied der beiden Haftungsnormen, denen die Verschuldenshaftung bzw. die Gefährdungshaftung zugrundeliege, sei ausschließlich in der unterschiedlich umfänglichen Hervorbringung von Produktionsmengen zu sehen, so daß die erhoffte Umweltentlastung durch den Übergang zur Gefährdungshaftung eben nicht durch eine steigende Sorgfalt, sondern nur „durch eine geänderte Zusammensetzung des Sozialprodukts" generiert werden könne.

Adams formuliert: Da bei gegebenem System der Gefährdungshaftung der Verletzer den erwarteten Schaden zu tragen habe, ergebe sich aus seinem Eigeninteresse, seine Aktivität nur auszudehnen, soweit sein Grenznutzen auf das Niveau der Grenzkosten in Form der erwarteten Schadens- und Sorgfaltskostenerhöhung herabgesunken sei. Hierin liege auch der Grund, daß der Unternehmer seine Sorgfalt soweit steigern werde, bis die dem Verletzer zuzuordnenden Grenzkosten als sich im Hinblick auf die Senkung der erwarteten Schadenskosten zeigender Wert ihres Nutzens diesen erreicht habe. Zudem führe der Umstand, daß die Gefährdungshaftung den Verletzer mit der gesamten Schadenstragungspflicht beschwere, dazu, daß er durch seine Tätigkeit keinen externen Effekt generieren könne, da die erforderliche Schadensabwälzung auf eine andere Person nicht ermöglicht werde.

Schäfer und *Ott* zeigen, daß der Nettonutzen einer schädlichen Aktivität stets größer als Null sei. Dies ergebe sich insbesondere daraus, daß die Geschädigten bei der Gefährdungshaftung in jedem Fall entschädigt und die externen Effekte schädigender Handlungen vollständig beim Schädiger internalisiert würden. Da das Aktivitätsniveau nicht immer konstant ist und die Höhe des Schadensersatzes das Aktivitätsniveau unmittelbar beeinflußt, steuert Gefährdungshaftung das Aktivitätsniveau auf eine sozial wünschenwerte Höhe.

Eine pareto-effiziente Anreizwirkung - also ein durch die Haftung gesteuertes Sorgfalts- und Aktivitätsniveau - kann von dem Gefährdungshaftungssystem des Umwelthaftungsgesetzes nur ausgehen, wenn der Katalog-Anlagen-Inhaber den möglicherweise auf ihn zukommenden Gesamtaufwand kalkulieren kann. Eine Vorausberechnung aller möglichen Kosten und insbesondere die Senkung des Aktivitätsniveaus als zudem gegebene allokative Wirkung der Gefährdungshaftung ist aber nur bei entsprechender Schadensvorhersehbarkeit möglich.

Unter der Voraussetzung, daß der tatsächlich aufgewandte Sorgfaltsaufwand der einzelnen Schädiger von dem Gericht genau beobachtet werden kann, empfiehlt die von *Feess* postulierte Haftungsregel bei multikausalen Schäden angesichts der durch das Umwelthaftungsgesetz geregelten Gefährdungshaftung eine Haftung zu gleichen Anteilen durch die beteiligten Unternehmen. *Feess* lehrt, es führten bei Multikausalität Haftungsregeln dann zum Maximum, wenn die Vermeidungskosten der Katalog-Anlagen-Inhaber gerichtlicherseits bekannt seien.

II

Der grundsätzlich erfolgte ungeprüfte und bedenkenlose Transfer der *economic analysis of law* aus den USA hinein in das deutsche Rechtssystem hatte sich zunächst in den Erörterungen dieses Kapitels der Gültigkeitsfrage im Hinblick auf den Alleinstellungsanspruch, den die ökonomische Analyse des Rechts erhebt, unter Berücksichtigung des Maßstabs des eine binäre Leitdifferenz einführenden systemtheoretischen Rechtscodes Recht / Unrecht zu stellen. Jedes System hat seine spezifische Unterscheidung. Die für das Recht geforderte binär codierte „Leitdifferenz" Recht bzw. Unrecht / Nicht - Recht findet ihre Prägung aufgrund der aus den spezifischen Rechtserwartungen und den von ihnen ausgehenden, in thematischer Ausrichtung auf Rechtsnormativität gesteckten rechtssystemischen Grenzen resultierenden konstruktivistischen Prämissen. Die Geltung des nur zweiwertigen Rechtscodes ist stringent; es gibt bloß das Entweder / Oder. Die Einführung der ökonomischen Allokationseffizienz als Rechtskategorie scheitert also bereits daran, daß der Rechtscode eben nur aus den beiden Werten Recht und Unrecht besteht und nicht aus drei Werten, nämlich Recht, Unrecht und (ökonomischer) Gemeinnutz.

Das sich in diesem Nexus insbesondere stellende philosophisch-wissenschaftstheoretische Problem, daß die Differenz Recht-Unrecht / Nicht-Recht zum Einsatz gebracht und in das Rechtssystem etabliert wird, sie sich auf einem selbstreferentiellen Zirkel gründet, wodurch zwangsläufig eine Konstellation der Tautologie und der Paradoxie hervorgerufen wird, was zu einer tiefgreifenden Unbestimmtheit des Rechts führen kann, kann aufgelöst werden: Die Entfaltung des paradoxinduzierten Unbestimmtheitsproblems im Rechtssystem - welches sich daraus ergibt, daß die Einheit des Systems in zwei inkompatiblen Werten besteht - läßt sich im Wege bestimmter heuristischer Prinzipien primär durch die systemidentifizierende Einführung der Unterscheidung zwischen Recht und Unrecht / Nicht-Recht begründen. Nicht zuletzt tragen aber auch das Erfordernis, zu einer (richterlichen) Entscheidung kommen zu müssen, und das die wiederholende Prüfung unter gleichen tatbestandlichen Voraussetzungen rechtmäßig verhindernde Rechtsinstitut der Rechtskraft zur Entparadoxisierung bei.

III

Die ökonomischen Analysen können - im Hinblick auf die juristische Argumentation - nicht die Begründungsgesichtspunkte der Praxis erfassen. Unter der Prämisse des Zwangs der Gerichte, einer Entscheidungsfindung nicht ausweichen zu dürfen, gilt für die juristische Argumentation die Besonderheit, eine der wahlweisen, dualistischen Entscheidungsalternativen Recht oder Unrecht begründen zu müssen.

Für die ökonomische Analyse des Rechts dient das Effizienzprinzip - wie sonst das Zitieren bewährter Prinzipien und Regeln - zunächst selbst als Begründung. Ihr Charakter als guter Grund - der geltendem Recht anhaftet -, kann aber durch Argumentation in Zweifel gezogen werden, weil das Recht geschriebenes Recht ist.

IV

Kann die Erscheinungsform der ökonomischen Folgenanalyse als Rechtsquelle angesehen werden? Im Hinblick auf die Frage der Rechtsgeltung ist Rechtsquelle die Quelle, aus der das Recht seine Geltung bezieht. Der Begriff der Rechtsquelle tritt als Begründungsfigur auf; dieses Untersuchungsinstrument zur Überprüfung der Frage der Geltung / Nicht-Geltung des Kriteriums der ökonomischen Effizienz in Rechtsanwendungssituationen würde ansonsten nicht zur Verfügung stehen.

Die Rechtsquellenmetapher wird zum Begriff für die begründete Geltung abstrakter rechtlicher Normen. Der Begriff der Rechtsquelle versagt jedoch als Identifikationsfigur und als Erkennungszeichen für die Gültigkeit von Recht, wenn in Wahrheit keine *Rechts*quelle vorliegt. Bei der ökonomischen Rechtslehre kommt es konkret zum Tragen, daß der Begriff der Rechtsquelle als Begründungsfigur dient und dann als Kriterium in Rechtsanwendungssituationen verwandt wird, in denen in Frage gestellt wird, ob Recht, welches jemand - wie die ökonomische Analyse des Rechts für sich - geltend macht, auch wirklich als Recht gilt. Die ökonomische Analyse des Rechts sieht sich wahrlich als Rechts(erkenntnis)quelle und in der Situation, in der ihr auf höchster Stufe der Geltungshierarchie angesiedelter Rechtsgültigkeitsanspruch bezweifelt wird oder werden könnte. Die Entität eines Geltungsgrundes für die ökonomische Analyse als Rechtsquelle mit der Qualifikation als geltendes Recht ist nicht erkennbar und wird von der ökonomischen Rechtslehre auch nicht als solche vorgestellt.

V

Von *Karl-Otto Apel* wird anempfohlen, im Sinne einer philosophischen Neubegründung durch den Kritischen Rationalismus die von *Kant* aufgeworfene transzendentale Begründungsfrage in entsprechender Radikalisierung als Problem der normativen Bedingungen der Möglichkeit von diskursiver Verständigung - und damit zugleich auch von argumentativer Kritik - anzugehen. Begründung erweist sich dann nicht primär als Ableitung von Sätzen aus Sätzen in einem objektivierbaren Satz-System, in welchem von der aktuellen pragmatischen Dimension des Argumentierens immer schon abstrahiert wird, sondern als Beantworten von Warum-Fragen aller Art im Rahmen des argumentativen Diskurses. In diesem Kontext ergibt sich dann als Verfahren der regreß- und zirkelfreien Letzt-Begründung die Möglichkeit der strikten Reflexion auf diejenigen notwendigen, nicht hintergehbaren Präsuppositionen des Argumentierens, die derjenige, der argumentiert, schon immer *pragmatisch* anerkannt haben muß. Eine solche transzendentalpragmatische Letzt-Begründung muß im Prinzip die *Möglichkeit* und die *Aufgabe* einer Konsensbildung über Sinn und Wahrheit von Aussagen - darüber hinaus auch über alle Regeln einschließlich ethischer Normen - immer schon akzeptiert haben. Folgt man diesem Denkmodell, so müssen alle Argumentierenden diejenigen Voraussetzungen als letztbegründet zulassen, die die Argumentationsgemeinschaft erst möglich machen; selbst das Akzeptieren dieser Voraussetzungen als letztbegründet würde aber nicht bereits schon als Letztrechtfertigung für die ökonomische Analyse als Rechtsquelle ausreichen, weil lediglich die Herstellung der Voraussetzungen zur Ermöglichung der Argumentationsgemeinschaft auch im Sinne eines *pragmatischen* Begründungsverständnisses aufgrund allgemeiner wissenschaftstheoretischer Überlegungen zur Letzt-Begründung nicht genügen kann.

Soweit man jedoch die Konzeption der transzendentalpragmatischen reflexiven Letztbegründung im umfassenden Sinne der argumentativen Behauptungen versteht, stellt sich noch die bisher ungelöste Frage der Letztbegründung: Ist es überhaupt möglich, wissenschaftliche Theorien von nichtwissenschaftlichen Sprachgebilden zu unterscheiden? Selbst wenn man aber im Sinne der Transzendentalpragmatik dahin argumentiert, daß schon durch das Zur-Diskussion-Stellen einer Frage der Boden der Vernunft im Sinne des argumentativen Diskurses betreten wird und damit entsprechende Normen und Präsuppositionen notwendigerweise anerkannt worden sind, so können solche transzendental-reflexive Letztbegründungsüberlegungen noch keine Geltungsansprüche von Rechtsquellen - auch nicht die durch die ökonomische Analyse in Selbstqualifikation vorgemerkte Eigenschaft der Rechtsquelle - einlösen.

VI

Die ökonomische Analyse des Rechts nutzt die überhaupt häufiger bei der gerichtlichen Entscheidungsfindung praktizierte *Folgenorientierung* als Trojanisches Pferd und als einzige Einlaßmöglichkeit in das Rechtssystem zu einer sich in einer ökonomisch indizierten Folgenberücksichtigung in der Rechtsanwendung zeigenden Rechtsverwirklichung. Die ökonomische Rechtslehre figuriert nach ihrer Selbstinterpretation bei der Rechtsanwendung in der Form der Folgenanalyse und Folgenbewertung implementierenden Folgenorientierung jedoch, ohne die auch ansonsten ungeklärte Legitimationsfrage auch nur zu stellen. Allgemein läßt sich die eben auch von der ökonomischen Folgenanalyse operationalisierte Folgenorientierung bei der Rechtsanwendung in der Weise kennzeichnen, daß die hierdurch erfolgende argumentative Voraussicht auf Entscheidungsfolgen - empirisch gesehen - auf der Beurteilung der unterschiedlichen Folgen von Rechtsentscheidungen beruht, die bei der Annahme unterschiedlicher Regeln eintreten würden. Bei der Folgenberücksichtigung werden nur Realfolgen, nicht aber auch Rechtsfolgen angesprochen.

VII

Konsequentialistische und utilitaristische Entscheidungsansätze werden immer wieder miteinander in Verbindung gebracht. Kernpunkt des als Nützlichkeitslehre einzustufenden Utilitarismus ist der Nützlichkeitsstandpunkt, in der die Nützlichkeit bzw. der Nutzen erklärt wird, wobei entweder das Wohl des einzelnen oder das der Allgemeinheit präferiert wird. Da im Utilitarismus mit der Forderung nach dem größtmöglichen Glück für die größtmögliche Zahl eine ganz klare Handlungsanweisung formuliert wird, wird durch ihn ein Kriterium an die Hand gegeben, an das man sich in Entscheidungssituationen halten kann.

Der Utilitarismus versucht, eine metaphysikfreie Ethik aufzubauen, indem er rationale Elemente (Prinzip der Nützlichkeit) mit empirischen Tatsachen (den Folgen der Handlung und deren Konsequenzen für die Betroffenen) zu verbinden sucht. Der Utilitarismus versucht also, das rationale Element des Nützlichkeitsprinzips als Grundlage für die ethische Bewertung einer Handlung mit der empirischen Kenntnis über die Folgen der Handlung zu verbinden. Allerdings wird das Nützlichkeitsprinzip nicht argumentativ begründet und der am allgemeinen Wohl ausgerichtete Utilitarismus erzeugt weder ein Gerechtigkeitsprinzip noch einen generellen Schutz der Menschenwürde.

Angesichts der vom Utilitarismus festgelegten Zielbestimmung der Förderung der Gesamtwohlfahrt bei Rechtsanwendungen lautet die zentrale Frage, in welchem Maß der Utilitarismus für eine inhaltliche Vorzugsregel im Hinblick auf die Wertungsproblematik der Folgenberücksichtigung etwas beizutragen vermag.

Das utilitaristische Prinzip als Basis für das ökonomische Effizienzdenken der Wohlfahrtsökonomie und damit auch für die ökonomische Folgenanalyse fordert vom Einzelnen ein „utilitarian sacrifice“, wenn es das größere Glück anderer verlangt. Der Kardinaleinwand gegen den Utilitarismus - und damit auch gegen die Wohlfahrtsökonomie und im Anschluß hieran auch gegen die ökonomische Folgenanalyse als formale Weiterentwicklungen der utilitaristischen Ethik - ist in der fehlenden Mitberücksichtigung von individuellen Grundwerten wie personaler Autonomie, Handlungs- und Grundfreiheiten, der sittlichen Integrität sowie den Ansprüchen an eine freiheitliche Gestaltung der Rechts- und Wirtschaftsordnung zu sehen. Auch ist im Hinblick auf die utilitaristische Folgenberücksichtigung zu validieren, daß der Topos des utilitaristischen Kalküls - dem größten Glück der größten Zahl - sich im Sinne eines Bewertungskonzepts für die Folgenorientierung nicht als operationable Vorzugsregel für die rationale Entscheidungsfindung eignet.

VIII

Auch wenn man Gerechtigkeit unterschiedlich interpretieren mag, so ist sie doch dem Gegenstand nach stets eine Sache der *Verteilung*. Hinsichtlich der folgenorientierten Allokationseffizienz und im Hinblick auf das Prinzip der Verteilungsgerechtigkeit ergibt sich aber das Dilemma, daß dem universalen Geltungsanspruch der ökonomischen Folgenanalyse des Rechts und dem autopoietischen Autonomieanspruch des Rechtssystems, in Gerechtigkeitsfragen die alleinige Beurteilungskompetenz zu behalten, nicht gleichzeitig entsprochen werden kann. Zwischen beiden muß gewählt werden; *tertium non datur*: Die beispielsweise auch durch die §§ 1 ff. UmwHG geregelte Einkommensverteilung - Ausdruck der Verteilungsgerechtigkeit - kann nicht etwa durch das auf Verwirklichung wohlfahrtsökonomischer Zustände abzielende Effizienzkriterium modifiziert werden, da dies außerhalb des Rechtssystems läge.

IX

Der Begriff Prognose bezeichnet in der Wissenschaftstheorie die Voraussage über ein zukünftiges Ereignis. Zu einer wissenschaftlichen Prognose gehört die Angabe bestimmter Gesetzesannahmen und Randbedingungen. Erfolgt diese Angabe nicht und wird trotzdem ein Anspruch auf Prognostizierbarkeit gestellt, so spricht man von Prophetie. Da also Prognosen nach allgemeiner wissenschaftstheoretischer Auffassung nur dann als wissenschaftlich gelten, wenn sie mittels Gesetze und bestimmten Anfangsbedingungen erzielt wurden, aber kein derartiges Gesetz erkennbar ist, mit dessen Hilfe effizienzindizierte Folgenprognosen gewonnen werden könnnten, kann die aus der paretianischen Wohlfahrtsökonomie hervorgegangene Folgenanalyse keine Folgen*prognosen* generieren, sondern es entpuppen sich diese „Prognosen" als lediglich *bedingungslose Vorhersagen* und das Folgenprogramm der allokationseffizienten Folgenorientierung muß in den Bereich der *Prophetie* verwiesen werden.

Soweit Rechtsentscheidungen im Wege argumentativer Voraussicht auf ihre Folgen (Prognosen) durch letztere gerechtfertigt werden sollen, wird die Theorie der ökonomischen Folgenanalyse des Rechts in Anbetracht der Unmöglichkeit der Berechnung der Zukunft und damit der Unerreichbarkeit einer Vorausschau der Folgen deswegen an ihrem empfindlichsten Punkt getroffen: Das wichtigste Legitimationskriterium für das kosten- und nutzenorientierte Effizienztheorem der ökonomischen Rechtstheorie - nämlich der konsequentialistische Ansatz - erweist sich wegen der Ungewißheit der Erreichbarkeit der antizipierenden, entscheidungstragenden Folgenprognosen also als entscheidender Schwachpunkt.

Dem die Beförderung der ökonomischen Analyse protegierenden Bemühen der amtlichen Begründung zum Umwelthaftungsgesetz, bei der Anwendung der haftungsrechtlichen Normen dieses Gesetzes einer effizienten Ressourcenallokation den Weg zu weisen, kann daher auch insoweit kein Erfolg beschieden sein.

7. KAPITEL

Wichtigste Ergebnisse und Thesen

I. Vermutungsbasis

Normativ geregelte Tatsachenvermutungen weisen eine Doppelstruktur auf. Ein *non liquet* auf der 1. Stufe der Grundnorm des § 1 UmwHG führt zu einer Beweisthemenersetzung in der Weise, daß durch § 6 Abs. 1 S. 1 UmwHG auf einer 2. Stufe ein neues Beweisprogramm eingeführt wird. Der durch das neue Beweisprogramm angesprochene Vermutungsträger gem. § 6 Abs. 1 UmwHG hat lediglich die objektive Behauptungs- und Beweislast für die die Vermutungsbasis ausfüllenden Tatbestandsmerkmale zu tragen. Die vorsorgliche Darlegung von Verdachtsbehauptungen ist dem Anspruchsteller dabei nicht versagt.

II. Dogmatische Einordnung der Ursachenvermutungen nach §§ 6, 7 UmwHG

1. § 6 Abs. 1 UmwHG normiert den Erfahrungssatz, daß eine Katalog-Anlage nach den Gegebenheiten des Einzelfalles zur Verursachung des entstandenen Schadens geeignet sein könne. Erfahrungssätze sind identisch mit Wahrscheinlichkeitsaussagen. Soweit aber in § 6 Abs. 1 UmwHG Erfahrungssätze gesetzlich festgelegt werden, geht es um den objektiven Wahrscheinlichkeitsbegriff, d.h., es ist zu problematisieren, in wievielen Fällen ein Satz mit diesen konkreten Merkmalen zutrifft, wenn sich das Geschehen immer wieder in gleicher Weise wiederholt. Demgegenüber gehört der Anscheinsbeweis zur Beweiswürdigung und führt ggf. zur subjektiven richterlichen Überzeugung.

2. In den gesetzlichen Vermutungen findet sich - im Gegensatz zu normalen ausdrücklichen Beweislastnormen - eine klare Anweisung an den Richter, wie er methodisch zu verfahren hat. Im Kontext mit § 6 Abs. 1 UmwHG weist der Gesetzgeber den Rechtsentscheider an, das Tatbestandsmerkmal der Schadensverursachung als gegeben anzunehmen, obwohl die diesem Merkmal zugrundeliegenden Tatsachen gerade nicht zur Überzeugung des Gerichts bewiesen sind. Angesichts solcher Situationen, bei denen das Gesetz

den Richter anweist, ein Tatbestandsmerkmal als vorliegend zu behandeln, obwohl gerade dies nicht feststeht, ist methodisch als eine Fiktion zu qualifizieren.

3. Das Beweismaß gehört zu den Bedeutungsmerkmalen, die im Kontext mit der Erreichung einer richterlichen Überzeugung stehen. Wenn durch eine Senkung des Beweismaßes die Erzielung richterlicher Überzeugung erleichtert werden soll, kann dies etwa dadurch erfolgen, daß der Gesetzgeber im Einzelfalle normiert, zur Tatsachenfeststellung sei bereits die richterliche Überzeugung von der deutlich überwiegenden Wahrscheinlichkeit genügend. Das anspruchsvoraussetzende Tatbestandsmerkmal des § 1 UmwHG, das dem Anspruchsteller die volle Beweislast im Hinblick auf die haftungsbegründende Kausalität auferlegt, ist nicht identisch mit der Vermutungsbasis des § 6 Abs. 1 UmwHG, die von ihm lediglich den Nachweis dafür verlangt, daß eine Katalog-Anlage im Sinne von Anlage 1 zu § 1 UmwHG nach den Gegebenheiten des Einzelfalles zur Schadensverursachung geeignet ist, also nur die *Möglichkeit* zur Schadenskausalität bestehen muß. Da die Beweisthemenverschiebung zugleich aber auch eine Einschränkung des Vollbeweises der Schadenskausalität impliziert, beinhaltet § 6 Abs. 1 UmwHG auch eine Beweismaßreduktion.

4. Gerade im umwelthaftungsrechtlichen Bereich sind die Situationen multikausaler Schadensentstehung von ganz erheblicher Relevanz. Aus dem Kanon der §§ 6 Abs. 1, 7 Abs. 1 Satz 1 UmwHG ergibt sich die Beteiligungsvermutung der Inhaber mehrerer Katalog-Anlagen. Infolge der Mutierung der in § 6 Abs. 1 UmwHG normierten Vermutung der Alleinkausalität durch § 7 Abs. 1 Satz 1 UmwHG zur Beteiligungsvermutung werden die betroffenen Anlageninhaber zu einer Haftungsgemeinschaft gezwungen. Auch für den Nachweis der Vermutungsbasis im Hinblick auf die Beteiligungsvermutung gilt das Beweismaß der deutlich überwiegenden Wahrscheinlichkeit. Im Falle multipler Kausalität bei Mitwirken von zwei oder mehr Katalog-Anlagen wird die Beteiligungsvermutung bei (kumulativer) Eignung zur Schadensverursachung nach § 6 Abs. 1 UmwHG auch dann nicht ausgeschlossen, wenn eine der Anlagen eine höhere Beteiligungsquote als die anderen aufweist.

In welchem Umfang die im Wege der Beteiligungsvermutung ermittelten Mitverursacher haften müssen, hat der Normgeber des Umwelthaftungsgesetzes in voller Absicht offen gelassen, um dies der Regelung durch die Rechtsprechung zu überlassen. Die Judikatur kann aber bei multikausalen Fällen aufgrund der haftungszuweisenden Funktion der als Beweislastsondernorm zu qualifizierenden Kausalitätsvermutungsregelung des § 6 Abs. 1 UmwHG und angesichts der allgemeinen Zielvorstellungen des Gesetzesverfassers nur von einer Verlagerung des Beweisrisikos und damit von einem gesamtschuldnerischen Zurechnungskonzept im Hinblick auf die durch die von den emittierenden Gefahrenproduzenten verwirklichten Schäden ausgehen. Hierfür ist weder der Nachweis der potentiellen Alleinursächlichkeit der betreffenden Katalog-Anlage für den Gesamtschaden noch die „Auswechselbarkeit" der möglicherweise beteiligten Emissionen erforderlich.

5. § 7 UmwHG regelt auch den „Ausstieg aus der Vermutung"; die Vermutung im Hinblick auf die Schadensverursachung ist dann entkräftet, wenn nach den Gegebenhei-

ten des Einzelfalls neben der Anlage auch ein anderer Umstand geeignet ist, den Schaden zu verursachen. Von fundamentaler Relevanz für die Verneinung oder Bejahung der Restitution von Umweltschäden ist der Grad der Eignung eines „anderen Umstands“ zur Schadensverursachung. Angesichts der Frage der Steuerung der Beweislast und damit des haftungsrechtlichen Zurechnungskonzepts des Umwelthaftungsgesetzes ist von ganz erheblicher Bedeutung die Auslegung des Begriffs des nach den Gegebenheiten des Einzelfalles geeigneten anderen Umstands im Sinne von § 7 UmwHG. Mit der Einführung der Gefährdungshaftung und der Kausalvermutung durch das Umwelthaftungsgesetz ist ein möglichst weitgehender Schutz der von Emissionen aus Katalog-Anlagen Betroffenen durch den Gesetzgeber gewollt. Diesem Schutzzweck entspräche es nicht, wenn undifferenziert unter den Begriff des „anderen Umstands“ im Sinne von § 7 UmwHG etwa auch die emittierenden Anlagen fielen, die zwar nicht im Anhang 1 zu § 1 UmwHG aufgeführt sind, aber dennoch ein nicht unerhebliches Gefahrenpotential darstellen. Im Wege der teleologischen Reduktion sind daher auch die Inhaber solcher Anlagen in den Haftungsverbund mit einzubeziehen. Die teleologische Reduktion des § 7 UmwHG in diesem Umfang ist sowohl zulässig als auch zur Vermeidung sinn- und zweckwidriger Ergebnisse geboten.

6. § 292 S. 1 ZPO figuriert als Beweislastsondernorm im Sinne der Regelung für den Fall, daß das Gesetz für das Vorhandensein einer Tatsache eine Vermutung aufstellt, so daß nur der Beweis des Gegenteils (der Gegenbeweis reicht nicht aus) zulässig ist. Dies gilt auch, wenn im Hinblick auf § 7 UmwHG nur eine gesetzliche Tatsachenvermutung in Betracht kommt, bei der der Gesetzgeber im Falle des Vorliegens bestimmter Tatsachen (Vermutungsbasis) ein anderes Merkmal ohne weiteres als bestehend unterstellt (Vermutungsfolge), wobei § 7 Abs. 2 UmwHG die strenge Normung des § 292 ZPO in der Weise modifiziert, daß er einen besonderen Vermutungsausschluß einführt.

7. Besteht alternative Allein-Kausalität zwischen mehreren Katalog-Anlagen, so kann der Ausschluß der Vermutung nach § 7 Abs. 1 S. 1 UmwHG bereits deswegen nicht gegeben sein, weil Inhaber von Anlagen nach Anhang 1 zu § 1 UmwHG nicht wechselseitig aufeinander mit dem Ziel verweisen können, für sich die Vergünstigung des „Vermutungsausstiegs“ in Anspruch zu nehmen. An diesem Ergebnis ändert sich im Außenverhältnis zu den Geschädigten auch nichts, wenn die auf den eingetretenen Schaden bezogenen Beteiligungsquoten im Hinblick auf die einzelnen Katalog-Anlagen unterschiedlich groß sind; im Regreßrechtsstreit des von dem Geschädigten in Anspruch genommenen Anlagen-Inhabers, wo die Vermutungsregeln der §§ 6, 7 UmwHG keine Anwendung finden können, ist die Höhe der (verursachten) Schadensanteile unter entsprechender Anwendung von § 287 ZPO richterlicherseits zu ermitteln.

Es lassen sich kaum umwelthaftungsrechtliche Fälle denken, in denen neben von Katalog-Anlagen stammenden Immissionen nicht auch andere Umstände (etwa die allgemeine Umweltbelastung) zumindest geeignet waren, den entstandenen Schaden mit zu verursachen. Will man die zentrale Normung der Ursachenvermutung nach § 6 Abs. 1 UmwHG nicht der Bedeutungslosigkeit anheim geben, wird man von einem Ausschluß der Vermutung gemäß § 7 Abs. 1 UmwHG erst dann auszugehen haben, wenn der andere Umstand **allein** geeignet war, ohne Rücksicht auf die von der Katalog-Anlage ausgehenden Emissionen den Schaden zu verursachen. Will der Inhaber einer Katalog-Anlage also die Vermutung für eine dargelegte Mitverursachung widerlegen, hat er nachzuweisen, daß **allein** der andere Umstand geeignet war, den Schaden zu verursachen.

III. Parteianhörung

1. Entgegen dem im Hinblick auf seine Tragweite ausschließlich auf gleicher dialogischer Ebene angelegten § 141 ZPO wird meist ein rollenasymmetrisches Funktionssystem in der Weise richterlich praktiziert, daß eine prozessuale Benachteiligung der Partei durch Beurteilung der Glaubwürdigkeit ihrer Person mit der Folge ihrer Einschätzung als einem der bewertenden Beobachtung ausgesetzten und ihr dienenden Prozeßobjekt eintritt.

2. Kennzeichnend für das sich aus der Verhandlungsmaxime ergebende Verfahren ist als Kehrseite der Herrschaft der Parteien über den Prozeßgegenstand die Bindung des Richters an das Parteivorbringen. Aus diesem Grunde haben die Parteien über die Beweisbedürftigkeit einer Behauptung zu entscheiden.

3. Es besteht die Gefahr der Rechtsverweigerung, wenn richterlicherseits der der Parteiherrschaft unterliegende Prozeßstoff unzulässigerweise durch vorweggenommene Beweiswürdigung im Wege von Wahrscheinlichkeitsprüfungen reduziert wird. Andererseits kann die Eliminierung von Tatsachenbehauptungen aus dem Streitstoff im Wege der richterlichen Plausibilitätskontrolle sogar den in der Vermeidung einer Beweislastentscheidung liegenden Ausschluß der Rechtsverfolgung bedeuten.

IV. Sachverhaltsfeststellung

1. Für dic Sachverhaltsfeststellung zu § 6 Abs. 1 UmwHG ist insbesondere die Argumentation auf der Grundlage der Erfahrungswissenschaften bei Vorliegen entsprechender Indizien von Bedeutung. Von beobachteten Indizien aufgrund von auf empirischen Gesetzmäßigkeiten beruhenden Erfahrungssätzen kann auf nicht beobachtete Sachverhaltsannahmen geschlossen werden.

2. Das Erschließen singulärer Sachverhaltsannahmen mit Hilfe deterministischer Erfahrungssätze setzt voraus, daß von „gültigen" deterministischen Hypothesen ausgegangen werden kann. Bei genauerer Betrachtung ist die Gültigkeit von Erfahrungssätzen allerdings ebensowenig feststellbar wie das Vorliegen von Kausalbeziehungen zwischen mehreren Ereignissen. Bei Geltung eines deterministischen Erfahrungssatzes sind die Schlußregeln der deduktiven Logik anwendbar. Es ist das Wesen gültiger deduktiver Schlüsse, daß ihre logische Korrektheit oder Inkorrektheit unabhängig von der Wahrheit der Prämissen und abhängig nur von der Beziehung zwischen den Prämissen und der Konklusion ist. Es ist nicht denkbar, daß ein gültiger deduktiver Schluß zugleich wahre

Prämissen und eine falsche Konklusion aufweisen kann. Denn der Geltungsanspruch des deduktiven Begründungsmodells ist mit der wahrheitsfunktionalen Sinndeutung in einer Weise verknüpft, daß die Konklusion wahr sein muß, wenn die Prämissen wahr sind. Das deduktive Begründungsmodell ermöglicht auch die Vermeidung fehlerhafter Auslegungsbetrachtungsweisen zu § 6 Abs. 1 S.2 UmwHG. Die Ansicht, es müßten zunächst die anlagebezogenen Gegebenheiten festgestellt werden, weil sie am Anfang der Kausalkette stünden, verkennt das gültige Deduktionsschema. Es genügt für § 6 Abs. 1 UmwHG, die Sachverhaltsannahme der Eignung der Anlage zur Schadensverursachung *einmal* zu erschließen. Erfolgt dies im Wege der Folgerung als Ergebnis einer korrekten Deduktion aus wahren Prämissen, so genügt bei deterministischen Erfahrungssätzen die Schlußfolgerung aus *einer* der Gegebenheiten nach § 6 Abs. 1 S. 2 UmwHG, ohne daß es erheblich wäre, welchem Punkt der Ursachenkette des Kausalverlaufs sie zuzurechnen ist. Daher können weitere ebenfalls auf deterministischen Hypothesen beruhende Indizien die einmal gemachte Sachverhaltsannahme weder verstärken noch abschwächen. Im Gegensatz zu den Mehrfachschlüssen können deterministische Kettenschlüsse auch im Bereich des §6 Abs. 1 UmwHG sinnvoll und zweckmäßig sein.

3. Das Erschließen von Gegebenheiten im Sinne von § 6 Abs. 1 UmwHG ist nicht nur bei deterministischen Erfahrungssätzen möglich, sondern auch mittels induktiv-statistischer Systematisierungen. Um die Konklusion einer induktiven Schlußregel akzeptabel zu machen, muß jedoch die zusätzliche Voraussetzung erfüllt sein, daß die Prämissen der Argumentform sämtliche relevanten Erfahrungen wiedergeben. Dennoch können die Konklusionen zweier induktiv-statistischer Argumente einander widersprechen, selbst wenn sämtliche Prämissen beider Schlußregeln wahr sind. Demgegenüber können zwei gültige deduktive Schlußregeln mit untereinander zu vereinbarenden Prämissen keine unvereinbaren Konklusionen haben. Probabilistische Erfahrungssätze können auch im Wege von Likelihood-Betrachtungen verwandt werden.

V. Rechtsfindungsmethoden

1. Letztlich ist es der richterliche Entscheidungszwang, der zur Ausdifferenzierung des Rechtssystems durch verschiedene Rechtsgewinnungsmodelle geführt hat. Dabei kann eine Diskrepanz zwischen dem Entscheidungszwang und den Möglichkeiten bestehen, zu verständlichen Entscheidungen zu gelangen. Ausdruck für die Berücksichtigung des prozessualen Entscheidungszwanges ist auch das dem Richter rechtsschöpferische Freiheiten gewährende, auf die Kausalitätsvermutung abstellende „offene" Tatbestandsmerkmal der „Eignungsgegebenheiten" im Sinne von § 6 Abs. 1 S. 2 UmwHG. Am Beispiel dieser Regelung zeigt sich, daß es auch von erheblicher methodologischer Bedeutung ist, wenn und wieweit der Primat der gesetzgeberischen Entscheidung hintangesetzt wird.

2. Es ist das Bestreben der Deduktions-, Wertungs- und Dialogmodelle, sich - wenn auch mit unterschiedlichen Konzeptionen der Rechtsfindung - von dem Subsumtionsmodell mit seinen nicht hinreichenden Möglichkeiten für den operationalen

Einsatz abzuheben.

3. Das von *Koch* und *Rüßmann* entwickelte nicht-axiomatische Deduktionsmodell juristischer Entscheidungsbegründung hält an der syllogistischen Konstruktion des Subsumtionsmodells fest und baut diese Rechtsfindungsmethode lediglich mit Hilfe der jedenfalls für § 6 Abs. 1 UmwHG abzulehnenden Normenlogik aus. Dabei wurde nicht erfaßt, daß das Tatbestandsmerkmal der „Eignungsgegebenheiten" sich nicht in normenlogische Schablonen pressen läßt. Durch die bloße Erweiterung der Konzeption der Syllogistik mit den Mitteln der modernen Aussagen-, Prädikaten- und deontischen Logik ändert sich an der Grundstruktur des deduktiven Modells nichts. Damit zeigt sich, daß zum einen der lediglich analytische Charakter und die fehlende Erkenntniserweiterung des Schließens im Deduktionsmodell erhalten geblieben sind und das normenlogische Verfahren der Rechtsgewinnung zudem mit der für das Subsumtionsmodell unumgänglichen und unabdingbaren „Kluft" zwischen abstraktem Tatbestand und konkretem Sachverhalt behaftet ist.

4. *Hegels* idealistisches Modell von der die absolute Idee des Rechts konstituierenden Gerechtigkeit scheitert schon an der von den Art. 20 Abs. 3, 97 Abs. 1 GG vorgegebenen Verfassungswirklichkeit. Eine Lösung von diesen vom Verfassungsgeber gewollten Bindungen des Richters an Gesetz und Recht würde es aber bedeuten, wollte man die Gerechtigkeit als ein Ideal mit absolutem Inhalt außerhalb des geschriebenen Rechts mit der Folge festlegen, daß sich das Recht nach ihr zu richten habe.

5. Auch den realistischen Wertungsmodellen ist infolge der völligen Bindung an das nicht-juristische Grundmodell der älteren Systemtheorie eine Absage zu erteilen.

6. Die in der Form der Methode des nachfühlenden Verstehens ungeeignete philosophische Hermeneutik ist von der juristischen Hermeneutiklehre übernommen worden. Diesem bereits wissenschaftstheoretisch abzulehnenden Verfahren fehlt aber auch die Eignung dafür, in die Rechtswissenschaft bzw. in die Rechtstheorie mit übernommen zu werden.

Während bei den Erfahrungswissenschaften Hypothesen aufgrund experimentell gewonnener Erfahrungen und hieraus gebildeter Theorien mit bestimmten Annahmen formuliert werden, kann man in Verbindung mit der Verstehenstheorie nur zu gewissen psychologischen Hypothesen gelangen, denen jegliches Fundament experimentell gesammelter Erfahrungen fehlt. Die Methode des Verstehens in Anwendung des Gedankenexperiments führt zu einer Hypothesenbildung in zweifacher Hinsicht. Zum einen ist bereits eine Unsicherheit bei der in der Weise erfolgenden Hypothesenkonzipierung zu sehen, daß man sich im Wege dieses Gedankenexperiments in die Situation einer anderen Person versetzt. Man kann nämlich bereits bei der Abschätzung und Bewertung der Lage und bei dem geistig-seelischen Nachempfinden der Vorstellungen und Motive eines anderen Menschen schweren Irrtümern unterliegen. Als weiteres hypothetisches Segment des Gedankenexperiments läßt sich die Gewinnung psychologischer Generalisierungen nennen. Das Resultat der Prüfung des Erkenntniswerts im Hinblick auf beide Hypothesen kann aber nur sein, daß die Verstehensmethode nicht zu unbestreitbaren Erkenntnissen führen kann. Wenn dennoch in der nachfühlenden Methode des Verstehens fälschlicherweise eine die Wahrheit verbriefende Erkenntnisart gesehen wird, so beruht diese Annahme auf den metaphysischen Wurzeln dieser Erkenntnisweise, wodurch ein falsches Bild von den geistigen Abläufen im Sinne einer unsichtbaren Welt hinter der sichtbaren Welt gezeichnet wird.

7. Der Allgemeingültigkeitsanspruch des *Schapp*schen dialogischen Rechtsgewinnungsmodells des aus konkreten Einzelfällen bestehend zu denkenden „Gesetzes als Entscheidung des Falles" scheitert bereits an der gesetzgeberischen Konzeption des § 6 Abs. 1 UmwHG; denn die zentrale Aussage seiner Lehre des Vorhandenseins eines normativ eindeutig entschiedenen Kernbereichs einer „Fallreihe" ist angesichts des „offenen" Tatbestandes der „Eignungsgegebenheiten" gem. § 6 Abs. 1 S. 2 UmwHG bei dieser Gesetzesvorschrift nicht aufrechtzuerhalten.

VI. Ökonomische Folgenanalyse des Rechts

1. Die Haftungsordnung dient aus wohlfahrtsökonomischer Sicht der Maximierung des gesamtwirtschaftlichen Nutzens aller. Aus diesem Grunde ist bei Zugrundelegung des Umwelthaftungsgesetzes im Rahmen der ökonomischen Betrachtungsweise die Instrumentalisierung des in diesem Gesetzeswerk vorhandenen Anreizpotentials des Schadensrechts von entscheidender Bedeutung.

Da die Gefährdungshaftung im Gegensatz zur Verschuldenshaftung unabhängig von der Höhe des Vorsorgeaufwands eintritt, wird sich der rational egoistisch schädigende Unternehmer dazu entscheiden, den Sicherheitsaufwand bis zur Erreichung des Minimums der Gesamtkosten zu steigern.

Feess-Dörr, *Prätorius* und *Steger* meinen, der Unterschied der beiden Haftungsnormen (Verschuldens- und Gefährdungshaftung) sei ausschließlich in der unterschiedlich umfänglichen Hervorbringung von Produktionsmengen zu sehen, so daß die erhoffte Umweltentlastung durch den Übergang von der Verschuldens- zur Gefährdungshaftung nicht durch steigende Sorgfalt, sondern nur „durch eine geänderte Zusammensetzung des Sozialprodukts" erzeugt werden könnne. Sie kritisieren an der in der rechtspolitischen Diskussion geäußerten Hoffnung auf eine Umweltentlastung durch eine Verschärfung des Haftungsrechts im Wege des Umwelthaftungsgesetzes, daß diese stets und nur an der Prävention und nicht am Aktivitätsniveau festgemacht worden sei.

Adams vertritt die Auffassung, daraus, daß bei gegebenem System der Gefährdungshaftung der Verletzer den erwarteten Schaden zu tragen habe, ergebe sich aus seinem Eigeninteresse, seine Aktivität nur auszudehnen, soweit sein Grenznutzen auf das Niveau der Grenzkosten in Form der erwarteten Schadens- und Sorgfaltskostenerhöhung herabgesunken sei. Hierin liege auch der Grund, daß der Unternehmer seine Sorgfalt so weit steigern werde, bis die dem Verletzer zuzuordnenden Grenzkosten als sich im Hinblick auf die Senkung der erwarteten Schadenskosten zeigender Wert ihres Nutzens diesen erreicht habe. Da also das Aktivitätsniveau nicht immer konstant ist und die Höhe des Schadensersatzes das Aktivitätsniveau unmittelbar beeinflußt, steuert Gefährdungshaftung das Aktivitätsniveau auf eine sozial wünschenswerte Höhe. Eine pareto-effiziente Anreizwirkung - also ein durch die Haftung gesteuertes Sorgfalts- und Aktivitätsniveau - kann von dem Gefährdungshaftungssystem des Umwelthaftungsgesetzes nur ausgehen, wenn der Katalog-Anlagen-Inhaber den möglicherweise auf ihn zukommenden Gesamtaufwand - also einschließlich des auch bei seiner Preisgestaltung zu berücksichtigenden Schadenserwartungswertes - kalkulieren kann. Eine Vorausberechnung aller möglichen Kosten und insbesondere die Senkung des Aktivitätsniveaus als sonst gegebene allokative Wirkung der Gefährdungshaftung ist aber nur bei entsprechender Schadensvorhersehbarkeit möglich.

Unter der Voraussetzung, daß der tatsächliche Sorgfaltsaufwand der einzelnen Schädiger gerichtlicherseits genau beobachtet werden kann, empfiehlt die von *Feess* postulierte Haftungsregel bei multikausalen Schäden angesichts der durch das Umwelthaftungsgesetz geregelten Gefährdungshaftung eine Haftung zu gleichen Anteilen durch die beteiligten Unternehmen. *Feess* lehrt, es führten bei Multikausalität Haftungsregeln dann zum Maximum, wenn die Vermeidungskosten der Katalog-Anlagen-Inhaber dem Richter bekannt seien.

2. Der ungeprüfte und bedenkenlose Transfer der aus den USA in das deutsche Rechtssystem hinein überkommenen economic analysis of law mit ihrem auf die Gültigkeitsfrage bezogenen Alleinstellungsanspruch scheitert bereits an der für unser Rechtssystem spezifischen und an dem Maßstab des eine binäre Leitdifferenz einführenden systemtheoretischen Rechtscode Recht / Unrecht ausgerichteten Unterscheidung.

3. Unter Berücksichtigung, daß der Begriff der Rechtsquelle als Begründungsfigur auftritt, ist die Frage, ob die Erscheinungsform der ökonomischen Folgenanalyse als Rechtsquelle angesehen werden kann, in dem Sinne zu beantworten, daß die ökonomische Analyse des Rechts sich zwar selbst als Rechts(erkenntnis)quelle sieht, in Wahrheit hier aber keine *Rechts*quelle so gegeben ist und damit sie auch nicht als Synonym für eine Identifikationsfigur und für ein Erkennungszeichen im Hinblick auf die Geltung von Recht figurieren kann. Auch transzendentalpragmatische reflexive Letztbegründungsüberlegungen können die Geltungsansprüche der ökonomischen Analyse des Rechts als Rechtsquelle nicht einlösen.

4. Schließlich können auch utilitaristische und konsequentialistische Entscheidungsansätze dem Geltungsanspruch der ökonomischen Analyse des Rechts nicht den Weg weisen. Der Utilitarismus versucht, eine metaphysikfreie Ethik aufzubauen, indem er rationale Elemente (Prinzip der Nützlichkeit) mit empirischen Tatsachen (den Folgen der Handlung und deren Konsequenzen für die Betroffenen) miteinander zu verbinden sucht. Allerdings wird das Nützlichkeitsprinzip nicht argumentativ begründet und es erzeugt der am allgemeinen Wohl ausgerichtete Utilitarismus weder ein Gerechtigkeitsprinzip noch einen generellen Schutz der Menschenwürde.

Gerechtigkeit ist dem Gegenstand nach stets eine Sache der *Verteilung*. Bezüglich der folgenorientierten Allokationseffizienz und im Hinblick auf das Prinzip der Verteilungsgerechtigkeit ergibt sich aber das Dilemma, daß dem universalen Geltungsanspruch der ökonomischen Folgenanalyse des Rechts und dem autopoietischen Autonomieanspruch des Rechtssystems, in Gerechtigkeitsfragen die alleinige Beurteilungskompetenz zu behalten, nicht gleichzeitig entsprochen werden kann. Man muß sich für eine der beiden Alternativmöglichkeiten entscheiden, da ein Drittes nicht gegeben sein kann: Die etwa auch durch die §§ 1 ff. UmwHG geregelte Einkommensverteilung - Ausdruck der Verteilungsgerechtigkeit - kann nicht durch das auf Verwirklichung wohlfahrtsökonomischer Zustände abzielende Effizienzkriterium modifiziert werden, da dies außerhalb des Rechtssystems liegen würde.

Der Kardinaleinwand gegen den Utilitarismus - und damit auch gegen die Wohlfahrtsökonomie und im Anschluß hieran auch gegen die ökonomische Folgenanalyse des Rechts als formale Weiterentwicklungen der utilitaristischen Ethik - ist in der fehlenden Mitberücksichtigung von individuellen Grundwerten wie personaler Autonomie, Handlungs- und Grundfreiheiten, der sittlichen Integrität sowie der Ansprüche an eine freiheitliche Gestaltung der Rechts- und Wirtschaftsordnung zu sehen. Dem kann auch nicht entgegengehalten werden, daß - wie erwähnt - in der amtlichen Begründung zum Umwelthaftungsgesetz auf das Ziel einer effizienten Ressourcenallokation verwiesen wird. Diese Passagen der Gesetzesbegründung sind irrelevant und zeigen nur, daß diese Gesetzesmotive mit der nicht in Abrede zu stellenden Forderung nach dem Festhalten an essentiellen und damit unverzichtbaren individuellen Grundwerten und Grundrechten unvereinbar sind.

5. Prognosen gelten nach allgemeiner wissenschaftstheoretischer Auffassung nur dann als wissenschaftlich, wenn sie mittels Gesetze und bestimmter Anfangsbedingungen erzielt werden. Da aber kein Gesetz ersehen werden kann, mit dessen Hilfe effizienzindizierte Folgenprognosen gewonnen werden könnten, kann die aus der paretianischen Wohlfahrtsökonomie hervorgegangene Folgenanalyse keine Folgen*prognosen* generieren, sondern es erweisen sich diese „Prognosen“lediglich als bedingungslose Vorhersagen und das Folgenprogramm der allokationseffizienten Folgenorientierung ist nur im Bereich der *Prophetie* anzusiedeln.

Soweit Rechtsentscheidungen im Wege argumentativer Voraussicht auf ihre Folgen (Prognosen) belegt werden sollen, wird die Theorie der ökonomischen Folgenanalyse des Rechts im Hinblick auf die Unmöglichkeit der Berechnung der Zukunft und damit der Unerreichbarkeit einer Vorausschau der Folgen deswegen an ihrem empfindlichsten Punkt getroffen: Das wichtigste Legitimationskriterium für das kosten- und nutzenorientierte Effizienztheorem der ökonomischen Rechtsanalyse - nämlich der konsequentialistische Ansatz - erweist sich wegen der Ungewißheit der Erreichbarkeit der antizipierenden, entscheidungstragenden Folgenprognosen also als entscheidender Schwachpunkt. Hieran kann auch die die ökonomische Analyse befürwortende amtliche Begründung zum Umwelthaftungsgesetz in Bezug auf die dortigen haftungsrechtlichen Regelungen nichts ändern.

VII. Praktische Relevanz und Verwertbarkeit der Untersuchungsergebnisse

1. Man könnte erwägen, sich diesem Thema insbesondere dadurch zu nähern, daß man eine differenzierende Stratifizierung in der Weise erkundet, die Frage der Bedeutsamkeit der Untersuchungsergebnisse dieser Arbeit für die Praxis zum einen im Wege theoretischer bzw. objektiver Betrachtung zu sehen und zum anderen diese abzuschichten von der augurierenden Prophetie im Hinblick etwa auf die vage Hoffnung - von Erwartung wird man schon gar nicht sprechen können - des Autors auf Anwendung der Ergebnisse seiner Erörterungen *in praxi* und *vice versa.* Dieser Weg würde jedoch - was leicht zu erkennen ist - in eine Sackgasse führen.

Objektive Erkenntnisse werden hier kaum zu erreichen sein, wenn zwangsläufig eine selbstreferentielle autopoietische Selbsteinschätzung und -beobachtung eingefordert wird. Beobachter und Beobachteter können nicht ein und dieselbe Person sein. Die beschriebene Situation ist dem Münchhausen-Dilemma vergleichbar.

2. Gleichsam unter *reservatio mentalis* der geschilderten Erkenntnisprobleme läßt sich allenfalls dies sagen: Insbesondere im Kontext mit den Erörterungen zu § 141 ZPO war eigenes anwaltliches Erleben richterlicher Verhandlungsführung unabdingbare Voraussetzung für ein hierauf bezogenes kritisches Reflektieren, das zum Erreichen einer den Zivilprozeßrechtsnormen entsprechenden Anhörung der Partei im Termin zur mündlichen Verhandlung zur Aufklärung des Sachverhalts richterlicherseits auch beherzigt und berücksichtigt werden sollte. Von fehlender Praxisrelevanz wird man wohl auch nicht im Hinblick auf die hier vertretene Ansicht des Beweismaßes der überwiegenden Wahrscheinlichkeit für das Vorliegen der Schadenskausalität aufgrund der Kausalitätsvermutung nach § 6 Abs. 1 UmwHG sprechen können. Zu alledem dürfte allerdings eine empirische Untersuchung *Stechers* zur Forensik nicht ohne Bedeutung sein, der seine Erkenntnisse so zur Sprache gebracht hat: „Nach dem Ergebnis einer kleinen, sicherlich nicht repräsentativen Umfrage des Verfassers bei einigen Amts- und Landrichtern zu schließen, ist der Begriff ‚Beweismaß' selbst, zumindest aber sein genauer Bedeutungsinhalt, weitgehend unbekannt"[1].

3. Auch wenn zudem der Autor dem Ergebnis seiner Erörterungen zum Prima-Facie-Beweis Praxisrelevanz attestieren möchte, so ist er sich doch fast sicher, daß die Praxis davon kaum Kenntnis nehmen wird[2]. Selbst wenn man allen Implikationen und Untersuchungsresultaten des vorliegenden Artefakts, die im Rahmen der juristischen Dogmatik anzutreffen sind, die Eignung gleichsam abstrakter Praxisrelevanz bescheinigte, so dürfte die Erwartung doch trügen, im Rahmen forensischer Tätigkeit würden die Untersuchungsergebnisse dieser Schrift mit einbezogen.

---

[1] *Stecher*, Die Ursachenvermutungen, S. 36, dort Fußn. 4.

[2] Siehe hierzu das Bedauern von *Prütting* (Gegenwartsprobleme der Beweislast, S. 102), daß die Schrift von *Hainmüller* „Anscheinsbeweis" in der Praxis nicht aufgegriffen werde.

4. Soweit zudem in einem interdisziplinären Ansatz, sei er wissenschaftstheoretischer, philosophischer, mathematischer, wirtschaftswissenschaftlicher oder systemtheoretischer Natur, versucht wurde, zur Rechtsanwendung geeignete Resultate zu erzielen[3], ist einzuräumen, daß die als idealer Zustand angestrebte Objektivität und wissenschaftliche Sachlichkeit im Hinblick auf die dargestellten Erkenntnisse begreiflicherweise besonders mit der interferierenden - um es tautologisch auszudrücken - individuellen Subjektivität des Autors belastet sein wird. Natürlich gilt entsprechend auch hier, daß die aufgrund interdisziplinärer Denkweise erzeugten Rechtsanwendungskonzeptionen von den richterlichen Rechtsanwendern - nicht zuletzt auch wegen hierauf bezogener fehlender Vorbildung[4] - kaum eine diese Erwägungen rezeptierende Wirkung generieren werden. Es bleibt die etwas deprimierende und resignierende Feststellung: Nur Optimisten könnten die Hoffnung hegen, Tatrichter würden in Zukunft entsprechend ihrer Veranwortung als rechtsprechende Gewalt und gemäß dem Verfassungsauftrag nach Art. 20 Abs. 3 GG nicht nur das **Gesetz** anwenden - eine hierauf beschränkte Judikatur würde die Gefahr der Rückkehr zum Gesetzespositivismus bergen -, sondern auch das **Recht** im Wege der Rechtsfortbildung unter besonderer Berücksichtigung etwa wissenschaftstheoretischer, philosophischer und mathematischer Grundsätze und Gesetze; das wiederum erfordert allerdings eine entsprechende Vorbildung.

[3]Und dies wurde in der Tat stets versucht.

[4]Dies mag allenfalls bei den Obergerichten nicht ganz so prekär aussehen.

Literaturverzeichnis

Adams, Michael Ökonomische Analyse der Gefährdungs- und Verschuldenshaftung, Heidelberg 1985

Albert, Hans Traktat über kritische Vernunft, 5. Aufl., Tübingen 1991

Alexy, Robert Forschungsbericht Juristische Argumentationstheorie, Ergebnisse des von der Deutschen Forschungsgemeinschaft finanzierten Forschungsprojekts, Frankfurt/Main 1978

Alexy, Robert Individuelle Rechte und kollektive Güter, in: Ota Weinberger (Hrsg.), Internationales Jahrbuch für Rechtsphilosophie und Gesetzgebung - Aktuelle Probleme der Demokratie, Wien 1989, S. 49 - 70

Alexy, Robert Theorie der juristischen Argumentation: Die Theorie des rationalen Diskurses als Theorie der juristischen Begründung; Nachwort auf einige Kritiker, 2. Auflage, Frankfurt am Main 1991

Alternativkommentar zur ZPO Kommentar zur Zivilprozeßordnung (Reihe Alternativkommentare), *Rudolf Wassermann* (Hrsg.), Neuwied/Darmstadt 1987

D'Amato, Anthony Can Any Legal Theory Constrain Any Judicial Decision?, University of Miami Law Review 43 (1989), S. 513 - 539

Apel, Karl-Otto Das Problem der philosophischen Letztbegründung im Lichte einer transzendentalen Sprachpragmatik, in: B. Kanitscheider (Hrsg.), Sprache und Erkenntnis, Innsbruck 1976

Apel, Karl-Otto Fallibilismus, Konsenstheorie der Wahrheit und Letztbegründung, in: Forum für Philosophie, Bad Homburg (Hrsg.), Philosophie und Begründung, 1987

Badura, Peter Staatsrecht. Systematische Erläuterung des Grundgesetzes für die Bundesrepublik Deutschland, 2. neubearb. Auflage, München 1996

Baumbach, Adolf / Lauterbach, Wolfgang/ Albers, Jan / Hartmann, Peter Zivilprozeßordnung (Kommentar) mit Gerichtsverfassungsgesetz u. a. Nebengesetzen, 53. neubearb. Auflage, München 1995

Behrens, Peter Die ökonomischen Grundlagen des Rechts. Politische Ökonomie als rationale Jurisprudenz, Tübingen 1986

Bender, Rolf / Nack, Armin Tatsachenfeststellung vor Gericht. Unter Mitwirkung von Susanne Röder u. anderen Mitgliedern des Instituts für Rechtstatsachenforschung Stuttgart e.V., 1. Band, Glaubwürdigkeits- und Beweislehre, 2. Auflage, München 1995

Bender, Rolf / Nack, Armin Grundzüge einer Allgemeinen Beweislehre, Deutsche Richterzeitung, 4/1980, S. 121 - 127

Bentham, Jeremy An Introduction to the principles of Morals and Legislation (1789), wieder abgedruckt in: Geschichte der Philosophie in Text und Darstellung, Bd. 4, Empirismus (Hrsg. G. Gawlick), Ditzingen 1980

Berg, Wilfried Die verwaltungsrechtliche Entscheidung bei ungewissem Sachverhalt, Schriften zum öffentlichen Recht, 381. Band, Berlin 1980, zugl. Habil.-Schr. Bonn 1980

Bogai, Dieter Technikfolgen, Ökonomie und Ethik. Entscheidungsgrundlagen für Projekte mit langfristigen Umweltauswirkungen, München 1989

Bohnen, Alfred Die utilitaristische Ethik als Grundlage der modernen Wohlfahrtsökonomik, Göttingen 1964

Brehm, Wolfgang Bindung des Richters an den Parteivortrag und Grenzen freier Verhandlungswürdigung. Tübinger rechtswissenschaftliche Abhandlungen, 55. Band, Tübingen 1982

Bühl, Walter L. Grenzen der Autopoiesis, Kölner Zeitschrift für Soziologie und Sozialpsychologie, Jg. 39, 1987, S. 225 - 254.

Bydlinski, Franz Juristische Methodenlehre und Rechtsbegriff, 2. erg. Auflage, Wien/New York 1991

Canaris, Claus-Wilhelm Systemdenken und Systembegriff in der Jurisprudenz, entwickelt am Beispiel des deutschen Privatrechts, Schriften zur Rechtstheorie; 14. Heft, 2. überarb. Auflage, Berlin 1983, zugl. Münchner Habil.-Schr. 1967

Carnap, Rudolf Logical foundations of probability, Chicago 1950

Carnap, Rudolf / Stegmüller, Wolfgang Induktive Logik und Wahrscheinlichkeit, Wien 1959

Coase, Ronald H. The Problem of Social Costs, Journal of Law and Economics 3 (1960), S. 1 ff.

Deckert, Martina Renate Folgenorientierung in der Rechtsanwendung, Münchener Universitätsschriften: Reihe der Juristischen Fakultät, Bd. 108, München 1995 (zugleich Münch. Diss. 1994)

Deggau, Hans-Georg (Deutsche Fassung) Die kommunikative Autonomie des Rechtssystems. EUI: Conference Materials „Autopoiesis in Law and Society", Florenz 1985

Deutsch, Erwin Umwelthaftung: Theorie und Grundsätze, Juristen Zeitung 1991, S. 1097-1102

Diederichsen, Uwe / Wagner, Gerhard Das UmweltHG zwischen gesetzgeberischer Intention und interpretatorischer Phantasie - Zugleich Besprechung von Joachim Schmidt-Salzer: Kommentar zum Umwelthaftungsrecht, VersR 1993, S. 641 ff.

Diederichsen, Uwe Bundesrepublik Deutschland: Industriegefährdung durch Umweltgefährdungshaftung ? Produkt- und Umwelthaftpflicht international - Recht und Versicherung (PHI), 3. Heft, 1990, S. 78 ff.

Diederichsen, Uwe Die Haftung für Umweltschäden in Deutschland. Produkt- und Umwelthaftpflicht international - Recht und Versicherung (PHI), 5. Heft, 1992, S. 162 - 173

Dörnberg, Hans-Friedrich Freiherr von Auswirkungen des neuen EG- Produkthaftungsrechtes für deutsche Unternehmen, in: Unternehmenserfolg im Europäischen Binnenmarkt, Armin Töpfer / Roland Berger (Hrsg.), Landsberg/ Lech 1991

Dörnberg, Hans-Friedrich Freiherr von Die Haftung für Umweltschäden, in: Beiheft 1., Natur und Recht 1992, S. 29 ff.

Dörnberg, Hans-Friedrich Freiherr von § 14 Satz 2 des Bundes-Immissionsschutzgesetzes als Staatshaftungsnorm bei emittententfernen Waldschäden durch Immissionen Teil 2, in: Natur und Recht 1986, S. 153 - 161

Dreier, Ralf Probleme der Rechtsquellenlehre: Zugleich Bemerkungen zur Rechtsphilosophie Leonhard Nelsons, Festschrift für Hans J. Wolff, München 1973, S. 3 - 36

Eger, Thomas / Nagel, Bernhard / Weise, Peter Effizienz und Menschenwürde - Ein Gegensatz ? Anmerkungen zu einer Kontroverse zwischen Ott / Schäfer und Fezer, in: Ott, Claus / Schäfer, Hans-Bernd (Hrsg.): Ökonomische Probleme des Zivilrechts, Berlin - Heidelberg 1991, S. 18-34

Ehrlich, Eugen Grundlegung der Soziologie des Rechts, 4. Auflage, Berlin 1989

Eidenmüller, Horst Rechtsanwendung, Gesetzgebung und ökonomische Analyse, Archiv für die civilistische Praxis 197 (1997), S. 80 - 135

Eidenmüller, Horst Rechtswissenschaft als Realwissenschaft, Juristen-Zeitung 1999, S. 53 - 61

Engisch, Karl Logische Studien zur Gesetzesanwendung. Sitzungsberichte der Heidelberger Akademie der Wissenschaften - Philosophisch-historische Klasse, Jahrgang 1960, 1. Abhdlg., 3. erg. Auflage, Heidelberg 1963

Engisch, Karl Die Einheit der Rechtsordnung. Heidelberger Rechtswissenschaftliche Abhandlungen, 20. Heft., Heidelberg 1935

Engisch, Karl Sinn und Tragweite juristischer Systematik, in: Studium Generale, 10. Jahrgang. (1957), 3. Heft

Feess, Eberhard Haftungsregeln für multikausale Umweltschäden: eine ökonomische Analyse des Umwelthaftungsgesetzes unter besonderer Berücksichtigung multikausaler Schadensverursachung, Marburg/Lahn 1995, zugl. Habil. Univ. Frankfurt (Main) 1995

Feess-Dörr, Eberhard / Prätorius, Gerhard / Steger, Ulrich Umwelthaftungsrecht: Bestandsaufnahme, Probleme, Perspektiven, 2. Aufl., Wiesbaden 1992

Fezer, Karl-Heinz Aspekte einer Rechtskritik an der economic analysis of law und am property rights approach, Juristen-Zeitung 1986, S. 817 - 824

Fezer, Karl-Heinz Nochmals: Kritik an der ökonomischen Analyse des Rechts, Juristen-Zeitung 1988, S. 223 - 228

v. Foerster, Heinz Sicht und Einsicht. Versuche zu einer operativen Erkenntnistheorie, Braunschweig / Wiesbaden 1985

Frassek, Ralf Karl Larenz (1903 - 1993) - Privatrechtler im Nationalsozialismus und im Nachkriegsdeutschland, in: Juristische Schulung 1998, S. 296 - 301

Frey, Reiner Vom Subjekt zur Selbstreferenz, Berlin 1989

Fried, Charles The Artificial Reason of the Law or: What Lawyers Know, Texas Law Review 60 (1981), S. 35 - 58

Gadamer, Hans-Georg Wahrheit und Methode: Grundzüge einer philosophischen Hermeneutik, 4. Auflage unveränd. Nachdruck der 3. erw. Auflage, Tübingen 1975

Gaertner, Wulf Einige Theorien der Verteilungsgerechtigkeit im Vergleich, in: Enderle (Hrsg.): Ethik, S. 111 ff.

Gottwald, Peter Die Schadenszurechnung nach dem Umwelthaftungsgesetz, in: Festschrift für Hermann Lange (1992), S. 447 ff.

Greger, Reinhard Beweis und Wahrscheinlichkeit: Das Beweiskriterium im Allgemeinen und bei den sogenannten Beweiserleichterungen, Erlanger Juristische Abhandlungen, 22. Band, Köln/Berlin u.a. 1978

Gröschner, Rolf Die richterliche Rechtsfindung:"Kunst oder Methode"?, in: Juristen-Zeitung 1983, S. 944 - 950

Gröschner, Rolf Vorbehalte gegen systemtheoretische Rechtskonzeptionen. Der Staat, *Ernst-Wolfgang Böckenförde / Rolf Grawert / Fritz Ossenbühl / Helmut Quaritsch / Rainer Wahl / Eberhard Weis / Bernhard Willms* (Hrsg.), 26. Band, (1987), S. 497 - 506

Gröschner, Rolf Judiz - was ist das und wie läßt es sich erlernen ?, in: Juristen-Zeitung 1987, S. 903 - 908

Gröschner, Rolf Dialogik und Jurisprudenz: Die Philosophie des Dialogs als Philosophie der Rechtspraxis, Tübingen 1982, zugl. Erlangen/Nürnberg Diss. 1981

Guggenbühl, Markus Die gesezlichen Vermutungen des Privatrechts und ihre Wirkungen im Zivilprozeß. Zürcher Studien zum Verfahrensrecht, 92. Band, Zürich 1990, zugl. Diss. Zürich 1990

Habermas, Jürgen Faktizität und Geltung: Beiträge zur Diskurstheorie des Rechts und des demokratischen Rechtsstaats, 2. Auflage, Frankfurt/M. 1992

Haft, Fritjof Recht und Sprache, in: Einführung in Rechtsphilosophie und Rechtstheorie der Gegenwart, *Arthur Kaufmann / Winfried Hassemer* (Hrsg.), 6. neubearb. u. erw. Auflage, Heidelberg 1994, S. 269 - 291

Hager, Günter Das neue Umwelthaftungsgesetz, in: NJW 1991, S. 134 - 143

Hassemer, Winfried Tatbestand und Typus. Untersuchungen zur strafrechtlichen Hermeneutik. Schriftenreihe Annales Universitatis Saraviensis, 33. Heft, Köln/ Berlin/Bonn u.a. 1968, zugl. jur. Diss. Saarbrücken

Hedemann, Justus Wilhelm Die Flucht in die Generalklauseln - Eine Gefahr für Recht und Staat, Tübingen 1933

Hegel, Georg Wilhelm Friedrich Sämtliche Werke, Glockner - Ausgabe

Hegel, Georg Wilhelm Friedrich Grundlinien der Philosophie des Rechts oder Naturrecht und Staatswissenschaft im Grundrisse: mit Hegels eigenhändigen Notizen u. den mdl. Zusätzen. (Suhrkamp-Taschenbuch Wissenschaft; 607), 7. Werk, 3. Auflage, Frankfurt am Main 1993

Hegel, Georg Wilhelm Friedrich System der Philosophie, *Hermann Glockner* (Hrsg.), 10. Band

Hegel, Georg Wilhelm Friedrich Philosophische Propädeutik, *Hermann Glockner* (Hrsg.), 3. Band

Hegel, Georg Wilhelm Friedrich Enzyklopädie der philosophischen Wissenschaften im Grundrisse, *Hermann Glockner* (Hrsg.), 6. Band

Hegel, Georg Wilhelm Friedrich Wissenschaft der Logik, *Hermann Glockner* (Hrsg.), 4. Band

Hellwig, Konrad System des deutschen Zivilprozeßrechts, I. Teil, Ordentliches Verfahren, ausschließlich besondere Prozeßarten und Zwangsvollstreckung, Leipzig 1912

Henseler, Paul Grundfragen einer Umweltgefährdungshaftung, in: Breuer / Kloepfer / Marburger / Schröder (Hrsg.), Umwelt- und Technikrecht 5, 1988, S. 205-259

Herberger, Maximilian/Simon, Dieter Wissenschaftstheorie für Juristen: Logik, Semiotik, Erfahrungswissenschaften. Juristische Lernbücher, 15. Band, Frankfurt am Main 1980

Hoerster, Norbert Utilitarismus, Ethik und Verallgemeinerung, 2. Aufl., Freiburg i.Br. / München 1977

Höffe, Otfried Zur Theorie des Glücks im klassischen Utilitarismus, in: ders (Hrsg.), Ethik und Politik. Grundmodelle und -probleme der praktischen Philosophie, Frankfurt a.M. 1979, S. 120 ff.

Höffe, Otfried Kategorische Rechtsprinzipien: Ein Kontrapunkt der Moderne, Frankfurt/Main 1990

Hume, David Eine Untersuchung über den menschlichen Verstand, 1748, *Raoul von Richter* (Hrsg.), unveränd. Nachdruck, a. d. Engl., Rechtsphilosophische Bibliothek, 35. Band, Hamburg 1961

Kaufmann, Arthur Rechtsphilosophie zum Mitdenken. 4. Kapitel: Jenseits von Naturrecht und Rechtspositivismus, in: Jura 1992, S. 233 - 238

Kaufmann, Arthur Rechtsphilosophie zum Mitdenken. 5. Kapitel: Einführung in die juristische Methodenlehre. Der Prozeß der Rechtserkenntnis, I. Teil, in: Jura 1992, S. 297 - 305

Kaufmann, Arthur Analogie und „Natur der Sache“: zugleich ein Beitrag zur Lehre vom Typus. 2. verb. u. durch ein Nachw. erg. Auflage. Heidelberger Forum, Heidelberg/Hamburg 1982

Kaufmann, Arthur Über Gerechtigkeit. Dreißig Kapitel praxisorientierter Rechtsphilosophie, Köln 1993

Kaufmann, Arthur Theorie der Gerechtigkeit: Problemgeschichtliche Betrachtungen, Frankfurt/Main 1984

Ketteler, Gerd Grundzüge des neuen Umwelthaftungsgesetzes, in: Anwaltsblatt 1992, S. 3-8

Kirchner, Christian / Koch, Stefan Norminterpretation und ökonomische Analyse des Rechts, Analyse und Kritik, S. 111 ff., Wiesbaden 1989

Kleinewefers, Henner Ökonomische Theorie des Rechts. Über Unterschiede zwischen dem ökonomischen und dem juristischen Denken, in: Staat und Gesellschaft, Festschrift für Leo Schürmann, Zum 70. Geburtstag, Freiburg/Schweiz 1987, S. 83 - 116

Kloepfer, Michael Umweltrecht, 2. Auflage, München 1998

Koch, Hans-Joachim / Rüßmann, Helmut Juristische Begründungslehre: eine Einführung in Grundprobleme der Rechtswissenschaft. Schriftenreihe der Juristischen Schulung, 22. Heft, München 1982

Krawietz, Werner Juristische Entscheidung und wissenschaftliche Erkenntnis. Eine Untersuchung zum Verhältnis von dogmatischer Rechtswissenschaft und rechtswissenschaftlicher Grundlagenforschung. Forschungen aus Staat und Recht, 38. Band, Wien/New York 1978

Krawietz, Werner Recht als Regelsystem, Wiesbaden 1984

Ladeur, Karl-Heinz Postmoderne Rechtstheorie, Selbstreferenz - Selbstorganisation - Prozeduralisierung, Schriften zur Rechtstheorie, Heft 149, Berlin 1992

Ladeur, Karl-Heinz Lernfähigkeit des Rechts und Lernfähigkeit durch Recht, Erwiderung auf J. Nocke, Jahresschrift für Rechtspolitologie 4 (1990), S. 141 - 147

Landsberg, Gerd / Lülling, Wilhelm Umwelthaftungsrecht: Kommentar. Umwelthaftungsgesetz, Haftung nach dem Gentechnikgesetz, sonstige Umwelthaftungsvorschriften, Materialien, Köln 1991

Landsberg, Gerd / Lülling, Wilhelm Das neue Umwelthaftungsgesetz, in: Der Betrieb 1990, S. 2205 ff.

Larenz, Karl Methodenlehre der Rechtswissenschaft, Enzyklopädie der Rechts- und Staatswissenschaft, Abt. Rechtswissenschaft, 1. Auflage (1960), 5. neu bearb. Auflage (1983) und 6. neu bearb. Auflage (1991), Berlin/Heidelberg/New York 1991

Larenz, Karl / Canaris, Claus Wilhelm Methodenlehre der Rechtswissenschaft, 7. neubearb. Auflage, Berlin/Heidelberg/New York 1995

Larenz, Karl Zur Logik des konkreten Begriffs - Eine Voruntersuchung zur Rechtsphilosophie, Deutsches Recht 1940, S. 279 - 299

Larenz Karl Deutsche Rechtserneuerung und Rechtsphilosophie. Recht und Staat in Geschichte und Gegenwart. Eine Sammlung von Vorträgen und Schriften aus dem Gebiet der gesamten Staatswissenschaften, Heft 109, Tübingen 1934

Larenz, Karl Über Gegenstand und Methode des völkischen Rechtsdenkens, Berlin 1938

Leipold, Dieter Beweislastregeln und gesetzliche Vermutungen, insbesondere bei Verweisungen zwischen verschiedenen Rechtsgebieten. Schriften zum Prozeßrecht, 4. Band, Berlin 1966

Lenk, Hans Kritik der logischen Konstanten. Philosophische Begründungen der Urteilsformen vom Idealismus bis zur Gegenwart, Berlin 1968 zugl. Habil.-Schr. 1966 Berlin u.d.T.: Die Urteilsformen - Darstellung und Kritik ihrer Begründungen in der deutschen Tradition seit Kant

Lenk, Hans Philosophische Logikbegründung und rationaler Kritizismus, in: ders. Metalogik und Sprachanalyse, Freiburg 1973

Lenk, Hans (Hrsg.) Normenlogik. Grundprobleme der deontischen Logik. Pullach bei München 1974

Lenk, Hans Erklärung, Prognose, Planung: Skizzen zu Brennpunktproblemen der Wissenschaftstheorie, 1. Auflage, Freiburg i. Br. 1972

Lübbe-Wolff, Gertrude Rechtsfolgen und Realfolgen: Welche Rolle können Folgeerwägungen in der juristischen Regel- und Begriffsbildung spielen? Freiburg 1981

Luhmann, Niklas Das Recht der Gesellschaft, 1. Auflage, Frankfurt am Main 1993

Luhmann, Niklas Rechtssystem und Rechtsdogmatik, Stuttgart 1974

Luhmann, Niklas Ausdifferenzierung des Rechts: Beiträge zur Rechtssoziologie und Rechtstheorie, Frankfurt/Main 1981

Luhmann, Niklas Die soziologische Beobachtung des Rechts, Frankfurt a. M. 1986

Luhmann, Niklas Ökologische Kommunikation. Kann die moderne Gesellschaft sich auf ökologische Gefährdungen einstellen?, 3. Auflage, Opladen 1990

Luhmann, Niklas Juristische Argumentation - Eine Analyse ihrer Form, Münster 1991

Luhmann, Niklas Autopoiesis als soziologischer Begriff, in: H. Haferkamp und M. Schmid (Hrsg.): Sinn, Kommunikation und soziale Differenzierung, Frankfurt a. M. 1987, S. 307 - 324

Luhmann, Niklas Gerechtigkeit in den Rechtssystemem der modernen Gesellschaft, Rechtstheorie 41 (1973), S. 131 - 167, neu gedruckt in ders., Ausdifferenzierung des Rechts: Beiträge zur Rechtssoziologie und Rechtstheorie, Frankfurt 1981, S. 374 - 418

Maturana, Humberto R. in: S. Schmidt, Biologie der Sozialität, Frankfurt a. M. 1991, S. 287 - 302

Maus, Ingeborg Perspektiven „reflexiven Rechts“ im Kontext gegenwärtiger Deregulierungstendenzen. In: Kritische Justiz 1986, S. 390 ff.

Medicus, Dieter Umweltschutz als Aufgabe des Zivilrechts - aus zivilrechtlicher Sicht -, in: Natur und Recht 1990, S. 145 ff.

Münchener Kommentar zur ZPO Münchener Kommentar zur Zivilprozeßordnung mit Verfassungsgerichtsgesetz und Nebengesetzen, *Hanns Prütting / Gerhard Lüke / Alfred Walshöfer* (Hrsg.), 1. Band., §§ 1 - 354, 2. Auflage, München 2000

Musielak, Hans-Joachim Die Grundlagen der Beweislast im Zivilprozeß, Berlin/New York 1975, zugl. Habil.-Schr. München 1975

Musielak, Hans-Joachim/Stadler, Max Grundfragen des Beweisrechts, Beweisaufnahme, Beweiswürdigung, Beweislast. Schriftenreihe der Juristischen Schulung, 89. Heft, München 1984

Nagel, Bernhard Wirtschaftsrecht II - Eigentum, Delikt und Vertrag, 3. Auflage, München / Wien 1997

Naucke, Wolfgang Rechtsphilosophische Grundbegriffe, 3. Auflage, Juristische Lernbücher, 19. Band, Frankfurt a. M. 1996

Neumann, Ulfrid Juristische Logik, in: Einführung in Rechtsphilosophie und Rechtstheorie der Gegenwart, *Arthur Kaufmann / Winfried Hassemer* (Hrsg.), 6. neubearb. u. erw. Auflage, Heidelberg 1994, S. 237 - 261

Nierhaus, Michael Beweismaß und Beweislast: Untersuchungsgrundsatz und Beteiligtenmitwirkung im Verwaltungsprozeß, Studien zum öffentlichen Recht und zur Verwaltungslehre, 42. Band, München 1989, Habil.-Schr. Köln 1988

Nölscher, Karl Die Bergschadensvermutung des Bundesberggesetzes, NJW 1981, S. 2039 ff.

Ott, Claus / Schäfer, Hans-Bernd Die ökonomische Analyse des Rechts - Irrweg oder Chance wissenschaftlicher Rechtserkenntnis?, in: Juristen-Zeitung 1988, S. 213 - 223

Palandt, Otto Bürgerliches Gesetzbuch (Kommentar), 61. neubearb. Auflage, München 2002

Paschke, Marian Umwelthaftungsgesetz, Kommentar, Heidelberg 1993

Peters, Egbert Ausforschungsbeweis im Zivilprozeß. Beiträge zum Zivilrecht und Zivilprozeß, Rudolf Bruns (Hrsg.), 16. Heft, Köln/Berlin 1966

Petev, Valentin Zum Begriff des Rechts in bürgerlicher und marxistischer Sicht, in: Rechtstheorie, 7. Band, Heft 1/2, 1976, S. 53 - 64

Podlech, Adalbert Wertungen und Werte im Recht, Archiv des öffentlichen Rechts 95 (1970), S. 185 - 223

Polyzogopoulos, Konstantin P. Parteianhörung und Parteivernehmung in ihrem gegenseitigen Verhältnis. Ein Beitrag zur Kritik der herrschenden Lehre unter besonderer Berücksichtigung der gerichtlichen Praxis. Schriften zum Prozeßrecht, 47. Band, Berlin 1976, zugl. Diss. Tübingen 1975

Posner, Richard A. Economic Analysis of Law, 5. Aufl. 1998

Prütting, Hanns Gegenwartsprobleme der Beweislast: eine Untersuchung moderner Beweislasttheorien und ihrer Anwendung insbesondere im Arbeitsrecht, Schriften des Instituts für Arbeits- und Wirtschaftsrecht der Universität zu Köln, 46. Band, München 1983

Quine, Willard van Orman Grundzüge der Logik, a. d. Engl. übers. von *Dirk Siefkes*, Frankfurt am Main 1969

Rosenberg, Leo / Schwab, Karl Heinz / Gottwald, Peter Zivilprozeßrecht (Kommentar), 15. neubearb. Auflage, München 1993.

Ross, Alf Theorie der Rechtsquellen: Ein Beitrag zur Theorie des positiven Rechts auf Grundlage dogmenhistorischer Untersuchungen, Neudruck der Ausgabe Leipzig und Wien 1929, Aalen 1989

v. Rothkirch, Christoph Rationales Handeln im öffentlichen Interesse. Theorien kollektiver Entscheidungen, Frankfurt a.M. 1981 (zugleich Habil.-Schr. Heidelberg 1979)

Rottleuthner, Hubert Zur Methode einer folgenorientierten Rechtsanwendung, in: Wissenschaften und Philosophie als Basis der Jurisprudenz, Beiheft 13 des Archivs für Rechts- und Sozialphilosophie, Wiesbaden 1981, S. 97 - 118

Rüßmann, Helmut Allgemeine Beweislehre und Denkgesetze, in: Zeitschrift für Recht und Politik 1982, S. 62 - 69

Rüthers, Bernd Das Ungerechte an der Gerechtigkeit: Defizite eines Begriffs, 2. Aufl., Zürich / Osnabrück 1993

Rüthers, Bernd Immer noch Neues zu Carl Schmitt? - Zwischen politischer Theologie und politischem Katholizismus, in: Neue Juristische Wochenschrift 1999, S. 2861 - 2865

Salje, Peter Umwelthaftungsgesetz (Kommentar), München 1993

Salje, Peter Zur Kritik des Diskussionsentwurfs eines Umwelthaftungsgesetzes, in: Zeitschrift für Rechtspolitik 1989, S. 408 ff.

Salje, Peter Urteilsanmerkung, Juristen-Zeitung 1999, S. 685 - 688

Salmon, Wesley C. Logik, Übersetzung aus dem Englischen von *Joachim Buhl*, Stuttgart 1983/ 1993

Sambuc, Thomas Folgenerwägungen im Richterrecht: Die Berücksichtigung von Entscheidungsfolgen bei der Rechtsprechung, erörtert am Beispiel des Paragraphen 1 UWG, Diss. Berlin 1977

Savigny, Eike von Grundkurs im logischen Schließen: Übungen zum Selbststudium, 3. durchges. Auflage, Göttingen 1993

Schäfer, Hans-Bernd / Ott, Claus Lehrbuch der ökonomischen Analyse des Zivilrechts, 3. Auflage, Berlin, Heidelberg, New York 2000

Schapp, Jan Hauptprobleme der juristischen Methodenlehre, Tübingen 1983

Schmidt-Salzer, Joachim Kommentar zum Umwelthaftungsrecht: betriebliche Risiken und innerbetriebliche Verantwortung, Bücher des Betriebs-Beraters, Heidelberg 1992

Schmitt, Carl Nationalsozialismus und Rechtsstaat, Juristische Wochenschrift 1934, S. 713 ff.

Schmitt, Carl Über die drei Arten rechtswissenschaftlichen Denkens, 2. Auflage, Berlin 1993

Schmitt, Carl Nationalsozialistisches Rechtsdenken, Deutsches Recht 1934, S. 225 - 229

Schreiber, Rupert Theorie des Beweiswerts für Beweismittel im Zivilprozeß (Monographie), Berlin/Heidelberg/New York 1968

Stecher, Heiner Die Ursachenvermutungen des Umwelthaftungs- und des Gentechnikgesetzes im Gefüge der individualhaftungsrechtlichen Schadenszurechnung. Europäische Hochschulschriften: Reihe 2, Rechtswissenschaft. Bd. 1665, Frankfurt/M./Berlin/Bern u.a. 1995

Steffen, Erich Verschuldenshaftung und Gefährdungshaftung für Umweltschäden, in: NJW 1990, S. 1817 - 1822

Stegmüller, Wolfgang Probleme und Resultate der Wissenschaftstheorie und Analytischen Philosophie, 1. Band, Erklärung, Begründung, Kausalität, 2. verbesserte und erweiterte Auflage, Berlin/Heidelberg/New York 1983

Stegmüller, Wolfgang Probleme und Resultate der Wissenschaftstheorie und Analytischen Philosophie. Personelle und Statistische Wahrscheinlichkeit, 4. Band, 2. Halbband, Berlin/Heidelberg/New York 1973

Stegmüller, Wolfgang / Varga von Kibéd, Matthias Probleme und Resultate der Wissenschaftstheorie und Analytischen Philosophie, Bd. 3, Strukturtypen der Logik, Studienausgabe, Teil A, Berlin/Heidelberg/New York/Tokyo 1984

Stein, Friedrich / Jonas, Martin Kommentar zur Zivilprozeßordnung, 21. Auflage, 2. Band, S. 91 - 252, Tübingen 1994

Stoll, Heinrich Die nationale Revolution und das bürgerliche Recht, Deutsche Juristenzeitung 1933, Sp. 1229 ff.

Stürner, Rolf Die Aufklärungspflicht der Parteien des Zivilprozesses. Tübinger rechtswissenschaftliche Abhandlungen, 44. Band, Tübingen 1976, zugl. Habil.-Schr. Tübingen 1976

Taupitz, Jochen Ökonomische Analyse und Haftungsrecht - Eine Zwischenbilanz, Archiv für die civilistische Praxis 196 (1996), S. 146 ff.

Teubner, Gunther: Autopoietic Law: A New Approach to Law and Society, Berlin 1987

Teubner, Gunther Folgenkontrolle und responsive Dogmatik, Rechtstheorie 2 (1975), S. 179 - 204

Teubner, Gunther Recht als autopoietisches System, Frankfurt/M. 1989

Thomas, Heinz / Putzo, Hans Zivilprozeßordnung (Kommentar) mit Gerichtsverfassungsgesetz und den Einführungsgesetzen, 22. Auflage, München 1999

Trapp, Rainer W. „Nicht-klassischer" Utilitarismus. Eine Theorie der Gerechtigkeit (Philosophische Abhandlungen, Bd. 55), Frankfurt a.M. 1988

Ulrich, Peter Die Transformation der ökonomischen Vernunft: Fortschrittsperspektiven der modernen Industriegesellschaft, Bern und Stuttgart 1986

Wagner, Gerhard Umweltschutz mit zivilrechtlichen Mitteln, Natur + Recht 1992, S. 201-210

Wälde, Thomas W. Juristische Folgenorientierung: „Policy Analysis"und Sozialkybernetik: Methodische und organisatorische Überlegungen zur Bewältigung der Folgenorientierung im Rechtssystem, Königstein/Ts. 1979

Weimar, Robert Psychologische Dimensionen juristischen Subsumierens, in: Psyche. Recht. Gesellschaft. Widmungsschrift für *Manfred Rehbinder*. Schriften zur Rechtspsychologie, 1. Band. Begründet u. herausgegeben i. A. des Europäischen Instituts für Rechtspsychologie von *Raimund Jakob / Martin Usteri / Robert Weimar*, S. 169 - 183, Bern 1995

Weimar, Robert Reine Rechtslehre und Theoriefortschritt. Überlegungen zur Fortentwicklung der Theorie des Rechts, RTH 5. Beiheft (1984), S. 402 ff.

Weitnauer, Hermann Wahrscheinlichkeit und Tatsachenfeststellung, 46. Deutscher Juristentag, Karlsruher Forum 1966, Karlsruhe 1968, S. 3 ff. (Beiheft zum VersR)

Wetzel, Manfred Ökologische Erweiterungen der Gerechtigkeitskonzeption, in: Reese-Schäfer / Schuon (Hrsg.), Ethik und Politik, Marburg 1991, S. 140 ff.

Wiebecke, Ferdinand (Hrsg.) unter Mitarbeit von *Peter Fleck, Bernd Kummer, Ulrich Steger* Umwelthaftung und Umwelthaftungsrecht, Wiesbaden 1990

Wolf, Erik Das Rechtsideal des nationalsozialistischen Staates, Archiv für Rechts- und Sozialphilosophie, 28. Bd. (1934/35), S. 348 - 363

Zöller, Richard Zivilprozeßordnung (Kommentar) mit Gerichtsverfassungsgesetz und den Einführungsgesetz, mit internationalem Zivilprozeßrecht, Kostenanmerkungen, 21. neubearb. Auflage, Köln 1999

Torben Erbrath

Der Umweltgutachter nach der EMAS-Verordnung als Vollzugsorgan des europäischen und nationalen Umweltrechts

Frankfurt/M., Berlin, Bern, Bruxelles, New York, Oxford, Wien, 2001.
XVIII, 292 S.
Europäische Hochschulschriften: Reihe 2, Rechtswissenschaft. Bd. 3206
ISBN 3-631-38266-9 · br. € 45.50*

Der Umweltgutachter nach der EMAS-Verordnung ist ein neu geschaffener Beruf im Bereich des Zertifizierungswesens. Durch Analyse der europäischen und nationalen Vorschriften soll erforscht werden, ob das Gutachterwesen dazu beitragen kann, beim Vollzug des europäischen und nationalen Umweltrechts mitzuwirken. Schwerpunkt bildet die Frage, ob der Gutachter verpflichtet ist, die tatsächliche Einhaltung des Rechts zu überprüfen. Bei einem Vergleich mit dem System der ISO 14000er-Reihe soll untersucht werden, inwieweit dieser neue Typus des Gutachters notwendig ist und im Wettbewerb mit den Zertifizierern nach der ISO-Norm bestehen kann.

FSC
www.fsc.org
MIX
Papier | Fördert gute Waldnutzung
FSC® C083411

Kolibri 360 GmbH
Ferdinand-Jühlke-Straße 7
99095 Erfurt, Deutschland
produktsicherheit@kolibri360.de

Druck:
CPI Druckdienstleistungen GmbH
im Auftrag der
Kolibri 360 GmbH
Ferdinand-Jühlke-Str. 7
99095 Erfurt